高等院校国际经济与贸易专业系列教材

国际贸易学

第3版

主　编　董　瑾
副主编　朱智洺　赵玉焕　张玉和
参　编　洪　静　王冬梅
主　审　赵春明

机械工业出版社

本书在理论篇和政策篇中系统地阐述了国际贸易理论与政策，通过运行篇重点研究国际货物贸易、国际服务贸易、跨国公司和区域经济一体化等国际贸易运行中最主要的问题，并结合中国加入WTO后外经贸发展的实际进行分析。本书精心设计"国贸博览"和"案例分析"两个栏目作为辅读资料，以期启发和增强读者对国际贸易的全面认识。

本书可供高等院校财经类、管理类专业的本科生和工商管理硕士（MBA）使用，也可作为广大经济管理干部、工商企业人员的培训教材。

图书在版编目（CIP）数据

国际贸易学/董瑾主编．—3 版．—北京：机械工业出版社，2015.12（2023.7 重印）
高等院校国际经济与贸易专业系列教材
ISBN 978-7-111-52497-7

Ⅰ.①国… Ⅱ.①董… Ⅲ.①国际贸易—高等学校—教材 Ⅳ.①F74

中国版本图书馆 CIP 数据核字（2015）第 302598 号

机械工业出版社（北京市百万庄大街 22 号　邮政编码 100037）
策划编辑：常爱艳　责任编辑：常爱艳　刘鑫佳
责任校对：张　丽　封面设计：鞠　杨
责任印制：张　博
北京建宏印刷有限公司印刷
2023 年 7 月第 3 版第 8 次印刷
184mm×260mm・19.75 印张・488 千字
标准书号：ISBN 978-7-111-52497-7
定价：53.80 元

电话服务　　　　　　　网络服务
客服电话：010-88361066　机　工　官　网：www.cmpbook.com
　　　　　010-88379833　机　工　官　博：weibo.com/cmp1952
　　　　　010-68326294　金　书　网：www.golden-book.com
封底无防伪标均为盗版　机工教育服务网：www.cmpedu.com

高等院校国际经济与贸易专业系列教材

编审委员会名单

主任委员： 赵春明　　北京师范大学　教授　博士生导师
副主任委员： 董　瑾　　北京理工大学　教授
（排名不分先后）　陈向东　　北京航空航天大学　教授
　　　　　　　　　焦军普　　河南财经政法大学　教授
　　　　　　　　　汪素芹　　南京财经大学　教授
　　　　　　　　　陈丽珍　　江苏大学　教授
　　　　　　　　　邱继洲　　哈尔滨工业大学（威海）　教授
　　　　　　　　　徐　松　　安徽财经大学　教授
　　　　　　　　　俞　毅　　浙江工商大学　教授
　　　　　　　　　郭笑文　　北京外国语大学　教授
　　　　　　　　　刘秀玲　　大连民族大学　教授
　　　　　　　　　李红梅　　中央民族大学　教授

委员单位：　　　北京师范大学　　　　　北京理工大学
（排名不分先后）　北京航空航天大学　　　河南财经政法大学
　　　　　　　　　南京财经大学　　　　　江苏大学
　　　　　　　　　哈尔滨工业大学(威海)　安徽财经大学
　　　　　　　　　浙江工商大学　　　　　北京外国语大学
　　　　　　　　　大连民族大学　　　　　中央民族大学
　　　　　　　　　河海大学　　　　　　　南京理工大学
　　　　　　　　　天津工业大学　　　　　汕头大学
　　　　　　　　　浙江农林大学　　　　　绍兴文理学院
　　　　　　　　　上海应用技术学院　　　北华航天工业学院

序

摆在读者面前的这套"高等院校国际经济与贸易专业系列教材"是一项凝聚了众多高校教师辛勤劳动的集体性成果。我们编写这套教材主要是基于以下两大背景。

1. 在经济全球化条件下，国际贸易作为一国参与经济全球化和国际分工的重要途径之一，其作用和重要性都大大加强

20世纪90年代以来，在经济全球化浪潮的推动下，资本的国际流动得到迅猛发展。在这种情况下，有人认为国际贸易对经济增长的作用会被削弱，其实不尽然。通过以下分析可以看出，国际贸易对一国经济增长的作用不但没有被削弱，反而在加强。

首先，在经济全球化条件下，国际分工的日益细化不但使越来越多的消费品具有了可贸易性，而且越来越多的中间产品和劳务也进入了国际交换领域，从而使贸易的范围不断扩大。

其次，在经济全球化条件下，社会化生产以及市场经济的本质并未发生根本性变化，市场交换依然是扩大再生产的前提，国际贸易仍是各国在世界范围内进行交换的主要方式和彼此间经济关系的"晴雨表"。

最后，在经济全球化条件下，虽然国际直接投资的规模越来越大，跨国公司的作用越来越显著，但是它并不排斥国际贸易，更不能取代国际贸易；相反，资本和生产的国际化不仅为国际贸易提供了更加便利的条件，而且增添了新的贸易方式和贸易动力。因为跨国资本流动规模的扩大，特别是产业资本的国际化，不仅使国际贸易的规模和发展呈现出某些新特点，而且使国际贸易出现了内部化现象，推动了以要素禀赋差异为基础的产业间贸易模式逐步向以竞争优势为基础的产业内贸易模式转变，世界范围内产业内贸易的比重不断加大。规模巨大的跨国公司在世界各地组织生产，在"全球战略"的指导下，企业内部贸易和产业内贸易发展迅速，成为世界贸易的重要组成部分。不仅如此，第二次世界大战后国际资本的流动还促使了新的贸易方式的产生，如加工贸易、补偿贸易、国际租赁业务、国际分包等。这些贸易方式是为适应资本的流动而出现的，它们与传统的商品贸易方式有很大的差别。比如补偿贸易，就是引进方首先引进国外的先进技术和设备，然后再用生产的产品直接或间接地给予技术和设备提供者补偿，这实际上已起到了国际直接投资的作用。

2. 我国加入世界贸易组织之后，对国际经济贸易人才的培养提出了更高的要求

众所周知，我国于2001年正式加入了世界三大经济组织之一的世界贸易组织，从而标志着我国已全方位地融入到经济全球化的浪潮中。"入世"不仅给我们的社会经济生活带来了巨大的影响，而且对传统的国际经济与贸易专业教育也提出了深层次的挑战。20世纪80年代，当改革开放大潮刚刚涌动之时，很多学校开设了国际经济与贸易专业，似乎只要沾上涉外的字眼，就可以"通吃天下"，但这种低层次的量的扩张在20世纪90年代中后期就遇到了"瓶颈"，许多学生毕业后找不到心仪的工作。"入世"之后，涉外色彩浓重的国际经济与贸易专业再次引起了世人的关注和青睐，但是这一次并不是上一次的简单重复，它不仅要求涉外人才量的增加，更要求涉外人才质的提升。具体来说，现在需要的涉外人才是能系

统掌握现代经济学基本原理，通晓国际经济与贸易知识及惯例，同时能熟练运用外语和计算机等现代工具的高层次的复合型人才。

经济全球化和"入世"的大背景要求我们在国际经济与贸易专业的教材编写、课程设置、人才培养等方面进行相应的变革，这套"高等院校国际经济与贸易专业系列教材"就是为响应这种变革所做的一项尝试。

目前，市场上国际经济与贸易方面的教材品种较多，其中不乏优秀之作，前人的优秀成果是我们编写这套教材的重要参考来源和写作基础。当然，相比较而言，我们这套教材无论在内容的编写上还是在写作的体例和形式上，都具有自身的一些重要特色。

1. 在内容的编写上

过去，人们普遍注重国际经济与贸易专业的应用性特色，而相对忽视了这个专业所具有的理论性和素质培养功能。随着我国加入世界贸易组织、更深入地融入到经济全球化浪潮中，对经贸人才的需求已从简单的操作型人才转变为高素质的复合型人才，显然，传统的教学模式和方法已很难适应时代发展的要求。我们编写的这套教材在保持传统教材重视应用性和操作性的基础上，力求吸纳和反映当代国际经济与贸易领域的最新发展实践和理论成果，凸显教材的基础性、理论性和前沿性，并与时俱进，使之更加贴近我国的改革开放实践，加强为建设和完善我国社会主义市场经济体制服务的功能，挖掘各门课程对学生素质培养的潜能，从而赋予国际经济与贸易专业新的活力和意义。

2. 在写作的体例和形式上

我们借鉴国外流行教材的经验，在内容有关之处增加了为数不少的专栏，这些专栏或者是时代背景，或者是作者小传，或者是案例，或者是对有关问题的进一步阐述，有助于拓宽学生的视野，让其更深入地了解和掌握书中内容。所列复习思考题也力求灵活多样，以启发学生做进一步的思考。另外，章中所列关键术语、学习要点、小结以及荐读书目等，不仅方便学生总领教材内容，也为其做进一步研讨提供了文献参考。

当然，作为尝试性的成果，这套教材也难免有不尽如人意之处，特别是每本教材的作者均来自不同院校，因此在编写风格方面可能会存在一些差异，这些都需要我们在以后的修订过程中进一步完善，我们真诚地期待广大读者多提宝贵意见！

北京师范大学教授、博士生导师　赵春明
编审委员会主任委员

第 3 版前言

自 2009 年 10 月《国际贸易学》第 2 版出版发行以来，又有 5 年多了。在这期间世界经济贸易发生了很大的变化：在经历了全球金融危机之后，世界经济温和复苏态势基本确立，经济缓慢回升。但金融危机后续影响依然存在，深层次结构性矛盾凸显，发达国家宏观政策分化，贸易保护主义势头有所上升；经济全球化进程出现曲折和坎坷，但区域经济一体化势头却一直兴盛不衰；我国作为发展中国家，2013 年已成为世界第一货物贸易大国；2013 年 12 月世界贸易组织达成首份多边贸易协定；2015 年 7 月 WTO 框架下《信息技术协定》(ITA) 扩围谈判成功，包括中国在内的谈判各方同意在 3 年内对 201 项信息技术产品实施零关税。

在上述背景下，我们修改和更新了本书第 2 版的部分内容，决定出版第 3 版。

本书第 3 版的修订主要包括：第一，结合国际贸易的新形势和新变化，对国际货物贸易与服务贸易的发展特点以及热点问题做了系统归纳与阐述；第二，对 WTO 规则与运行、区域经济一体化的最新进展进行了补充；第三，根据我国对外开放体制与机制的完善，对我国对外贸易政策与措施、自贸区战略、我国跨国公司的成长与发展等问题做了重点分析；第四，更新了"国际博览""案例分析""复习思考题"和"延展阅读书目"的部分内容。

本次修订由主编董瑾统稿，各章具体修订分工为：第一、二、六、七章由董瑾负责；第三、四、五章由朱智洺负责；第八章由洪静负责；第九、十五章由张玉和负责；第十、十四章由董瑾、王冬梅负责；第十一、十二、十三章由赵玉焕负责。

尽管再次修订我们尽了很大努力，但难免存在疏漏和不足之处，恳请读者批评指正。

编　者

第 2 版前言

自 2006 年本书出版以来，国内外涌现出大量国际贸易学研究的新成果，国际贸易实践发生了很大的变化。为了更好地吸收新成果，及时反映新变化，我们决定对本书进行修订。

第 2 版主要变动如下：对第六章中的普雷维什的"中心—外围"理论和战略性贸易政策理论做了修订和完善；在第九章非关税壁垒中增加了社会责任壁垒、动物福利壁垒等内容；在第十一章补充了多哈回合的内容；第十二章将世界市场价格和国际货物贸易条件单独列为一节进行分析。同时，还增加了我国货物贸易、服务贸易、参与区域经济一体化的最新进展，调整和补充了一些国贸博览和案例分析。

本次修订由主编董瑾定稿，各章修订工作如下：第一、二、六、七章由董瑾负责；第三、四、五章由朱智洺负责；第八章由洪静负责；第九、十五章由张玉和负责；第十、十四章由王冬梅负责；第十一、十二、十三章由赵玉焕负责。

本书第 1 版得到国内同行的大力支持，有多所学校将其作为本科教材。在使用过程中，一些读者提出了有益的建议。在第 2 版出版之际，全体编写人员对大家的支持表示衷心的感谢。

尽管我们此次修订尽了很大努力，但仍会有不尽如人意之处，恳请读者批评指正。

编　者

第1版前言

国际贸易学是经济学的重要分支学科。它通过研究国际货物和服务交换的产生与发展，国际贸易利益的形成与分配，揭示国际货物与服务的交换特点与运行规律。国际贸易学主要研究国际分工与经济发展、国际贸易的关系，考察国际贸易政策与措施对国际贸易的影响，为对外贸易活动提供经济方面的理论知识和指导。

本教材较为全面和系统地阐述了国际贸易的基本理论与政策，具有以下几个特点：

（1）在撰写过程中，我们坚持以马克思主义理论为指导，同时吸收西方各种流派中科学、合理的成分；注重将国际贸易理论与国际贸易实践结合，强调将国际贸易学的最新研究成果、最新事件的分析融合其中。

（2）在结构安排上，增设了运行篇，选择国际贸易运行中最主要的问题进行分析与阐述。该篇将国际货物贸易单独成章论述，便于与国际服务贸易进行比较，从而更全面地解释国际贸易运行的规律。

（3）政策篇和运行篇中的每章都增加了关于我国的有关内容，全面反映我国加入WTO后对外贸易发展与政策的变化，具有现实意义和更强的针对性。

（4）每章章首明确了学习重点，每章章末有关键术语和复习思考题，并精心设计了"国贸博览"和"案例分析"两个栏目，既可以帮助学生正确理解和掌握国际贸易理论与政策，又能扩展学生的知识面。

本教材由董瑾教授担任主编，负责全书的设计与统稿；朱智洺和赵玉焕副教授参与了某些章节的审阅；由北京师范大学经济与工商管理学院赵春明教授担任主审，他对本书的大纲和初稿提出了许多建设性意见。本教材具体编写分工如下：董瑾负责第一、二、六、七章，朱智洺负责第三、四、五章，洪静负责第八章，张玉和负责第九、十五章，王冬梅负责第十、十四章，赵玉焕负责第十一、十二、十三章。另外，石瑞景、阎金秋、刘景达、康琳、荣蓉、高旭等协助主编对本书部分章节进行了审校。另外，我们为选择本教材的老师免费提供电子教学课件。

本教材在编写过程中参阅、引证了国内外大量的文献资料，书中未能一一注明，在此谨表歉意并致谢忱。由于我们的学术与文字水平有限，书中难免有疏漏或错误之处，恳请读者批评指正。

编 者

目 录

序
第3版前言
第2版前言
第1版前言
第一章　国际贸易的基本概念与历史发展 … 1
　　第一节　国际贸易的基本概念 ……… 1
　　第二节　国际贸易的产生与发展 …… 7
　　复习思考题……………………… 13
　　延展阅读书目…………………… 14

理 论 篇

第二章　国际分工与国际贸易利益 …… 17
　　第一节　国际分工 ……………… 17
　　第二节　国际贸易利益 ………… 22
　　复习思考题 …………………… 31
　　延展阅读书目 ………………… 31
第三章　古典国际贸易理论 …………… 32
　　第一节　绝对优势理论 ………… 32
　　第二节　比较优势理论 ………… 39
　　复习思考题 …………………… 47
　　延展阅读书目 ………………… 48
第四章　新古典国际贸易理论 ………… 49
　　第一节　赫克歇尔—俄林理论 … 49
　　第二节　里昂惕夫之谜及其解释 … 61
　　复习思考题 …………………… 67
　　延展阅读书目 ………………… 68
第五章　当代国际贸易理论 …………… 69
　　第一节　现代国际贸易理论
　　　　　　产生的背景 …………… 69
　　第二节　国际贸易新要素理论 … 70

　　第三节　技术差距理论与产品
　　　　　　生命周期理论 ………… 72
　　第四节　产业内贸易理论 ……… 78
　　第五节　国家竞争优势理论 …… 83
　　复习思考题 …………………… 89
　　延展阅读书目 ………………… 90
第六章　贸易保护理论 ………………… 91
　　第一节　贸易保护理论的演进 … 91
　　第二节　李斯特的幼稚产业
　　　　　　保护论 ………………… 93
　　第三节　凯恩斯的新重商主义 … 96
　　第四节　普雷维什的"中心—
　　　　　　外围"理论 …………… 98
　　第五节　战略性贸易政策理论 … 100
　　第六节　主张贸易保护的其他
　　　　　　论点 …………………… 104
　　复习思考题 …………………… 107
　　延展阅读书目…………………… 107

政 策 篇

第七章　国际贸易政策………………… 111
　　第一节　对外贸易政策概述……… 111
　　第二节　国际贸易政策的历史
　　　　　　演变 …………………… 115
　　第三节　发达国家的对外贸易
　　　　　　政策 …………………… 117

　　第四节　发展中国家的对外
　　　　　　贸易政策 ……………… 120
　　第五节　我国对外贸易政策……… 123
　　复习思考题 …………………… 126
　　延展阅读书目 ………………… 126
第八章　关税措施……………………… 127

第一节 关税概述 …………… 127
第二节 关税的种类 …………… 129
第三节 关税的征收 …………… 136
第四节 关税的经济效应 ……… 141
第五节 关税的名义保护率
和有效保护率 ………… 147
第六节 我国的关税制度 ……… 149
复习思考题 …………………… 153
延展阅读书目 ………………… 154

第九章 非关税措施 …………… 155
第一节 非关税措施的特点与
分类 …………………… 155
第二节 数量限制措施 ………… 158
第三节 技术性贸易壁垒 ……… 163
第四节 环境贸易壁垒 ………… 173
第五节 其他非关税壁垒 ……… 179
第六节 我国的非关税措施 …… 180
复习思考题 …………………… 182
延展阅读书目 ………………… 182

第十章 促进出口与出口管制 … 183
第一节 促进出口措施 ………… 183
第二节 经济特区措施 ………… 190
第三节 出口管制措施 ………… 193
第四节 我国的促进出口与
出口管制 ……………… 195
复习思考题 …………………… 200
延展阅读书目 ………………… 200

第十一章 世界贸易组织 ……… 201
第一节 世界贸易组织概述 …… 201
第二节 世界贸易组织的运行
机制 …………………… 209
第三节 世界贸易组织的基本
原则与规则 …………… 214
第四节 世界贸易组织
"多哈回合"谈判 ……… 218
第五节 我国与世界贸易组织 … 222
复习思考题 …………………… 224
延展阅读书目 ………………… 225

运 行 篇

第十二章 国际货物贸易 ……… 229
第一节 国际货物贸易概述 …… 229
第二节 世界市场价格 ………… 233
第三节 国际货物贸易条件 …… 237
第四节 我国货物贸易的发展 … 240
复习思考题 …………………… 243
延展阅读书目 ………………… 243

第十三章 国际服务贸易 ……… 244
第一节 国际服务贸易概述 …… 244
第二节 国际服务贸易的发展 … 248
第三节 我国服务贸易的发展 … 252
复习思考题 …………………… 260
延展阅读书目 ………………… 261

第十四章 跨国公司 …………… 262
第一节 跨国公司概述 ………… 262
第二节 跨国公司在国际市场
的竞争 ………………… 265
第三节 跨国公司在国际贸易
中的作用 ……………… 271

第四节 我国跨国公司的成长与发展
………………………………… 273
复习思考题 …………………… 280
延展阅读书目 ………………… 280

第十五章 区域经济一体化 …… 281
第一节 区域经济一体化的概念
及发展原因 …………… 281
第二节 区域经济一体化的基本
形式及理论 …………… 283
第三节 区域经济一体化的
实践 …………………… 286
第四节 区域经济一体化的
影响 …………………… 292
第五节 我国与区域经济一
体化 …………………… 296
复习思考题 …………………… 302
延展阅读书目 ………………… 303

参考文献 ………………………… 304

第一章 国际贸易的基本概念与历史发展

本章学习要点

- 国际贸易的含义
- 国际贸易的统计指标
- 国际贸易产生的条件

国际贸易学作为经济学的一个分支,主要包括国际贸易理论与国际贸易政策两大部分。国际贸易理论主要是研究国际贸易形成与发展的原因,分析国际贸易的利益所在,揭示国际贸易的特点及运行规律。国际贸易政策则重点研究各国政府对外贸易政策的内容与趋势,以及国际贸易政策的协调机制。在学习具体的国际贸易理论与政策之前,有必要先对国际贸易的相关概念及国际贸易的历史发展进行介绍。

第一节 国际贸易的基本概念

一、国际贸易的含义

国际贸易(International Trade)是指世界各国(地区)之间货物(商品)(Goods)和服务(Services)的交换活动,是世界各国在国际分工基础上相互联系的主要形式。由于国际贸易是一种世界范围内的货物和服务的交换,因此又称为世界贸易(World Trade)或全球贸易(Global Trade)。

货物贸易又称为有形贸易(Visible Trade,Tangible Trade),如谷物、机器设备等买卖活动。有形贸易买卖的对象都是看得见摸得着的、有一定物理形态的商品。有形贸易的进出口必须办理通关手续,因而能够反映在海关统计中,是构成一国国际收支经常项目的重要内容。国际贸易的商品种类繁多,为了统计及分析的方便,联合国编制了《国际贸易标准分类》(Standard International Trade Classification,SITC)。根据这个标准,国际贸易商品分为10大类、63章、233组、786个分组和1924个基本项目。其具体分类为:0类为食品及主要供食用的活动物;1类为饮料及烟草;2类为燃料以外的非食用粗原料;3类为矿物燃料、润滑油及有关原料;4类为动植物油脂及油脂;5类为化学成品及有关产品;6类为主要按原料分类的制成品;7类为机械及运输设备;8类为杂项制品;9类为没有分类的其他商品。在进行国际贸易统计时,一般把0~4类商品称为初级产品,5~8类商品称为工业制成品。

1988年海关合作理事会通过了《协调商品名称和编码制度公约》及其附件《商品名称和协调编码制度》(Harmonized Commodity Description and Coding System, H. S.)，简称《协调制度》，并于1988年1月1日正式生效。每4年修订1项 H. S. 将商品分为21类、97章，章下再分为目和子目。该制度使商品分类更加细致和科学。现使用 H. S. 的国家和地区约有150多个。我国海关从1992年起开始采用 H. S.。

【国贸博览 1-1】

H. S. 的商品分类

H. S. 将国际贸易按商品生产部门归类，共划分为21类。具体分类如下：

第一类　活动物；动物产品（1～5章）

第二类　植物产品（6～14章）

第三类　动、植物油、脂及其分解产品；精制的食用油脂；动、植物蜡（15章）

第四类　食品、饮料、酒及醋；烟草、烟草与烟草代用品的制品（16～24章）

第五类　矿产品（25～27章）

第六类　化学工业及其相关工业的产品（28～38章）

第七类　塑料及其制品；橡胶及其制品（39～40章）

第八类　生皮、皮革、毛皮及其制品；鞍具及挽具；旅行用品、手提包及类似容器；动物肠线（蚕胶丝线除外）制品（41～43章）

第九类　木及木制品；木炭；软木及软木制品；稻草、秸秆、针茅或其他编制材料制品；篮筐及柳条编织品（44～46章）

第十类　木浆及其他纤维素；纸及纸板的废碎品；纸、纸板及其制品（47～49章）

第十一类　纺织原料及纺织制品（50～63章）

第十二类　鞋、帽、伞、仗、鞭及其零件；已加工的羽毛及其制品；人造花；人发制品（64～67章）

第十三类　石料、石膏、水泥、石棉、云母及类似材料的制品；陶瓷制品；玻璃及其制品（68～70章）

第十四类　天然及养殖珍珠、宝石或半宝石、贵金属、包贵金属及其制品，仿首饰；硬币（71章）

第十五类　贱金属及其制品（72～83章）

第十六类　机器、机械器具、电气设备及其零件；录音机及放音机、电视图像、声音的录制和重放设备及其零件、附件（84～85章）

第十七类　车辆、航空器、船舶及有关运输设备（86～89章）

第十八类　光学、照相、电影、计量、检验、医疗或外科用仪器及设备，精密仪器及设备；钟表；乐器；上述物品的零件、附件（90～92章）

第十九类　武器、弹药及其零件、附件（93章）

第二十类　杂项制品（94～96章）

第二十一类　艺术品、收藏品及古董（97章）

（资料来源：http://www.zwfreight.com/static/HS – cod.php。）

服务贸易又称为无形贸易（Invisible Trade，Intangible Trade），是指服务产品的交易，如运输、保险、旅游等。无形贸易不具有可视和可触摸的外在物理特性。

国际服务贸易作为一个独立概念提出来并被普遍接受是在20世纪70年代。在过去40多年的发展中，服务贸易快速增长，在各国经济中的比重不断提高，在国际经济关系中的地位不断上升。（详细阐述见第十三章）

国际贸易是世界各国对外贸易的总和。对外贸易是指一国（地区）与其他国家（地区）之间商品和服务的交换活动。国际贸易与对外贸易既有联系又有区别。国际贸易与对外贸易都是跨越国界的商品和服务的交换，国际贸易主要是从世界范围内考察国家与国家之间的货物与服务的交换活动，而对外贸易则是从一个国家（地区）的角度来研究国际间的贸易。

国际贸易属于历史的范畴，是人类社会发展到一定阶段的产物。国际贸易的产生和发展是以生产力的发展为基础的，并受到生产力发展水平的制约。同时，国际贸易的发展又可以促进社会生产力的发展，促进社会物质财富的增加。

二、国际贸易的分类

国际贸易范围广泛，内容复杂，种类繁多，依据不同的标准，可以进行不同的分类。了解和掌握这些分类以及相关的概念，有助于深入地研究国际贸易。

（一）以货物移动方向为标准的分类

按这个标准可将国际贸易分为出口贸易、进口贸易和过境贸易。出口贸易（Export Trade）是指将本国生产、加工的商品输往国外市场销售。进口贸易（Import Trade）是指将外国商品输入到本国市场上销售。甲国经过丙国国境向乙国运送商品，对丙国而言，属于过境贸易（Transit Trade）。

一国在出口和进口贸易中，由于某些原因，存在着复出口（Re-export Trade）和复进口（Re-import Trade）。所谓复出口是指输入本国的商品未经加工制造又出口。所谓复进口是指输出国外的商品未经加工制造又输入本国。一国在一定时期内，某种商品往往既有进口又有出口，出口量大于进口量的部分称为净出口量（Net Export）；出口量小于进口量的部分称为净进口量（Net Import）。

（二）以是否有第三国或地区参加贸易为标准的分类

按这个标准可将国际贸易分为直接贸易和间接贸易。直接贸易（Direct Trade）是指商品生产国与商品消费国直接买卖商品的行为。直接贸易的双方直接洽谈，直接结算，货物直接从出口国运到进口国。间接贸易（Indirect Trade）是指商品生产国与商品消费国通过第三国进行商品买卖的行为。出口国与进口国不直接进行洽谈、结算，必须经第三国商人之手完成交易。买卖的商品可以由出口国直接运往进口国，也可以先运到第三国，再转运到进口国。

商品生产国与商品消费国通过第三国进行的贸易，对第三国来讲，则是转口贸易（Entrepot Trade）。转口贸易发达的国家（地区）往往地理位置优越，运输条件便利，贸易限制较少，如新加坡、荷兰、中国香港地区。

（三）以清偿工具为标准的分类

按这个标准可将国际贸易分为现汇贸易和易货贸易。现汇贸易（Spot Exchange Trade）是指以能够自由兑换的货币作为清偿工具的贸易。在国际贸易中，能够自由兑换的货币主要是发达国家的货币，如美元、欧元、日元等。易货贸易（Barter Trade）是指以经过计价的货物作为清偿工具的贸易。其特点是把进出口直接联系起来，双方有进有出，进出基本平衡。易货的商品可以一种对一种，也可以一种对多种、多种对多种。易货贸易有助于克服某些国家外汇短缺、难以用现汇从国外购买所需商品的障碍。但易货贸易也存在局限性，一是用于易货的商品种类有限；二是受支付平衡的限制，贸易规模难以扩大；三是手续复杂，谈判周期长；四是由于货物计价不是通过市场竞争形成的，而是由双方谈判确定的，因此，价格不一定合理。

（四）以交易手段为标准的分类

按这个标准可将国际贸易分为单证贸易和无纸贸易。单证贸易（Trade with Documents）是指在国际贸易交易过程中，以纸面单证为基本手段的贸易，这是一种传统的交易方式。无纸贸易（Paper less Trade）是指以电子数据交换（Electronic Data Interchange，EDI）为内容的贸易，即贸易伙伴之间按协定通过电子计算机网络传递规范化和格式化的商贸数据和信息进行的贸易。无纸贸易是计算机、通信和现代管理技术相结合的产物。

三、国际贸易的统计指标

（一）对外贸易额、国际贸易额与对外贸易量、国际贸易量

对外贸易额（Value of Foreign Trade）、国际贸易额（Value of International Trade）和对外贸易量（Quantum of Foreign Trade）、国际贸易量（Quantum of International Trade）是衡量一国对外贸易和国际贸易规模的重要指标。以货币表示的按现行价格计算的一国一定时期的对外贸易总额，称为对外贸易额或对外贸易值。联合国及世界贸易组织编制和发表的世界各国对外贸易额的资料，一般以美元表示。

对外贸易额是一国出口贸易额与进口贸易额的总和。一国向其他国家输出货物或服务的活动称为出口贸易。一国从其他国家购进货物或服务用于国内生产或消费的活动称为进口贸易。一国的出口贸易收入称为出口额，进口贸易支出称为进口额。一国在一定时期内出口额与进口额相比的差额称为贸易差额（Balance of Trade）。当一国出口额大于进口额时，称为贸易顺差（Surplus of Trade）或出超（Favorable Balance of Trade）。当一国进口额大于出口额时，称为贸易逆差（Deficit of Trade）或入超（Unfavorable Balance of Trade）。

同一货币单位表示的世界各国出口或进口总额，称为国际贸易额或国际贸易值，通常以美元表示。对一国来说，出口额与进口额之和构成一国的对外贸易额。但从整个世界来考察，一国的货物出口就是另一国的货物进口，如果把各国的对外贸易额相加就会造成重复计算。在货物贸易中，由于世界上大多数国家根据装运港船上交货价（FOB）计算出口额，用成本加保险费、运费价（CIF）计算进口额，进口额相比出口额增加了运费和保险费。因此，世界出口货物总额总是小于世界进口货物总额。

由于进出口商品的价格经常变动，对外贸易额难以反映该国货物贸易的实际规模和发展变化，所以如果以国际贸易实物数量来表示，则能避免上述矛盾。但是，参加对外贸易的商品种类繁多，计量标准各异，无法把它们直接相加。为此，一般要选择某一固定年份为基期，以基期计算的报告期出口或进口价格指数去除报告期的出口额或进口额，则得到按不变价格计算的进口额或出口额。这种按不变价格计算的对外贸易额已经排除了价格波动的影响，反映了对外贸易的实际规模，故称为对外贸易量。国际贸易量则是以一定时期的不变价

格为标准计算的国际贸易额。

(二) 对外贸易结构与国际贸易结构

对外贸易结构（Composition of Foreign Trade）与国际贸易结构（Composition of International Trade）有广义与狭义之分。广义的对外贸易结构或国际贸易结构是指货物、服务在一国进出口贸易或世界贸易中所占的比重。狭义的对外贸易结构或国际贸易结构是指货物贸易或服务贸易本身的结构比较，可分为对外货物贸易结构、对外服务贸易结构以及国际货物贸易结构、国际服务贸易结构。

对外货物贸易结构是指一国在一定时期各类进出口商品的构成状况。一国对外货物贸易结构主要由该国经济发展水平、自然资源状况、对外贸易政策等因素决定，它反映一国经济发展水平和在国际分工中的地位。改革开放以来，我国的对外货物贸易结构发生了根本性的变化，工业制成品在出口中的比重从1981年的49.7%上升到2013年的94.1%。对外服务贸易结构是指一国在一定时期各类服务项目的构成状况。我国服务贸易主要集中在海运、旅游等比较传统的领域，而金融、保险、物流、信息、会计、法律等现代服务业的国际竞争力不高，在出口中所占的比重较低。

国际货物贸易结构是反映国际货物贸易发展水平的主要指标。它是指各类货物在国际贸易中所处的地位，通常以各类货物在国际贸易总值中的比重来表示。国际货物贸易结构的变化，受到各国经济结构变化和各类货物价格变动的影响。国际货物贸易结构通常分为初级产品和工业制成品。第二次世界大战后，随着科学技术的发展，国际分工的深化，工业制成品所占比重逐渐上升，初级产品的比重日趋减少。国际服务贸易结构是指各类服务项目所占比重。如2013年，世界服务出口贸易额为46450亿美元，其中运输9050亿美元，占19.5%；旅游11850亿美元，占25.5%；其他商业服务25500亿美元，占54.9%。

(三) 对外贸易地理分布与国际贸易地理分布

对外贸易地理分布（Geographic Distribution of Foreign Trade）是指一定时期内各个国家或国家集团在某一个国家对外贸易中所占的地位，一般是以这些国家或国家集团在该国进出口贸易总额中所占的比重来表示。它表明该国同世界各国和地区经济贸易联系的程度。

国际贸易地理分布（Geographic Distribution of International Trade）是指各个国家（地区）在国际贸易中所处的地位，通常以它们的出口额（进口额）占世界出口额（进口额）的比重来表示。它是反映国际贸易地区分布和商品、服务流向的指标。随着国际政治经济形势的变化，各国的经济实力的变动，国际贸易的地理分布也在不断地发生变化。

(四) 总贸易与专门贸易

总贸易和专门贸易又称总贸易体系与专门贸易体系，是贸易国进行货物进出口统计的两种不同方法。总贸易（General Trade）是指以国境为标准划分商品的进出口。总贸易分为总进口和总出口。凡是进入国境的商品一律列为总进口，凡是离开国境的商品一律列为总出口。日本、英国、加拿大、美国、澳大利亚等90多个国家均采取这种统计方法。我国也采取总贸易的统计方法。

专门贸易（Special Trade）是指以关境为标准划分商品的进出口。关境是一个国家海关行使监督管理权的范围。专门贸易分为专门进口和专门出口。凡是进入关境的商品一律列为专门进口，凡是离开关境的商品一律列为专门出口。专门进口包括外国商品直接进入关境供国内消费和从保税仓库提出进入国内市场的商品。专门出口包括从国内运出关境的本国商品以及进口后未经加工又运出关境的商品。德国、意大利、法国等80多个国家均采用这种统计方法。

总贸易与专门贸易所反映的问题是不同的。总贸易包括所有进出该国的商品,反映的是一国在国际商品流通中的地位;而专门贸易只包括那些进口是用于该国生产和消费的商品、出口是由该国生产和制造的商品,反映的是一国作为生产者和消费者在国际贸易中所起的作用。

(五) 贸易条件

贸易条件(Terms of Trade)又称为交换比价、贸易比价,是两国进行贸易时的交换比例,用来衡量在一定时期内一个国家出口相对于进口的盈利能力和贸易利益,反映该国的对外贸易状况,一般以贸易条件指数表示。

常用的贸易条件有3种不同的形式:价格贸易条件(又称为净贸易条件)、收入贸易条件和要素贸易条件(可分为单项要素贸易条件和双项要素贸易条件),它们从不同的角度衡量一国的贸易所得。其中价格贸易条件最有意义,也最容易根据现有数据进行计算。

价格贸易条件是指一国在一定时期(通常为一年)内的出口价格指数与进口价格指数之比,其公式为

$$价格贸易条件 = \frac{出口价格指数}{进口价格指数} \times 100 \qquad (1\text{-}1)$$

收入贸易条件是在净贸易条件的基础上,把贸易量计算进来。其公式为

$$收入贸易条件 = \frac{出口价格指数}{进口价格指数} \times 出口数量指数 \qquad (1\text{-}2)$$

单项要素贸易条件是在净贸易条件的基础上,考虑出口商品劳动生产率提高或降低后贸易条件的变化,其公式为

$$单项要素贸易条件 = \frac{出口价格指数}{进口价格指数} \times 出口商品劳动生产率指数 \qquad (1\text{-}3)$$

双项要素贸易条件是指不仅考虑出口商品劳动生产率的变化,而且考虑进口商品劳动生产率的变化,其公式为

$$双项要素贸易条件 = \frac{出口价格指数}{进口价格指数} \times \frac{出口商品劳动生产率指数}{进口商品劳动生产率指数} \times 100 \qquad (1\text{-}4)$$

例如:某国以2010年为基期,当时的进出口价格指数与贸易条件指数均为100,到2014年,出口价格指数下降了5%,为95,进口价格指数上升了10%,为110,而同期该国的出口数量指数为130,出口商品的劳动生产率指数为140,进口的劳动生产率指数为110,该国2014年的贸易条件变化为:

$$价格贸易条件 = \frac{95}{110} \times 100 = 86.36$$

$$收入贸易条件 = \frac{95}{110} \times 130 = 112.27$$

$$单项要素贸易条件 = \frac{95}{110} \times 140 = 120.91$$

$$双项要素贸易条件 = \frac{95}{110} \times \frac{140}{110} \times 100 = 109.91$$

这表明在该国价格贸易条件恶化的情况下，由于出口量大幅度上升，收入贸易条件改善。考虑到此期间出口商品的劳动生产率提高，该国的单项要素贸易条件改善。尽管此期间进出口商品的劳动生产率均有提高，但出口商品劳动生产率提高的幅度大于进口商品劳动生产率提高的幅度，该国的双项要素贸易条件仍然会改善。

影响一国贸易条件的因素除了上面提到的出口数量、进出口商品的劳动生产率以外，还有很多其他因素，如一国的财政政策、货币政策、对外贸易政策以及世界经济的周期波动等。

（六）对外贸易依存度

对外贸易依存度（Ratio of Dependence on Foreign Trade）简称外贸依存度，也称"外贸依存率"或"外贸系数"，反映一国对外贸易与国民经济之间的关系，一般用一国对外贸易额在国民生产总值（GNP）或国内生产总值（GDP）中所占比重来表示。

外贸依存度反映一国对国际经济的依赖程度。同时，外贸依存度也表明对外贸易在一国国民经济发展中的地位与作用。外贸依存度分为出口依存度和进口依存度。出口依存度是一国在一定时期内出口贸易额占 GNP 或 GDP 的比重；进口依存度是一国在一定时期内进口贸易额占 GNP 或 GDP 的比重。出口依存度可以反映 GDP 对外部市场的依赖程度，也可以反映一国的国际竞争力；而进口依存度则可以反映国内市场的供给对外部市场的依赖程度，也可以反映国内市场上外国产品的相对竞争力。影响一国对外贸易依存度的因素有：国内经济规模、经济发展水平、加工贸易的层次、汇率水平等。

【国贸博览 1-2】

沈丹阳：2013 年中国外贸依存度为 46% 不足虑

商务部新闻发言人、贸易谈判代表秘书局局长沈丹阳在 2014 年 2 月 26 日举办的"大国大时代"中国经济报告会上做主旨演讲时指出，根据国家统计局公布数据测算，2013 年外贸依存度大概为 46%（2013 年 GDP 为 56.88 万亿元，外贸进出口总额为 25.8 万亿元）。而前些年中国外贸依存度达到 60%，因此引发了一些担忧。

沈丹阳说："外贸依存度不等于经济开放度，也不等于一国经济对外贸的依赖度，更不等于经济风险度。随机找一个经济发展比较成功的国家（地区）来研究，都可以发现它的外贸依存度一般都很高，比如新加坡、韩国，其外贸依存度高达 100%，甚至更高。"

他指出，进出口双超高增长和高外贸依存度将成为常态，全球化促使每个国家必须在全球充分配置资源。2002 年全球贸易依存度是 47%，现在超过了 50%，并且会越来越高。这是因为，大部分产品由单一国家制造转为全球制造，中间产品贸易占世界贸易份额已经达到 60%，一国出口产品中的进口成分比例的全球平均水平大约是 40%，而且比重还在持续上升。

（资料来源：新浪财经 http://stock.caijing.com.cn/2014-02-26/113958915.html。）

第二节 国际贸易的产生与发展

国际贸易是随着社会生产力的发展，在国家产生以后逐步发展起来的。早期的国际贸易规模较小，机器大工业的建立使国际贸易发生了显著的变化。运输、工业革命与科技革命的发展都对国际贸易的规模、商品结构和地理分布产生了重大影响。

一、早期的国际贸易

（一）国际贸易的产生

国际贸易是一个历史的范畴，它是社会生产力发展到一定阶段的产物。古代国际贸易的产生是以商品生产和国家出现为前提的。而这个前提又是随着原始社会的解体和奴隶制的兴起而形成的。在原始社会初期，人类处于自然分工状态，生产力十分低下，人们在共同劳动的基础上获取有限的生活资料，仅能维持本身生存的需要。因此，没有剩余产品，没有私有制，没有阶级和国家，也就不存在对外贸易。

在原始社会野蛮时期的中级阶段，出现了人类历史上的第一次社会大分工，游牧部落从其他部落中分离出来。第一次社会大分工以后，促进了社会生产力的发展，产品开始有了少量剩余。于是在氏族公社之间、部落之间出现了剩余产品的交换。这种交换是极其原始的偶然的物物交换。

进入原始社会野蛮时期的高级阶段，出现了第二次人类社会大分工，手工业从农业中分离出来。手工业的出现产生了直接以交换为目的的商品生产。商品生产和商品交换的不断扩大，产生了货币。商品交换逐渐变成了以货币为媒介的商品流通。随着商品货币关系的发展，出现了专门从事贸易的商人，产生了第三次人类社会大分工。

生产力的发展，交换关系的扩大，加速了私有制的产生，原始社会过渡到了奴隶社会。整个社会分裂为奴隶主和奴隶两大对立阶级，作为阶级统治的工具，国家代替了氏族制度。国家出现后，商品交换超出了国家界限，也就产生了对外贸易。

（二）奴隶社会的国际贸易

早在公元前 2000 多年，地中海沿岸的各奴隶制国家就开展了彼此间的对外贸易。据史料记载，当时地中海沿岸有个叫腓尼基的小国（现在的黎巴嫩一带），那里缺少肥沃的农田，却有着大片茂密的森林和天然的港口，腓尼基人就用盛产的木材建造了大批船只，发展对外贸易。腓尼基人借地中海之便，发展航海技术，以金属和玻璃制品向其他国家换取象牙、矿物和奴隶，并且在迦太基（今天的突尼斯所在地）建立了最早的殖民地。

大约在公元前 1000 年，腓尼基衰落，希腊取而代之成为海上贸易的霸主。希腊的自然条件与腓尼基相似，有利于发展海外贸易。约在公元前 4 世纪~公元前 3 世纪，希腊人的海上贸易范围扩展到地中海沿岸，并且通过西征埃及，东征波斯帝国，将贸易扩大到印度西部，而希腊的许多城市也因此成为贸易的中心，比如雅典。公元前 2 世纪~公元 2 世纪，前后 400 年，希腊的贸易地位被西罗马帝国所取代，西罗马成为一个以地中海为中心，横跨欧、亚、非三洲的奴隶制大帝国，其贸易范围也随之扩大，并且与印度、中国等东方国家建立了广泛的联系。

我国在夏商时代已进入奴隶社会，贸易集中在黄河流域。

奴隶社会中，自然经济占统治地位，商品生产很不发达，加上交通工具落后，运输成本高，国际贸易规模有限，主要局限于邻近国家之间。进行贸易的商品主要有两类：一是奴隶，当时希腊的雅典是贩卖奴隶的中心之一，每年奴隶的交易量达到 20 万人左右；二是供奴隶主和王室享用的奢侈品，如宝石、装饰品、各种织物、香料等。

（三）封建社会的国际贸易

封建社会仍是自给自足的自然经济，国际贸易的规模不大，但商品的种类增多了，贸易的范围扩大了。公元 5~7 世纪时，东罗马帝国（即拜占庭）控制了东西方贸易，君士坦丁堡成为欧洲最大的贸易港口。到了 7 世纪，阿拉伯帝国（也叫大食）成为领土横跨欧、亚、非三洲的封建国家，阿拉伯人控制了地中海与东西方的国际贸易。9 世纪时很多阿拉伯商人经营国际贸易曾远达中国。阿拉伯帝国首都巴格达成为东西方贸易的枢纽，东方货物由海运集聚到巴格达后，商人组织大队货物运往地中海沿岸，称为"队商"。队商承运欧亚的货物往来，达数百年之久。

中世纪时，欧洲大陆分裂为无数大大小小的封建领地。诸侯割据与贫困的农村取代了过去罗马帝国的地位。当时的国际贸易逐渐衰落，仅有一些供封建贵族使用的奢侈品从意大利北部运往欧洲各地。而在意大利，由威尼斯、热那亚等几个城市的商人维持地中海货运，地中海商业较前有所发展。

10 世纪末期，欧洲封建主组织起 8 次十字军东征，进攻阿拉伯帝国。这 8 次十字军东征，名义上是争夺由阿拉伯人所占领的圣地耶路撒冷，但实际上是为了获得东方的物品而打通东西方的道路。威尼斯及热那亚等地的商人，用钱财、物资支持十字军东征，他们也随军行进，大做生意。8 次十字军东征把当时先进的手工业、农业技术和神秘的东方文化传入西方，有利地促进了西欧商品生产和国际贸易的发展。

十字军东征失败后，阿拉伯商人和波斯商人仍充当东西方贸易的中介，货物到达地中海，由威尼斯商人接运，分别输送到欧洲各地市场。13 世纪以后，欧洲大陆，特别是西欧与北欧的商业逐渐兴起，以德意志北部各城市为主，联合将近 100 个北欧城市（包括尼德兰北部的许多城市）形成了一个庞大的商人联合组织——汉萨同盟。为了应付封建领主的分裂割据和道路险阻，汉萨同盟也建立了武装力量，维护商队安全。西欧莱茵河以南各城市，也先后建立过莱茵各城市同盟和士瓦本城市同盟，目的在于反对封建主的掠夺，减轻关税和保障商业利益。15 世纪前后，这些商业同盟逐渐解体，被大西洋沿岸国家，如英、法、尼德兰㊀的商业势力所代替。

我国在秦汉时期，对外贸易有了一定的发展。公元前 2 世纪的西汉就开辟了从新疆经中亚通往中东和欧洲的陆路——丝绸之路。通过"丝绸之路"，我国的丝绸、茶叶开始输往欧洲西南部和地中海沿岸，而欧洲的宝石、珊瑚和玻璃制品则输往我国。

当时的东西方之间不仅有横贯中亚、西亚的陆上商路，还有一条"海上丝绸之路"。早在汉武帝时就开辟了中印海上航线。这条航线从雷州半岛出发，绕印度支那半岛、马来半岛，过马六甲海峡，进孟加拉湾到达印度。这使我国同马来西亚、印度尼西亚、印度建立了直接的海上贸易关系。同时，通过印度又沟通了我国同西亚、北非和罗马的海上贸易。

明朝郑和七次率领船队下"西洋"，向亚非许多国家传播了我国的火药、指南针和手工业等技术，同时也把这些国家的土产、优良种子等输入我国，促进了我国人民与世界各国人民的友好往来和文化技术交流。

在封建社会，由于自然经济的统治地位和交通条件的限制，国际贸易在当时的社会经济中不占主要地位。贸易的品种、数量和地区范围都有很大的局限性，但与奴隶社会时相比，

㊀ 西欧的历史地区，包括今荷兰、比利时、卢森堡和法国东北部的一部分。

已获得了较大的发展。

二、地理大发现对国际贸易的影响

15世纪，由于欧洲各国商品经济的发展和资本主义萌芽的出现，人们对货币的需求比以前增加了，欧洲人开始狂热地追求黄金和白银。但西欧与近东的贸易却经常出现巨额的逆差，致使西欧有限的金银不断外流，造成通货严重不足。自从《马可·波罗行记》在欧洲流传以来，欧洲人就一直把东方，特别是中国看成遍地黄金的人间天堂，这也就成为欧洲人进行海外探险的一大驱动力。

商业危机是促使欧洲人开辟新航路的又一原因。1453年，土耳其人征服近东，占领了欧洲通往东方的重要商业据点——君士坦丁堡，使东部地中海的贸易受到阻碍。同时，由埃及、红海通往印度的道路又完全被阿拉伯人所独占，这样西欧商人就不得不寻找一条避开土耳其人通往东方的新航路。

此外，西欧生产力的发展，天文、地理知识的进步，航海、造船技术的成就，都为远洋航行开辟新航路准备了必要的条件。

西欧的海外探险活动在15世纪初就已开始，但地理大发现过程中的重大事件则发生在15世纪末16世纪初：在欧洲，1486~1487年，葡萄牙航海家迪亚士由欧洲大陆乘船南下，发现了好望角；1492~1493年意大利人克里斯多弗·哥伦布由西班牙出发经大西洋发现了美洲；1497~1498年西班牙贵族瓦斯哥·达·伽马绕过非洲发现了通往印度的新航路；1519~1522年葡萄牙人斐南多·麦哲伦率领的舰队穿过大西洋，沿南美洲东岸绕过美洲大陆最南端转入太平洋到达菲律宾群岛，然后经印度洋绕过好望角返航，第一次完成了环球航行。

地理大发现的直接结果是扩大了欧洲国家对外贸易的地理范围。在此之前，欧洲国家国际贸易的地理范围主要集中在地中海、北海、波罗的海沿岸，与亚洲的贸易主要是通过阿拉伯商人间接进行的。地理大发现后，欧洲对外贸易的范围直接扩大到大西洋彼岸的美洲和亚洲的印度、中国和南洋群岛。欧洲商人大量涌向这些地区，以暴力和欺骗的手段，进行海盗式掠夺性贸易，并占领这些国家和地区，使之沦为殖民地，卷入经常性的国际贸易。

地理大发现引起了欧洲的商业革命。商业革命表现为商业性质、经商技术以及商业组织方面的巨大变化。此时，进入国际贸易的商品种类和商品总量急剧增加。除了从殖民地流入的贵金属外，还出现许多新商品，如美洲的烟叶、玉米等。西印度的咖啡和蔗糖、印度的手织棉布也大量输入欧洲。在这个时期奴隶贩卖在国际贸易中也占有重要地位。由于印第安人在殖民主义者的虐杀和奴役下大批死亡，造成了殖民地种植园和矿山劳动力严重不足。于是欧洲殖民主义者开始从非洲猎捕黑人贩运到美洲充当奴隶，获取巨额利润。

海外贸易公司是这一时期的重要组织形式。海外贸易公司是英国、荷兰等国为争夺殖民地贸易的独占权，成立的由政府给予特权的垄断性公司。英国在1554年建立了莫斯科公司，专门从事与俄罗斯、波兰、斯堪的纳维亚半岛和波罗的海沿岸各国的贸易。1588年英国成立了专门从事对非贸易的非洲公司。1600年成立的东印度公司则是一个拥有在东印度广阔地区经营一切商品贸易垄断权的贸易公司。荷兰在1602年和1621年建立了荷兰东印度公司和荷兰西印度公司，这两家公司分别垄断了从好望角到麦哲伦海峡的全部海外贸易，以及美洲东海岸的贸易。

地理大发现后，世界商路不再经地中海而取道大洋，意大利各城市由于远离世界商路而失去了贸易中心的地位。16世纪时，贸易中心转移到葡萄牙、西班牙和尼德兰南部各港口，特别是里斯本、塞维尔、安特卫普。在17世纪时，荷兰的阿姆斯特丹成为国际贸易的中心，伦敦的商业地位也日益增长。

三、工业革命后的国际贸易

16~18世纪，随着殖民扩张和各大洲之间贸易的发展，西欧各国经济发生了很大的变化。一方面，欧洲通过海外扩张获得了大量的金银财富，集聚了大量的商业资本和工业资本，从而基本上完成了资本的原始积累，为资本主义生产方式的产生奠定了基础。另一方面，海外市场特别是美洲市场的开发，有力地刺激了欧洲工业的发展。欧美之间的贸易极大地促进了欧美国家以分工交换为基础的市场经济的形成和经济实力的增强。从18世纪60年代开始，欧美国家逐渐形成了资本主义的生产关系，并先后发生了工业革命。

（一）英国的工业革命与国际贸易

工业革命首先发生于英国。1733年，机械师凯伊发明飞梭，大大提高了织布速度，棉纱顿时供不应求。为了增加棉纱产量，1765年，织工哈格里斯发明了"珍妮纺纱机"，大幅度增加了棉纱产量。此后机器生产扩展到采煤、冶金、交通运输等各行各业。特别是瓦特制成的改良蒸汽机于1785年投入使用后，迅速推广，大大推动了机器的普及和发展。1840年前后，英国的大机器生产基本取代了工场手工业，机器制造业也建立起来，工业革命基本完成。英国成为世界上第一个工业国家。随着工业革命的完成，英国的资本主义经济迅速发展。工业革命还扩展到英国以外的西欧和北美的一些国家。到19世纪70年代，欧美等先进国家相继完成了工业革命，建立了机器大工业，资本主义生产方式取得了统治地位。

机器大工业建立以后，社会生产力迅速发展，社会产品大大增加。19世纪上半叶，英国棉织物的产量比机器大工业建立以前增加了9倍，煤的开采量增加了4倍，铁的冶炼量增加了近13倍。与此同时，机器大工业的建立，推动了交通运输工具和通信联络工具的巨大发展和广泛运用，缩短了国际间的距离，极大地推动了国际贸易的发展。在海上运输中，轮船排挤了帆船；在陆路运输中，铁路逐渐代替了驿道，交通运输的速度大大加快了。在18世纪初期，从英国旅行到印度要花18~20个月，到了19世纪中叶，只要2~3个月。

这一时期，随着资本主义的发展，国际贸易发生了显著的变化，具有以下几个特点：

（1）国际贸易额空前增加。1800~1880年，国际贸易额增长了近10倍。而在这期间，由于资本主义竞争的加强，价格呈下降趋势，国际贸易量实际增长了约13倍。

（2）国际贸易的商品结构发生了很大变化。商品种类越来越多，出现了机器和运输工具的贸易，纺织品的贸易迅速增加，粮食也成为大宗的贸易商品。

（3）贸易方式有了进步。国际定期集市的贸易方式逐渐减少，现场看货交易逐渐发展为凭样品买卖。同时商品交易所日趋专业化，1848年美国芝加哥出现了第一个谷物交易所，1862年伦敦成立了有色金属交易所。

（4）经营国际贸易的组织机构日益专业化。这一时期出现了很多为国际贸易服务的专业化公司，如运输公司、保险公司等。

（5）国家之间的贸易条约、贸易协定广泛发展。为了保持在世界市场的份额，稳定贸易渠道，协调国家之间的贸易关系，国家之间开始签订贸易条约和协定。其主要内容是规定缔约国双方在贸易、航海、商品进出口、转口和关税等方面的权利和义务。

(6) 英国成为世界贸易中心。首先完成了工业革命的英国凭借其先进的技术，成为当时世界上最大的工业、贸易、金融、航运大国，在国际贸易中处于垄断地位。英国在世界工业总值和世界出口贸易中所占比重在 1870 年以前一直遥遥领先。英国以它的工业和贸易上的优势为基础，极力鼓吹和推行自由贸易政策，以便进入其他国家市场。而其他国家，如德国和美国为了保护其幼稚工业，而采取了保护贸易政策。到了 19 世纪中叶，其他资本主义国家先后发展起来，在世界市场上与英国展开了竞争。

(二) 第二次科技革命与国际贸易

19 世纪最后 30 年间，发生了以电和内燃机为代表的第二次科技革命。在这次科技革命中，一些新兴工业，如汽车、飞机、轮船等制造业相继出现。这一方面推动了工业的迅速发展，另一方面使世界的交通运输业发生了革命性的变化。1825 年世界上建设起第一条铁路之后，85 年的时间内有百万公里以上的铁路网环绕世界。在铁路建设以前，沿河和沿海城镇以外的广大内地的产品，除了贵金属、宝石及体积小、价格贵的产品外，极少能运到国外。铁路建设以后，这种情况逐渐得到改变。1875～1885 年，汽船使世界海洋运输的费用下降了一半以上。海洋航线的开辟以及美洲、亚洲和非洲铁路的建设，在历史上第一次真正地把世界各国的国内市场汇合成为世界市场。

19 世纪末 20 世纪初，各主要资本主义国家从自由竞争过渡到垄断资本主义阶段。在这一时期，各资本主义国家的垄断组织已形成并逐步占据支配地位，他们对外扩张的重心已由商品输出转向资本输出。这个时期的国际贸易具有以下特点：

(1) 国际贸易额继续增加，但同自由资本主义时期相比，增长速度有所下降。1840～1870 年，国际贸易量增长了 3.4 倍。1870～1900 年国际贸易量只增长了 1.7 倍。在这一时期，由于商品价格下跌，国际贸易额增长幅度小于国际贸易量的增长幅度。1900 年以后，商品价格转为上升，国际贸易量在 1900～1913 年期间增长了 62%，而国际贸易额则增长得更快。

(2) 初级产品和工业制成品在国际贸易中所占比重持续稳定。尽管伴随第二次科技革命的发展，出现了一系列新兴产业，如电气、汽车、石油等，重工业产品在国际贸易中的比重有所增加，但初级产品与工业制成品的比重基本保持不变。1876～1913 年国际贸易的商品结构如表 1-1 所示。

表 1-1　1876～1913 年国际贸易的商品结构

年　份	初级产品所占比重（％）	工业制成品所占比重（％）
1876～1880	63.5	36.5
1886～1890	62.3	37.7
1896～1900	64.3	35.7
1906～1910	63.2	36.8
1913	62.5	37.5

（资料来源：国际联盟《工业化与对外贸易》，1945 年，第 157 页，表Ⅶ和表Ⅷ。转引自姚曾荫《国际贸易概论》，第 389 页。）

(3) 国际贸易地理分布发生变化，英国在国际贸易中的比重不断下降，其他西欧国家、北美、非洲、拉丁美洲在国际贸易中的比重有所上升。1876～1913 年国际贸易的地理分布如表 1-2 所示。

表 1-2 1876~1913 年国际贸易的地理分布

地区	1876~1880 年			1913 年		
	出口（%）	进口（%）	总额（%）	出口（%）	进口（%）	总额（%）
欧洲	64.2	69.6	66.9	58.9	65.1	62.0
北美	11.7	7.4	9.5	14.8	11.5	13.2
拉丁美洲	6.2	4.6	5.4	8.3	7.0	7.6
亚洲	12.4	13.4	12.9	11.8	10.4	11.1
非洲	2.2	1.5	1.9	3.7	3.6	3.7
大洋洲	3.3	3.5	3.4	2.5	2.4	2.4
世界	100	100	100	100	100	100

（资料来源：P. L. 耶茨《对外贸易四十年》，1959 年，第 32~33 页。转引自姚曾荫《国际贸易概论》，第 387 页。）

四、第二次世界大战后国际贸易迅速发展

从 1914 年第一次世界大战爆发到 1945 年第二次世界大战结束的这段时间，是世界经济和国际贸易波动和萧条的时期。两次世界大战和几次世界性的经济危机，大大削弱了欧洲各国的经济与军事实力，也影响到国际贸易。第一次世界大战后，国际贸易缩减了 40%，直到 1924 年才略超过战前水平。紧接着 1929~1933 年的世界经济危机使整个世界市场的容量缩小到极点。加上各国政府纷纷实行保护贸易政策，致使国际贸易一直处于萎缩状态。这种状态直到第二次世界大战结束后才得以改变。

第二次世界大战以后，在世界范围内发展了第三次科技革命。这次科技革命以原子能、电子计算机和空间技术的发明与利用为主要标志。科技革命使生产工具和生产手段发生了重大变革，特别是电子计算机的生产和广泛使用，创造了机器控制机器的生产自动化装置，自动化机器大生产体系的发展，在很大程度上代替了人的体力劳动，部分地代替了人的脑力劳动，从而形成了崭新的生产格局。现代科学技术创造了自然界不能提供的新型材料，使劳动对象发生了重要质变。同时，科技革命推动了运输、通信的发展。科技革命的发展，使世界经济发生了巨大变化，国际贸易的发展进入了一个新的阶段。国际贸易无论在贸易规模上，还是增长速度上，都大大超过了第二次世界大战以前的水平。（详见第十二章）

关键术语

国际贸易 有形贸易 无形贸易 服务贸易 现汇贸易 易货贸易 国际贸易额与国际贸易量 国际贸易地理分布 国际贸易结构 总贸易 专门贸易 贸易条件 对外贸易依存度

复习思考题

1. 国际贸易与对外贸易有何异同？
2. 国际贸易有哪几种分类？
3. 统计国际贸易有哪些指标？

4. 工业革命对国际贸易有何影响？

延展阅读书目

[1] 海闻，等．国际贸易［M］．第一章．上海：上海人民出版社，2003．
[2] 薛荣久．国际贸易［M］．第一章．北京：对外经济贸易大学出版社，2003．
[3] 金圣荣．贸易战：全球贸易进化史［M］．第一～第五章．北京：电子工业出版社，2011．

理论篇

第二章
国际分工与国际贸易利益

本章学习要点

- 影响国际分工发展的主要因素
- 国际分工对国际贸易的影响
- 国际贸易的静态利益
- 国际贸易的动态利益

国际贸易是人类社会发展到一定阶段的产物。从历史和逻辑相统一的角度来看，国际分工是国际贸易产生和发展的基础，没有国际分工就不会产生国际贸易。各国通过国际分工和国际贸易可以获得贸易利益。本章首先分析国际分工，然后分析各国通过国际贸易所能获得的利益。

第一节 国际分工

一、国际分工的形成与发展

分工是指劳动分工，即社会成员在物质生产领域中从事各种不同的而又相互联系的活动。当社会分工超出国界而形成国与国之间的分工就发展为国际分工。国际分工（International Division of Labor）是指世界各国之间的劳动分工，是一国内部社会分工向国外的延伸和继续，是社会生产力发展到一定阶段的产物。国际分工是国际贸易和世界市场的基础，表现为生产的国际化和专业化。

国际分工的形成与发展经历了一个漫长的过程，它大体可以分为以下几个阶段：

（一）国际分工的萌芽阶段（16世纪~18世纪中叶）

在奴隶社会，地中海沿岸就已出现了邻国之间的分工，但由于当时自然经济占主导地位，商品经济不发达，这种国家之间一定程度的分工和交换只是社会分工的局部延伸。

随着生产力的发展，11世纪欧洲城市兴起，手工业与农业进一步分离，商品经济得到较快发展。15世纪末到16世纪的"地理大发现"为近代国际分工提供了地理条件，随后的殖民地开拓扩展了市场，促进了手工业向工场手工业的过渡。西欧国家在亚非拉美国家开矿山，建立甘蔗、烟草等种植园，为本国生产和提供原料，并扩大对殖民地的工业品出口，形成了宗主国与殖民地的最初分工。

（二）国际分工的形成阶段（18世纪60年代~19世纪60年代）

18世纪60年代英国首先发生了产业革命，接着迅速扩展到欧美其他国家。机器大工业极大地提高了生产力，推动了分工的发展，从而促使各国国内相互分离的地方市场发展为统一的国内市场，又使各自独立的国内市场汇合成统一的世界市场。马克思指出："在英国，机器发明之后分工才有了巨大进步……机器的发明完成了工场劳动同农业劳动的分离，从前结合在一个家庭里的织布工人和纺纱工人被机器分开了。由于有了机器，现在纺纱工人可以住在英国，织布工人却住在东印度。由于机器和蒸汽的应用，分工的规模已使大工业脱离了本国基地，完全依赖于世界市场、国际交换和国际分工。"⊖在第一次产业革命的推动下，近代国际分工开始形成。

由于英国首先完成了产业革命，其生产力极大提高，竞争力增强，在国际分工中处于主导地位。它依靠其强大的经济力量和贸易实力，把亚、非、拉国家的农业逐步纳入到国际分工和国际市场之中。这种以大机器工业为基础建立的国际分工是以先进技术为基础的工业国和以自然条件为基础的农业国之间的国际分工，是一种世界城市和世界农村对立的垂直分工模式。

（三）国际分工的发展阶段（19世纪中叶～第二次世界大战）

19世纪末20世纪初，自由资本主义进入垄断资本主义时期。这个时期的国际分工进一步得到发展。

发达国家通过资本输出，将亚、非、拉国家纳入资本主义生产体系，使其只片面发展一种或少数几种产品进行出口，造成这些殖民地半殖民地国家经济单一，对国际市场高度依赖，从而进一步强化了原有的垂直型国际分工。与此同时，随着新科技的发明与应用，产生了化学工业、电力工业、精密仪器等一系列新的工业部门。各个资本主义强国分别在一个或几个工业部门形成自身优势。例如，当时英国首先发明和采用了转炉炼钢技术，因而在钢铁生产中居领先地位；而德国侧重于发展化学工业。这就促使发达国家出口具有各自优势的工业产品，形成了发达国家之间的水平型国际分工。

（四）国际分工的深化阶段（第二次世界大战后）

第二次世界大战以后，在第三次科技革命的影响下，世界生产力获得了前所未有的发展，国际分工出现了许多新特点：

1. 发达国家之间的分工迅猛发展，并居于主导地位

在"二战"前的国际分工中，经济结构和技术水平不同的工业国与农业国的垂直型国际分工居主导地位，发达国家之间的水平型国际分工居次要地位。而"二战"后发达国家之间的水平型国际分工上升为主导地位。所谓垂直型国际分工，主要是指发达国家进口原材料、出口工业制成品，发展中国家进口工业制成品、出口原材料的国际分工。所谓水平型国际分工，主要是指各国在工业生产之间的专业化协作。造成这一变化的重要原因是科学技术的进步。由于科技成果转化为生产力需要大量智力资源和巨额资金投入，任何一个国家或单个的企业都难以单独从事所有新技术的研究开发与生产，这就迫使发达国家之间实行分工合作。现代高技术的产品，如巨型飞机、原子能发电站、大型储存集成电路计算机等，都是由若干个国家合作生产的。

2. 发达国家和发展中国家之间的分工形式发生变化

"二战"以后，亚、非、拉国家开始发展民族经济，这在一定程度上冲击了原来的工业

⊖《马克思恩格斯全集》第4卷，人民出版社，1965年，第168～169页。

国与农业国传统的垂直型国际分工。发达国家为了保持在国际竞争中的有利地位,将生产转向资本、技术密集的行业,而把一些资源消耗大、环境污染严重的行业转移到发展中国家。发展中国家和发达国家之间出现了简单加工工业与复杂加工工业之间的分工,劳动密集型工业与资本、技术、知识密集型工业之间的分工,劳动密集型工序或劳动密集型零部件生产与资本、技术、知识密集型工序或零部件生产的分工。发达国家与发展中国家之间还出现了产品研究设计与生产制造的分工,发展中国家成了发达国家的加工厂或加工车间。

3. 产业内部的分工逐步增强

随着科技进步,一国国内产业部门之间的分工向产业部门内部的分工发展,并突破国界,形成国家之间工业部门内部的分工。这种部门内部的分工,主要表现为:不同型号、规格产品的专业化,零部件生产的专业化和工艺工序的专业化。

二、影响国际分工发展的主要因素

国际分工是社会生产力发展到一定阶段的产物。它的形成与发展取决于社会生产力、自然条件、上层建筑等多种因素。

1. 社会生产力水平

生产力的发展是国际分工形成和发展的决定性因素。而科学技术是生产力的重要组成部分,科学技术的进步深刻地改变着生产的物质基础,改变着劳动者的面貌。人类社会经历了三次大的科技革命,都对当时的生产过程、工艺技术以及与之相联系的众多生产领域产生了极为重要的影响,极大地推动了国际分工的发展。

首先,科学技术的发明创造和运用,使生产力得到巨大增长,生产规模进一步扩大,产品在满足国内市场要求的基础上走向国际市场,实现国际专业化生产。同时,生产的扩大,使本国生产的原料、零部件等中间产品很难在数量、质量和结构上与之完全相适应,这就促使其在国际市场上寻找适宜的原料、中间产品,而另外一些国家将按照比较优势原则,从事原料、中间产品的国际专业化生产。

其次,科学技术的发展为国际分工打下了坚实的物质基础。科学技术的日新月异,提供了先进的交通运输工具和通信、联络手段,大大缩短了世界各国之间空间与时间的距离,使得国际间的生产过程联系密切。过去在一个国家完成的生产,现在可以分布在世界各地的最佳区域内进行。

生产力水平决定着一国的经济结构,制约着其参与国际交换的产品内容。生产力水平高的国家,在国际分工中处于领先地位。在自由竞争时期,英国最先完成产业革命,生产力水平最高,在相当长的时间里处于国际分工的主导地位。之后,其他资本主义国家的生产力也获得了发展,竞争实力加强,在国际分工中的地位随之提高,并处于支配地位。

生产力发展水平的高低决定了商品的生产成本,从而决定了该商品在世界市场上的竞争力。在主要领域取得竞争优势的国家可以在较长时间内保持有利的国际分工地位。而缺乏竞争优势的国家,可以通过技术创新提高劳动生产率,改变国际分工格局。而取得竞争优势的出口国,如果放慢生产力发展速度,就会逐步丧失优势,被后发优势国家赶超,新的国际分工格局将取代原有的国际分工格局。

2. 自然条件

自然条件包括地理环境、气候、自然资源、国土面积等。人类的生产活动总是在一定的自然条件下进行的。离开特定的自然条件，一些经济活动很难开展，甚至无法进行。矿产品只能在拥有大量矿藏的国家生产和出口，热带经济作物只适宜在热带雨林气候的条件下生长。因此，有利的自然条件为一国参与国际分工提供了可能性。但要把可能性变为现实性，还取决于生产力的发展，科学技术的进步。这是因为，自然条件在多大程度上转化为一国参与国际分工的优势，依赖于人类对自然条件的合理利用能力，而这种能力的高低是与科技的发展及运用密切相关的。

科学技术进步，不断创造出更多新的物质代替天然材料，从而减少了对农矿等初级产品的需求，如合成橡胶的发明与生产减少了对天然橡胶的进口。与此同时，现代经济增长不再主要依靠原料投入，而是更多地依赖技术进步，提高产品的科技含量与附加值，人们不断发明更加节约能源、降低消耗的生产方式，这使得自然条件对国际分工的作用不断下降。

3. 人口、生产规模与市场因素

在世界范围内人口的分布很不均衡。有的国家人口多，劳动力比较丰富；有的国家人口稀少，劳动力相对稀缺。各种产品的生产对劳动力需求是不同的。劳动力丰富的国家往往生产和出口劳动密集型的产品，而劳动力稀缺的国家往往生产其他要素密集型产品，这就导致了两类国家之间分工的产生与发展。

人口受教育的程度也会影响一国参与国际分工的形式与内容。受教育程度高的劳动者适合生产技术密集型的高科技产品，反之，受教育程度低的劳动者则适合附加值较低的简单劳动。教育发达、劳动者素质高的国家，有条件生产和出口知识、技术含量高的产品。

生产规模的经济性促使国际分工不断深入。现代工业要求大规模生产以便获得规模经济的好处。为此，在市场机制的作用下，各国将集中发展几个产业或几种产品，以达到经济批量，使产品在国际市场上具有较强的竞争力。

国际商品市场的规模直接影响到国际分工的展开，而市场规模取决于投入交换的商品数量、有支付能力的人口密度和交换距离。在商品交换的其他条件不变的情况下，一个国家和地区的运输条件越好，交换距离越近，运费越低，该国参与国际分工和发展国际分工的可能性越大。

4. 跨国公司的迅速发展

跨国公司为了追求规模经济效益，赚取高额利润，必将冲破国内市场的限制，在世界范围内寻求生产的最佳配置，这就促使企业分工国际化。跨国公司通过对外直接投资，把生产过程分散到世界各地。

"二战"后跨国公司的迅速发展改变着国际分工的格局。国际投资的主体由"二战"前的单一性发展为多元性，不但发达国家的跨国公司增加投资规模，而且发展中国家也在积极发展跨国公司，通过对外直接投资，扩大市场。20世纪90年代以来，跨国公司加速向服务业和高附加值的技术密集型行业投资，通过在全球最适宜的地点安排营销服务、生产制造、研发设计等中心，整合全球资源，形成全球产业链。跨国公司对外直接投资的变化促使国际分工向深度和广度发展，水平型国际分工占据主导地位，垂直型国际分工的内容也发生深刻变化，跨国公司之间及内部的协调成为调节国际分工的重要机制。

5. 上层建筑

上层建筑是指建立在经济基础之上的政治、法律等制度以及同经济基础相适应的社会意识形态，如政治、法律、道德、艺术、哲学等方面的观点。上层建筑主要是通过政府实行的政策措施、法律制度、思想意识、文化观念等，促进、推动或阻碍、延缓国际分工的发展。一些发达国家积极利用上层建筑的作用，利用强权政治、各种不平等的条约和规定，采取关税和非关税措施，形成有利于自己的国际分工。为了制裁或反对别国，有时甚至采取封锁、禁运、断绝经济贸易关系的办法，人为地割断这个国家与其他国家的经济联系，从外部影响该国的经济发展。发展中国家能否实行对外开放、鼓励企业积极参与国际分工、参与国际市场竞争，在很大程度上取决于该国采取的政策及法律制度，取决于该国对国际分工的认识。我国改革开放前后的变化充分说明了这一点。

文化观念对参与国际分工有很大的影响。从现实生活考察，国际分工总是在文化观念相近的国家中得到发展，如欧盟各国之间的国际分工不断深化，美国和加拿大的分工与协作逐步升级。

三、国际分工对国际贸易的影响

国际分工对国际贸易的产生与发展具有十分重要的作用。这种作用主要表现为以下几个方面：

1. 国际分工扩大了国际贸易规模

国际分工是国际贸易的基础，国际贸易的规模直接反映了国际分工的水平。人类历史上的每一次科技革命，都使参与国际贸易的商品品种不断扩大、数量迅速增长，产品的技术含量和附加值不断提高，从而有力地促进了国际贸易的发展。在资本主义自由竞争时期，由于形成了以英国为中心的国际分工体系，国际贸易规模迅速扩大。据统计，1820～1870年，国际贸易额在50年增长了近10倍。[⊖]"二战"后，随着国际分工的深化，国际贸易规模不断扩大，世界贸易出口额从1950年的607亿美元急剧增加到2014年的184220亿美元。

2. 国际分工优化了国际贸易的商品结构

国际分工的发展，使国际贸易的商品结构发生了显著变化。随着水平型国际分工的深化，国际贸易中工业制成品与初级产品所占比重不断变化。从1953年工业制成品在国际贸易中所占比重第一次超过初级产品所占比重之后，工业制成品所占比重不断上升，目前约占国际货物贸易的75%左右。在工业制成品贸易中，劳动密集型的轻纺产品所占比重下降，资本货物、高技术产品的比重上升，特别是技术含量高、附加值高的机械及运输设备、办公及通信设备等项贸易增长较快，其贸易额占国际货物贸易额的近40%。

随着国际分工的深化和跨国公司在国际分工中地位的加强，服务贸易的领域不断拓展，服务贸易出口额在整个国际贸易中的比重不断加大，服务出口额占世界出口贸易额的比重从1985年的16.1%上升为2014年的20.87%。服务出口中，资本技术密集型的服务出口如通信服务、计算机和信息服务、保险服务和金融服务以及特许权使用与许可等所占比重呈上升趋势。

3. 国际分工改变了国际贸易的地区分布

"二战"前，殖民主义宗主国与殖民地落后国家之间的垂直型国际分工，决定了西方工业国家同发展中国家的贸易占世界总贸易的一半以上。"二战"后，随着国际分工由垂直型向水平型转变，发达国家之间的贸易占据主导地位，而发达国家与发展中国家的贸易退居次

⊖ 罗绍彦主编《国际贸易原理》，清华大学出版社，1995年，第59页。

要地位。

4. 国际分工影响了国际贸易的利益分配

通过国际分工，生产各自具有比较优势的产品，能够提高生产效率，增加社会物质财富。这种贸易利益在交换国家之间的分配是根据各国在国际分工中的地位进行的。由于发达国家经济发达，在生产技术、销售渠道、重要制成品方面占有优势，在国际分工中处于有利地位，在贸易活动可以获取更多的利益，而发展中国家则很难完全实现其应得到的利益。

第二节　国际贸易利益

国际贸易利益是指一国通过贸易所获得的较之自给自足经济增加了的福利，最终体现在贸易参加国经济的增长和人民生活水平的提高上。从发展的角度考察，国际贸易利益可以分为静态利益和动态利益。从宏微观层面看，国际贸易利益可以分为国家利益和企业利益。本节主要介绍静态利益和动态利益。

一、国际贸易的静态利益

国际贸易的静态利益是指开展贸易后，贸易双方所获得的直接经济利益。它是在资源总量不增加、生产技术条件不变的情况下，通过参与国际分工获得的实际福利的增加。贸易国的消费者可以得到的商品数量，要大于各国在封闭状态中由自己生产所得到的数量。

（一）一般均衡下国际贸易静态利益的简单模型

我们假定世界上只有 A 国和 B 国两个国家，两国都只生产衣服和粮食两种商品，再假定两国可以利用的生产资源总量为一定，生产的技术条件不变。

如图 2-1 所示，直线 CF 表示 A 国的生产可能性曲线，它表示在现有的生产技术条件下，当 A 国的生产要素得到充分利用时能够生产的两种商品的不同组合。可以看出，在 A 国现有生产条件下，所有生产要素全部投入生产可以得到 100 单位的粮食或者 60 单位的衣服。或者如点 E 所示，在既生产粮食又生产衣服的情况下，则可以得到 50 单位粮食和 30 单位衣服的商品组合。在没有贸易的情况下，直线 CF 同时也是 A 国消费者的消费可能性曲线，即消费者可以消费图中 CF 线上任一点或 CF 线以下的所有点所代表的商品组合。

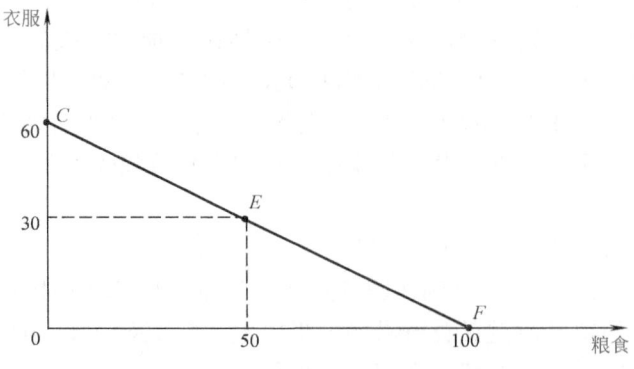

图 2-1　A 国的生产（消费）可能性曲线

同样，图 2-2 中直线 $C'F'$ 是 B 国的生产（消费）可能性曲线，B 国现有生产条件下，可以生产 80 单位的粮食或者 100 单位的衣服。图中的 E' 点（50 个单位的衣服和 40 个单位的粮食）既是生产组合又是消费组合。

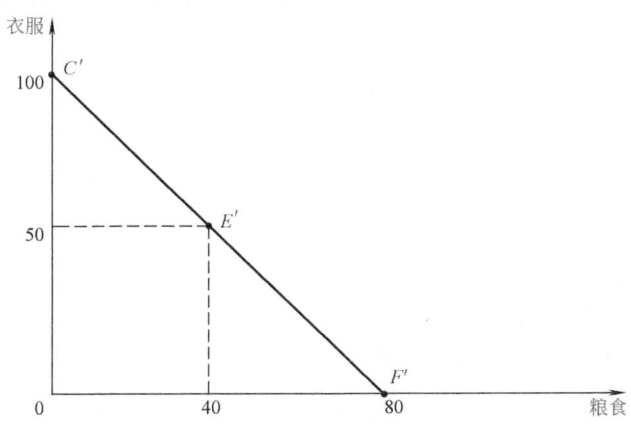

图 2-2　B 国的生产（消费）可能性曲线

在封闭条件下，两国市场上商品的相对价格即两种商品的交换比率是不同的。在上面的例子中，A 国粮食和衣服的交换比率为 100∶60，1 单位粮食的价格为 0.6 单位的衣服；1 单位衣服的价格是 1.67 单位的粮食。B 国粮食和衣服的交换比率为 80∶100，1 单位粮食的价格是 1.25 单位的衣服，1 单位衣服的价格是 0.8 单位的粮食。

由于 A、B 两国商品的相对价格存在差别，就存在互利的贸易基础，就可能发生贸易关系。在 A 国市场上 1 单位的粮食只能交换到 0.6 单位的衣服，而在 B 国市场上 1 单位的粮食却可交换到 1.25 单位的衣服，A 国粮食的相对价格比较低，A 国如果以生产出来的粮食去同 B 国交换衣服，比自己生产衣服合算。同理，如果 B 国输出衣服去同 A 国交换粮食，显然要比自己生产粮食合算。于是，在实行自由贸易的情况下，A 国将放弃生产衣服而将其生产资源投入到粮食的生产，然后通过与 B 国的商品贸易交换到比自己生产时更多的衣服；B 国将放弃生产粮食而将其生产资源投入到衣服的生产，然后通过与 A 国的商品贸易交换到比自己生产时更多的粮食。两国消费者的实际福利增加。

那么，在两国开展贸易时双方均可以接受的价格又是多少，即 A 国和 B 国应该选择怎样的商品交换比率开展贸易呢？分别对两国进行分析。在 A 国国内，1 单位的粮食可以交换到 0.6 单位的衣服，如果要在贸易中获益，则在与 B 国的商品交换中，同样 1 单位粮食必须能够换取多于 0.6 单位的衣服，即 A 国粮食和 B 国衣服的交换比率应该大于 1∶0.6。同样，在 B 国国内，1 单位的衣服可以交换到 0.8 单位的粮食，如果要在贸易中获益，则在与 A 国的商品交换中，1 单位衣服必须能够换取多于 0.8 单位的粮食，即 A 国粮食和 B 国衣服的交换比率应该大于 0.8∶1。综上，A、B 两国参与贸易的前提条件是粮食和衣服的交换比率在 0.8~1.67 之间。

现在假定 A 国和 B 国实行自由贸易政策，于是为了获取更多的产品，A 国专业化生产粮食，得到 100 单位的粮食，B 国专业化生产衣服，得到 100 单位的衣服。不妨假定国际市场上粮食和衣服的交换比率是 1∶1，于是 A 国向 B 国出口粮食、从 B 国进口衣服，B 国向 A

国出口衣服、从 A 国进口粮食。如图 2-3 所示，贸易后 A 国消费者可以消费的最大商品组合从贸易前的 CF 移动到 C_0F，可以看出直线 C_0F 在 CF 线的上方，即贸易的结果是使 A 国消费者可以消费较之以前更多的商品，从而获得贸易利益。比如 A 国现在只消费原来 50 单位的粮食，则可以通过贸易同时得到 50 单位的衣服，比自己生产两种商品时多得 20 单位的衣服。

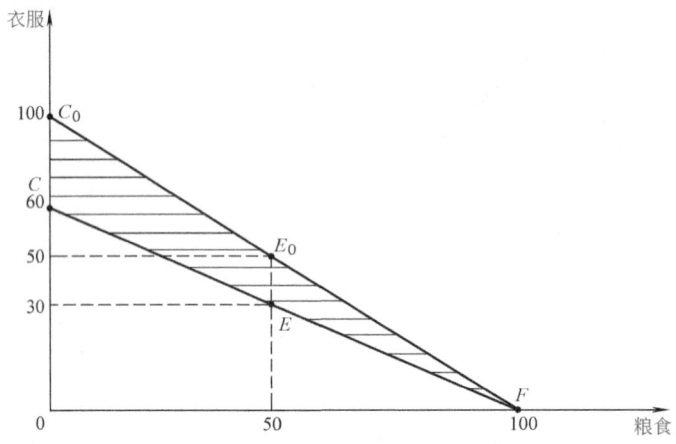

图 2-3　A 国的贸易利益

同理，如图 2-4 所示，贸易后 B 国消费者可以消费的商品组合从贸易前的 $C'F'$ 移动到 $C'F'_0$，可以看出直线 $C'F'_0$ 在 $C'F'$ 线的上方，即贸易的结果是使 B 国消费者可以消费较之以前更多的商品，从而获得贸易利益。B 国如果仍只消费 50 单位的衣服，现在则可通过贸易同时得到 50 单位的粮食，比自己生产两种商品时多了 10 单位的粮食。

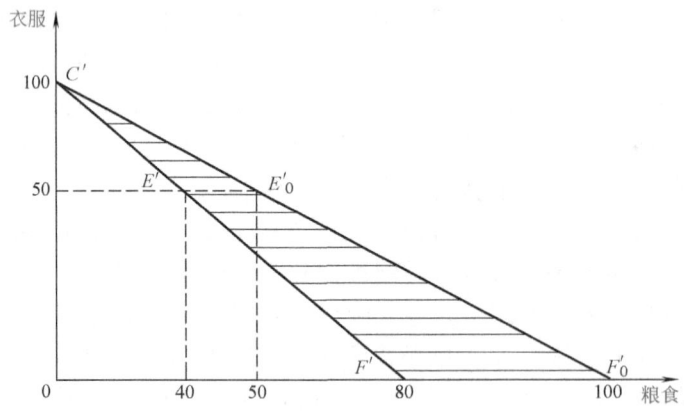

图 2-4　B 国的贸易利益

总之，A、B 两国消费者得到的商品都超出了本国的生产可能性曲线，增加的部分就是来自贸易的静态利益。

上述两国贸易两种商品的简单模型的分析表明：国际贸易能使参与国获得贸易的静态利益。

国际贸易静态利益的简单模型还可以进一步推广到多个国家多种商品的贸易情况，国际贸易静态利益的基本结论仍然有效。

【国贸博览】

国际贸易静态利益简单一般均衡模型的推广

现实的世界要比两个国家两种商品的模型复杂得多，然而关于贸易利益的基本逻辑是普遍成立的。要考虑 m 个国家、n 种商品的贸易模型，需要建立一个复杂的数学模型。但可以采用两种基本思路，把简单的模型加以推广。

一种办法是假定现实世界只存在两个国家，但有许多种类的商品。举例来说，现有甲、乙两国，生产 A、B、C、D、E 5 种商品。可以先把两国 5 种商品的价格按照相对价格进行分类，也可以按照一定的汇率以同一货币来表示，然后再对两国每种商品的价格加以比较，找出各自相对便宜的商品。比如通过比较，甲国有 A 和 D 两种商品相对便宜，而乙国有 B 和 E 两种商品比较低廉，商品 C 在两国的价格相等。于是，甲国可以出口商品 A 和 D，乙国可以出口商品 B 和 E，商品 C 不加入两国的贸易。在市场机制的导向下，甲国会扩大 A 和 D 两种商品的生产，乙国则会使资源向 B 和 E 两种商品倾斜，然后相互交换，共同获得国际贸易利益。

另一种办法就是假定现实生活中只有两种商品，然而却有许多国家。比如说，设有 A、B 两种商品，甲、乙、丙、丁 4 个国家。我们可以把这些国家分成两类，如甲、丙两国的 A 商品价格相对便宜，而乙、丁两国的 B 商品相对低廉。因此，这些国家可以在两种商品上进行交换，并且都有可能从国际贸易中获得利益。

（资料来源：张二震、马野青著《国际贸易学》，南京大学出版社，2003 年，第 35 页。）

（二）国际贸易利益的源泉

前面已从商品使用价值的角度论证了国际贸易的利益，即贸易参与国国内消费者得到的总效用（商品总量）增加了。但是，还需要进一步探讨以下问题：消费者获得的总效用为什么能够增加？国际贸易的利益究竟是如何形成的？

1. 国际贸易的利益主要来源于生产

在自由贸易的条件下，国家之间的分工与协作，可以提高劳动生产率，节约单位产品耗费的劳动时间，从而在生产资源总量不变的前提下使社会物质财富总量达到最大化，进而提高消费者的实际福利。在上述简单模型中，A、B 两国都按专业化原则组织生产，即 A 国专门生产粮食，B 国专门生产衣服时，虽然两国都没有超出自己的生产可能性曲线，但由于两国均选择生产其具有相对优势的产品，从而提高了生产资源的利用效率，于是在分工的状态下两国总的产量较之各国孤立生产时的简单总和要高。从某种程度上讲，国际分工促进了全球范围内资源的合理配置与利用。如果不在国家之间按各国优势组织与调整生产过程，就失去了国际贸易利益产生的基础。

2. 国际贸易利益的获得必须以国际交换为条件

分工推动人类社会的进步与发展。由于政治、经济、文化等多方面的原因，国家之间的分工不可能像在一个国家内部那样有效地进行。而国际贸易在一定程度上可以弥补生产要素不能自由流动的缺陷，使国家之间广泛地进行分工协作成为可能。例如，如果没有国际贸易，上述简单模型中A、B两国的消费者就无法消费到本国生产可能性曲线与贸易发生后新的消费可能性曲线之间的区域（图2-3、图2-4中阴影）所代表的商品组合。国际贸易不仅是联系国际分工的纽带，同时也对国际分工的不断深入起引导作用。在市场机制的作用下，各国把生产资源从效率较低的部门转移到效率较高的部门。

国际贸易使贸易参与国分享到贸易利益。在不存在垄断力量的条件下，以商品的国际价值为基础来进行国际交换，客观上有益于各贸易参与方。即使经济比较落后的国家，在按照国际价值同先进国家进行交换时，虽然所付出的商品中包含的劳动时间大大超过所得到的商品中实际耗费的劳动时间，但通过国际交换，放弃本国需要而自己生产又处于劣势的商品的生产，仍然可以获得利益。

二、国际贸易的动态利益

国际贸易的静态利益侧重分析一国通过贸易所获得的消费方面的利益，体现的是直接的贸易利益。而国际贸易的动态利益则是指开展贸易后对生产的促进作用以及对社会生活诸方面带来的积极影响，表现为贸易带动和促进经济发展的间接利益。

国际贸易的动态利益是多方面的，主要表现在以下几个方面：

（一）开展国际贸易可以扩大市场规模，增加产品需求，从而促进产业发展，并通过部门之间的联系来带动其他相关产业的发展，促进经济增长

一国国内市场相对来说总是狭小的。出口的扩大使产品的需求增加，产业规模相应扩大，生产效率提高的同时单位成本不断下降，从而实现规模经济利益，促进产业发展。

国民经济部门之间是相互联系、相互促进的。某一产业发展进出口，可以促进国内外市场的扩大，提高本产业的规模，加快产业发展。同时可以通过前向联系和后向联系，带动其上下游产业的发展，进而带动国民经济其他部门的扩大和发展，实现宏观经济总量的增长。所谓前向联系，即某个部门同吸收它的产出的部门之间的联系。所谓后向联系，即某个部门同向它提供投入的部门之间的联系。如果出口产业是"联系效应"大的主导产业，那么这个产业的发展将对经济发展起到巨大的带动作用。比如加工程度较深的工业制成品出口的扩大，会增加其供给部门的需求；这些部门转而向其他供给部门增加需求。如此下去，会带动所有部门的发展。

（二）开展国际贸易，有利于促进一国产业结构的调整

经济总量的增长和产业结构的优化是现代经济发展不可分割的两个方面。随着科学技术的日新月异，国际分工不断深入，结构优化成为推动现代经济持续增长最重要的推动力。

所谓产业结构的优化是指第一、二、三产业之间各比例协调发展、各产业内部的结构符合社会市场需求结构，以及各产业逐步由劳动密集型向资本密集型、技术密集型的转移。开展国际贸易，有利于产业结构的调整与优化，主要表现为以下两方面：

一是开展国际贸易，充分利用国际市场，可以保证国内供给结构与需求结构相一致。当国内某些资源过剩而需求不足时，可以根据国外市场组织生产，扩大有效需求；当国内需求很大而缺乏必要的资源和产品时，可以适当进口以满足国内市场需求。

二是积极参与国际分工与国际贸易，就必然要发展本国具有现实的或潜在的比较优势的产业，淘汰和放弃某些不合理的产业，以优化资源配置。进出口结构的不断调整，又会促进

本国企业的技术进步，促进产业结构的高度优化和资源配置效率的进一步提高。

（三）开展国际贸易可以增加资金积累，促进就业

一般地说，国际贸易可以促进一国的资金积累。首先，通过出口获得较好的经济效益，增加外汇收入，提高积累率。其次，出口的不断扩大会鼓励外国资本的流入，这对缺乏资本的国家尤其重要。外资的流入不但能解决国内投资不足的难题，而且会促进先进技术和管理知识的传播；增加出口，获得外汇收入，同时为吸收外商间接投资提供必要的条件。因为一个国家的偿债能力最终是由该国的出口能力决定的，出口越多，在国际市场上筹措资金的余地就越大。

国际贸易的快速发展为资金、劳动力等生产要素在国际范围内的合理配置提供了可能。对一国来说，出口的高速增长直接扩大了出口部门的就业，间接扩大了国内相关配套行业的就业。如出口大多为劳动密集型产品的国家或地区，出口的扩大、产量的增长无疑意味着更多的劳动力需求。对外贸易的发展同时也带动了物流、运输、金融等服务产业的快速发展，推动了劳动力向新兴产业部门的转移，在一定程度上缓减了就业压力。

（四）开展国际贸易，可以刺激企业提高自身素质，增强国际竞争力

一国一旦参与国际贸易，就会使本国企业置身于激烈的国际市场竞争中。这种竞争表现为两个方面：一是出口企业的产品在国际市场与国外相同或相似甚至是替代产品展开的竞争；二是国内企业在国内市场与进口产品的竞争。企业为了在竞争中处于有利地位，必将采取多种途径提高劳动生产率，降低成本，这就促进了企业整体素质的提高。

对于一些幼稚产业、新兴工业，各国政府视情况给予适度保护是合理的。这种保护是为了促进民族产业的成长。因此保护的期限不宜太长，保护的措施应当恰当，要促使企业在竞争中成长与发展。依靠过度保护的产业或企业都是没有生命力的，只会在市场竞争机制的作用下遭到淘汰。积极有效地参与国际分工与国际贸易，是企业和行业保持国际竞争力的必要途径。

（五）开展国际贸易，必然激发企业的创新机制，推动技术进步

国际贸易中产品的竞争可归结为产品质量和价格的竞争，而提高生产的技术水平是改进产品质量、降低生产成本进而降低产品价格的关键。企业通过参加国际贸易，产生了加强技术进步与创新的动力。与此同时，通过引进国外先进技术与设备，引进先进的管理方法，节约了技术创新的成本，奠定了技术进步的物质基础。

三、国际贸易利益实现的限制条件

国际贸易利益是客观存在的，具有普遍意义。但一国并不可以无条件地获得或分享。在现实生活中，国际贸易利益能否实现，实现多少，往往受到多种条件的限制。对一个国家而言，国际贸易利益的实现主要受到以下条件的限制：

（一）**市场经济发展条件**

完备的市场体系和市场结构是实现生产要素优化配置的基本条件。从市场发育状况看，如果生产要素不能在本国充分自由地流动，那么由进出口所引起的资源优化配置就无从谈起。对出口而言，它对经济发展是否产生推动作用以及作用的大小，取决于出口部门与国内经济其他部门在生产、技术和市场等各方面的联系程度。只有形成一个较为成熟的市场体系，出口的增长才能通过市场这一中介传递给各个部门，通过出口的扩大而引发生产要素的

重组和优化配置，带动经济增长。如果市场发育程度较低，要素市场之间、商品市场之间、商品市场与要素市场之间的联系程度较弱，即使出口形成了潜在的动力，也会因各经济部门传递的渠道不畅，或者其他经济部门无力或无法做出积极的反应，而无法发挥对经济增长的促进作用。最终出口也会因无法得到其他部门的支持而衰竭。

另外，使用不同投入系数、不同生产要素的出口产品对国内经济部门往往具有不同的带动效果。出口产品的技术性质及其技术水平与其他部门技术水平的差异程度也会对贸易利益产生影响。如果出口生产的技术水平与其他部门相差不多，或出口的扩张仅仅是外延规模的扩大，缺乏技术进步和创新，则其他部门从出口的发展中受益的可能性就很小。

（二）经济主体参与国际贸易的主动性和创新性

企业是市场经济的主体。企业只有积极主动参加国际竞争与国际贸易，努力提高自身效率，不断创新，才能在国际交换中获取静态利益与动态利益。如果企业缺乏竞争意识，缺乏参与国际竞争的主动性与创新性，是很难在激烈的国际市场竞争中生存与发展的。

（三）产业结构优化的代价和时间

促进一国产业结构的优化是国际贸易的动态利益。但现实经济生活中，产业结构的优化并非轻而易举，往往需要经历一定的时间并付出较大的代价。而产业结构优化的难易程度直接影响到贸易利益的实现。

产业结构的优化会面临较高的劳动力转移成本。这是因为产业结构的调整与优化必然伴随生产要素的转移。当一国参与国际分工、扩大出口贸易时，生产要素必然向出口部门转移，相当一部分劳动力将从原有的工作岗位转向新的工作岗位。这些转岗的工作者原有的一些知识和技能无法适用新的工作岗位，他们需要重新学习或培训以掌握新的知识和技术，并且难以得到与先前同样的工作环境和劳动报酬，这直接影响到劳动者的积极性与创造性。

产业结构优化使企业付出较大的代价。企业为了满足国际市场需求而改变经营方向，调整产品结构，需要重新进行投资，原有的一部分投资变成沉淀成本无法改作新的用途。因此，专业化程度越高，转产的代价越大。

产业结构的调整与优化，不但使国家付出经济上的代价，而且必然伴随着利益的再分配和权力结构的调整，往往引发社会摩擦。因此，产业结构调整与优化的经济和政治成本相当高，这会在一定程度上抵消贸易带来的利益。

【案例分析】

东莞倒闭潮危机　订单被东南亚抢走

宋水英家族在1997年就到东莞办厂，几家工厂均是做服装辅料产业，在2008年以前，利润率还能保持在50%以上，但这种好日子在金融危机后戛然而止。

宋水英家族的几个工厂客户接连跑路倒闭，应收款收不回来，而剩余客户对价格一压再压。2009年后经济虽有回暖，但又面临人工、厂租、原材料等成本的不断上涨，而出厂价却再也无法涨回来，利润空间所剩无几。

这倒逼着宋水英一家像无头苍蝇一样四处寻求机会转型，包括创建环保砖厂、水电站，做别的品牌代理，以及打造自己的品牌服装等，过程可谓艰难曲折。

而在宋水英的朋友圈中，所有制造业老板都经历了2008年前后从辉煌到没落的转折。

"东莞塞车，全球缺货"的往昔繁华一去不复返。这8年来，有的倒闭，有的转型，有的搬迁，有的还留守在东莞的生死边缘中。

1. 从辉煌到没落

宋水英是在2003年自己投资建厂的，但后来因政府修建高速公路要收回土地，2009年工厂就搬迁了。2008年金融危机发生后，宋顺势将工厂工人从200多人缩减到40人，尽管利润微薄，但她也不想完全关闭，主要靠老客户订单维系着。

而他们身边的出口加工企业也面临同样的问题，订单不足，很多企业因支付不起厂租直接关闭工厂，或转作贸易公司，有了订单就转给其他工厂代工。

玩具算是东莞制造业最有代表性的行业，东莞永达玩具厂老板韦柱明从1992年就开始投资玩具厂，最高峰时开了5家工厂，那时候投资10万元一年能赚到100万元。

但金融危机后，西方国家经济低迷，需求量缩减明显。2008年10月，发展了13年的东莞最大玩具代工厂合俊玩具厂倒闭，数千名员工走上街头。而韦柱明的工厂只有几百名工人，管理成本较低，因而才在2008年金融危机中得以撑下去。

有调研显示，到2011年，东莞3500多家玩具厂，倒闭了约1800家，2012年玩具厂倒闭的案例仍然经常发生，如今只剩几百家。

坚持到2013年，韦柱明所剩的最后一个玩具厂也倒闭了，为了躲债，他哥哥被逼跑路，到现在还欠着100万元。

2. 难以承受之重

2009年国家拿出4万亿救市。对工厂而言，感受最为明显的是人工工资、原材料价格水涨船高，但产品出厂价却涨不上去，利润被不断压缩。深圳富士康员工跳楼事件，更是引爆了珠三角制造业的加薪潮。

从1999年到2008年以前，宋水英的员工平均工资从450元涨到1000元左右，2008年后，流水线员工基本工资很快增长到2000多元，社保从200元增加到600元，但是产品价格却一直不涨。

对于出口企业来说，还要承受人民币对美元的升值损失，从2007年1月人民币对美元汇率中间价的7.8，到2008年4月突破7关口，而目前已经到6.1附近。8年期间，升值幅度达到30%。

比小代工厂生命力更脆弱的不堪一击的是大工厂。刘秀碧说，大厂工人多，管理成本高，各种社保、消防、污水处理等费用，都要严格按规定操作。如果业绩起不来，每个月开销大于收入就撑不下去，而小厂可以节省很多管理成本。

随着工人维权意识的上升，出于调整社保诉求，2014年4月，知名的台资运动鞋代工企业裕元集团在东莞的4万多工人开始罢工。紧接着罢工扩散至江西分厂，这些抗议背后发出了一个信号：不仅是珠三角，内地城市的廉价劳动力支撑也难以为继。

在政府介入调解下，工人罢工17天后复工，裕元董事会公告称，此次罢工造成的损失预计有2700万美元，2014年度增加的高埗厂区工人福利金3100万美元。据春风服务部估计，此次裕元应补缴社保金为1亿~2亿元。

东莞曾经的支柱产业主要集中于电子信息、纺织服装、家具、玩具等制造业，有机构调研数据称，在2013年之前的5年，即2008年至2012年，东莞有7.2万家企业倒闭。

3. 陷入迷茫

东莞制造业变迁趋势已不可逆转，以制鞋、纺织服装为主的劳动密集型产业开始内迁或外移，而外移则以越南、泰国、柬埔寨、老挝等东南亚国家为主。

宋水英身边也有不少人将工厂搬到东南亚去。而据她所知，东莞等制鞋基地有不少大厂的工人锐减一半，三成订单已转移到东南亚国家。

目前中国大陆东部沿海地区工人月薪大约是 500 美元，印度尼西亚大约 300 美元，而越南只有 250 美元左右。也就是说 1 万人的工厂，一年可以节省 2000 万～3000 万美元的人工费用。

根据亚洲鞋业协会调查的结果，自从 2008 年金融危机爆发以来，随着中国制造成本节节攀升，目前东南亚鞋业已抢走中国 30% 的订单。

4. 漫漫转型路

在身边的朋友们转作其他行业时，宋水英与丈夫四处调研，希望找到转型的方向，在参加完香港的一个展会后，她决定从健康的角度做女人内衣，打造自己的品牌"提美"，原材料、面料都从意大利的大企业进口，走高端路线。

不过这次宋水英没有再开厂扩建生产线，而是找客户代工，专门增加一条生产线为她生产内衣，而她自己只负责设计以及品牌推广，不过产品在初创时也面临诸多问题。

为了尽快打通销售渠道，宋水英选择了美容院做代理，搭配美容手法做捆绑销售，有了自己的品牌后，宋水英的毛利率可以拿到 50% 以上，比生产辅料的利润高数倍。

"很多工厂都希望打造自己的品牌，但花了钱品牌效益却出不来，慢慢又变回去做代工。"宋水英的客户前几年因国外订单缩减，有时候生产出来说取消就取消，到现在她的客户还拖欠着她的货款。

东莞是外向型经济，大多数欧美国家还未走出危机，原来做外贸有渠道，还有出口退税补贴，现在转内销利润压缩了，没有了渠道很难开拓市场，东莞制造业大地震可能还会持续很多年，没有了人工成本优势，低端产业淘汰是大势所趋。

但东莞又很难复制深圳、广州的转型路径，科研资源不足，资本市场不发达，野蛮成长起来的制造业，要走向中高端无疑是个漫长的过程。

（资料来源：华夏时报 2015-07-25，http://3g.k.sohu.com/t/n616974860，引用有删节）

案例讨论：东莞制造业在发展中面临哪些问题？东莞应如何加快外贸发展方式的转变？

（四）国际贸易导致国内收入分配格局的变化

开展国际贸易会引发国内收入分配格局的变化，进而影响贸易利益的实现。从短期看，出口贸易的扩大会引起出口行业的产品价格上升，导致出口行业的所有生产要素的收益增加；同时，进口竞争行业的产品价格下降，因而这个行业的所有生产要素的收益受损。从长期看，开展贸易会引起生产要素在出口部门和进口竞争部门之间的重新配置，引起生产要素市场供求关系的变化，从而影响到生产要素的价格和收益，制约着国际贸易利益的实现。

一旦贸易引起分配格局变化剧烈，且不合理或不公正，就会波及社会的安定，影响经济的平稳增长。因此，政府必须采取税收、补贴等适当的收入分配调节政策和措施，来避免某些阶层收入水平的绝对下降。

(五) 各国外贸政策的影响

从理论上分析，自由贸易可以促使各国积极参与国际分工，引导生产要素朝生产效率较高的部门转移，从而导致世界总产量增加，使贸易参与国获得利益。但在现实生活中，由于国家利益的存在，国际贸易普遍受到各国外贸政策的影响。

各国政府有关进口和出口的政策，直接影响着国际分工与国际贸易的格局，影响一国贸易利益的实现。保护政策会使国内生产资源向非出口部门转移，限制进口会间接影响外国出口部门的增长。有些国家的政府往往出于政治、军事或其他方面的需要，对某些产业实行较为严格的保护政策，这也在一定程度上阻碍了贸易利益的实现。

此外，国际贸易利益的实现还受到一国文化传统和价值标准的影响。在经济全球化日益加深的今天，积极主动地实行开放的国家，其生产力极大提高，在国际贸易中获得的利益逐步增加。

前面分析了国际贸易利益实现的限制条件，但这些限制条件只能影响一国获得和分享贸易利益的程度，不能构成对贸易利益的根本否定。伴随着经济全球化，国际贸易利益已将几乎所有的国家和地区吸引到国际分工与国际贸易的体系中来，这是不以人们的主观意志为转移的。

关键术语

国际分工　垂直型国际分工　水平型国际分工　国际贸易的静态利益　国际贸易的动态利益

复习思考题

1. 何谓国际分工？
2. 当代国际分工有何特点？
3. 国际分工对国际贸易的影响有哪些？
4. 什么是国际贸易的静态利益？这些利益来自何处？
5. 国际贸易的动态利益表现在哪些方面？

延展阅读书目

[1] 张二震，马野青. 国际贸易学 [M]. 第二章. 3版. 南京：南京大学出版社，2007.
[2] 陈家勤. 当代国际贸易新理论 [M]. 第五章. 北京：经济科学出版社，2000.
[3] 朱钟棣，等. 国际贸易学 [M]. 第一章. 上海：上海财经大学出版社，2005.
[4] 韩玉军. 国际贸易学 [M]. 第八章. 北京：中国人民大学出版社，2010.
[5] 董瑾. 国际贸易理论与实务 [M]. 第二章. 5版. 北京：北京理工大学出版社，2014.

第三章
古典国际贸易理论

本章学习要点

- 亚当·斯密的绝对优势理论
- 大卫·李嘉图的比较优势理论

自由贸易理论（The Theory of Free Trade）是国际贸易理论的主流学说与核心内容。16世纪，西欧重商主义开始研究国际贸易问题，认为自由贸易不能带来总体利益的增加，即国际贸易是一种"零和博弈"（Zero-sum Game）。1776年古典经济学家亚当·斯密（Adam Smith，1723—1790）在其著作《国民财富的性质与原因的研究》（Inquiry into the Nature and Causes of the Wealth of Nations，简称《国富论》）中，提出了绝对优势理论（The Theory of Absolute Advantage），证明了自由贸易的可能性和必然性；1817年，大卫·李嘉图（David Ricardo，1772—1823）在其著作《政治经济学及赋税原理》（On the Principles of Political Economy and Taxation）中，提出了比较优势理论（The Theory of Comparative Advantage），后人一般把这两个理论称为古典国际贸易理论。

该理论论证了自由贸易发生、发展的合理性和可行性，对国际贸易理论的发展具有重大的影响。此后的新兴古典自由贸易理论，如要素禀赋说、里昂惕夫之谜以及一些当代国际贸易理论，仍沿着比较优势理论这一分析框架，解释贸易各国比较优势的起因。绝对优势理论和比较优势理论被国际学术界公认为自由贸易理论的奠基石。

第一节 绝对优势理论

亚当·斯密是英国工场手工业和产业革命时期的经济学家，是国际分工和国际贸易理论的创始者。1776年，亚当·斯密在其代表作《国富论》中，第一次把经济科学所有主要领域的知识归结成一个统一和完整的体系，其核心思想是自由放任，并提出了绝对优势理论，用来论证国际贸易的动因。

亚当·斯密所处的时代背景是：英国资产阶级的原始资本积累已经完成，经济力量不断壮大，重商主义严重阻碍着资本主义的自由发展，代表先进生产力的资产阶级要求实现自由竞争和自由贸易。

【国贸博览 3-1】

亚当·斯密（Adam Smith，1723—1790）

亚当·斯密是经济学的主要创立者。他于 1723 年出生在苏格兰的克科底，青年时就读于牛津大学。1751~1764 年在格斯哥大学担任哲学教授。在此期间他发表了第一部著作《道德情操论》，确立了他在知识界的威望。但是他的不朽名声主要在于他在 1776 年发表的伟大著作《国民财富的性质与原因的研究》（简称《国富论》），该书使他在余生中享受着无尽的荣誉和爱戴。他于 1790 年在克科底去世。

亚当·斯密并不是经济学说的最早开拓者，他最著名的思想中有许多也并非新颖独特，但是他首次提出了全面系统的经济学说，为该领域的发展打下了良好的基础，因此完全可以说《国富论》是现代政治经济学研究的起点。

该书的伟大成就之一是摒弃了过去的许多错误概念。亚当·斯密驳斥了旧的重商学说，这种学说片面强调国家贮备大量金币的重要性。他否决了重农主义者的土地是价值的主要来源的观点，提出了劳动的基本重要性。亚当·斯密重点强调劳动分工会引起生产的大量增长，抨击了阻碍工业发展的一整套腐朽的、武断的政治限制。

《国富论》的中心思想是看起来似乎杂乱无章的自由市场实际上有个自行调整机制，它自动倾向于生产社会最迫切需要的货品种类。例如，如果某种需要的产品供应短缺，其价格自然上升，价格上升会使生产商获得较高的利润，由于利润高，其他生产商也想要生产这种产品。生产增加的结果会缓和原来的供应短缺，而且随着各个生产商之间的竞争，供应增长会使商品的价格降到"自然价格"即其生产成本。谁都不是有目的地通过消除短缺来帮助社会，但是问题却解决了。用亚当·斯密的话来说，每个人"只想得到自己的利益"，但是又好像"被一只无形的手牵着去实现一种他根本无意要实现的目的……他们促进社会的利益，其效果往往比他们真正想要实现的还要好。"（《国富论》，第四卷第二章）

亚当·斯密的经济思想体系结构严密，论证有力，使原有的经济思想学派在几十年内就被抛弃了。实际上亚当·斯密把他们所有的优点都吸纳进了自己的体系，同时也系统地披露了他们的缺点。亚当·斯密的接班人，包括像托马斯·马尔萨斯和大卫·李嘉图这样著名的经济学家对他的体系进行了精心的充实和修正（没有改变基本纲要），从而建立了今天被称为经典经济学的体系。虽然现代经济学说又增加了新的概念和方法，但这些大体说来仍是经典经济学的自然产物。从一定意义上来说，甚至卡尔·马克思的经济学说（自然不是他的政治学说）都可以看作是经典经济学说的继续。

除了亚当·斯密观点的正确性及对后来理论家的影响之外就是他对立法和政府政策的影响。《国富论》一书技巧高超，文笔清晰，拥有广泛的读者。亚当·斯密反对政府干涉商业和商业事务、赞成低关税和自由贸易的观点在整个 19 世纪对政府政策都有决定性的影响。事实上他对这些政策的影响至今人们仍能感觉到。

（资料来源：[美] 迈克尔·H·哈特著《历史上最有影响的 100 人》，苏世军、周宇译，湖北教育出版社，1988 年。）

一、理论的假设条件

绝对优势理论产生时，经济学的分析工具与方法尚不完善和发达，因此绝对优势理论并没有明确的理论假设和分析模型，只是含糊地包含在论述中，而由后来的经济学家挖掘和提炼出来，概括如下：

（1）理论分析模型是"$2 \times 2 \times 1$"模型：世界上只有两个经济实力接近的国家，即本国和外国；两国间只交换两种商品，发生贸易时，各自只能生产彼此需要的产品；劳动力是唯一的同质投入生产要素，且各国的劳动力需求不能超过自身的劳动力供给。

（2）生产要素在国际间不能自由移动，但在国内可以自由移动。

（3）两国的资源都已得到充分利用。一国某个部门资源的增加就意味着另一个部门资源的减少，即两国处于充分就业状态中。

（4）完全竞争市场。产品市场及劳动力市场是完全竞争的。

（5）规模报酬不变。贸易各国生产的规模报酬不变，即产出与投入按同一速度增加，投入的边际产量是固定的。

（6）完全自由贸易。没有运输成本和其他交易成本，这使生产成本或商品价格的国际差异仅仅表现为劳动生产率的国际差异。

（7）进出口贸易值相等，即贸易平衡。

（8）两国在生产同一产品时的生产技术不同，存在着生产成本（或劳动生产率）的绝对差别。

由以上假设可见，绝对优势理论为了简化理论，对国际贸易做出了非常理想化的抽象假设，因而这是一个理想模式。

二、理论的主要内容

1. 贸易的分析基础

亚当·斯密认为一国拥有更高的劳动生产率或更低的生产成本，则该国拥有这一产品的绝对优势（Absolute Advantage），两国间的贸易基于绝对优势。绝对优势来自于两国间劳动生产率的差异，劳动生产率的差异决定了生产成本的高低，而生产成本的高低又决定了价格差异。因此，绝对优势的衡量可从劳动生产率、生产成本和价格三方面着手。

设一国在某种产品上的产量为 Q，所要求的劳动投入为 L，工资率为 W，那么劳动生产率 $= Q/L$，数值高表明具有绝对优势；生产成本 $= L/Q$，数值低表明具有绝对优势；价格 $= (WL)/Q$，数值低表明具有绝对优势。

可见，这3个指标中任何一个都可以来衡量绝对优势，效果是等同的。

2. 基本内容

亚当·斯密首先批评重商主义。他认为重商主义将财富混同于金银货币是错误的，一国的财富应该用生产出来的产品和劳务衡量；他认为重商主义关于国家对经济的干预才能保证增强国家力量的观点是错误的，国家只有采取自由放任的政策，才能发挥人们的聪明才智，合理配置自然资源和生产资源，才能使国家的物质财富的产出达到最大；他认为重商主义通过持续贸易顺差增强国力的观点也是错误的，那将会限制各国按照有利的自然禀赋或后天的有利条件生产劳动力成本绝对低的商品。

亚当·斯密接着论述，各国因拥有不同的自然资源和天然禀赋而形成各自的自然优势，一国在生产特定商品时所具有的自然优势有时是非常巨大的，以致其他国家无法同其竞争，只有在自由贸易的条件下，各国才能充分享受到地域分工的利益。

亚当·斯密的绝对优势理论是建立在国际分工基础之上的。绝对优势理论认为，国际贸易产生于各国劳动生产率的绝对差别。每个国家由于先天或后天的自然条件不同，导致在某一种商品的生产上有绝对优势，一个国家把自己拥有的全部生产要素集中到具有绝对优势产品的生产上，在自由贸易条件下，与其他国家具有绝对优势的产品交换，则各国资源都能被充分、有效地利用，贸易双方都能获利。

由于自由贸易的利益是"非零和"的，因此亚当·斯密主张实行自由贸易政策，反对国家对外贸的干预，认为一切限制贸易自由化的措施都会影响国际分工的发展，并降低社会劳动生产率和国民福利。国家之所以要保护某一产业，是因为该产业没有国际竞争力，生产效率较低。这种保护表面上保护了本国的产业，但实质上是使本国的资源从效率高的部门转移至效率低的部门，从而造成了资源的不合理配置。

显然，劳动价值论是绝对优势理论的基础，即承认劳动是商品价值形成的唯一因素，社会必要劳动时间的大小决定商品价值量的高低。因此国际间商品价格的差异完全由劳动生产率来决定。

三、理论推导

亚当·斯密采用了由个人、家庭推及整个国家的方法来论证他的绝对优势理论。

（一）个人之间分工

亚当·斯密认为分工能够提高劳动生产率，增进社会财富。如果每个人都用自己擅长生产的东西去交换自己不擅长生产的东西，那对交换双方都有利。亚当·斯密说："如果一件东西在购买时所费的代价比家里生产时所费的少，就永远不会想在家里生产，这是每一个精明的家长都知道的格言。裁缝不为自己做鞋子，鞋匠不为自己缝衣服，他们都感到应当把自己的全部精力集中用于比他人处于有利地位的职业，然后用自己的产品去交换其他产品，会比自己生产一切物品更有利。"⊖ "裁缝之所以自己不去制作鞋子，是因为从鞋匠那里购买鞋子比自己在家生产要便宜；而裁缝擅长做衣服，在做衣服方面裁缝比鞋匠能干，裁缝应该用衣服来换鞋子。"他说："如果每一个私人家庭的行为是理性的，那么整个国家的行为就很难是荒唐的。如果一个国家能以比我们低的成本提供商品，那么我们最好用自己有优势的商品同他们交换。"⊜亚当·斯密首次从消费者（裁缝）的角度强调"进口"（从鞋匠那里购买鞋子）的利益（比自己在家生产便宜），他从分工交换的好处来分析贸易所得。

（二）国家之间分工

亚当·斯密认为适用于家庭之间的分工原则也适用于国家之间。他认为，国际贸易的基础是由于各国之间生产技术的绝对差别而导致的劳动生产率的差异，每一个国家都有其适宜于生产某种产品的绝对有利的生产条件，进行专业化生产，然后彼此进行交换，这对所有参与交换的国家都有利。亚当·斯密进一步论证劳动生产率和生产成本的绝对差别的原因来自

⊖ （英）亚当·斯密《国民财富的性质与原因的研究》，商务印书馆，1979年，第424页。
⊜ （英）亚当·斯密《国民财富的性质与原因的研究》，商务印书馆，1979年，第425页。

两个方面：一是自然禀赋的优势，即一国在地理、土壤、气候、矿产等自然条件方面的优势；二是特殊的技巧和工艺，它是通过训练和教育而获得的后天优势。一国如果拥有其中一种或两种优势，那么它在生产成本或劳动生产率上就拥有绝对优势。

（三）论证

1. 实例论证

根据理论的前提假设，世界上只有英国和美国两个国家，两个国家都只生产小麦和布两种产品，劳动力 L 是唯一的同质投入要素，两国具有相同的劳动力资源，都是 20 单位，在没有国际贸易的情况下，两国的劳动力投入和产出情况如表 3-1 所示。

表 3-1 分工前英国和美国劳动生产率和生产成本对比

	小麦				布			
	劳动力投入量 L_1	产出量 Q_1	劳动生产率 (Q_1/L_1)	生产成本 (L_1/Q_1)	劳动力投入量 L_2	产出量 Q_2	劳动生产率 (Q_2/L_2)	生产成本 (L_2/Q_2)
英国	15	120	8	0.13	5	100	20	0.05
美国	5	120	24	0.04	15	100	6.67	0.15
合计	20	240	—	—	20	200	—	—

从表 3-1 可以看出，生产 120 单位的小麦和 100 单位的布，英国和美国投入的劳动量是不同的，也即两国的劳动生产率是不同的。英国生产小麦的劳动生产率（Q_1/L_1）为 8，生产布的劳动生产率（Q_2/L_2）为 20；美国生产小麦和布的劳动生产率分别为 24 和 6.67，显然，英国在布的生产上劳动生产率相对较高（20 > 6.67），成本相对较低（0.05 < 0.15），有绝对优势；相应地，美国在小麦的生产上有绝对优势。根据绝对优势理论，英国应把全部生产要素即 20 单位的劳动力都投入到布的生产中，而美国应把 20 单位的劳动力都投入到小麦的生产中。两国进行专业化分工和生产，这种国际分工将导致两国的产出发生变化，变化情况如表 3-2 所示。

表 3-2 分工后英国和美国的劳动力投入和产出

	小麦		布	
	劳动力投入量	产出量	劳动力投入量	产出量
英国	0	0	20	400
美国	20	480	0	0

从表 3-2 可以看出，进行国际分工之后，整个世界小麦的产出量增加到 480 单位，比原来 240 单位增加了 1 倍，布的产量增加到 400 单位，也比分工前增加了 1 倍。这说明，国际分工使两国的资源得到了更有效的利用。假定英国用 200 单位布与美国 240 单位小麦进行交换，交换的结果如表 3-3 所示。

表 3-3 贸易后英国和美国的国内消费量

	小麦的消费量	布的消费量		小麦的消费量	布的消费量
英国	240	200	美国	240	200

从表 3-3 可以看出，进行国际分工和国际贸易之后，英国和美国的国内消费量都增加了 100 单位布和 120 单位小麦。这说明贸易双方开展贸易后，两国都从中得到了利益。贸易利益总体表现如下：

第一，两种产品的总产量增加，劳动生产率提高了。分工前，两国共生产 200 单位布和 240 单位小麦，而分工后，在同样多的劳动力投入下，两国共生产 400 单位布和 480 单位小麦。

第二，两国的消费水平提高了。英国和美国的小麦和布的消费量均为 240 单位和 200 单位，都分别比分工前增加消费 120 单位小麦和 100 单位布。

因此，亚当·斯密认为：按照绝对成本优势进行国际分工和国际贸易，各国都能发挥生产中的绝对优势而获得贸易利益，生产成本的绝对差异是国际贸易产生的基础和原因。

2. 模型的几何描述

根据表 3-1、表 3-2 和表 3-3，分别画出英、美两国在分工前和分工交换后的市场均衡图，见图 3-1 和图 3-2，并由此分析分工对生产、消费、贸易和福利的影响。

两图中 PPF 代表生产可能性曲线，CIC 代表无差异曲线。市场均衡状态是指在给定的生产可能性曲线与所能达到的最高一条无差异曲线相切的切点。

由图 3-1 可知，在分工前，英国国内生产可能性曲线为 PPF_1，无差异曲线为 CIC_1，市场达到均衡时，小麦的产量是 120 单位，布的产量是 100 单位，在此均衡组合上进行生产和消费，国内生产量恰好等于消费量。根据图 3-1，英国国内是 400 单位布可以交换 160 单位小麦，也即布与小麦的交换比例是 2.5:1，其生产可能性曲线函数的计算公式为

$$Y = 400 - 2.5X \qquad (3-1)$$

式中，X 为小麦生产量；Y 为布生产量；斜率 2.5 为英国国内布与小麦的交换比例。

所以，英国国内小麦与布的交换比例是 0.4:1。

由图 3-2 可知，在分工前，美国国内生产可能性曲线为 PPF'_1，无差异曲线为 CIC'_1，市场达到均衡时，小麦产量也是 120 单位，布的

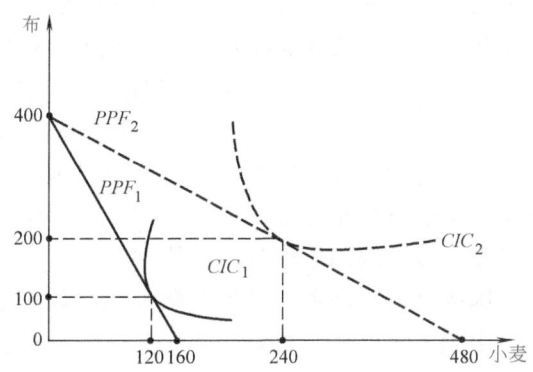

图 3-1 英国分工前和分工交换后的市场均衡

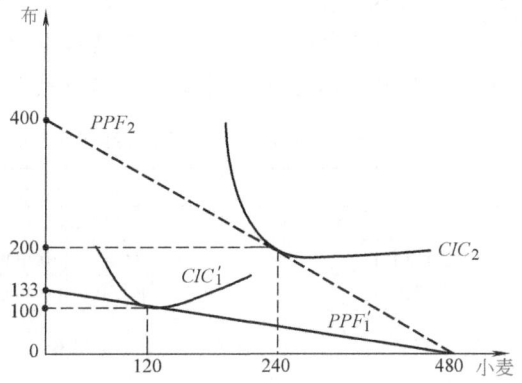

图 3-2 美国分工前和分工交换后的市场均衡

产量也是 100 单位，在此均衡组合上进行生产和消费，国内生产量恰好等于消费量。根据图形，美国国内是 133 单位布可以交换 480 单位小麦，也即交换比例是 5:18，其生产可能性曲线函数的计算公式为

$$Y = 133 - 0.28X \qquad (3-2)$$

式中，X 为小麦生产量；Y 为布生产量；斜率 0.28 为美国国内布与小麦的交换比例。

所以，美国国内小麦与布的交换比例是3.6∶1。

由式（3-1）和式（3-2）可知，如果两国放弃国内生产和交换，发生对外贸易，那么在其他条件不变的情况下，两国能够接受的商品交换的范围是：布与小麦交换的比例范围在0.28至2.5之间，小麦与布交换的比例范围在0.4至3.6之间。

在开放经济下，两国之间进行分工和贸易，是由于英国在布的生产上有绝对优势，美国在小麦的生产上有绝对优势。根据绝对优势理论，英国应把全部生产要素都用于生产布，而美国应把全部生产要素都用于生产小麦。结果整个世界小麦的产出量是480单位，布的产量是400单位，然后英国用200单位布与美国240单位小麦进行交换，也即1单位布交换1.2单位小麦（在两国能够接受的小麦交换比例范围内）。于是市场交易者发现在英美两国之间进行贸易有广阔的获利前景，因为英国在国内市场上，1单位布只能交换到0.4单位小麦，如果与美国交换可以交换到1.2单位小麦；美国在国内市场上，1单位小麦只能交换到0.28单位布，如果与英国交换可以交换到0.83单位布。于是两国进行贸易往来，贸易量增加。英美两国之间这种分工和交换都使各国的生产可能性曲线向外移动，在图3-1中，英国的PPF_1移动到PPF_2；在图3-2中，美国的PPF'_1移动到PPF'_2，于是在两国国内又重新达到新的市场均衡，英国的均衡状态下生产组合是小麦240单位，布200单位；美国的均衡状态下生产组合也是小麦240单位，布200单位。可见在新的均衡状态下，两国都比原来的状态要优越。显然两国通过分工交换都得到了好处，这就是贸易利益。综上所述，贸易前后英国和美国的生产、消费、贸易和福利状况如表3-4所示。

由表3-4可知：贸易后两国各自的总量比以前增多了，消费水平相比分工前也提高了，两国社会的福利水平都得到了提高。因此，亚当·斯密认为自由贸易是互惠的，它导致了世界福利的整体增加。

这里是以劳动生产率的比较来推导绝对优势理论的，实际上用前面贸易的分析基础中提及的生产成本或价格能够得出同样的结论。劳动生产率越高，产品的绝对成本越低，价格越低，那么该国在这种产品生产上就具有绝对优势，分工交换所得的贸易的利益越大，因此绝对优势理论也可以称为绝对成本理论或绝对利益理论。

表3-4　贸易前后英国和美国的生产、消费、贸易和福利的对比

英国（参见图3-1）		
	贸易前	贸易后
生产组合	100单位布，120单位小麦	400单位布，0单位小麦
消费组合	100单位布，120单位小麦	200单位布，240单位小麦
贸易	没有	进口240单位小麦
		出口200单位布
福利水平	CIC_1	CIC_2
美国（参见图3-2）		
	贸易前	贸易后
生产组合	100单位布，120单位小麦	0单位布，480单位小麦
消费组合	100单位布，120单位小麦	200单位布，240单位小麦
贸易	没有	进口200单位布
		出口240单位小麦
福利水平	CIC'_1	CIC'_2

四、理论的简评

绝对优势理论是建立在劳动价值论基础之上的，是从一个新的视角来研究国际贸易产生的原因，对社会经济现象的研究从流通领域转到生产领域，揭示了国际分工和专业化生产能使资源得到更有效的利用，从而提高劳动生产率的规律，并第一次论证了贸易是互利和双赢的。这些论点虽然经历了 200 多年的历史，但仍没有过时。在当今全球经济背景下，各国积极对外开放，参与国际分工，推动贸易自由化进程，该理论仍然具有指导意义。

然而，绝对优势理论也存在明显的局限性。第一，它不能解释国际贸易的全部，只能解释国际贸易的一种特殊情形。亚当·斯密的绝对优势理论存在着一个必要的假设：一国要参加国际贸易，就必然要有至少一种产品处于绝对优势地位。在上面例子中，如果美国在小麦和布的生产上都具有绝对优势，而英国在小麦和布的生产上都有绝对劣势，那么，英国和美国之间还会不会产生贸易呢？如果两国发生贸易，英国能不能从贸易中获利呢？贸易利益从何而来？绝对优势理论无法回答，后来大卫·李嘉图用比较优势理论更好地解释了这些问题。第二，它只能从供给视角分析问题，缺乏对需求的分析。在现实中，贸易是由供给和需求共同决定的，因而绝对优势理论具有一定的片面性。

第二节 比较优势理论

绝对优势理论认为，如果一个国家在两种产品的生产上均处于绝对优势地位，另一个国家均处于绝对劣势地位，则这两个国家之间不会进行贸易。这显然与国际贸易的现实不符。1815 年托伦斯（Robert Torrens）在其《论对外谷物贸易》一书中首次提出比较利益理论，1817 年，大卫·李嘉图发表了《政治经济学及赋税原理》一书，在书中他对托伦斯的思想进行完善，提出了比较优势理论（The Theory of Comparative Advantage）。其核心思想是：尽管一国在两种产品的生产上都处于绝对劣势，但可以选择两种产品中劣势相对较小的那种产品组织专业化生产并出口，同样能获得贸易利益。这样贸易的可能性和范围得以大大拓展。

亚当·斯密与大卫·李嘉图生活在英国资本主义原始积累完成、以机器生产逐步替代手工生产为标志的第一次产业革命的时代，他们对自由贸易使贸易国双方均获益的结果深信不疑。应该说，比较优势理论是亚当·斯密与大卫·李嘉图共同创建的，他们共同创造了劳动价值论，并以该理论为基础解释了自由贸易的合理性与可行性。比较优势理论直接来自绝对优势理论，是对绝对优势理论的补充与发展，也有后人把绝对优势理论包含到比较优势理论中，又把比较优势理论称为古典贸易理论。

【国贸博览 3-2】

大卫·李嘉图（David Ricardo，1772—1823）

大卫·李嘉图是英国著名的古典政治经济学家，1772 年 4 月 19 日出生于英国伦敦一个富有的家庭。父亲是犹太人，也是位善于投机钻营、发了大财的交易所经纪人。他自幼受父亲的影响，14 岁时就跟父亲一起从事股票投机事业。因此，25 岁的时候，他已成了一位拥有 200 万英镑财产的富翁。此后，他停止交易所活动，开始了他的学习生活。1799 年他读到亚当·斯密《国富论》后，开始对经济学产生兴趣。

大卫·李嘉图对经济理论的研究和著作，几乎涉猎了经济学中的所有方面。他首先研究的是货币，大卫·李嘉图是货币数量论的倡导者。他的货币理论思想主要有：①稳定货币流通是发展经济的最重要条件；②这种稳定只有在以黄金为基础的条件下才可能实现；③在流通中黄金可以在相当大程度上，甚至完全为按固定平价兑换黄金的纸币所取代。之后，他出版了《论谷物低价对资本利润的影响》，书中他主要研究了价值理论。大卫·李嘉图对国际贸易理论有开创性的贡献，他是贸易自由的坚决支持者。在他的主要著作《政治经济学及赋税原理》中，大卫·李嘉图以一个有关国际贸易的一般理论支持了自己的观点。该理论包括了比较优势学说——该学说或许可以说成是政治经济学中最广泛地为人所接受的"真理"（马歇尔，1887年）。在《政治经济学及赋税原理》的"论对外贸易"一章中，他对苏格兰和葡萄牙的外贸进行了研究，并用精彩的例子"葡萄酒"和"棉布"说明了比较成本，得出了贸易使贸易参与国更加富裕的结论，即后来

所谓的比较优势原则。这个基本思想后来被无数经济学者们引用并发展。他还从比较耗费原则得出了与他的在自由贸易条件下和谐发展国际经济关系理论相适应的结论。

终其一生，大卫·李嘉图都以严谨的思维、数学逻辑性和精确性著称。他是古典政治经济学的集大成者。他发展了亚当·斯密的工资、利润和地租的观点，即社会3个主要阶层最初收入的观点。他认为，地租只是从利润中扣出的部分，从而利润被说成是收入的最初基本形式；而资本是收入的基础，即利润实质上就是剩余价值。这又是他在科学上取得的光辉成就之一。1817年4月，他的名著《政治经济学及赋税原理》出版。该书包含了他丰富的经济思想，在经济史上有着很重要的地位。1819年，他成为一名议员，积极参与讨论银行改革、税收提议等问题，并成为了伦敦政治经济俱乐部的奠基人。

（资料来源：《新帕尔格雷夫经济学大辞典》，第四卷，经济科学出版社，1992年，第196～214页。）

一、理论背景

比较优势理论是在英国资产阶级争取自由贸易斗争中产生与发展起来的。1815年英国政府为维护土地贵族阶级的利益而修订实行了《谷物法》。《谷物法》颁布后，英国粮价上涨，地租猛增，这对地主贵族有利，却严重损害了工业资产阶级的利益。工业资产阶级在全国各地组织"反《谷物法》同盟"，鼓吹谷物自由贸易的好处，而地主贵族阶级则千方百计维护《谷物法》，反对在谷物上自由贸易。

这时，作为工业资产阶级代言人的大卫·李嘉图提出了"比较成本说"，从理论上论证了谷物自由贸易的优越性。他认为，英国要从外国大量进口粮食，因为英国在纺织品生产上所占的优势比在粮食生产上的优越性更大，英国应专门发展纺织品的生产，并以出口纺织品换取本国所需要的粮食。

比较优势理论在历史上曾起过积极作用，它为自由贸易政策提供了理论基础，促进了当时英国的资本积累和生产力发展。在这个理论影响下，1846年英国议会终于废除了《谷物

法》。这是 19 世纪英国自由贸易政策取得的最伟大的胜利。

二、理论假设

与亚当·斯密的模型假设基本相同，大卫·李嘉图在阐明他的比较优势理论时，对复杂的经济情况做了一些简化：①只考虑两个国家、两种产品、一种生产要素；②两国的生产技术存在相对差异，存在生产成本（或劳动生产率）的相对差别；③生产要素只能在国内流动，在国际间不能流动；④两国生产规模报酬不变；⑤资源充分利用，两国国内充分就业；⑥世界市场是完全竞争市场；⑦自由贸易且贸易平衡；⑧无贸易限制。可见，比较优势理论的基本假设与绝对优势理论的基本假设基本相同，只是强调两国存在生产成本（或劳动生产率）的相对差别而非绝对差别。

三、理论的主要内容

1. 贸易的分析基础

大卫·李嘉图认为是生产技术上的相对差异导致了相对劳动生产率的不同，进而导致了相对生产成本和相对产品价格的不同，于是产生了贸易的可能性。衡量相对成本优势也可从相对劳动生产率、相对生产成本和产品相对价格 3 方面着手。

设甲国在 A 产品上的产量为 Q_1，所要求的劳动力投入为 L_1；乙国在 A 产品上的产量为 Q_2，所要求的劳动力投入为 L_2，劳动力的工资率为 W，则：

A 产品的相对劳动生产率 = $(Q_1/L_1)/(Q_2/L_2)$，比值越高，表示甲国在 A 产品的生产相对于乙国来说越具有相对优势。

A 产品的相对生产成本 = $(L_1/Q_1)/(L_2/Q_2)$，比值越低，表示甲国在 A 产品的生产相对于乙国越具有相对优势。

A 产品的相对价格 = $(WL_1/Q_1)/(WL_2/Q_2)$ = $(L_1/Q_1)/(L_2/Q_2)$，比值越低，表示甲国在 A 产品的销售相对于乙国越具有相对优势。

这 3 个指标中任何一个都可以用来衡量相对优势，效果是等同的。

2. 理论的基本内容

在上述前提假设基础上，大卫·李嘉图认为各国不一定要专门生产成本绝对低、劳动生产率绝对高的产品，也可以专门生产成本相对低、劳动生产率相对高的产品，这样也可以进行对外贸易并能够从中获取利益。

比较优势理论认为，在两国都能生产同样两种产品的条件下，如果其中一国在两种产品的生产上劳动生产率均高于另一国，该国可以专门生产并出口优势较大的产品，处于劣势地位的另一国可以专门生产并出口劣势较小的产品，这样通过国际分工和贸易，双方仍然可以从贸易中获利。

四、理论推导

（一）个人之间的分工

与亚当·斯密一样，大卫·李嘉图也是首先论述个人分工的必要性，然后再将它扩展到国际分工中去。他说："如果两个人都能制造鞋和帽，其中一个人在两种职业上都比另一个人强些。不过制帽时只强 1/5 或 20%，而制鞋时则强 1/3 或 33%。那么这个较强的人就专门制鞋，那个较差的人就专门制帽，岂不是双方都能获利？"他认为这样的分工对双方都有利，也是资源的最佳配置。

（二）国家之间的分工

大卫·李嘉图由个人推及国家，认为国家之间也应该按照"两利相权取其重，两害相权取其轻"的比较优势原则进行分工。大卫·李嘉图以英国和葡萄牙都生产毛呢和葡萄酒为例具体说明："英国的情形可能是生产（一定量的）毛呢需要100人一年的劳动，而如果要酿制葡萄酒则需要120人劳动同样长时间。因此英国发现对自己有利的办法是输出毛呢以输入葡萄酒。葡萄牙生产葡萄酒可能只需要80人劳动一年，而生产毛呢却需要90人劳动一年，因此对葡萄牙来说，输出葡萄酒以交换毛呢是有利的。虽然葡萄牙能够以90人的劳动生产毛呢，但它宁可从一个需要100人的劳动生产毛呢的国家输入，因为对葡萄牙来说，与其挪用种植葡萄的一部分资本去织造毛呢，还不如用同样的资本来生产葡萄酒，因为由此可从英国换得更多的毛呢。"这就是国际贸易产生和发展的主要原因。

因此大卫·李嘉图认为，所谓比较优势就是更大的绝对优势和更小的绝对劣势，在各种产品的生产上都占有绝对优势的国家，应集中资源生产优势相对更大的产品；而在各种产品的生产上都只居绝对劣势的国家，应集中资源生产劣势更小的产品。通过对外贸易，双方都能取得比自己以等量劳动所能生产的更多的产品，从而实现社会劳动的节约，给贸易双方带来利益。

（三）论证

1. 实例论证

比较优势理论的基本假设条件与绝对优势理论的假设条件基本相同。假设世界上只有美国和中国两个国家，两个国家都只生产小麦和布两种产品，劳动力 L 是唯一的同质投入要素，两国在分工前的产出和劳动生产率如表3-5所示。

表3-5 分工前美国和中国的相对劳动生产率对比

	小麦					布				
	劳动力投入量 L_1	产出量 Q_1	劳动生产率 (Q_1/L_1)	相对劳动生产率	相对生产成本	劳动力投入量 L_2	产出量 Q_2	劳动生产率 (Q_2/L_2)	相对劳动生产率	相对生产成本
美国	10	120	12	4	0.25	10	100	10	2	0.5
中国	40	120	3	0.25	4	20	100	5	0.5	2

从表3-5可以看出，生产同样产量的小麦或布，中国需要投入的劳动力更多，也即中国的劳动生产率相对较低。中国在小麦和布上的劳动生产率是3和5，都低于美国在小麦和布上的劳动生产率12和10，处于绝对劣势地位。但中国在小麦上的相对劳动生产率是0.25，而布的相对劳动生产率是0.5，相比之下，0.5 > 0.25，中国在布上的绝对劣势要小一些，即相对于小麦具有比较"优势"。相应地，美国在小麦和布的生产上都具有绝对优势，在小麦上的相对劳动生产率是4，而在布上的相对劳动生产率是2，相比之下，4 > 2，小麦的绝对优势比布的绝对优势要大，因此，美国在小麦的生产上相对于布具有更大的比较优势。在

○ 大卫·李嘉图《政治经济学及赋税原理》，商务印书馆，1976年，第114页。
○ 大卫·李嘉图《政治经济学及赋税原理》，商务印书馆，1976年，第115页。

这种情况下，两国之间分工和贸易的模式就是中国将所有的劳动力集中，专门生产布，美国将所有的劳动力集中，专门生产小麦，如表3-6所示。

表3-6　分工后美国和中国的劳动力投入和产出

	小麦		布	
	劳动力投入量	产出量	劳动力投入量	产出量
美国	20	240	0	0
中国	0	0	60	300

从表3-6可以看出，两国的总产出有所增加，世界布的产量由分工前的200单位增加到分工后的300单位，增加了100单位；世界小麦的总产量与分工前一样还是240单位。如果假定美国以120单位小麦与中国150单位布进行交换，交换后两国布的消费水平比国际分工前都增加了50单位，小麦的产出水平和消费水平没有变化，如表3-7所示。

表3-7　相互贸易后美国和中国的国内消费量

	小麦	布		小麦	布
美国	120	150	中国	120	150

由表3-5～表3-7可见，即使在没有绝对优势的情况下，双方仍然可以通过开展对外贸易获得利益，分工使世界经济总量增加，各国经济总量增加，消费者获得更多的消费，而且各国可以通过从事专业化生产达到规模效应。比较优势理论意味着不但在发达国家之间，而且在发达国家和发展中国家之间都可以开展自由贸易，并从中受益。

2. 模型的几何描述

根据表3-5～表3-7，分别画出中、美两国在分工前和分工交换后的市场均衡图，见图3-3和图3-4，并由此分析分工对生产、消费、贸易和福利的影响。

由图3-3可知，在分工前，中国国内生产可能性曲线为PPF_1，消费无差异曲线为CIC_1，经济达到均衡点时，小麦产量是120单位，布的产量是100单位，在这个均衡点上进行生产和消费，生产量恰好等于消费量。根据图形可知，中国国内300单位布可以交换180单位小麦，即交换比例是5:3，其生产可能性曲线函数的计算公式为

$$Y = 300 - 1.67X \quad (3-3)$$

式中，X为小麦生产量；Y为布生产量；斜率1.67为中国国内布与小麦的交换比例。

另外，中国国内小麦与布的交换比例是3:5。

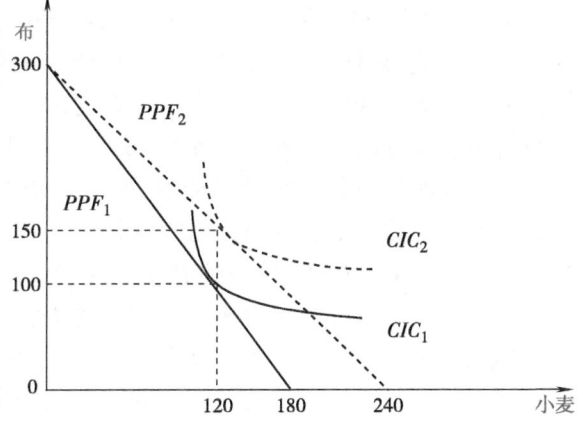

图3-3　中国分工前和分工交换后的市场均衡图

由图3-4可知，在分工前，美国国内生产可能性曲线为PPF'_1，消费无差异曲线为CIC'_1，经济达到均衡点时，小麦产量也是120单位，布的产量也是100单位，在这个均衡点上进行生产和消费，生产量恰好等于消费量。根据图形可知，美国国内200单位布可以交

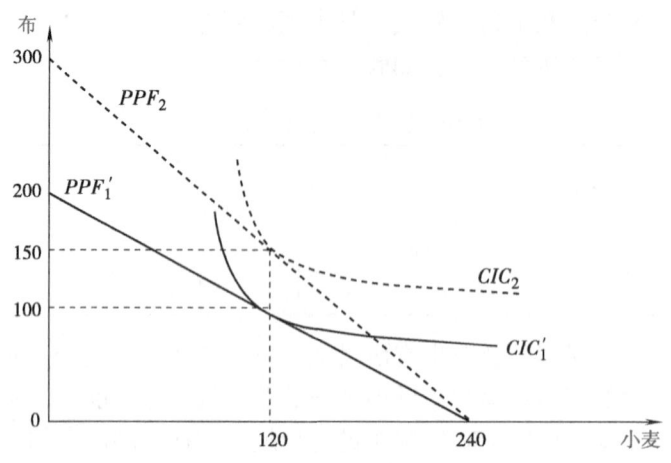

图 3-4 美国分工前和分工交换后的市场均衡图

换 240 单位小麦,即交换比例是 5:6,其生产可能性曲线函数的计算公式为

$$Y = 200 - 0.83X \tag{3-4}$$

式中,X 为小麦生产量;Y 为布生产量;斜率 0.83 为美国国内布与小麦的交换比例。

另外,美国国内小麦与布的交换比例是 6:5。

由式(3-3)和式(3-4)可知,如果两国要放弃国内生产和交换,发生对外贸易,那么在其他条件不变的情况下,两国能够接受的商品交换的范围是:布与小麦交换的比例范围在 0.83 至 1.67 之间,小麦与布交换的比例范围在 0.6 至 1.2 之间。

在开放经济下,两国之间进行分工和贸易,美国在布和小麦上具有绝对优势,但在小麦上优势更加明显,中国在布和小麦上处于绝对劣势,但在布上劣势程度较低。于是进行专业化分工。根据比较优势理论,中国应把全部生产要素都用于生产布,而美国应把全部生产要素都用于生产小麦,结果整个世界小麦的产出量仍然是 240 单位,布的产量增加到 300 单位,然后美国以 120 单位小麦与中国 150 单位布进行交换,即 1 单位布可以交换 0.8 单位小麦(在两国能够接受的布交换小麦的比例范围内)。于是市场交易者发现在中美两国之间进行贸易有广阔的获利前景,因为中国在国内市场上,1 单位布只能交换到 0.6 单位小麦,如果与美国交换可以交换到 0.8 单位小麦;美国在国内市场上,1 单位小麦只能交换到 0.83 单位布,如果与中国交换可以交换到 1.25 单位布;显然两国通过分工交换都得到了好处,这就是贸易利益。中、美两国之间这种分工和交换都使各国的生产可能性曲线向外移动,在图 3-3 中,中国的 PPF_1 移动到 PPF_2;在图 3-4 中,美国的 PPF'_1 移动到 PPF_2,于是在两国国内又重新达到新的市场均衡,中国的均衡状态是小麦 120 单位,布 150 单位;美国的均衡状态也是小麦 120 单位,布 150 单位。可见在新的均衡状态下,两国都比原来的状态要优越。综上所述,比较贸易前后,中国和美国的生产、消费、贸易和福利状况如表 3-8 所示。

表 3-8 贸易前后中国和美国的生产、消费、贸易和福利的对比

	中国(参见图 3-3)	
	贸易前	贸易后
生产组合	100 单位布,120 单位小麦	300 单位布,0 单位小麦
消费组合	100 单位布,120 单位小麦	150 单位布,120 单位小麦

(续)

	贸 易 前	贸 易 后
贸易	没有	进口 120 单位小麦
		出口 150 单位布
福利水平	CIC_1	CIC_2

美国（参见图 3-4）

	贸 易 前	贸 易 后
生产组合	100 单位布，120 单位小麦	0 单位布，240 单位小麦
消费组合	100 单位布，120 单位小麦	150 单位布，120 单位小麦
贸易	没有	进口 150 单位布
		出口 120 单位小麦
福利水平	CIC_1	CIC_2

由表 3-8 可知，贸易后两国各自的总量比以前增多了，消费水平相比自给自足状态也提高了，两国社会福利水平都得到提高。

这里我们是以相对劳动生产率的比较来推导的，实际上用相对成本或相对价格一样能够得出同样的结论。相对劳动生产率越高，产品的相对成本越低，即在劳动生产率上具有比较优势就是在生产成本上具有比较优势，所以称为比较成本理论或比较优势说。

（四）比较优势理论的例外

比较优势理论强调两国间贸易前劳动率比例差异或成本比例差异的重要性，因为仅仅有劳动率差异或成本差异不一定能引起贸易，一个必要的条件是两国间劳动率比例差异或成本比例差异程度不能够相等。于是比较优势理论有一个不常见的例外：如果一国在两种商品的生产上均处于绝对劣势地位或绝对优势地位，并且两者的不利程度或有利程度是相同的，则不会发生贸易，如表 3-9 所示。

表 3-9 分工前美国和中国的劳动生产率

	小 麦				布			
	劳动力投入量	产出量	劳动生产率	相对劳动生产率	劳动力投入量	产出量	劳动生产率	相对劳动生产率
美国	10	120	12	2	10	100	10	2
中国	20	120	6	0.5	20	100	5	0.5

由表 3-9 知，中国生产小麦的相对劳动生产率是 0.5，中国生产布的相对劳动生产率也是 0.5，就是说中国生产两种商品处于同样程度的比较劣势；相应地，美国生产小麦和布处于同样程度的比较优势。如果一定要让两国实现专业化分工生产，假设让美国仍然专业生产小麦，中国仍然专业生产布，则如表 3-10 所示。

表 3-10 国际分工后两国的劳动投入和产出

	小 麦		布	
	劳动力投入量	产 出 量	劳动力投入量	产 出 量
美国	20	240	0	0
中国	0	0	40	200

从表 3-10 可以看出，两国的总产出没有任何变化，世界布的总产量仍然是 200 单位；世界小麦的总产量还是 240 单位。如果美国以 120 单位小麦交换中国的 100 单位布，显然贸易的结果与没有分工的情况是一样的。如果美国不以 120 单位的小麦交换中国的 100 单位布，那么贸易的结果是一国贸易利益的增加是以另外一国贸易利益的丧失为代价的，这种贸易是一种零和博弈。贸易利益丧失的一国宁愿自己生产并在国内交换，也不愿参加国际贸易。在这样的情况下，贸易就不会发生。

由此可见，将比较成本简单地理解为劳动生产率的差异或生产成本的差异或产品价格的差异是不正确的，引起国际贸易的根源在于这种差异比例的不同。

由绝对成本理论和相对成本理论可知：成本优势理论是建立在成本差异的基础上的，有成本差异就会有贸易的可能，绝对成本差异可以获得绝对利润，相对成本差异可以获得相对利润，无成本差异也就无利润可图。

【国贸博览 3-3】

显示比较优势

在估算一国比较优势时，人们常用显示比较优势指数（Index of Revealed Comparative Advantage），即用实际的贸易状况来间接表示各国生产领域里的比较优势。用显示比较优势来表示一国各类商品的比较优势是基于这样的假设：

(1) 比较优势决定出口结构，即商品的贸易模式反映了相对成本的不同。
(2) 人们对各国各类商品的偏好不同，引致需求也不同。

提出显示比较优势的是匈牙利经济学家贝拉·巴拉萨（Bela Balassa），其具体定义是：一国 j 的出口商品 i 的显示比较优势（RCA）用该种商品占国家总出口的比重来衡量。

如果用 X 表示出口值，脚标 i、j 分别表示行业和国家，则其显示比较优势指数为

$$RCA_{ij} = \frac{X_{ij} / \sum_i X_{ij}}{\sum_j X_{ij} / \sum_i \sum_j X_{ij}}$$

如果 RCA_{ij} 值大于 1，意味着商品 i 在国家 j 中的出口比重大于在世界的出口比重，表示该国在此种产品上具有显示比较优势；反之，若该指数小于 1 则表示该产品没有显示比较优势，或显示比较劣势。

（资料来源：海闻、P. 林德特、王新奎著《国际贸易》，上海人民出版社，2003 年，第 109~110 页。）

五、对比较优势理论的评价

1. 积极意义

(1) 比较优势理论在历史上曾起过进步作用。它为英国工业资产阶级争取自由贸易提供了理论基础，促进了当时英国资本积累和生产力的发展。在这个理论影响下，1846 年英国议会废除了《谷物法》，之后的数十年间，一直是英国工业资产阶级的黄金时代，使英国成为"世界工厂"，在世界工业和贸易中占据首位。

(2) 比较优势理论比绝对优势理论更全面、更深刻地揭示了国际贸易的产生根源。该

理论揭示了比较利益原则，证明了国际贸易的产生不但在于绝对成本的差异，而且在于比较成本的差异。这为处于不同发展阶段的国家参与国际贸易和国际分工提供了理论基础，对世界市场的扩大、社会生产力的进步具有积极的促进作用。

（3）比较优势理论说明了贸易利益来源于生产领域，而非流通领域。大卫·李嘉图把财富区分为价值和使用价值，他认为对外贸易只能增加一国的使用价值量，而不增加一国的价值量，价值只能在生产领域创造，从而奠定了资本主义自由竞争时期国际贸易理论的基础。

（4）比较优势理论为之后贸易条件的研究提供了启示。因为从大卫·李嘉图的模型中可以看出，双方商品交换在可以接受的范围内才可能是互利贸易。

2. 理论缺陷

（1）比较优势理论不能正确解释为什么在国际间不等量的劳动可以相交换。虽然大卫·李嘉图以劳动价值论为基础，但其劳动价值论是不彻底的。大卫·李嘉图对于"葡萄牙与英国同等劳动而产生不同交换"这一问题，说"这种交换在同一国家中的不同个人间是不可能发生的"，"支配一个国家商品相对价值的规律不能支配两个以上或更多国家间互相交换的商品的相对价值"，"葡萄牙用多少葡萄酒来交换英国的毛呢，不是由各自生产上所用的劳动量决定的，情形不像两种商品都在英国或都在葡萄牙生产那样。"⊖那么，不由这种规律支配又由什么规律支配呢？大卫·李嘉图没有能够做出科学的说明。

（2）比较优势理论把国际分工看作是不受社会生产方式制约的自然的永恒范畴。国际分工是社会生产力发展到一定阶段的产物，但是生产力又总是在一定生产关系下发展的，国际分工的实质和内容不能不受社会生产方式的制约。国际分工发生和发展的最重要因素是社会生产力，劳动力、自然条件等因素对国际分工的形成有一定的影响，但不是唯一的和根本的因素。

（3）这个理论把世界看作是永恒的、不变的，这是不符合历史事实和经济发展规律的。理论只考虑两个国家、两种商品，坚持劳动价值论等因素，作为论述的前提条件，把多变的经济状况抽象为静态的和短期的，是不客观的。一个国家经济贸易发展的长期战略既要以比较优势为基础，又不能被其静态的和短期的利益观念所束缚，要逐步提高本国在国际分工中的地位，最大限度地获取国际分工和国际贸易利益是非常重要的。

关键术语

绝对优势　比较优势

复习思考题

1. 简述亚当·斯密的绝对优势理论并评论。
2. 举例说明比较优势理论并比较其与绝对优势理论的异同。
3. 证明当两国劳动生产率出现相等差异时，不会发生国际贸易。

⊖ 大卫·李嘉图《政治经济学及赋税原理》，商务印书馆，1976年，第112页。

4. 假设生产单位黄油所需要的劳动力投入量本国是 6 单位，外国是 12 单位；生产单位布所需要的劳动力投入量本国是 10 单位，外国是 5 单位。问：

（1）本国与外国分别在哪种产品上具有绝对优势？如何进行分工生产？

（2）假设本国用 1 单位黄油去交换外国 1 单位布，请计算本国和外国的贸易利益。

（3）本国与外国交换黄油可以接受的交换比例在什么范围内？

5. 假设本国拥有 2 亿单位的劳动力，X、Y 的单位产出所要求的劳动力投入分别为 10 单位和 4 单位；外国拥有 1.2 亿单位的劳动力，X、Y 的单位产出所要求的劳动力投入分别为 3 单位和 2 单位；本国和外国的效用函数都为 $U=XY^2$。问：

（1）试确定本国和外国的生产可能性方程。

（2）确定两国没有贸易时国内的生产组合。

（3）两国如何进行专业化分工生产？

（4）两国贸易时能够接受的 X、Y 的交换比例在什么范围内？

（5）假设世界市场上 1 单位 Y 可以交换 2 单位 X，请比较两国贸易前后的福利变化。

延展阅读书目

[1] 亚当·斯密. 国民财富的性质与原因的研究 [M]. 北京：商务印书馆，1979.

[2] 大卫·李嘉图. 政治经济学及赋税原理 [M]. 北京：商务印书馆，1976.

[3] 海闻，等. 国际贸易 [M]. 第二章. 上海：上海人民出版社，2003.

[4] 张为付，等. 国际经济学 [M]. 第二章. 北京：高等教育出版社，2014.

第四章
新古典国际贸易理论

本章学习要点

- 赫克歇尔—俄林理论
- 里昂惕夫之谜

亚当·斯密和大卫·李嘉图的古典国际贸易理论在西方经济学界占支配地位长达1个世纪之久,到了20世纪30年代才受到两位瑞典经济学家伊莱·赫克歇尔(E. Heckscher, 1879—1952)和伯利蒂·俄林(B. Ohlin, 1899—1979)的挑战,他们从要素禀赋这样一个新的角度来解释国际贸易的原因,并据此提出了要素禀赋理论。后来,美国经济学家瓦西里·里昂惕夫(Wassily Leontief, 1906—1999)对要素禀赋理论的适用性进行检验,得出"里昂惕夫之谜"。一般把要素禀赋理论和"里昂惕夫之谜"称为新古典国际贸易理论。

第一节 赫克歇尔—俄林理论

赫克歇尔—俄林理论(Heckscher-Ohlin Theory),也称要素禀赋理论(The Theory of Factor Endowment),简称赫—俄模型或H-O模型,最早是由瑞典经济学家伊利·赫克歇尔和伯利蒂·俄林师生提出,后经保罗·萨缪尔森(P. Samuelson, 1915—2009)进一步强化,萨缪尔森推导出了证明H-O模型的数学条件。因此,有时人们又称该理论为赫克歇尔—俄林—萨缪尔森定理(H-O-S定理)。

H-O模型无论是在理论分析上,还是在实际应用中,都取得了巨大成功,以至于在20世纪前半叶到70年代末,H-O模型成了国际贸易理论的典范。

【国贸博览4-1】

H-O-S定理创始人

1. 伊利·赫克歇尔(E. Heckscher, 1879—1952)

赫克歇尔出生于瑞典斯德哥尔摩的一个犹太人家庭。1897年起,在乌普萨拉大学(Uppsala University)跟耶尔纳(Hjarne)学习历史,跟戴维森(Davidson)学习经济,并于1907年获得博士学位,是瑞典著名的经济史学家。他对经济学的贡献主要是在经济理论上的创新和在经济史研究方面引入的新的方法论——一种定量研究方法。他在1919年发表的《外贸对收入分配的影响》(The Effect of Foreign Trade on the Distribution of Income)是现代赫克歇尔——俄林要素禀赋国际贸易理论的起源，他集中探讨了各国资源要素禀赋构成与商品贸易模式之间的关系，并且，一开始就运用了一般均衡的分析方法。他认为，要素绝对价格的平均化是国际贸易的必然结果，他的论文具有开拓性的意义。其后，这个理论由他的学生俄林进一步加以发展。在经济史方面，赫克歇尔更享有盛名。他是瑞典学派的主要人物之一。

2. 伯利蒂·俄林（B. Ohlin，1899—1979）

俄林也是瑞典经济学家。1899 年 4 月俄林生于瑞典南方的一个小村子，于 1917 年在隆德大学获得数学、统计学和经济学学位。1919 年在在赫克歇尔的指导下获得斯德哥尔摩大学（University of Stockholm）工商管理学院经济学学位，1923 年在陶西格与威廉斯的指导下获得美国哈佛大学文科硕士学位，1924 年在卡塞尔的指导下获得斯德哥尔摩大学博士学位。毕业后，俄林先后执教于丹麦的哥本哈根大学与瑞典的斯德哥尔摩大学，曾在美国佛吉尼亚大学和加利福尼亚大学任客座教授。俄林的最杰出贡献在于为国际贸易理论提供了现代分析，1924 年出版《国际贸易理论》，1933 年出版其名著，即美国哈佛大学出版的《区间贸易和国际贸易论》（Interregional and International Trade），1936 年出版《国际经济的复兴》（International Economic Reconstruction），1941 年出版《资本市场和利率政策》等。俄林的理论受他的老师赫克歇尔关于生产要素比例的国际贸易理论的影响，并在美国哈佛大学教授威廉（T. H. Williams）的指导下，结合瓦尔拉斯和卡塞尔的一般均衡理论对国际贸易进行分析论证，在《区间贸易和国际贸易论》中最终形成体系，因此与詹姆斯·米德（James Meade）共同分享了 1977 年度的诺贝尔经济学奖。1979 年 8 月于书桌前逝世。

3. 保罗·萨缪尔森（P. Samuelson，1915—2009）

萨缪尔森于 1915 年出生在美国印第安纳州的一个犹太人家庭，他先后于 1935 年与 1941 年获得美国芝加哥大学本科学位与哈佛大学博士学位。从 1940 年开始，他一直执教于麻省理工大学。萨缪尔森是一位高质高产的经济学巨匠——他精力充沛，才华横溢，自 1938 年起的半个世纪里，以平均每年发表五篇高质量学术论文的速度活跃在经济前沿。对经济学的几乎所有领域都做出了开拓性的贡献，因此，也获得了一个经济学家所能获得的所有荣誉：克拉克奖章第一个获得者；诺贝尔经济学奖第二个获得者，美国经济学学会会长，计量经济学会会长，国际经济学奖，同时，他又是一位雅俗共赏的经济学家——他的著名的《经济学》在半个世纪里成为全球畅销的教科书。萨缪尔森在国际贸易方面的具有持久影响的论文是 1941 年发表的"贸易保护与实际工资"（Protection and Real Wages），他在文中提出了斯托尔珀——萨缪尔森定理（Stolper-Samuelson Therom），在 1948 年发表的"国际贸易与要素价格均等化"（International Trade and the Equalization of Factor Prices）一文以及 1953 年发表的"一般均衡中的要素价格与商品价格"（Prices Factors and Goods in General Equalibrium）一文系统讨论有关国际贸易与收入分配关系的重要定理，即要素价格均等化定理（the Factor Price Equalization Therom）。

由于赫克歇尔——俄林理论将贸易中国际竞争力的差异归于生产要素禀赋的国际差异，人们又称该理论为要素禀赋理论。此外，该理论特别强调不同国家可利用生产要素的比例——要素充裕度和生产相同产品所使用的生产要素比例——要素密度之间的相互作用，故人们也称赫克歇尔——俄林理论为要素比例理论（Factor Proportions Theory）。

（参考资料：梁小民编著《话经济学人》，中国社会科学出版社，2004 年。《新帕尔格雷夫经济学大辞典》，经济科学出版社，1992 年，第 2 卷和第 3 卷。）

一、H-O 模型的假设条件

H-O 模型是建立在一些假设基础上的，这些假设是为了在不影响结论的前提下，使分析更加严谨。这些假设主要有：

1. "2×2×2" 模型

（1）世界上只有两个国家。两个国家的总体经济实力比较接近。

（2）生产两种商品且要素密集度不同。若发生贸易，双方均有充分的出口供给能力提供对方所需要的商品。

（3）使用两种生产要素。双方在相对资源供给，即相对要素禀赋方面是存在差异的。

实际上，放松这一假设，如果是多个国家、多种商品、多种要素，那么H—O模型所得出的结论仍然适用。

2. 商品可在国内外自由流动，而生产要素只能在国内流动

生产要素不能在国际间自由流动，只能在国内各部门间自由流动。这一假设意味着国家之间生产要素的价格差异一直存在。

3. 商品和要素市场是完全竞争市场

根据完全竞争市场的特征，这一假设意味着：

（1）商品的生产者和消费者、生产要素的使用者和供给者都是市场价格的接受者。

（2）从长期看，生产者不会获得任何超额利润。

（3）信息充分对称，即所有的生产者、消费者、生产要素的使用者和供给者对商品的价格和要素价格有着充分的了解。

4. 两国的生产技术相同

两国技术水平相同，生产函数具有两个特征：一是规模报酬不变；二是每种要素的边际报酬是递减的，或者单位产出的边际成本是递增的。

这一假设意味着：两国不可能以增加要素投入来获得比较优势，也排除因国际技术的差异导致的生产成本差异与商品价格差异，从而把商品价格差异的原因归于生产要素禀赋的差异。

5. 两国的生产资源都被充分利用，且要素密集度不可逆转

生产资源被充分利用这一假设意味着两国不能够以增加资源总量来增加产品总量。

要素密集度不可逆转是指一种商品相对另一种商品始终是资本密集型（劳动密集型）的。假设衣服为劳动密集型产品，汽车为资本密集型产品，那么劳动力和资本价格的如何变动，产品要素投入结构的调整等都不会改变衣服的劳动密集型和汽车的资本密集型的性质。这一假设意味着对产品要素密集度的界定对一切要素价格比率适用。

6. 两国消费者偏好相似

两国消费者的需求偏好相同，即两国无差异曲线的位置和形状是完全相同的。也就是说，在任何相对价格下两国有相同的效用函数，不受收入水平的影响。这说明两国需求收入弹性不变，每种商品的需求收入弹性相等。

这一假设意味着商品价格变动不是由需求变动和收入水平变动引起的，这便于将商品相对价格的国际差异的原因归之于供给，尤其是要素禀赋的差异方面。

7. 自由贸易

没有运输成本和交易成本，也没有任何限制贸易的关税和非关税壁垒。如果存在着贸易限制，那么贸易的结果是两国的价格差等于单位贸易商品的关税、运输等成本。

这一假设意味着在不存在着贸易限制时，贸易会使两国的相对（或绝对）商品价格完全相等，这便于分析问题，也不影响分析结果的准确性。

8. 贸易平衡

只有商品贸易，且贸易是平衡的，即出口恰好支付进口。

这一假设意味着两国都必须有一种商品出口，另外一种商品进口，即使处于全面优势或全面劣势状态。

由以上假设可知，两国除要素禀赋不同外，其他条件都是相同的。

二、H-O 模型的分析基础

（一）要素禀赋和要素价格

要素禀赋（Factor Endowment）是指一个国家或经济体所拥有的可供利用的经济资源的总量，一般包括劳动力、资本、土地、企业家才能等。依据要素禀赋的多寡（如劳动力与土地资源的总供给量），可将国家区分为资源丰富的国家和资源贫乏的国家。

要素价格（Factor Price）是指生产要素的使用费用或要素的报酬。例如土地的价格是租金，劳动力的价格是工资，资本的价格是利息，企业家才能体现的是管理水平，管理的价格是利润。

（二）相对要素充裕度

相对要素充裕度（Relative Factor Abundance）也称相对要素禀赋，是指一个国家所拥有的经济资源的相对丰裕程度，或者说是一个国家的相对资源供给量，也可说是一国所拥有的两种生产要素的相对比例。这是一个相对概念，与一国所拥有的生产要素的绝对数量无关。它可用以下 3 个指标来度量：

1. 相对要素价格

假设本国土地和劳动的价格分别为 R 和 W，外国土地和劳动的价格分别为 R^* 和 W^*，在其他因素不变的条件下，则 W/R、W^*/R^* 表示相对要素价格。如果不等式 $(W/R) < (W^*/R^*)$ 或 $(R/W) > (R^*/W^*)$ 成立，则本国劳动力要素相对充裕，外国土地要素相对充裕。

用相对要素价格定义相对要素禀赋，主要是从要素的需求与供给角度上考虑。在前面已经假设过两国消费者偏好相似，生产技术相同，因此这个指标能够成立。

2. 相对要素供给量

假设本国资本和劳动力的要素可供给总量分别为 TK_A 和 TL_A，外国资本和劳动力的要素可供给总量分别为 TK_B 和 TL_B，在其他因素不变的条件下，TK_A/TL_A 表示本国资本的相对要素供给量，TK_B/TL_B 表示外国资本的相对要素供给量。如果不等式 $(TK_A/TL_A) > (TK_B/TL_B)$ 或 $(TL_A/TK_A) < (TL_B/TK_B)$ 成立，则本国资本要素相对充裕，外国劳动力要素相对充裕。

用相对要素供给量定义相对要素禀赋，主要从要素的供给角度考虑。前面已经假设过两国生产技术相同，生产函数相同，因此这个指标也能成立。

3. 相对人均要素存量

假设本国和外国的人口数分别为 Q_A 和 Q_B，在其他因素不变的条件下，TK_A/Q_A 表示本国的相对人均资本存量，TK_B/Q_B 表示外国的相对人均资本存量。如果不等式 $(TK_A/Q_A) > (TK_B/Q_B)$ 成立，则本国资本要素相对外国而言是充裕的。这只是一个相对的概念，例如，美国无论在资本存量，还是在劳动力绝对数量上，都远远高于瑞士和墨西哥这两个国家。但与瑞士相比，美国的人均资本存量低于瑞士，因此相对于瑞士来说，美国属于劳动力要素丰裕的国家；与墨西哥相比，美国的人均资本存量高于墨西哥的水平，因此相对于墨西哥而言，美国属于资本要素丰裕的国家。

但是此指标在实际测算时，有时难以操作。因为各国大都没有关于资本存量的直接统计数据，而且各国的货币单位不同，无法直接进行比较。

（三）等产量线

在经济学中，等产量线是指在技术水平不变的条件下，可以生产相同产量的两种生产要素的各种组合点的连线。等产量线有两层含义：一是产品的生产是由两种生产要素组合而成；二是生产同一产量时，可以有多种要素的组合形式。等产量线的形状表明了两种生产要素在生产某种特定商品时的相互替代程度。边际技术替代率为等产量线斜率的绝对值。

（四）要素密集度及要素密集型产品

要素密集度（Relative Factor Intensity）是指单位产品的相对要素投入比例。如果某要素投入比例大，称为该要素密集程度高。根据产品生产所投入的生产要素中所占比例最大的生产要素种类不同，可把产品划分为不同种类的要素密集型产品（Factor Intensity Commodity）。例如，生产小麦投入的要素中，土地占的比例最大，便称小麦为土地密集型产品；生产纺织品投入的要素中，劳动力占的比例最大，便称纺织品为劳动密集型产品。

假设有两种产品（X 和 Y）和两种要素（劳动力 L 和资本 K），如果生产单位 X 产品的资本与劳动力投入比例为 $(K/L)_x$，生产单位 Y 产品的资本与劳动力投入比例为 $(K/L)_y$，如果不等式 $(K/L)_x > (K/L)_y$ 成立，则商品 X 就是资本密集型产品，而 Y 是劳动密集型产品。

例如：如果生产单位 X 产品需投入 2 单位资本和 2 单位劳动力，则 $(K/L)_x = 1$；而生产单位 Y 产品需投入 1 单位资本和 4 单位劳动力，则 $(K/L)_y = 1/4$。由于 $(K/L)_x > (K/L)_y$，那么，X 就是资本密集型产品，Y 是劳动密集型产品。

产品的要素密集度是由生产该产品的技术规定的，它不会随国家的不同而发生变动，这也是由要素密集度不发生逆转这一假设规定的。

三、H-O 模型的主要内容

H-O 模型的主要内容包括要素供给比例理论、要素价格均等化理论和雷布津斯基定理。

（一）要素供给比例理论

1. 主要观点

俄林提出"贸易的首要条件是某些商品在某一地区生产要比另一地区便宜。在每一地区，出口品中包含着该地区比在其他地区拥有的较便宜的相对大量的生产要素，而进口别的地区较便宜生产的商品。"⊖

⊖ 俄林《地区间贸易和国际贸易》，商务印书馆，1986 年，第 23 页。

要素供给比例理论的主要内容是一国的比较优势是由其要素丰裕度决定的，一国应出口较密集地使用其较丰裕的要素生产的产品，进口较密集地使用其较稀缺的要素生产的产品。比如，劳动力相对丰裕的国家应当出口劳动密集型产品，进口资本密集型产品；资本相对丰裕的国家应当出口资本密集型产品，进口劳动密集型产品。这一观点是基于以下环环相扣的推理过程：

（1）商品价格的国际绝对差异是国际贸易产生的直接原因。商品价格的国际绝对差异是同种商品用同种货币在不同国家的价格差异，这是国际贸易产生的利益驱动力。商品价格低的国家向价格高的国家出口，并从国外进口价格低于本国生产的商品，这样贸易双方都能因交换而获利。

（2）价格的国际绝对差异是由生产同种产品时的成本差别造成的。因为成本决定价格，各国生产同一产品的成本不同，必然导致其价格的不同。

（3）各国产品成本（价格）比例不同是国际贸易产生的必要条件。俄林指出，并非价格比例不同的商品之间产生国际贸易，是否会产生国际贸易还取决于双方是否存在比较成本优势。如 A、B 两种商品在美国和日本两国内价格之比是 1:2 和 3:6，价格比例相同，此时不存在比较优势，不会产生国际贸易。因此，国际贸易产生的必要条件是两种商品在各自国内的价格比例必须是不同的。

（4）产品成本的差别是由生产要素的价格不同造成的。要素价格是指劳动力、资本、土地等生产要素的价格或报酬。假设 K 表示资本要素，L 表示劳动力要素，美国和中国生产布和彩电的技术相同，要素投入结构（K/L）相同，中国单位资本的价格是 6 美元，单位劳动力的价格是 1 美元，而美国单位资本的价格是 3 美元，单位劳动力的价格是 5 美元，如表 4-1 所示。

表 4-1　要素供给比例理论的推导过程

		技术系数	要素价格/美元		产品成本/美元
		要素投入结构（K/L）	资本	劳动力	
美国	布	3:6	3	5	39
	彩电	3:1			14
中国	布	3:6	6	1	24
	彩电	3:1			19

由表 4-1 可见，美国生产布的成本为（$3\times3+6\times5$）美元 = 39 美元，生产彩电的成本为（$3\times3+1\times5$）美元 = 14 美元，中国生产布的成本为（$3\times6+6\times1$）美元 = 24 美元，生产彩电的成本为（$3\times6+1\times1$）美元 = 19 美元。显然，中国在生产布上具有绝对优势，美国在生产彩电上具有绝对优势。因为布需要更多的劳动力投入，所以布是劳动密集型产品，而中国劳动力相对美国便宜；彩电需要更多的资本投入，是资本密集型产品，而美国资本相对中国便宜，于是两国在布和彩电的生产成本上出现差异。可见，各国产品的成本差是由生产要素的价格差异造成的。

（5）生产要素的价格差异是由各国生产要素的供给比例差异造成的。要素的价格由其供求所决定，两国生产要素的供给差异造成了两国生产要素价格的差异。各国所拥有的土地、劳动力、资本以及管理能力等各种生产要素的数量和质量是不同的，一些供给丰富的生产要素价格便宜,稀缺的生产要素价格昂贵。由此得出,要素价格比例不同是由要素供给比例不同决定的。澳大利亚、新西兰等国家土地资源丰富而劳动力、资本相对较少,于是地租便宜,而工资和利息相对较高,出口的产品如小麦、羊毛等便充分利用了资源供给比较优势。

因此,俄林认为在各国要素需求一定的情况下,各国的要素供给比例不同,导致要素价格不同,导致产品成本不同、价格不同,从而产生国际贸易。

2. 图形说明

在两国生产技术条件相同的条件下,国家之间要素禀赋的差异,最终会影响到两国 X 和 Y 两种商品的生产能力,从而引起供给能力的差别,见图4-1。

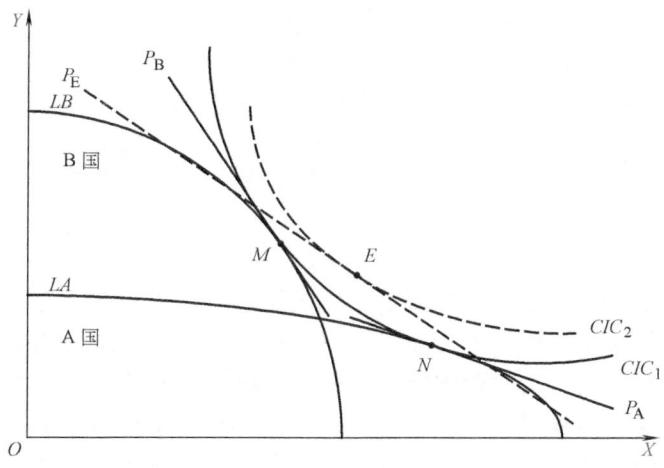

图4-1 要素供给比例理论图示(1)

图4-1中,LA 和 LB 分别为 A 国和 B 国的生产可能性曲线,X 是劳动密集型产品,Y 是资本密集型产品,而 A 国劳动力相对丰裕,相对于 B 国更多地生产 X 产品,其生产可能性曲线比较偏向于横轴;B 国资本相对丰裕,相对于 A 国更多地生产 Y 产品,其生产可能性曲线比较偏向纵轴。这说明,在技术水平相同的情况下,A、B 两国的生产可能性曲线的差异完全是由两国的要素禀赋差异造成的,生产可能性曲线反映了一国的供给能力,资本丰裕的 B 国在资本密集型产品上相对供给能力较强,劳动力丰裕的 A 国则在劳动密集型产品上供给能力较强。

现假设两国用相同的生产技术生产 X 产品和 Y 产品,由于假设条件中两国消费者偏好相似,所以用同样的社会无差异曲线 CIC_1 表示。在没有贸易的情况下,CIC_1 与两国的生产可能性曲线分别相切于 M 点和 N 点,即 A 国在 N 点上组织 X 产品和 Y 产品的生产,B 国在 M 点上组织 X 产品和 Y 产品的生产,两国生产能力达到各自的最高满足水平。通过 M 点和 N 点的切线分别为 P_B 和 P_A,分别代表两国国内的相对均衡价格。由于切线 P_B 和 P_A 的斜率的绝对值 $K_B > K_A$,所以 A 国生产 X 产品具有比较优势,B 国生产 Y 产品具有比较优势。

开展贸易后,两国将根据各自的比较优势进行专业化生产,A 国将增加 X 产品的生产,减少 Y 产品的生产;B 国将增加 Y 产品的生产,减少 X 产品的生产。这一过程一直持续到两国产品相对价格相等,即 P_E 为止,P_E 与两国的生产可能性曲线同时相切,从而社会无差异

曲线由原来的 CIC_1 右移到 CIC_2，达到一个新的均衡状态 E，社会的总体效用增加。在新的均衡状态下，两国的生产和贸易发生变化，见图 4-2。

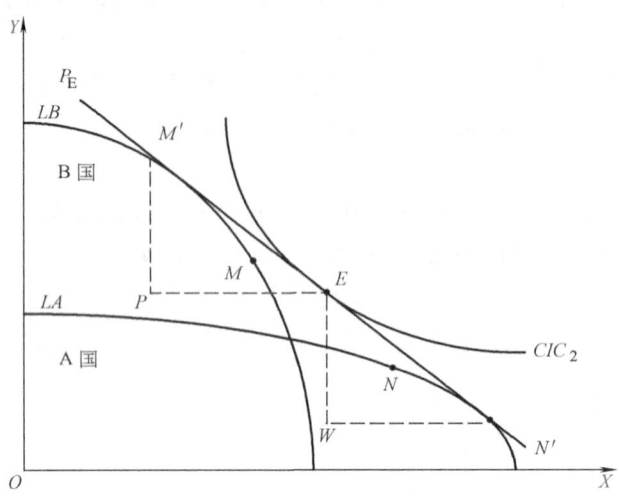

图 4-2　要素供给比例理论图示（2）

由图 4-2 可知，进行专业化分工以后，A 国的生产均衡点由点 N 移动到点 N'，B 国的生产均衡点将由点 M 移动到点 M'，因为在点 N' 和点 M'，A、B 两国的生产可能性曲线刚好与同一条相对价格线 P_E 相切，这时两国的商品相对价格恰好相等。在这种状态下，两国按照相对价格 P_E 开展贸易并达到平衡，$PE = WN'$，$PM' = WE$，也即 A 国将出口 WN' 的 X 产品到 B 国，并从 B 国进口 PM' 的 Y 产品。除了 E 点外，任何价格的贸易水平都不平衡，贸易不平衡的结果使价格向均衡贸易价格水平移动。由于 CIC_2 的效用大于 CIC_1 的效用，因此贸易后两国的福利水平都得到了提升。

【案例分析 4-1】

沙特阿拉伯的贸易结构与要素禀赋

沙特阿拉伯是一个石油大国，石油资源丰富，据沙特阿拉伯媒体报道，2013 年沙特阿拉伯已探明石油储量达 2689.1 亿桶，列世界第二位，约占全球总储量的 20%。沙特阿拉伯经济顾问法赫德博士表示：按照现在生产水平计算，沙特阿拉伯石油储量能够满足未来 80 年的需求，但是沙特阿拉伯仍有石油、天然气储量未被探明，其中页岩气预计储量达 635 万亿立方米。

目前中东地区已不再满足于只是大量出口原油，2015 年初新建了两家大型炼油厂，这将撼动从亚洲到欧洲的燃料市场。未来几个月，上述两家炼厂若满负荷运转，日原油加工量可能达到 120 万桶，相当于全球总炼能的 1% 以上。这几家炼厂将生产柴油、汽油、航空燃油等各种成品油，其中柴油占到产量的一半以上。这些炼厂投产后的竞争优势应该相当明显，他们不仅拥有新技术和廉价原油供应，而且与欧洲、非洲市场毗邻，有能力取代这些市场上的亚洲和美国供应商。

沙特阿拉伯的经济结构和贸易结构都很单一，石油是其经济发展的命脉，因此，对外贸易在其国民经济中举足轻重，石油收入占国家财政收入的75%左右，占国内生产总值的45%左右。在对外贸易上，实行自由贸易和低关税政策，石油和石化产品出口占其出口总额的90%左右。进口主要是机械设备、食品、纺织等消费品和化工产品。主要贸易伙伴是美国、中国、日本、英国、德国、意大利、法国、韩国等。由于大量出口石油，沙特阿拉伯对外贸易长期顺差。2014年沙特阿拉伯进出口总额5100亿美元，出口额3596亿美元，进口额1504亿美元，顺差2092亿美元。

另外，大多数发展中国家的出口商品都与其要素禀赋密切相关。尼日利亚、印度尼西亚、墨西哥、肯尼亚、埃及、委内瑞拉等是世界石油的主要供给国，赞比亚、扎伊尔、智利是著名的铜出口国，哥伦比亚、坦桑尼亚、埃塞俄比亚、巴西、科特迪瓦、危地马拉是咖啡供应地。

案例讨论：从要素禀赋角度分析沙特阿拉伯单一贸易结构的利弊。

（二）要素价格均等化理论

要素价格均等化理论进一步论述了两国在发生贸易之后，两国之间的资源禀赋将会发生怎样的变化。

1. 要素价格均等化定理

俄林认为："贸易直接的后果是各地商品价格趋于一致。只要没有运输成本或其他贸易阻碍，一切商品在各地区一定要有相同的价格。"⊖ 两地间的商品流动可以被理解为生产要素的流动，商品的流动部分代替了生产要素的流动。

其结果是贸易前相对丰富的要素价格上涨，相对稀少的要素价格下降，最终导致生产要素价格的均等化。

这一结论由美国经济学家沃尔夫冈·斯托尔帕（Wolfgang Stolper）与萨缪尔森在1941年合写的经典文章《保护与实际工资》中重新提出并论证，被称为斯托尔帕—萨缪尔森定理（Stolper-Samuelson Theorem）。其主要内容是：自由贸易不但会使商品价格均等化，而且会使生产要素的价格均等化，致使两国所有的工人都能得到同样的工资率，所有的土地都能得到同样的土地报酬率，而不管两国生产要素的供给和需求模式如何。对进口竞争品的保护会提高该部门密集使用的生产要素的收入，即对自由贸易的任何人为的障碍都会阻止要素价格均等化的实现，表现为要素价格均等化的停滞或反向运动。这也可以说是要素价格均等化定理（Factor-price Equalization Theorem）的完整论述。

后来，彼德·林德特在其《国际经济学》教科书中将要素价格均等化定理描述为："根据一系列前提假设，自由贸易不但会使商品价格均等，而且会使生产要素价格均等，以至两国的所有工人都能够获得同样的工资率，所有的土地单位都能够获得同样的地租报酬。"⊜

2. 生产要素价格均等化的过程

由上面的分析可知，国际贸易是由相对价格差引起的，而国际贸易又促使了各贸易国的商品的价格趋于均等，同时生产要素的价格会均等。

由于各国的要素禀赋是不同的，从而一国比较丰裕的生产要素价格较低，而比较稀缺的

⊖ 俄林《地区间贸易和国际贸易》，商务印书馆，1986年，第23页。
⊜ 彼德·林德特、查尔斯·金德尔伯格《国际经济学》，上海译文出版社，1985年，第64~65页。

生产要素价格较高。国际贸易会使一国的生产结构发生变化，各国会较多生产并出口密集使用本国比较丰裕的要素的产品，较少生产并进口密集使用本国较稀缺的要素的产品，这使各国对不同生产要素的需求程度发生了变化，这种生产要素需求程度的变化又进一步影响到各生产要素的价格，从而使本国的比较丰裕的生产要素的价格水平上升，比较稀缺的生产要素的价格下降。

例如，印度劳动力相对丰裕，劳动价格相对英国便宜，生产的劳动密集型产品具有比较优势；英国资本相对丰裕，资本价格相对印度便宜，生产的资本密集型产品具有比较优势。如果英国与印度发生贸易后，印度输入资本密集型产品，英国输入劳动密集型产品，随着贸易量的增大，印度越来越多的劳动力被用来生产劳动密集型产品以供出口，对劳动力的需求增加，劳动力价格开始上升，与英国劳动力价格之间的差距越来越小；而英国越来越多的资本被用来生产资本密集型产品以供出口，对资本的需求增加，资本价格开始上升，与印度资本价格之间的差距也越来越小，最终价格会在两国间日趋相等。

3. 图形说明

对于以上结论，可用图 4-3 说明生产要素相对价格趋同化的过程。

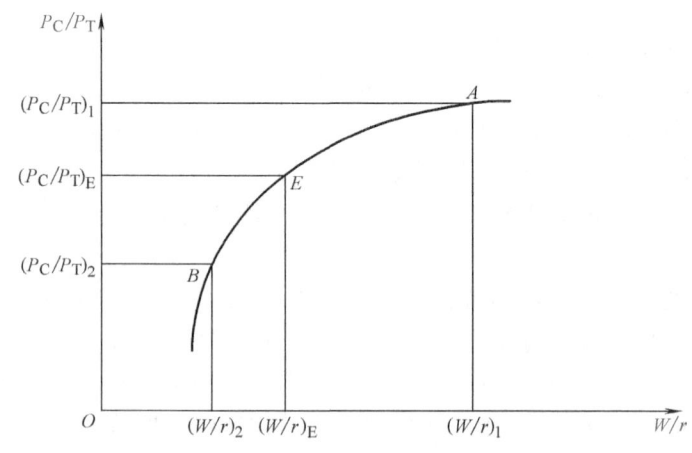

图 4-3　要素价格均等化趋向

在图 4-3 中，P_C 表示衣服的价格，P_T 表示彩电的价格，W 表示劳动力的价格，r 表示资本的价格，于是纵轴 P_C/P_T 表示衣服相对于彩电的价格，横轴 W/r 表示劳动力相对于资本的价格。在贸易前，外国衣服相对于彩电的价格由 $(P_C/P_T)_1$ 表示，劳动力相对于资本的价格则用 $(W/r)_1$ 表示，组合为 A 点；本国衣服相对于彩电的价格由 $(P_C/P_T)_2$ 表示，劳动力相对于资本的价格则由 $(W/r)_2$ 表示，组合为 B 点。由于 $(P_C/P_T)_1 > (P_C/P_T)_2$，$(W/r)_1 > (W/r)_2$，说明外国劳动力价格较高，而价格高是由于劳动力这一要素供给相对较少，是相对稀缺要素，资本是相对丰裕要素；反之，本国劳动力是相对丰裕要素，资本相对是稀缺要素。根据赫克歇尔和俄林的观点，本国应该出口用相对丰裕的劳动力生产的衣服，进口用相对稀缺的资本生产的彩电，外国的贸易流向则反之。

贸易后，外国出口彩电，进口衣服。以外国为视角进行分析：一方面，由于国内衣服的供给增加，从而使衣服的相对价格降低，对生产衣服的劳动力需求相对减少，劳动力的相对价格降低；另一方面，由于彩电出口到国外市场，使国内的生产相对增加，从而对资本的需求相对增加，资本的相对价格提高，于是 $(W/r)_1$ 逐渐变小，这时 A 点将沿着曲线向 E 点移动。本国情况正好与外国相反，于是 $(W/r)_2$ 逐渐变大，这时 B 点将沿着曲线向 E 点移动。随着贸易的深入，两国 $(W/r)_1$ 和 $(W/r)_2$ 之间的差距逐渐减少，直到相对价格在 E 点相等，此时 $(P_C/P_T)_E = (P_C/P_T)_1 = (P_C/P_T)_2$，$(W/r)_E = (W/r)_1 = (W/r)_2$，在这种状态下，贸易不再发生，达到贸易平衡。

4. 要素价格均等化的限制条件

如果以上模型能够实现，意味着将出现"世界大同"的乐观景象。意味着按照这一模型，各国之间不必进行生产要素的国际流动，只要通过国际贸易，各国的劳动力、资本和土地都可以获得完全相等的报酬或收入，那么国际间的贫富差距将消失。但在现实生活中，世界各国的要素价格并不相等，甚至差距非常大。比如在美国和德国，医生、工程师、技师、机械师和秘书的工资要高于其在中国和墨西哥的同行。是什么原因导致理论与现实不相符呢？从以上推导过程可以看出，其逻辑思路环环相扣，无懈可击，那么问题就应该出在前提假设上。

该理论所依赖的一些假设在现实中是不存在的：①当今世界，没有一国是完全自由贸易，贸易壁垒的存在使各国价格不等；②各国的生产技术不同，不同的技术带来不同的产品，使工资出现差异；③各国产品不同质，使用的生产要素也不同质；④许多企业处于不完全竞争的市场上，有垄断价格的存在等。因此，尽管国际自由贸易程度在提高，然而各国生产要素的价格依然存在差距。

但是，国际贸易在缩小各国要素收入的绝对差异中发挥了作用，因此如果说国际贸易减少了同质要素报酬的国际差异，而不是将其完全消除了，这是比较符合实际的。因此，要素价格均等理论仍然是有用的，它确定了影响要素价格的重要因素。

【国贸博览4-2】

琼斯扩大效应

琼斯扩大效应（Magnification Effect）是琼斯（Jones，1965—）对斯托尔帕—萨缪尔森定理的发展，它是指在存在两种最终产品（如衣服与食品），两种生产要素（如劳动与土地），并且这两种生产要素的价格分别为 W 与 R 的"$2\times2\times2$"的新古典世界里，最终产品价格的变动会导致生产要素价格更大幅度的变化，也就是说，如果衣服的相对价格增加，必定会导致劳动力报酬更大幅度的提高。

假设 $P'_C = \Delta P_C/P_C$，$P'_F = \Delta P_F/P_F$，$W' = \Delta W/W$，$R' = \Delta R/R$，它们分别表示产品价格与要素价格变动的幅度，同时假设衣服是劳动密集型产品，食品是土地密集型产品，则必有如下关系成立：如果 $P'_C > P'_F$，则有 $W' > P'_C > P'_F > R'$；如果 $P'_C < P'_F$，则有 $W' < P'_C < P'_F < R'_1$。这说明，衣服是劳动力的"朋友"，土地的"敌人"，因为衣服价格的增加会引发劳动力报酬更大幅度的提高与土地报酬更大幅度的降低；同理，食品是土地的"朋友"，劳动力的"敌人"。

（资料来源：《国际贸易》，上海财经大学精品课程（电子版）。）

（三）雷布津斯基定理（Rybczynski's Theorem）

1955年，雷布津斯基在其发表的题为《要素禀赋与相对要素价格》的文章里，对生产要素的增长与国际贸易的关系进行了创见性的讨论,并提出了雷布津斯基命题。

雷布津斯基定理:在商品的相对价格不发生变动,并且两种商品均被生产的条件下,一种要素供给数量增加,而其他要素供给数量均保持不变,这会导致密集使用该要素生产的产品的产出增加。同时,又使其他产品的产出下降。比如,劳动供给的增加会使衣服的产量提高,但同时会使彩电的产量减少,见图4-4。

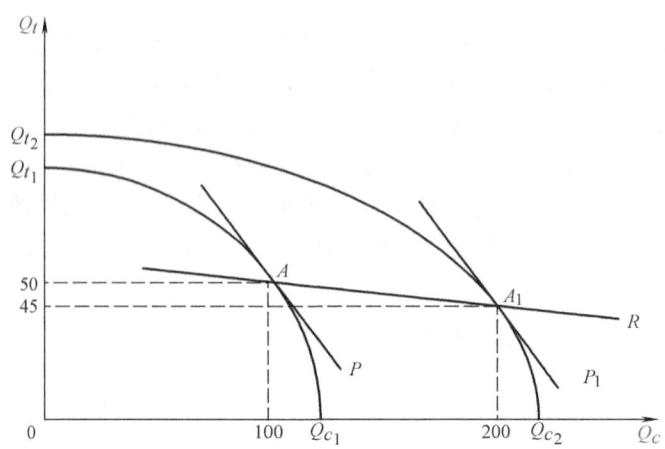

图4-4 雷布津斯基定理

图4-4中,横轴Q_c表示衣服的生产量,纵轴Q_t表示彩电的生产量。曲线$Q_{c_1}Q_{t_1}$表示劳动力增加前的生产可能性曲线,此时,生产均衡点为A,即生产100单位衣服和50单位彩电,衣服与彩电的国内交换比价用直线AP斜率的绝对值表示。

当增加劳动力数量之后,由于生产衣服的主要投入要素是劳动力,而生产彩电的主要投入要素是资本,因此衣服的增加量远大于彩电的增加量,形成一条新的生产可能性曲线$Q_{c_2}Q_{t_2}$。由于产品的交换比价仍保持不变,因此将AP平行移动到与新的生产可能性曲线相切,新的生产均衡点为A_1。同A点比较,A_1点的衣服的生产量由原来的100单位提高到200单位,而彩电的生产量则由原来的50单位下降到45单位。将A与A_1连接起来的直线R,称为雷布津斯基线,它描述了要素供给变动所引起的生产均衡点变动的轨迹。

四、对H-O模型的评价

H-O模型从资源丰裕度角度上来解释国际贸易的原因,在继承了传统的古典比较优势理论基础上,又有新的创新,对当时经济学界影响很大,曾经被埃尔斯沃思(P. Ellsworth)引入其《国际经济学》教科书中,"每个人都知道,当一种思想写进这种书籍以后,不管它多么不准确,它几乎会变成不朽的。"⊖很长时间内,H-O模型被认为是现代国际贸易的理论基础。

(一)进步性

1. H-O模型从两个方面发展深化了比较优势理论

H-O模型是建立在比较优势基础之上的,它对比较优势理论深化的地方是:第一,比较

⊖ 萨缪尔森、诺德豪斯《经济学》(上册),中国发展出版社,1992年,第2页。

优势理论是以单一要素为分析前提的,而 H-O 模型是以两种生产要素的投入为分析前提的,是从多种生产要素的角度来解释国际贸易问题,与现实更加接近;第二,比较优势理论是建立在各国劳动生产率差异基础上的,H-O 模型排除了这一假设,它假设各国生产同一产品的技术水平是相同的,各国间生产同一产品的成本差异是由各国不同的要素禀赋而不是技术水平和劳动生产率造成的。按要素禀赋的国际差异组织专业化分工生产而后贸易,会使两国的总体贸易利益得到改善。这与比较优势理论模型的结论一致。

2. 正确地指出了生产要素在各国对外贸易中的重要地位

H-O 模型从资源丰裕度上来解释国际贸易的原因,又通过要素价格均等化定理来分析国际贸易对经济结构的影响。在各国对外贸易竞争中,土地、劳动力、资本、技术等要素起着重要的作用,对于一国如何利用本国资源优势参与国际分工具有积极的意义。

(二) 理论缺陷

1. H-O 模型忽略了需求因素,与当代发达国家间贸易迅速发展的实际情况不符

与古典国际贸易理论一样,H-O 模型也是从供给角度上探讨国际贸易产生的原因,影响了其对于现实问题的分析。按照他们的理论,国际贸易应发生在要素禀赋不同和需求格局相异的工业国家与初级产品生产国之间,但当代贸易的一个特点却是,大量贸易发生在要素禀赋相似、需求格局接近的工业国之间,而发达国家同发展中国家间贸易的发展却比较缓慢。

2. 资源禀赋差异并非国际贸易发生的充分条件

H-O 模型强调静态结果,排除了技术进步等其他因素,很多国家参与国际贸易不一定是资源禀赋的差异,特别是"二战"后的国际贸易模式中,技术的差异或经济规模的不同都是产生国际贸易的原因。

3. 诸多假设与现实不符

与比较优势理论一样,H-O 模型也是建立在一系列假设基础之上的。这些假设与现实有很大差距,影响到理论对国际贸易的解释力。比如在验证过程中,很多经济学家发现了理论与现实的矛盾,如第二节将要阐述的"里昂惕夫之谜"。

第二节 里昂惕夫之谜及其解释

H-O 模型是国际经济学中最具影响力的理论之一,1933~1953 年的 20 年时间里,经若干著名经济学家的再度解释,不断地得到完善与扩展,被人们公认为是继比较优势理论之后,国际贸易理论史上的又一个里程碑。但从 20 世纪 50 年代初开始,随着经济学家对要素禀赋理论所做的实证检验工作不断深入,这一理论的一些不足也开始暴露出来,在众多的实证研究中,美国经济学家瓦西里·里昂惕夫(W. W. Leontief,1906—1999)对要素禀赋理论适用性进行检验,检验的结果与 H-O 模型的结论相反,被称为"里昂惕夫之谜"。他的研究工作对 H-O 模型的后续发展产生了重大影响。

【国贸博览 4-3】

瓦西里·里昂惕夫

瓦西里·里昂惕夫是俄裔美国经济学家,生于圣彼得堡,1925 年获列宁格勒大学文学硕士学位，同年留学德国，1928年获柏林大学哲学博士学位。曾任德国基尔大学世界经济研究所研究助理、中国国民党政府铁道部顾问。1931年由德国移居美国，先后任美国全国经济研究局研究助理、哈佛大学经济学教授、纽约大学经济学教授和经济分析研究所所长。1973年获诺贝尔经济学奖。

里昂惕夫最重要的贡献是从20世纪30年代开始研究投入产出分析法，即在编制反映各部门间产品量交流情况的投入产出表基础上，用数学方法研究各部门产品生产和分配的关系。这种方法在世界各国被迅速传播并广泛运用，并被联合国规定为国民经济核算体系中的一个重要组成部分。他在20世纪70年代领导一个小组从事世界经济模式的研究，对2000年的世界经济情景进行了预测。著有《美国经济结构，1919～1929年》、《美国经济结构研究：投入产出分析中理论和经验的探索》、《投入产出经济学》、《经济学论文集：理论与推理》、《经济学论文集：理论、事实与政策》等。

（资料来源：http://zhangjingmin.blogchina.com/79588.html。）

一、里昂惕夫之谜

H-O模型说明只要知道贸易国要素充裕度的差异，便可判定各国生产优势和贸易优势的差异或国际竞争力的差异，进而预见各国的专业化方向和贸易方式；也就是说，要素禀赋的差异是确定国际分工方向和建立贸易方式的充分且必要的条件。按照H-O模型，一个国家应该出口密集地使用本国较丰裕的生产要素所生产的产品，进口密集地使用本国较稀缺的生产要素所生产的产品。

里昂惕夫于1953年运用投入产出分析法调查了美国200家企业，并着重对外贸统计数字进行了分析，对1947年美国生产每百万美元出口商品和每百万美元进口替代品所需资本和劳动力数量进行了计算，计算结果如表4-2所示。

表4-2 每百万美元出口产品和进口替代品的资本和劳动力需求

1947年美国投入产出贸易结构	出口商品	进口替代品
资本/美元	2550780	3091339
劳动力/（人年）	182	170
资本—劳动力比率/（美元/人）	14015	18184

（资料来源：Dominick Salvatore著《国际经济学》（第5版），清华大学出版社，第101页。）

由表4-2可知，1947年，美国出口每100万美元的商品，用资本2550780美元，用劳动力182人，每人每年耗资14015美元。与此同时，生产每100万美元的进口替代品，用资本3091339美元，用劳动力170人，每人每年耗资18184美元。由此可知，在1947年，平均每人每年耗资表示的进口替代品的资本/劳动力（=18184美元/人）和出口商品的资本/劳动力（=14015美元/人）之比为1.3:1。这就是说，"美国参与国际分工是建立在劳动密集型生产专业化基础上，而不是建立在资本密集型生产专业化基础上的。换言之，这个国家是利用对外贸易来节约资本和安排剩余劳动力，而不是相反。"⊖这个验证结果与H-O模型大相径庭，完全出乎里昂惕夫本人的预料，也引起了经济学界的极大关注，被称为"里昂惕夫之

⊖ 转引自姚曾荫《国际贸易概论》，人民出版社，1987年，第604页。

谜"或"里昂惕夫悖论"（The Leontief Paradox）。

1956年里昂惕夫利用投入产出分析法和美国1951年的统计资料，对美国贸易结构进行了第二次验证。验证结果以《生产要素比例和美国贸易结构：进一步的理论和检验分析》为题于同年发表。在该文中，里昂惕夫验证了1951年美国贸易统计资料，得到的进口替代品的资本/劳动力（13726美元/人）和出口商品的资本/劳动力（12977美元/人）之比为1.06:1，这与1953年结论基本相同。

1959年，日本两位经济学家建元正弘（M. Tatemoto）和市村真一（S. Ichimura）对日本的贸易结构进行了分析；1962年印度经济学家巴哈德瓦奇（R. Bharadwai）对印度的贸易结构进行了分析。他们都得出一样的结论：他们与美国进行双边贸易时，向美国出口的是资本密集型产品，进口的是劳动密集型产品，与里昂惕夫之谜一致；而与其他国家的贸易，出口的是劳动密集型产品，进口的是资本密集型产品，与H-O模型一致。1961年加拿大经济学家沃尔（D. F. Wahl）通过对加拿大与美国的贸易结构的研究，也得出了与里昂惕夫之谜一致的结论。还有很多国家的经济学家对此进行了论证，结果是既未肯定也未否定H-O模型。

里昂惕夫之谜的出现，使H-O模型处于一种颇为尴尬的境地。问题究竟出在哪里？这吸引了许多经济学家试图从各个方面来解释这一"谜"，这种探索推动了"二战"后国际贸易理论的巨大发展。

二、"里昂惕夫之谜"的解释

"里昂惕夫之谜"引起世界各国经济学家的极大震惊和兴趣，由此产生了许多围绕"谜"的国际贸易理论，这些理论从不同的角度解释了"里昂惕夫之谜"。

1. 人力资本说

人力资本（Human Capital）是指资本与劳动力结合而形成的一种新的生产要素，包括所有能够提高劳动生产率的教育投资、工作培训、保健费用等开支。一般来说，资本充裕的国家往往也是人力资本充裕的国家，在贸易结构和流向上也是出口人力资本要素密集的产品。许多西方经济学家认为资本包括有形与无形两部分，而里昂惕夫计算的资本只包括有形资本，而忽略了无形资本。无形资本就是人力资本，如果在计算资本密度时必须把人力资本的价值加在有形资本的价值上，那么美国出口的便是资本密集型产品，进口的是劳动密集型产品。这样"里昂惕夫之谜"就不存在了。

里昂惕夫本人也认为，自己没有认真评估美国的要素禀赋，想当然地认为美国是资本丰富的国家，而事实上，同一要素之间有很大的不同，一个农民和一个工程师1小时的劳动是不同的，甚至不能相互替代。对此，他从有效劳动（Effective Labor）的角度做出如下解释：由于劳动素质各不相同，在同样资本的配合下，美国工人的劳动生产率比他们的外国同行要高得多，1947年美国工人的生产率大约是其他国家的3倍，因此，在计算美国工人的人数时应将美国实际工人数乘以3倍。这样按照生产效率计算的美国工人数与美国拥有的资本量之比，就是劳动力相对丰富而资本相对短缺的国家，"谜"也就不存在了。

受此启发，后来一些学者在要素禀赋理论的框架下引入人力资本这一因素。由于质量上的差异，一般劳动力可区分为熟练劳动力和非熟练劳动力两类。其中熟练劳动力是指具有一定技能的劳动力，这种技能不是先天具备的，而是通过后天的教育、培训等手段积累起来的，是需要投资的，所以称熟练劳动力为人力资本。这样一来，资本的含义更广泛了，它既包括有形的物质资本，又包括无形的人力资本。美国在人力资本上的投入远远超过了其他国家，这就意味着美国劳动力含有更多的人力资本，这使美国出口商品的资本密集度要大于进口商品的资本密集度，因此，在加入人力资本后，"谜"也就可以解释了。

2. 需求偏好差异说

赫克歇尔—俄林理论成立的一个前提假设是贸易国双方的需求偏好是无差异的，因此消费结构也是相同的。实际上，贸易各国国民需求偏好是不相同的，而且这种偏好会强烈地影响国际贸易方式。一个资本相对充裕的国家，如果国内需求强烈偏向资本密集型产品，其贸易结构就有可能是出口劳动密集型产品而进口资本密集型产品。"里昂惕夫之谜"之所以在美国发生，是因为美国人不喜欢消费劳动密集型产品，而喜欢消费资本密集型产品，因此，消费偏好的力量使美国并未发挥其在生产成本上的比较优势，将劳动密集型产品出口国外，把资本密集型产品留在国内消费。

3. 要素密集度逆转说

在 H-O 模型中，无论生产要素的价格比例实际情况如何，某种商品总是以某种要素密集型的方式生产的，即不论在中国还是在美国，布总是劳动密集型的，彩电总是资本密集型的。但在现实中，假如布在中国是劳动密集型生产，但美国由于资本充裕而劳动力稀缺，有可能在布的生产中使用更多的资本而少用劳动力，这样布在美国就变成了资本密集型产品。这说明要素密集度在现实中可能发生逆转。

要素密集度逆转（Factor-Intensity Reversal）是指一种特定的商品在劳动力丰裕的国家生产就是劳动密集型产品，在资本丰裕的国家生产就是资本密集型产品。例如小麦，在美国由于资本相对丰裕，可以用机械化的方式生产，是资本密集型产品；在中国由于劳动力相对丰裕，则可以用手工作业的方式生产，是劳动密集型产品。

由于同一种商品的生产可以存在要素密集度逆转，那么当劳动力的相对价格提高（工资提高），美国进口竞争部门会用相对便宜的资本替代相对昂贵的劳动力，由于资本替代劳动的能力很大，或者说进口竞争部门较之出口生产部门有很高的资本替代劳动的弹性，致使该部门生产的产品由劳动力的相对价格提高前的劳动密集型产品变成资本密集型产品，从而会有美国出口劳动密集型产品，进口资本密集型产品的结果。

然而，要素密集度逆转只存在于少数行业中，在现实中不具有普遍性。经济学家格鲁贝尔（H. G. Grubel）在 1962 年对 19 个国家的 24 个行业进行了统计分析，发现有 5 个行业存在有生产要素密集度的逆转。里昂惕夫对他所研究的资料进行定量分析，发现要素密集度逆转发生只有 1%，也就是说，它对 H-O 模型无实质性的影响。

4. 自然资源说

该种解释认为，在 H-O 模型中，只考虑了两种生产要素即资本和劳动力，而忽略了自然资源要素，如土地、矿藏、森林、水资源等。各国自然资源的种类的数量有很大不同，比如阿拉伯半岛石油资源丰富而其他资源很少，日本耕地资源较少，美国耕地和煤的资源丰富，加拿大有除热带特有资源以外的所有自然资源，这直接影响到产品中的资本—劳动力比率。许多贸易产品都是资源密集型的，美国的进口品中初级品占 60%~70%，而这些初级品大部分是木材和矿产品，属于自然资源密集型产品，如果把这类产品归于资本密集型产品中，便加大了进口产品中资本与劳动力的比率。

自然资源要素与资本要素之间存在相互替代关系。如果生产某种商品的自然资源不足，就必然要投入较多的资本（先进设备等）。阿拉伯半岛石油资源丰富，开采方便，所需要的设备简单，因此投入的资本相对较少。而在石油稀缺的地方，即使投入大量的资本，也只能生产出成本较高的石油。研究表明，美国的多数进口商品正是美国资源稀缺的商品，作为进口竞争品在美国生产，必须投入较多的资本。而对于出口国来说，这些产品是资源密集型的，所需投入的资本相对较少，生产成本较低。在考虑自然资源这一因素后，"里昂惕夫之谜"也可得到解释。从自然资源的角度看，美国实际上进口的是其稀缺的自然资源，而不是资本。

1959年，里昂惕夫对美国的贸易结构进行计算时，在投入—产出表中减去了19种自然资源密集型产品，结果取得了与H-O模型相一致的结论。因此H-O模型没有错，里昂惕夫的验证也没有错，只是人们对美国的要素禀赋判断错了。

5. 贸易保护说

很多经济学家认为"里昂惕夫之谜"是美国贸易保护的结果。H-O模型是建立在完全自由竞争的假设之上的，而现实的国际贸易中存在着大量的关税和非关税壁垒，是一个不完全竞争市场，尤其是战争初期。美国贸易政策的制定会受到多种利益集团的影响，贸易政策一般是限制高技术产品（一般是资本密集型的）的出口，阻碍劳动密集型产品的进口。一些研究表明，美国进口劳动密集型产品比进口资本密集型产品受到更严格的进口壁垒限制，特别受到保护的是技术落后的产业和非熟练、半熟练的劳工集团。经济学家罗伯特·鲍德温研究表明，如果美国的进口商品不受限制，那么进口中资本和劳动力之比会比实际高5%。因此，这一结果只能对"谜"做出部分解释，但不能够改变其结论。

三、对"里昂惕夫之谜"的评价

"里昂惕夫之谜"是西方国际贸易理论发展史上的一个重大转折点，它引发了人们对"二战"后国际贸易新现象、新问题的深入探讨，拓宽了人们的思路，推动了"二战"后国际贸易理论的新发展。里昂惕夫的投入产出分析法开辟了用统计数据全面检验贸易理论的道路。各种对"谜"的解释，修正和完善了要素禀赋理论。

【案例分析4-2】

场馆营造行业："郭超之问"与"里昂惕夫之谜"

2014年10月22日，江苏淮安举行"全球人造草行业高峰论坛"，期间，2015年体博会场馆设施及营造展区负责人郭超提出2个问题：1. 为何欧洲在场馆营造领域的科技创新和研发能力长期遥遥领先于中国至少10年以上——但当下，场馆营造业上规模的企业竟多半出现于中国，而不是欧洲？2. 为什么中国企业还能在这样一个资本密集型的具有高分子、化工、环保生态等多重属性的行业，获得当今如此巨大的成功？这两个问题被体博会组委会媒体负责人崔衍衍命名为"郭超之问"。

据郭超的观察，2008年之前的中国乃至世界场馆营造业市场，主流份额几乎都被国外品牌占据着。然而，后来的这几年这个局面全面逆转，中国的场馆营造企业全面"抢班夺权"了，以荷兰的昙卡赛尔隆、意大利的盟多等为首的欧洲的强势品牌，在国内市场和国际市场竞争中，都遭遇了败局——这一切缘于他们多年来"吃老本"所致，研发工作停滞不前，产业多元化，但核心技术和用户体验却很少改进。

至于在这样一个技术门槛高、资金门槛高、没有成套的现成技术，从配方到设备，一般进入都需要一个壁垒很高的过程的行业，为何还能打破欧美"家天下"的格局，为何场馆营造业最具有全球化规模的企业来自中国，他们集体都有着如何独特的竞争策略？恐怕目前连作为竞争对手的欧美人士都没有弄清楚。

著名经济学家里昂惕夫在1953年和1956年的两次研究中，发现了一个难以解释的现象：按照传统理论，美国这个世界上具有最昂贵劳动力和最密集资本的国家，应主要出口资本密集型产品，进口劳动密集型产品。但事实恰好相反，美国出口量最大的却是农产品等劳动密集型产品，进口量最大的却是汽车、钢铁等资本密集型产品。这被称为"里昂惕夫之谜"。

而"郭超之问"，就像场馆营造业的"里昂惕夫之谜"的"逆定理"：按照传统理论，中国这个世界上具有廉价劳动力比较优势和劳动人口稠密的国家，应主要出口劳动密集型产品，进口资本密集型产品，但在场馆营造业发生的全球化供需事实却恰好相反：中国出口量最大的却是人造草、预制型塑胶跑道等资本密集型产品；引进高科技的设备之后，进口量最大的往往却是草丝、聚乙烯等原材料之类的劳动密集型产品。

如何解释"郭超之问"？崔衎衎做出了如下分析：

对于场馆营造材料的成品加工，一个月工资3400~3800元的长三角熟练工，往往可以一个人负责一个环节三条流水线的任务。这与运动鞋服、球拍领域的工厂，是完全不同的景象——走进场馆营造企业的工厂时你便会发现，在厂房里，有时一眼望到底，竟看不见几个人。

还是以场馆营造业中体量最大的人造草市场为例。国内从1999年引进进口材料营造首片人造草运动场地，开始了研究人造草坪如何在国内的各种气候和地缘环境下大规模的推广和使用。目前世界上人工草坪使用量已达2亿 m^2——尽管在国内它的流行比欧洲晚了10年，但因为能够频繁使用、无需维护等优良特性，人造草坪在中国迅速发展。此后的短短几年，全国各地陆续出现了几十家的草坪生产商，再加上国外品牌在国内的代理商，我国的人造草行业已颇具规模，行业产业链也已经形成。再以目前场馆营造业规模最大的企业江苏共创为例，这家成立于2002年是全球专业化人造草坪制造商，在中国淮安建有大型现代化生产基地，进口多条全球先进的自动化生产线，年销量超过2000万 m^2，产品、产销量自2004年以来一直居于中国领先地位。发展至今，共创在世界人造草领域的市场占有率高达到13%，而国内行业排名在第2~6名的企业，这个数字也都在3%以上——中国企业在这个领域的市场占有率已经达到33%以上。这样的现象，同样发生在塑胶跑道、地坪材料、灯光照明、看台座椅等场馆营造业各大领域。

更为"神奇"的是，在场馆营造业的全球市场上，海外买家对"中国制造"低质低价之说几乎集体失声。据笔者了解，目前国内的龙头企业们基本都具备能将研发经费集中在一个工艺创新点上，持续坚定的投入数百万元的研发意识和能力。目前，中国几家场馆行业细分领域的龙头企业几乎成为了相关行业标准的建立者，如长河集团，它是硅PU的国际标准建立者、重新定义了地坪材料系统的研发核心：一种新的化工材料，适合降解、循环利用；如同欣，它是国际田联指定的、预制型橡胶跑道的标准建立者；如共创，它是国际上第一批满足国际足联二星级标准认证的企业；如切尔西，那一位对草坪各项参数无比挑剔的穆里尼奥教练都用的是他们的人造草；再如泰山、金陵，它们是 1/3 奥运比赛场地器材供应商……

回到"郭超之问"，确实像极了中国很多行业的历史难题一样，其实是一个没有结论的开放性假设，极具体育用品行业供需矛盾和细分市场的特殊性，以及系统研究的价值，并从一个崭新角度审视中国体育用品制造业的价值——况且这都发生在利好政策之前形成的江湖格局。

（资料来源：http://www.chinaispo.com.cn/exhibit/news/654.html）

案例讨论：你如何评价崔衍衍的解释？中国场馆营造行业是否存在"里昂惕夫之谜"？

相对要素禀赋　相对要素价格　要素密集度　要素价格均等化定理　等产量线　雷布津斯基定理　里昂惕夫之谜　人力资本　要素密集度逆转

复习思考题

1. 简述 H-O 模型的基本假设，并说明这些假设的必要性。
2. H-O 模型中要素供给比例理论是从哪几个层次进行分析的？
3. 简述要素价格均等化定理和均等化过程。
4. 试述"里昂惕夫之谜"及其产生。
5. 人们对"里昂惕夫之谜"有哪些解释？
6. 简述雷布津斯基定理的主要内容。
7. 试对下列说法加以评价：

（1）由于发达国家工资水平高于发展中国家，所以发达国家与发展中国家进行贸易会无利可图。

（2）因为美国的工资水平很高，所以美国产品在世界市场缺乏竞争力。

（3）发展中国家的工资水平比较低是因为国际贸易的缘故。

8. 发达国家的工人运动传统上总是赞成限制从发展中国家进口产品。从工会成员利益的角度看，这是一种短视政策还是理性的政策？

9. 在"二战"后几十年间，日本、韩国等东亚的一些国家或地区的国际贸易商品结构发生了明显变化，主要出口产品由初级产品到劳动密集型产品，再到资本密集型产品，试对此变化加以解释。

10. 甲、乙两国因生产要素丰裕度不同，生产要素价格也不同。甲国每单位土地价格为 4 元，每单位劳动力价格为 1 元；而乙国每单位土地价格为 1 元，每单位劳动力价格为 2 元。假设两国采用相同的生产技术和方法，即生产单位小麦均需 10 单位土地和 1 单位劳动力；生产每单位棉布均需 1 单位土地和 10 单位劳动力；请分别计算两国生产两种产品的成本并运用 H-O 模型的观点说明甲、乙两国如何进行分工。

延展阅读书目

[1] 贝蒂尔·奥林. 地区间贸易和国际贸易 [M]. 王继祖, 译. 北京: 首都经济贸易大学出版社, 2001.

[2] Heckscher EF, Ohlin BG. Heckscher-Ohlin Trade Theory [M]. Cambridge: the MIT Press, 1991.

[3] Leontief. 1953. "Domestic Production and Foreign Trade: the American Capital Position Re-examined," Proceedings of the American Philosophical Society 97.

[4] 海闻, 等. 国际贸易 [M]. 上海: 上海人民出版社, 2003.

[5] 亚蒂什 N 巴格瓦蒂, 等. 高级国际贸易学 [M]. 上海: 上海财经大学出版社, 2004.

[6] 国彦兵. 西方国际贸易理论历史与发展 [M]. 杭州: 浙江大学出版社, 2004.

[7] 张为付, 等. 国际经济学 [M]. 第三章. 北京: 高等教育出版社, 2014.

第五章 当代国际贸易理论

本章学习要点

- 国际贸易新要素理论
- 技术差距理论
- 产品生命周期理论
- 产业内贸易理论
- 国家竞争优势理论

古典和新古典的国际贸易理论建立在完全市场竞争和产业间贸易基础之上,但是20世纪中期出现的第三次科技革命,大大推动了世界经济的发展,同时也对国际贸易格局产生了巨大影响。这次科技革命使国际贸易量、贸易的商品结构和地理方向发生了根本性变化,主要体现在4个方面:一是知识密集型产品在国际贸易总量中的比重不断上升,贸易产品日益知识化;二是发达国家之间相互贸易的比重迅速上升,并逐渐成为占主体的国际贸易类型;三是"产业内贸易"越来越成为贸易的主要形式,特别是公司内贸易的迅速发展,使跨国公司成为国际贸易舞台上的重要角色,同时产业领先地位不断转移;四是跨国公司对全球许多产业形成垄断。对于这些新现象,传统的国际贸易理论已无法做出令人信服的解释,于是当代经济学家对以上现象进行了深入研究,针对传统国际贸易理论的不足,新贸易理论应运而生。这些理论从不同角度揭示了国际贸易产生的一种或数种原因,在继承传统贸易理论的正确结论基础上有了新的发展,并将理论进行实证检验,使理论更具说服力。

第一节 现代国际贸易理论产生的背景

随着科技的发展,国际贸易出现了新特点和新现象,而传统国际贸易理论已无法解释这些贸易现象。

一、知识密集型产品在国际贸易总量中的比重不断上升

在古典和新古典国际贸易理论的分析中,是用有形商品来介绍理论内容,这些商品可以解释以劳动密集型产品、土地密集型产品为主体的初级产品的贸易实践。但是在现代国际贸易结构中,初级产品贸易比例在下降,以资本密集、技术密集、知识密集为特征的产品贸易量在上升,国际竞争力日益取决于科技竞争力。

知识密集型产品与传统的有形商品的不同之处在于:

（1）价格需求弹性较高。单位价格和收入的变动会引发需求量更大程度的变动，同时，这些产品的需求者主要集中在发达国家。

（2）价值增值效应非常显著。知识密集型产品生产中高度使用资本、技术和知识等要素，这比劳动力、自然资源更具增值空间，甚至可以以极低的边际成本扩大生产和市场规模，比如一项技术专利的发明与应用，会给无数拥有专利使用权的厂商带来经济效益。

（3）国家间比较优势动态化，由比较优势向竞争优势方向转化。知识与技术成为国际竞争力的决定因素，使国家间比较优势变得更为不确定和动态化，传统的静态比较优势理论已无法解释这一动态比较优势的变化。

二、发达国家之间相互贸易的比重迅速上升

按照赫克歇尔—俄林理论，国际贸易应该主要集中在发达国家和发展中国家之间，因为它们之间要素禀赋的差异巨大，因而发展贸易的潜力也巨大。但是在现实贸易中，发达国家之间的贸易量在世界贸易中的比重越来越高，这些国家不但资本、技术与知识资源充裕，而且收入水平也很接近。20世纪60年代初，北美、西欧和日本相互之间的贸易量占世界总贸易量的不到40%；80年代初（1983年）这一比重增加到41%；90年代初（1993年）为47%左右；如果把新加坡、韩国等新兴工业国家算上，这一比例更高。1999年，全部工业国家73%的出口产品销往其他工业国家，有68%的产品从其他工业国家进口。到目前，这一数据一直高于75%。

三、产业内贸易越来越成为贸易的主要形式

现代贸易不但包括用本国毛呢换取外国葡萄酒的产业间贸易，而且也包括用本国汽车换取外国汽车的产业内贸易和跨国公司各个分公司之间的公司内贸易，它们的贸易占全球贸易量的比重日益上升，并成为国际贸易的主导倾向。2005年公司内贸易约占世界贸易的1/3，产业内贸易占世界货物贸易的60%以上。到目前跨国公司内部贸易约占世界贸易总量的80%。各国不再追求产品的所有生产环节，而是选择本国最具优势的环节生产，以便获得经济全球化带来的最大收益。

四、跨国公司对全球许多产业形成垄断

商品市场中完全竞争几乎很少存在，而不完全竞争则是常态，一些跨国公司由于规模报酬递增而获得市场垄断地位，从而促进了跨国公司内部分工的发展。而传统的国际贸易理论无法对此做出解释。

第二节　国际贸易新要素理论

古典和新古典国际贸易理论对生产要素的分析仅限于土地、劳动力和资本3种。随着现代国际经济的发展，西方经济学家认为，生产要素不但包括土地、劳动和资本，而且还包括技术、人力资本、研究与开发、信息等新型生产要素。新要素理论从要素的国际移动、要素密集度的转变等方面来分析国际贸易的基础和贸易格局的变化。

一、国际贸易新要素理论的内容

1. 技术要素说

传统的生产要素定义为生产过程的投入物,把工艺流程、方式方法等技术排除在生产要素之外。但是,技术在现代经济活动中的地位越来越重要。技术能够提高要素生产率,节约要素的使用,降低商品成本和价格,优化产品质量效能,提高生产经营水平,增强国际市场竞争力。当今国际经济的竞争很大程度上是技术水平的竞争,技术进步会对各国生产要素禀赋的比率产生影响,从而影响各国的相对优势,进而影响贸易格局的变动。(该部分内容将在第三节"技术差距理论与产品生命周期理论"中详细阐述)

2. 人力资本要素说

人力资本要素说(Human Capital Theory)是美国经济学家舒尔茨(T. W. Schultz)创立的。他用人力资本的差异来解释国际贸易产生的原因和一国的对外贸易格局。

舒尔茨和许多西方经济学家认为,各国劳动力要素生产率的差异实质上就是人力技能的差异,因为技能也是一种生产要素。人力技能又可称为人力资本。人力资本丰富的国家,如美国、日本,在知识和技术密集型产品的生产和出口上具有比较优势,反之大多数发展中国家处于劣势地位。

根据人力资本要素说,把劳动分为两大类:一类是简单劳动,即无须经过专门培训就可以胜任的非技术性的体力劳动;另一类是技能劳动,即必须经过专门培训形成一定的劳动技能才能胜任的技术性劳动。要对劳动者进行专门培训,就必须进行投资,人力资本投资的效果实际上就是人力资本效用发挥的程度。

人力资本富裕状况对国际贸易格局、流向、结构和利益等方面具有重要的影响作用。人力资本论者基辛(Kessing)、凯南(Kenen)等认为,资本充裕的国家同时也是人力资本充裕的国家。因此,这些国家的比较优势实际上在于人力资本的充裕,这是它们参与国际分工和国际贸易的基础。在贸易结构和流向上,这些国家往往出口人力资本要素密集型的产品。比如美国最充裕的要素不是物质资本,而是人力资本,于是美国的贸易结构中技能密集型产品出口占主体,比如最先进的通信设备、电子计算机等,而在劳动密集型产品上进口占主体。

3. 研究与开发要素说

研究与开发要素说(Theory of Factors of Research and Development)是由西方经济学家格鲁勃(W. H. Gruher)、梅达(D. Mehta)、弗农(R. Vernon)及基辛(Kessing)等人提出的。研究是指与新产品、新技术、新工艺紧密相关的基础与应用研究;开发是指新产品的设计开发与试制。该学说认为研究与开发也是一种生产要素,但它不同于生产过程中其他形式的要素投入。研究与开发要素是以投入到新产品中的与研究和开发活动有关的一系列指标来衡量的。比如可以通过计算研究与开发费用占销售额的比重、从事研究与开发工作的各类科学家和工程技术人员占整个就业人员的比例、研究与开发费用占一国国民生产总值或出口总值的比重等,来判断各国研究与开发要素在经济贸易活动中的重要性。

研究和开发要素对一国贸易结构有很大的影响。一个国家越重视研究与开发,投入资金越多,其产品中知识与技术密集度就越高,在国际市场竞争中的地位就越有利。

1965年基辛在《劳动技能与国际贸易:用单一方法评价多种贸易》一文中,以美国在

10个主要工业发达国家不同部门的出口总额中的比重代表竞争能力,分析研发要素与出口竞争力的关系。结果表明,美国产品竞争力强而且出口占10国出口总额比重大的部门,投入的研究和开发费用占美国销售额的百分比也大,科学家和工程师的人数占美国该部门全部就业人数的比重也大。这就证明了一个国家出口产品的国际竞争能力和该种产品的研究与开发要素密集度之间存在着很高的正相关关系。

4. 信息要素说

西方经济学家认为,在现代经济生活中,企业除了需要土地、劳动力和资本等生产要素以外,更需要信息,信息已经成为越来越重要的生产要素。信息要素是指来源于生产过程之外的并作用于生产过程的能带来利益的信号总称。信息要素是无形的、非物质的,它区别于传统生产要素,是生产要素观念上的重大变革。信息作为一种能够创造价值的资源,和有形资源结合在一起构成现代生产要素。

信息要素具有特殊性,它是一种能够创造价值并能进行交换的无形资源。一方面,由于信息创造价值的能力难于用通常的方法衡量,所以其交换价值只能取决于信息市场的自然力量;另一方面,由于信息强烈的时效性,所以信息交换也常常带有不可预见的性质。随着市场在世界范围内的拓宽以及各种经济贸易活动的日益频繁,社会每时每刻都在产生着巨量的信息,这些信息都在不同方面、不同程度地影响着社会经济活动,影响着企业生产经营的决策和行为方式,影响着一个国家的比较优势,从而改变一国在国际分工和国际贸易中的地位。比如信息在日本的综合商社中占据重要地位,日本的综合商社大都在总部设有情报中心,还在世界各地设立众多的办事处或信息中心,从而形成遍布全球的国际通信信息网,以便对世界经济形势及时、准确地做出判断。

二、对国际贸易新要素理论的简评

传统国际贸易理论中一般都假定生产要素在国际间不能流动,但在现实生活中,生产要素不但可以在各国之间流动,而且对各国要素市场的供给、需求和社会福利产生影响,改变着各国的经济结构,影响着各国的贸易模式和贸易量。就分析方法而言,新要素理论与传统要素贸易理论无本质的不同。国际贸易新要素理论对第三次科技革命所带来的世界经济的飞速发展和世界贸易格局的革命性改变,在理论上给予了新的解释,突破了生产要素的限制,赋予了生产要素更丰富的新含义,并扩展了生产要素的范围,对国际贸易的分析更接近现实。

第三节 技术差距理论与产品生命周期理论

在影响经济发展的各种因素中,技术是最活跃的因素,技术进步通过对经济过程的促进进而对国际贸易产生复杂的影响。许多经济学家认为比技术差异更重要的是技术变化,即技术差异的动态因素。20世纪60年代,美国经济学家波斯纳(M. U. Posner)和弗农(R. Vernon)通过对产品技术变化及其对贸易格局的影响分析,提出了技术差距理论和产品生命周期理论,从动态的角度上分析了贸易格局的变化。

一、技术差距理论

技术差距理论（Theory of Technological Gap）又称技术间隔理论或创新与模仿理论，是美国经济学家波斯纳于 1961 年在《国际贸易和技术变化》一文中提出的，后来格鲁勃（W. Gruber）和弗农等人进一步对此论证。

1. 4 个概念

波斯纳首先提出模仿滞后、反应滞后、掌握滞后和需求滞后 4 个概念。

模仿滞后是指创新国从制造出新产品到模仿国能完全仿制这种产品的时间间隔。模仿滞后由反应滞后和掌握滞后两个阶段所构成。反应滞后是指从创新国生产到模仿国决定自行生产的时间间隔。反应滞后的长短取决于模仿国的规模经济、产品价格、收入水平、需求弹性、关税和运输成本等多种因素。掌握滞后是指模仿国从开始生产到达到创新国的同一技术水平并停止进口的时间间隔。其长短取决于创新国技术转移的程度及时间、模仿国的需求强度以及对新技术的消化吸收能力等因素。

需求滞后是反应滞后的初级阶段，是指创新国出现新产品后，其他国家消费者从没有需求到逐步认识到新产品的价值而产生需求、进口商开始进口的时间间隔。它的长短取决于其他国家消费者对新产品的认识与了解。

2. 主要观点

该理论认为：国际贸易与技术差距是相联系的。技术领先的国家，具有较强开发新产品和新工艺的能力，在技术上处于领先优势，于是出口某类高技术领先产品，导致了该技术产品的国际贸易。随着贸易的扩大，技术可能通过专利权转让、技术合作、对外投资等多种途径和方式传播，被其他国家引进和模仿，于是与其他国家技术差距缩小，贸易量下降。当技术引进国能生产出满足国内需求数量的产品时，两国间的国际贸易就会终止，技术差距最终消失。

为了论证以上观点，格鲁勃和弗农等人根据 1962 年美国 19 个产业的有关资料做出了统计分析，结果得出其中 5 个具有高度技术水平的产业（运输、电器、工具、化学、机器制造）的科研和发展经费占 19 个产业全部科研和发展经费总数的 89.4%，技术人员占 19 个产业总数的 85.3%，销售额占 19 个产业总销售额的 39.1%，出口量占 19 个产业总出口量的 72%。这种实证研究表明，美国在上述 5 个技术密集型产品的生产和出口方面，确实处于比较优势。因此，从要素角度上说，技术差距论是可以与 H-O 模型相衔接的。

3. 模型论证

新产品首先在发达国家诞生，其他国家由于技术差距，要过一段时间后才能进行模仿生产，但需求会先于模仿产品而诞生，由于供给和需求之间的时间差距，在这一段时间内便存在着贸易的机会与可能。随着模仿规模的扩大，模仿国的规模经济和廉价的劳动力使创新国的比较优势逐渐失去，导致出口下降，甚至最后停产并从别国廉价进口该产品，如图 5-1 所示。

图 5-1 中，创新国在 T_0 点开始生产新产品，在 T_1 点时模仿国出现需求，从而开始进口，在 T_2 点上模仿国开始生产，当到 T_3 时，模仿国达到完全自给自足，T_3 之后模仿国开始出口。按照波斯纳的观点，(T_0, T_1) 这一段时间为模仿国的需求滞后，(T_0, T_2) 为反应滞后，(T_2, T_3) 为掌握滞后，(T_0, T_3) 为模仿滞后。(T_1, T_3) 期间两国发生的贸易是由

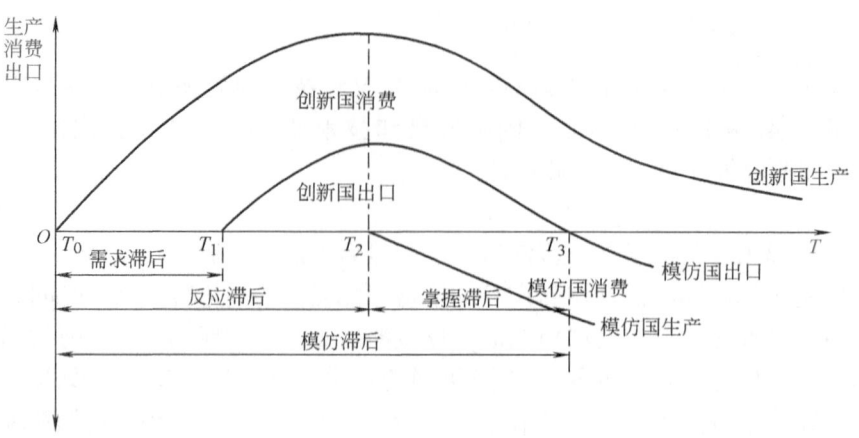

图 5-1　技术差距与国际贸易

技术差距造成的，T_3 之后，模仿国就会出现以低成本为基础的出口，即在该点之后技术差距消失，生产成本的差距将成为贸易发生的主要原因。可知，其他国家需求滞后越短，反应滞后和掌握滞后越长，则创新国依靠技术差距获得的比较利益越大。

技术差距理论将各国技术变化作为引发国际贸易的单独因素，但没有说明技术差距的大小及形成的原因，也就没有解释技术差距如何随着时间的推移而消失，因而无法解释贸易量和贸易结构的变动。

二、产品生命周期理论

美国经济学家弗农于1966年发表的《产品周期中的国际投资与国际贸易》（The International Investment and International Trade in the Product Cycle）一文中提出了产品生命周期理论（The Theory of the Product Life Cycle），后经威尔斯（Louise. T. Wells）、赫希什（Hirsch）等人不断发展、完善。该理论从产品生产的技术变化出发，分析了产品生命周期各阶段的循环及其对国际贸易的影响。显然，产品生命周期理论是对技术差距理论的进一步完善和深化。

1. 贸易国家的分类

弗农假设参与贸易的国家可分3类：第一类是技术创新国家，如美国等，它们是技术、知识与资本充裕型国家；第二类是工业发达国家，如西欧、日本，它们是资本充裕型国家；第三类是发展中国家，它们是劳动力充裕型国家。

2. 产品生命周期理论的内容

产品生命周期理论认为，从技术创新角度讲，可假设产品的生命周期由新产品创新阶段、产品成熟阶段、产品标准化阶段3个阶段构成。产品的生产需要很多不同的投入成本，随着技术的变化，在产品生命周期的不同阶段，各种投入在成本中的相对重要性也将发生变化。由于各国生产要素的比较优势不同，因此各国在产品不同阶段的比较优势不同，从而使得各国在国际贸易中的地位不同。

（1）新产品创新阶段（The Phase of the Introduction）。这是新产品的研究和开发、试制、试销阶段。这一阶段技术尚处于发明创新阶段，研究与开发费用在成本结构中占据最大比重，生产技术尚不确定，产量较少，成本很高，消费量也很少。技术创新国家由于劳动力相对稀缺，资本相对丰富，具有良好的教育条件与雄厚的科技力量，有着完备的知识产权保护体系和有利于创新的外部环境，并且承担风险的能力也较强，因此这些国家能够集中大批高素质的科技人员从事研究与开发活动，从而在这一阶段拥有比较优势。技术创新国家发明新产品后，由于对本国市场熟悉，首先在国内市场批量生产与销售，根据消费者动态，及时调整产品生产和营销策略，使新产品尽早走向成熟。新产品最初投入国内市场时，其收入弹性较高，属于高档或奢侈性产品，这一阶段产品主要满足本国高收入阶层的特殊需求。

（2）产品成熟阶段（The Phase of Maturation）。经过一段时间以后，技术创新国家生产技术确定并趋于成熟，国内消费者普遍接受创新产品，由于新进入的厂商不会受到技术上的限制，收入水平相近的国家开始模仿消费新产品，由于国外需求增加，生产规模随之扩大，新产品进入成长期。此阶段企业之间竞争激烈，为扩大生产和销售，企业进行大量的资本投入，产品从技术密集型转化为资本密集型，于是工业发达国家开始拥有该产品生产上的比较优势，并且逐步取代技术创新国家而成为主要生产国和出口国。技术创新国家厂商一方面继续在本国生产并出口新产品；另一方面，在国外以许可形式组织生产，或直接投资在国外设分厂生产并销售。随着分公司的设立，技术创新国家对工业发达国家的直接出口下降，乃至消失。例如，20世纪60年代初期，当西欧制造商开始生产家庭洗碗机时，美国出口就降低了。但它仍对发展中国家保持出口。

（3）产品标准化阶段（The Phase of Standardization）。新产品进入该阶段的标志是产品由资本密集型转化为劳动密集型。一方面，产品的技术已经完成了其生命周期，生产过程已经标准化，操作也因此变得简单；另一方面，生产该产品的机器本身也因成为标准化的产品而变得便宜。因此，这一阶段技术和资本逐渐失去了重要性，而劳动力成本则成为决定生产是否有比较优势的主要因素，于是生产的比较优势又转移到劳动力丰裕的发展中国家。产品在标准化初期，主要由工业发达国家生产并出口；在标准化晚期，则由劳动力充裕的发展中国家生产并出口。

可将上述阶段归纳为表 5-1。

表 5-1　产品生命周期各阶段比较优势及贸易流向

产品生产阶段	特点与比较优势	技术创新国家（如美国）	其他发达国家或地区	发展中国家
新产品创新阶段	产量小，成本高，是技术密集型产品，依靠技术比较优势竞争	在国内生产和销售（因为市场熟悉）以满足本国市场需求，对外出口增加，价格高	进口由增加到减少	进口逐步增加
产品成熟阶段	规模日益扩大，并达到适度规模，是资金密集型产品，依靠规模比较优势竞争	随着技术扩散，竞争加剧，出口开始减少	出口由增加到减少	进口由增加到减少
产品标准化阶段	产品高度标准化，生产成本下降，是劳动密集型产品，依靠价格优势竞争	与其他国家在第三国市场展开产品竞争，随着其他国家生产成本的降低，产品从出口转为进口	在与发展中国家竞争中逐步退出出口市场	成为主要出口国

由表 5-1 可知，由于技术的传递和扩散，不同国家在国际贸易中的地位不断变化。技术

和新产品创新在美国，而后传递和扩散到其他发达国家，再到发展中国家。当美国发明新产品大量向工业发达国家出口时，正是工业发达国家大量进口时期；当美国出口下降时，正是工业发达国家开始生产、进口下降时期；当美国由出口高峰大幅度下降时，正是工业发达国家大量出口时期；当工业发达国家出口下降时，正是发展中国家生产增加、进口减少时期；工业发达国家从出口高峰大幅度下降时，正是发展中国家大量出口时期。新技术和新产品的转移和扩散像波浪一样，一浪接一浪向前传递和推进。而近年来，新产品的周期有越来越短的趋势。这一过程也可用图 5-2 来描述。

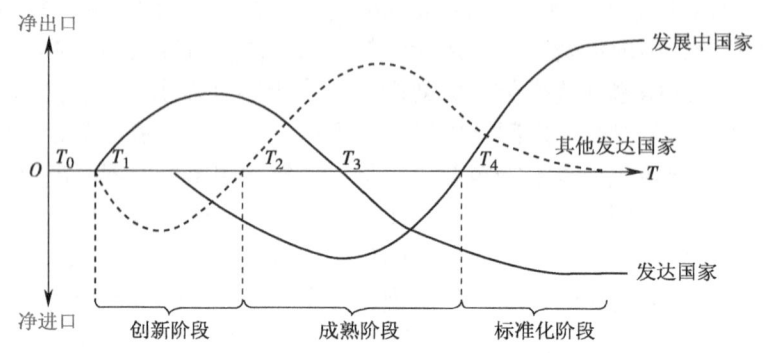

图 5-2　产品生命周期与贸易方向变动

图 5-2 中，横轴表示时间，纵轴上方表示净出口，下方表示净进口。在初始时刻（T_0），新产品刚刚由技术创新国家研制开发出来，由于产品的技术尚未成形，生产规模较小，消费仅限于国内市场。到了 T_1 时，开始有来自国外的需求，于是开始出口。由于新产品售价较高，只有与发明国收入水平接近的其他发达国家才有能力进口，因此贸易只是在发达国家之间进行。随着时间的推移，进口国逐渐掌握了生产技术，能够在国内进行生产，并逐渐替代一部分进口品，于是进口开始下降，随后，一小部分发展中国家开始有了一些需求，技术创新国家的产品也开始少量出口到一些发展中国家。到 T_2 时，生产技术已成形，产品由技术密集型转化为资本密集型。这时来自其他发达国家的第二代生产者开始大量生产和出口该产品，原来的技术创新国家到 T_3 时开始成为净进口国。最后，当产品转变为劳动密集型产品时（T_4），发展中国家成为净出口国。

"二战"后美国和日本在收音机制造方面的情况，是解释产品生命周期理论的一个经典案例。"二战"刚结束时，美国基本控制了真空管收音机的国际市场。几年之后，日本通过模仿美国技术和利用本国廉价劳动力，占据了很大一部分市场份额。随后美国发明了晶体管，重新在技术上领先。但几年之后，日本也获得了这一技术，又一次可用低价与美国竞争。而美国又通过对印刷电路的使用再次在同日本的竞争中占了上风。

产品生命周期理论从技术变化的角度探讨了比较优势的动态演变。从现实来看，一些产品确实经历了这一生命周期，如 VCD 机、电视机等。因此，企业应当根据产品所处的不同阶段，采取不同的经营策略，以实现利润最大化的目标。

三、产品生命周期理论的现实意义

产品生命周期理论结合了市场营销理论和传统的国际贸易理论等，运用了动态分析方法，从技术创新和技术传播等角度分析了国际分工的基础和国际贸易格局的演变，是"二战"后最具影响的国际贸易理论之一。

（1）它对国际贸易有着很大的影响。它引导企业通过对产品的生命周期的把握，了解和掌握出口的动态变化，正确制定对外贸易的产品战略和市场战略。

（2）它对国际投资、跨国公司的生产和经营也有着很大的影响，并与国际投资、技术转让等生产要素的国际移动结合在一起，揭示出比较优势是不断在转移的，每一国在进行产品创新、模仿引进、扩大生产和跨国经营时，要把握时机，利用不同阶段的有利条件，长久保持比较优势。

（3）它还反映出企业在当代国际竞争中取胜的重要因素之一在于创新能力和模仿能力的大小。

但是，当今世界随着世界经济一体化的深入，很多产品不具备这样的生命周期。随着跨国经营日益全球化，跨国公司的一些产品往往在东道国就地生产、就地销售，已没有这样一个梯度转移的过程；另外，由于科学技术的迅速发展，产品的生命周期大大缩短。因此此理论的适用性是有局限的，对于发展中国家而言，要加强技术研发和创新，并抓住全球产业转移的机会，引进对国内而言相对先进的产业，并吸引跨国公司来本地设立研发中心。

【案例分析 5-1】

诺基亚巨人的衰落

2014 年 7 月中旬，微软宣布预计在本财年内裁员 1.8 万人，而被微软收入麾下不久的诺基亚业务成为重灾区，约 1.25 万名被裁员工来自诺基亚设备与服务部门。据统计，诺基亚北京区将有 90% 的员工被裁，将有 4500 多人的诺基亚员工失业。

纵观诺基亚发展历史，从当初的手机霸主到今日的惨淡衰落，诺基亚就像一个王朝一样，在手机行业的大战场中被打败。那么，诺基亚为何会落个如此惨淡结局？我们不妨来探究一下。

据前瞻产业研究院发布的《2014～2018 年中国手机行业市场前瞻与投资预测分析报告》显示：从 1996 年开始，诺基亚手机连续 15 年占据手机市场份额第一的位置，并且连续推出了 Symbian 和 MeeGo 的智能手机。2003 年，诺基亚 1100 在全球已累计销售 2 亿台。2009 年诺基亚公司手机发货量约 4.318 亿部，当时约占手机市场的 39.3%。2010 年第二季度，诺基亚在移动终端市场的份额约为 35%，领先当时其他手机市场占有率 20.6%。然而，盛极必衰的道理也同样发生在了诺基亚身上。2008 年 10 月，由 Google 注资研发的带有 Android 操作系统的 Android 智能手机发布。随后，Android 逐渐扩展到平板电脑及其他领域。2011 年第一季度，Android 在全球的市场份额首次超过塞班系统，跃居全球第一；2013 年第四季度，Android 平台手机的全球市场份额已经达到 78.1%。与此同时，自 2007 年乔布斯推出第一代 iPhone 开始，苹果手机开始在手机市场上分羹。

诺基亚面对 Android 系统智能手机和苹果手机的夹击，在塞班 s60v3 基础上推出了 s60v5，并且在 2010 年分别发布了 Meego 和 symbian^3，然而未能打败 IOS 和 Android，并且手机地位逐渐被竞争厂商苹果和三星超过。2014 年 4 月，诺基亚公司将其旗下的移动电话业务移交至微软集团，微软正式完成对诺基亚的收购。

（资料来源：前瞻网，http://www.qianzhan.com/analyst/detail/220/140807 - 0adcefbe.html。）

案例讨论：请阅读相关资料，从产品周期的视角分析诺基亚衰落的原因。

第四节 产业内贸易理论

传统的国际贸易理论主要是针对不同产品之间的贸易，但自20世纪60年代以来，国际贸易大多发生在发达国家之间，而发达国家间的贸易，又出现了既进口又出口同类产品的现象。美国经济学家格鲁贝尔（H. G. Grubel）等人认为，从当代国际贸易中的产品结构上，大致可分为产业间贸易和产业内贸易两大类。他通过对产业内贸易进行研究，提出了产业内同类产品贸易增长的特点和原因。继格鲁贝尔之后，格雷（Gray）、戴维斯（Devies）、克鲁格曼（Krugman）和兰卡斯特（Lancaster）等对产业内贸易进行了大量的理论性研究，使产业内贸易理论更加丰富。

一、产业内贸易的概念

从产品内容上看，可以把国际贸易分成产业间贸易（Inter-industry Trade）和产业内贸易（Intra-industry Trade）两种基本类型。产业间贸易是指各国之间的贸易是不同产品之间的贸易，比如美国向中国出口汽车，从中国进口纺织品；产业内贸易是一国同时出口和进口同类型的产品，比如美国每年要出口大量的汽车，但又同时从日本、德国、韩国进口大量汽车。产业内贸易的产品是指国际贸易标准分类（SITC）中至少前3个层次分类编码相同的产品。

二、产业内贸易理论的假设前提

产业内贸易理论的假设前提主要有：①从静态出发分析；②分析不完全竞争市场；③经济中具有规模经济效应；④考虑需求情况。显然，产业内贸易理论的前提假设与传统的贸易理论假设是不同的。

三、产业内贸易指数

产业内贸易程度可用产业内贸易指数来衡量。从某一产业的角度分析，产业内贸易指数的计算公式为

$$A_i = 1 - \frac{|X_i - M_i|}{X_i + M_i} \tag{5-1}$$

式中，A_i 为一国 i 产品的产业内贸易指数；X_i 为一国 i 产品的出口额；M_i 为该国 i 产品的进口额。

由式5-1可知：A_i 在 0~1 之间变动，A_i 越接近1，说明产业内贸易的程度越高；A_i 越接近0，则意味着产业内贸易程度越低。

从一个国家的角度来看，产业内贸易指数由各种产品的产业内贸易指数加权平均数求得，它表示一国产业内贸易在对外贸易总额中的比重。其计算公式为

$$A = 1 - \frac{\sum_{i=1}^{n} |X_i - M_i|}{\sum_{i=1}^{n} X_i + \sum_{i=1}^{n} M_i} \tag{5-2}$$

式中，A 为某国所有产品综合产业内贸易指数；n 为该国产品的种类。

由式 5-2 可知：A 也在 0~1 之间变动，A 越接近 1，说明该国所有产品综合产业内贸易程度越高；A 越接近 0，则意味其所有产品综合产业内贸易程度越低。A 会随着产业范围的大小不同而不同，范围越大，一国越有可能出口该产业的差异产品，A 就越大。

随着科学技术的进步与扩散，各发达国家之间的生产技术已经非常接近，建立在技术差异基础上的比较优势也十分接近，因此这些国家之间贸易的基础已经转向规模经济。根据克鲁格曼的考察，按照 SITC，产业内贸易占到世界贸易的 1/4；同时产业内贸易在工业化国家之间的制成品贸易中占据主导地位，而制成品贸易又占全球贸易的 70% 以上。根据他对美国贸易结构的考察，美国的许多产业部门所从事的对外贸易不是产业间贸易，而是产业内贸易，如表 5-2 所示。

表 5-2 1993 年美国工业的产业内贸易指数

无机化工产品	能源设备	电器设备	有机化工产品	药品及医疗设备	办公设备	通信器材	运输机械	钢铁	服装	制鞋
0.99	0.97	0.96	0.91	0.86	0.81	0.69	0.65	0.43	0.27	0.20

（资料来源：保罗·克鲁格曼，茅瑞斯·奥伯斯法尔德著《国际经济学》，第 5 版，中国人民大学出版社，第 131 页。）

由表 5-2 可以看出，在不同的行业，产业内贸易占其全部对外贸易的比重是不同的。越是产品多样化、技术要求越高的产业，其产业内贸易的比重越大。产业内贸易水平最高的产业是无机化学工业，其产业内贸易占全部对外贸易的比重为 0.99；其次是能源设备行业，为 0.97；产业内贸易水平比较低的是制鞋业，仅为 0.20。当然，不同国家产业内贸易在各部门中的比重可能是不同的，但是高技术、规模经济以及竞争的激烈程度是产业内贸易发展的重要基础。

一般说来，产业内贸易具有以下几个特点：

(1) 人均收入水平较高的国家间产业内贸易比重较高，而人均收入水平较低的国家间主要表现为产业间贸易。

(2) 产业内贸易的产品具有多样化。产业内的新产品贸易不断涌现，产品可以是资本密集型产品、劳动密集型产品、技术密集型产品等，且交易规模不断扩大。而发达国家间的产业间贸易主要是在不同工业品及服务产品间进行的。

(3) 产业内贸易的商品必须具备两个条件：一是在消费上能够相互替代；二是在生产中需要相近或相似的生产要素投入。因此生产要素禀赋相似、要素密集度相近的国家和地区之间产业内贸易规模较大，彼此间主要以产业内贸易形式进行国际交换。如美加之间、欧盟成员国内部的产业内贸易占了绝大多数。

(4) 对一国而言，产业内贸易要受该国技术水平、资本及人力资本密集度的影响。一般而言，发达国家的产业内贸易主要集中于资本、技术密集型产业。发展中国家的产业内贸易相对集中于劳动密集型产业和资源密集型产业。

(5) 产业内贸易一般发生在实现规模经济和不完全竞争的产业，产品差异及消费者偏好不同的产业。例如，美欧、美加与欧盟内部汽车产业内贸易，发达国家间在金融服务业内部的贸易。

四、产业内贸易的分类

格鲁贝尔和劳埃德把国际贸易分两大类：一类是产业间贸易是指一国只进口或出口同一产业部门的产品；另一类是产业内贸易是指一国同时进口和出口同一产业部门的产品。产业内贸易又分为同质产品的产业内贸易和差异产品的产业内贸易。

（一）同质产品的产业内贸易

同质产品是指产品间可以完全相互替代，也就是说产品有很高的需求交叉弹性，消费者对这类产品的消费偏好完全一致。但是这类商品也会发生产业内贸易，因为：①产品可以完全相互替代；②生产区位不同；③制造时间不同。

同质产品的产业内贸易形式主要如下：

（1）边境的大宗产品贸易。矿石、钢铁、木材和玻璃等建筑材料，运费占很大成本，多采用边境贸易。

（2）产品的季节性贸易。例如欧洲国家之间的用电"削峰填谷"，水果的季节性。

（3）转口贸易和再出口贸易。例如中国香港、新加坡，只通过仓储、运输服务增值。很多学者认为转口贸易不算产业内贸易。

（4）相互倾销的贸易。

（5）政府的外贸政策推动的贸易。例如出口退税、进口优惠。

（6）由于合作生产和特殊的技术条件，引起完全同质的服务，形成的国际贸易。例如金融服务。

（二）差异产品的产业内贸易

差异产品是指产品之间不能完全被替代，但是要素投入具有相似性的产品。可能是质量性能的差异、规格型号的差异、使用材料的差异、色彩及商标牌号的差异以及包装、售前、售后服务的差异。这些差异可以分为3种：水平差异、技术差异和垂直差异。

（1）水平差异。它是由同类产品相同属性的不同组合而产生的差异，主要是因为消费者需求多样性和产业内专业化造成的。

（2）技术差异。它是指技术水平提高、新产品出现带来的，处于生命周期不同阶段的同类产品的差异。

（3）垂直差异。它主要是指质量上的差异，如汽车的需求层次不同。

格鲁贝尔认为与产业内贸易有关的差别产品有三种类型：一是完全能替代但生产投入要素很不相同的产品，如尼龙毛线和羊毛毛线；二是生产要素投入极为相同但不大能替代使用的产品，如不同挥发程度的石油产品；三是完全能替代、功能极为相似、生产要素投入也几乎一样的产品，只存在款式、功能的微小差别。其中前两种可以用要素禀赋理论解释。

五、产业内贸易发生的解释

造成产业内贸易现象的主要原因是规模经济、需求偏好相似等。各个国家公司或产业的国际竞争力对于产业内贸易的格局起着决定性作用。

1. 规模经济说

规模经济说（Economies of Scale）源于20世纪70年代，格雷和戴维斯等人对发达国家之间的产业内贸易进行了实证研究，发现产业内贸易主要发生在要素禀赋相似的国家，产生的原因是规模经济和产品差异之间的相互作用。这是因为，一方面，规模经济导致了各国产业内专业化的产生，从而使产业内贸易迅速发展；另一个方面，规模经济和产品差异之间有着密切的联系。正是由于规模经济的作用，使得生产同类产品的众多企业优胜劣汰，最后由一个或少数几个厂家垄断了某种产品的生产。而产品差异的存在，既让企业走向专业化、大型化，获得经济上的规模效益，又为各个企业提供了竞争市场，使消费者能够有多种选择。由此可见，规模经济为产业内贸易提供了基础。

规模经济分为内部规模经济（Internal Economies of Scale）和外部规模经济（External Economies of Scale）。内部规模经济是指个别厂商在生产上的规模经济，即企业的单位产品成本在一定范围内随着生产规模的扩大而下降，企业收益增加。外部规模经济是指由于行业的生产规模扩大而给行业内企业带来的产量的增加和效益的提高。其原因是企业可以获得更方便的外部条件，如交通设施、信息、资金、人才等，比如美国的硅谷集中了全国大量的计算机生产厂商，使每个厂商都从中获得了非常大的便利，从而实现了规模经济。另外规模也不是越大越好，企业的规模与行业的技术相关。

企业要取得规模经济利益，就必须扩大生产规模，而扩大生产规模又必须以广阔的国内市场为条件。由于规模经济能够导致单位产品成本下降，因此，规模经济和资源禀赋一样，也应该是国际贸易的基础。例如，假定甲、乙两国资源禀赋状况相同，从而生产要素的相对价格比例一样，两国技术水平相同、消费偏好相似。按照传统国际贸易理论，甲、乙两国是不可能发生国际贸易的。但是，如果甲、乙两国对某些产品的国内需求水平存在差别，在这种条件下，两国仍然可以发生贸易，如图 5-3 所示。

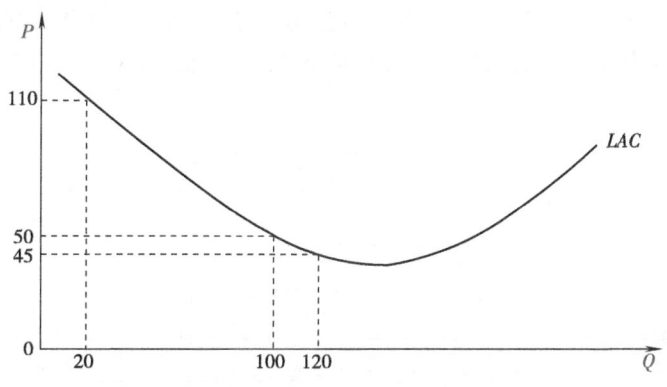

图 5-3　贸易中的规模经济

图 5-3 中，假设两国资源赋予程度和生产技术相同，那么两国长期平均成本线 LAC 相同，假设甲国 A 产品国内需求规模大，在国内组织生产，产量为 100 单位，价格为 50 元；而乙国 A 产品国内需求规模小，在国内组织生产，产量为 20 单位，价格为 110 元。如果乙国放弃生产，专门从甲国进口。那么甲国 A 产品将进一步扩大规模到 120 单位，成本进一步下降，价格降为 45 元。同理，假设乙国在 B 产品上国内需求规模大，而甲国国内需求规模小，那么甲国可以用 A 产品去交换乙国的 B 产品，结果两国的规模效应都更加明显。可见，规模经济也能影响各国生产成本和比较优势，从而影响着国际贸易格局和利益。在现实中为实现这种规模经济，建立区域经济组织是一个较好的办法，如欧盟、北美自由贸易区。

2. 需求偏好相似说

需求偏好相似说（Theory of Demand Preference Similarity）又称偏好相似说或收入贸易说（Income Trade Theory），是由瑞典经济学家林德（S. B. Linder）在1961年发表的《贸易与变化》（An Essay on Trade and Transformation）一书中提出的，他用国家之间需求结构相似来解释工业制成品贸易发展的理论。

林德认为H-O模型只适用于工业制成品和初级产品之间的贸易，而不能适用工业制成品之间的贸易。工业制成品生产的初期是满足国内的需求，一旦国内市场大到可以达到规模经济时，才会扩大销售范围，将产品推向国际市场，首先出口的是那些需求相似的国家。这些国家的需求结构和需求偏好与本国越相似，贸易量就越大。

那么，影响一国的需求结构的因素是什么？林德认为主要是人均收入。一国的需求结构和人均收入是直接相关的。人均收入越相似的国家，其消费偏好和需求结构越相近，产品的相互适应性就越强，贸易交往也就越密切。

如果同时考察两个或者两个以上国家的供需状况，就会发现，不同国家的产品层次结构和消费层次结构存在着重叠。对不同的发达国家来说，由于经济发展水平相近，其产品层次和消费层次的结构都大体相同。也就是说，两国厂商所提供的各种档次的同类产品，基本上都能够被对方各种层次的消费者所接受。正是这种重叠导致了发达国家之间产业内贸易的产生。不仅如此，发达国家与发展中国家的产品层次与消费层次结构也存在部分重叠的现象，发展中国家能够为发达国家的消费者提供适合的产品，反过来也能够接受发达国家的部分产品。这种部分的重叠为发达国家与发展中国家之间的产业内贸易提供了前提和基础。例如，假设甲、乙两国都能够生产小汽车，小汽车可以分为6个档次，而甲国的人均收入较高，需求小汽车的档次范围为3~6档；乙国的人均收入较低，需求小汽车的档次范围为1~4档，如表5-3所示。

表5-3　收入水平不同国家之间的需求重叠

档次 \ 国家	甲国（人均收入高）	乙国（人均收入低）
1		√
2		√
3	√	√
4	√	√
5	√	
6	√	

表5-3中，虽然两国对汽车的需求档次不同，但是它们对3档和4档汽车的需求是重叠的，在这两档汽车上，它们之间是可以进行贸易的。如果重叠的档次越多，贸易的范围就越大。

可以看出，如果两国人均收入水平相近，则需求偏好就相似，相互需求就越大，两国之间贸易的可能性也越大；如果两国之间人均收入水平有较大差异，那么需求偏好也会产生差异，两国之间贸易的可能性就小。

六、对产业内贸易理论的简评

1. 产业内贸易理论更符合实际

首先,它的假设前提更符合当代实际;其次,如果产业内贸易的利益能够长期存在,那么其他厂商就不能自由进入这一行业,这就说明了自由竞争的市场是不存在的;再次,产业内贸易的利益来源于规模经济,这种分析比较符合实际。

2. 产业内贸易理论考虑了需求因素

它从供给和需求两个方面分析了产业内贸易现象出现的原因。在供给方面,由于参与国际贸易的厂商通常是处在垄断竞争的条件下,因此产生了同类产品的差异化;在需求方面,消费者的偏好具有多样性,而且各国之间的消费需求常常存在着互相重叠的现象。

3. 产业内贸易理论对发展中国家具有启示

一方面,发展中国家要在国际贸易中提高地位,仅仅依靠资源丰富是远远不够的,必须从规模经济入手提高国际竞争力;另一方面,政府在产业政策、贸易政策等方面加强干预是十分必要的。

产业内贸易理论是对比较优势理论的补充和发展,但它依然是从静态角度进行分析,这也是它的不足之处。

第五节 国家竞争优势理论

国家竞争优势理论(The Competitive Advantage of Nations)是由美国哈佛大学商学院教授迈克尔·波特(Michael E. Porter)提出的。20世纪80~90年代,迈克尔·波特经过一系列研究,相继出版了《竞争战略》(1980)、《竞争优势》(1985)、《国家竞争优势》(1990)3本书,分别从微观、中观和宏观3个层面较为系统地论述了"竞争"(企业竞争、产业竞争、国家竞争)问题,系统地提出了竞争优势理论,使得对国际贸易的解释更具有统一性和说服力,形成了一个新的理论框架雏形。迈克尔·波特在其《国家竞争优势》中指出:"一个国家的竞争优势就是企业与行业的竞争优势,一国能否在国际市场中取得竞争优势在于其产业发展和创新能力高低,而竞争优势形成的关键在于能否使主导产业具有优势;产业的竞争优势又源于企业是否具有创新机制。然而,各国的竞争格局存在明显的区别,没有任何一个国家能或将能够在所有产业或绝大多数产业上具有竞争优势,各国至多能在一些特定的产业竞争中获胜,这些产业的国内环境往往最有动力和最富挑战性。"⊖

【国贸博览5-1】

迈克尔·波特

迈克尔·波特(Michael E. Porter,1947—),是哈佛商学院的大学教授(大学教授,University Professor,是哈佛大学的最高荣誉,迈克尔·波特是该校历史上第4位获得此项殊荣的教授)。迈克尔·波特在世界管理思想界可谓是"活着的传奇",他是当今全球第一战

⊖ Michael E. Porter, "the Competitive Advantage of Nations", Harvard Business Review. (March~Aprl. 1990): P73~74.

略权威,是商业管理界公认的"竞争战略之父",在 2005 年世界管理思想家 50 强排行榜上,他位居第一。

迈克尔·波特出生于密歇根州的大学城——安娜堡,父亲是位军官。波特在普林斯顿大学学的是机械和航空工程,随后转向商业,获哈佛大学的 MBA 及经济学博士学位,并获得斯德哥尔摩经济学院等 7 所著名大学的荣誉博士学位。

1983 年他被任命为美国总统里根的产业竞争委员会主席,开创了企业竞争战略理论并引发了美国乃至世界的竞争力讨论。他先后获得过大卫·威尔兹经济学奖、亚当·斯密奖,5 次获得麦肯锡奖,拥有很多大学的名誉博士学位。迈克尔·波特博士获得的崇高地位源于他所提出的"五种竞争力量"和"三种竞争战略"的理论观点。作为国际商学领域最备受推崇的大师之一,迈克尔·波特至今已出版了 17 本书及 70 多篇文章。其中,《竞争战略》一书已经再版了 53 次,并被译为 17 种文字;另一本著作《竞争优势》,至今也已再版 32 次。迈克尔·波特的课已成了哈佛商学院的必修课之一。迈克尔·波特的三部经典著作《竞争战略》、《竞争优势》、《国家竞争优势》被称为竞争三部曲。

迈克尔·波特对竞争情有独钟,他的第一部广为流传的著作是 1980 年出版的《竞争战略》,它改变了 CEO 的战略思维。作者在书中总结出了五种竞争力:它们分别是行业中现有对手之间的竞争和紧张状态、来自市场中新生力量的威胁、替代的商品或服务、供应商的还价能力以及消费者的还价能力,这就是著名的"五力模型"。在激烈的商业竞争之中,只有灵活运用战略才能胜出,因此,迈克尔·波特为商界人士提供了三种卓有成效的战略,它们是成本优势战略、差异化战略和缝隙市场战略。公司应视具体情况和自身特点来选择战略方针,同时还应该考虑连接产品或者供给的系列信道,迈克尔·波特首次将这种信道称为价值链,他在每一条价值链上区分出内部后勤、生产或供给、外部物流及配送、市场营销及售后服务等 5 种主要的活动,而每一项活动都伴随着各自的派生活动,每一家公司的价值链相应地融入一个更为广阔的价值体系。

(资料来源:百度百科。)

一、国家竞争优势理论产生的经济背景

国家竞争优势理论的产生是以美国国际经济地位的变化为背景的。在"二战"后的 20 年里,美国经济实力强盛,遥遥领先于世界各地。但此后,由于其他西方国家经济的快速增长,美国各项经济指标在世界经济中的比重不断下降。20 世纪 70 年代以来,欧洲共同市场的形成和壮大,日本的崛起,都对美国在国际经贸中的地位构成严重挑战。美国在国际市场上的竞争优势严重削弱,就连新兴工业化国家和地区(如亚洲"四小龙")都在夺取美国在世界市场上的份额。到了 80 年代,世界经济贸易领域的竞争进一步加剧,美国对外贸易逆差和国际收支赤字有不断增大之势,迈克尔·波特的竞争优势理论正是在这种情况下产生的。

二、国家竞争优势理论的主要内容

迈克尔·波特的竞争优势理论是从微观企业竞争优势、中观产业竞争优势和宏观国家竞争优势 3 个层面展开讨论的。它既探讨了要素、技术及其他因素对国际贸易的影响,又反映

了竞争优势与国际贸易的动态变化。

（一）微观竞争机制

国家竞争优势的基础在于其企业内部的活力。企业缺乏活力、不思创新，国家整体竞争优势就如无本之木。企业经济活动的根本目的在于使其最终产品的价值增值，而增值要通过研究、开发、生产、销售、服务等环节才能逐步实现。这就要求企业重视各个环节的改进和协调，在强化管理、加强研究开发、提高质量、降低成本等方面实行全面改革。

（二）中观竞争机制

中观层次的分析由企业转向产业、区域等范围。从产业看，个别企业最终产品的价值增值不仅取决于企业内部要素，而且有赖于企业的前向、后向和旁侧关联产业的辅助与支持；从空间看，各企业为获得理想的利润和长期发展，需要有产业发展空间，利用产业链构建一个最优的区域组合，以达到降低成本、提高快速反应能力等目的。

（三）宏观竞争机制

国家竞争优势并非个别企业、产业竞争优势的简单加总。一国的宏观竞争机制对其是否能取得国家竞争优势有决定性作用，而这取决于4组基本要素：生产要素（Factor Conditions），需求状况（Demand Conditions），相关产业和支持性产业（Related and Supporting Industries），企业战略、结构和竞争对手（Firm Strategy、Structure and Rival），这4组基本要素组成一个系统，共同决定着国家竞争优势。另外，国家竞争优势还受到机遇（Opportunity）和政府（Government）作用的影响，但它们都要通过4组基本因素才能影响国家竞争优势，所以属于辅助因素。为此，迈克尔·波特提出了一个"国家竞争优势4基本因素、2辅助因素模型"，国家竞争优势的获得取决于4个基本因素和2个辅助因素的整合作用，如图5-4所示。

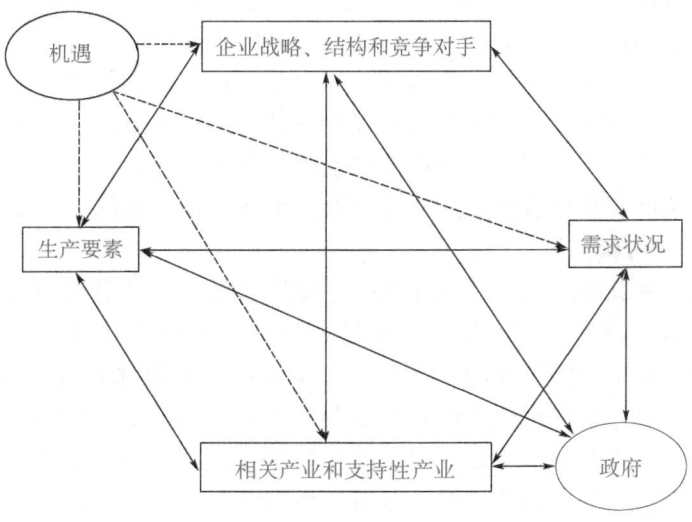

图5-4 "完整"的钻石体系

该模型又可称为"波特机制"或"钻石体系"（Diamonds Framework）或"钻石模型"。这些因素的每一个都可单独发生作用，但又同时对其他因素产生影响。各个因素结合成一个有机体系，其共同作用决定着国家的竞争优势。

1. 生产要素

它是指适于一国在某一产业竞争中获胜的生产要素状况。生产要素是指一个国家在特定产业竞争中有关生产方面的表现，包括土地、自然资源、人力资源、资本资源、知识资源和基础设施等。这些资源可进一步分为基本要素（Basic Factors）和高级要素（Advanced Factors）两类，前者是指一国先天拥有或不需太大代价便能得到的要素，如自然资源、地理位置、气候、非熟练或半熟练劳动力等；后者是指须通过长期投资和培育才能创造出的要素，如现代化的基础设施、高素质的人力资源或高新技术等。在过去，基本要素在许多行业对企业的竞争优势具有决定性的影响，但现在其重要性日趋减弱，取而代之的则是高级要素。高级要素的优势是企业国际竞争力在未来持续而可靠发展的源泉。对于国家竞争优势的形成，后者更为重要。但是，在特定条件下，一国某些基本要素上的劣势反而可以刺激创新，使企业在威胁面前为提高自己的竞争地位而努力，最终使国家更具竞争力，从而创造出动态的竞争优势。当然这需要国家创造一个使劣势转化为优势的有利环境。

2. 需求状况

需求状况是指本国市场对该项产业提供产品或服务的需求情况。迈克尔·波特认为，国内需求状况的不同会导致各国竞争优势的差异，能够在激烈竞争中生存并发展壮大的企业更有可能获得竞争优势，在促进企业持续竞争力方面，最重要的是市场的特征而不是市场的大小。不同的国内需求使厂商对买方需求产生不同的看法和理解，并做出不同的反应。本国市场的需求大，将有利于企业迅速达到规模经济。如果本国消费者特别挑剔，要求复杂且标准很高，则会促使本国企业努力改变产品质量和服务，进行创新，提供更先进的产品从而获得竞争优势。

3. 相关产业和支持性产业

相关产业和支持性产业是指因共用某些技术、共享同样的营销渠道或服务而联系在一起的产业或具有互补性的产业。相关产业和支持性产业的表现是指相关产业和上游产业是否具有国际竞争力。一个国家的产业要想获得持久的竞争优势，就必须具有在国际上有竞争力的供应商和相关产业。其重要性不但在于它们以最有效的方式及早地、迅速地为国内公司提供最低成本的投入品，而且，它们与主导产业在空间分布上的邻近，将有利于它们之间的信息传递、技术交流，从而有利促进企业的科技创新，形成良性互动的"产业簇群"。

4. 企业战略、结构和竞争对手

企业战略、结构和竞争对手是指企业在一个国家里的基础、组织和管理形态以及国内市场竞争的表现，包括公司建立、组织和管理的环境以及国内竞争的性质。不同国家的公司在目标、战略和组织方式上都大不相同。现实经济生活中，企业都有自己的规模、组织形式、产权结构和竞争目标，它们构成企业的管理机制。企业要在竞争中赢得优势，必须根据内部条件和外部环境作出合适的选择。迈克尔·波特强调，强大的本国竞争对手是企业竞争优势产生并得以长久保持的最强有力的刺激。没有任何战略是普遍适用的，战略的适用性取决于某时、某地、某企业的有关工作的适应性和弹性。

5. 机遇

机遇包括重要的新发明、重大技术变化、外汇汇率的重要变化、突然出现的世界或地区需求、外国政府的政治决定和战争等。机遇对于竞争优势的重要性在于它可能打断事物的发展进程，改变一个国家在一个产业中的国际竞争地位，使原来处于领先地位的公司的竞争优势无效，使落后国家的公司能顺应局势的变化，抓住新机会获得竞争优势。

6. 政府

政府对国家竞争优势的作用主要在于对4种基本因素的影响。政府可以通过补贴、对资本市场加以干预或制定教育政策等影响要素条件；通过确定地方产品标准、制定规则等影响买方需求；政府也能以各种方式决定相关产业和支持性产业的环境，影响企业的竞争战略、结构和竞争状况等，因此，政府的作用十分重要。

迈克尔·波特又通过研究德国、美国、意大利和日本等国经济发展状况从实证角度对其理论予以说明。他认为，日本经济在20世纪70~80年代正处于创新阶段，经济发展后劲较强；而美国经济20世纪80年代则处于财富推动的阶段，许多工业正在衰退，竞争处于垄断状况，经济缺乏推动力。根据这一理论，一国要提高经济实力和竞争力，必须创造公平竞争的环境，重视国内市场的需求，重视企业的创新机制和创新能力。

三、国家竞争优势理论与比较优势理论的关系及其意义

国家竞争优势理论所要解释的是企业或行业国际竞争力的来源，因此，国家竞争优势理论直接构成一种国际贸易理论。国家竞争优势理论的追随者往往将比较优势与竞争优势看作两个完全对立的范畴，或者认为国家竞争优势理论的提出就是为了替代比较优势理论。这种观点属于对比较优势和竞争优势的误解。国家竞争优势理论与比较优势理论既有联系又有区别。

1. 区别

国家竞争优势理论是对比较优势理论的发展和超越，是对当代国际贸易现实的逼近。比较优势理论着眼静态分析，而国家竞争优势理论则强调以竞争、创新为基础的动态分析，可以说是对传统理论的突破，这是两者的根本区别。比较优势理论不重视国内需求状况、相关与支持性产业及国内竞争等因素对于企业竞争优势的影响；迈克尔·波特非常肯定地认为，国内因素与竞争优势之间存在因果关系。

2. 联系

在比较优势理论与国家竞争优势理论之间并不存在一种对立的或者相互替代的关系。实际上，二者之间的关系更接近于一种相互补充的关系。

（1）在生产要素方面，比较优势理论和国家竞争优势理论都强调生产要素在企业和产业创造竞争力过程中所发挥的作用。比较优势理论强调一国在其产品、技术和产业选择中，只有充分利用其相对丰富的生产要素，才能降低成本，提高竞争力。国家竞争优势理论更加强调高级要素的重要性。因此，遵循比较优势，充分利用现有要素禀赋所决定的比较优势来选择产业、技术、生产活动，是企业和国家具有竞争力的前提。

（2）在同业竞争方面，国家竞争优势理论认为，激烈的同业竞争能够给企业提供足够的压力，使企业增加对高级要素的投资，有利于推进企业的创新。但是对一个特定的行业来说，只有该行业是符合经济体的比较优势时，同业间的良性市场竞争才有可能实现。

（3）相关产业和支持性产业。国家竞争优势理论非常强调相关产业和支持性产业对于企业和产业创造竞争优势的重要性，但这与国家的经济发展战略有关。在违背比较优势的经济发展战略下，一个具有良好发展前景的产业簇群是很难出现的。

上述说明，充分地发挥经济的比较优势是迈克尔·波特"钻石体系"中的4种基本因

素存在和发挥作用的必要条件,或者说,充分发挥经济的比较优势是国家创造和维持产业竞争优势的基础。比较优势与竞争优势往往同时作用于一国产业的发展,一国往往有的产业具有比较优势,有的产业具有竞争优势;比较优势与竞争优势可以互相转化,有比较优势的产业有利于创造竞争优势,比较优势是竞争优势的基础;两者都是产业竞争力的比较,比较优势侧重产业发展的潜在竞争力,竞争优势强调现实的竞争力。

【案例分析 5-2】

中国皮革行业低成本比较优势减弱

自 2012 年开始,皮革主体行业出口增长进入一位数时代,2014 年出口仍延续低速增长态势。海关统计数据显示:2014 年 1～10 月,全国皮革行业累计完成出口额 758.62 亿美元,同比增长 9.1%,其中,10 月份完成出口额 74.87 亿美元,同比增长 2.1%。

近年来由于中国劳动力成本的迅速上升,中国制造业尤其是劳动密集型的轻工业正在逐渐失去优势,中国已经成为发展中国家里工资最高的国家。据美国国会研究服务机构统计,2000～2013 年,中国工资平均每年增长 11.4%。21 世纪初,中国工人的工资只有墨西哥工人的 30.2%;而 2013 年,中国工人的月工资已经比墨西哥工人高出 50.5%,比越南工人高出 168%。专家指出,如果中国经济以每年 7% 的速度增长,5 年后,人均收入将达到 1 万美元。

这种现象在皮革行业也有所体现,行业低成本竞争优势减弱,出口高速难以为继,增速逐步放缓。越来越多的皮革出口企业受到来自东南亚国家皮革企业的竞争压力。以制鞋业为例,数据显示:2003～2013 年,中国制鞋工人工资增长了约 3.5 倍,而人民币对美元汇率中间价累计升值超过 30%,加上其他成本上涨,利润基本被蚕食。目前国内东部沿海地区工人月薪大约是 500 美元,印度尼西亚大约 300 美元,而越南只有 250 美元左右。

箱包行业情况也大致如此。目前,不管国内箱包企业的规模是大是小,工人的月薪起步价均已上升到 3000 元的水平,劳动力成本的持续上涨已然成为箱包出口加工企业的最大担忧。放弃订单大有人在,即使接了订单,利润空间也年年都在萎缩。以一个在国外销售千元以上的国外名牌箱包为例,减去人力成本、原料成本等,加工企业的利润不超过 5 个点,甚至停留在几元钱水平。在以中小型企业贴牌加工为主的生产现实背后,小企业出口下降明显,甚至下滑超过 50% 以上,盈利能力削减。

随着中国从低成本向中高收入国家过渡,亚洲可能会出现第二次世界大战以来的第三次工业大转移。第一次大转移出现在 20 世纪 70 年代初,劳动力密集型工业从日本转向新加坡、韩国等东亚国家和中国的香港与台湾地区。20 世纪 90 年代发生了制造业向中国转移的第二次大迁徙。而中国经过 20 年的工业迅猛发展之后,将出现第三次大转移浪潮。虽然中国有优越的基础设施、完整的供应链,以及技术良好的工人,企业在短期内转移制造基地有困难,可是另辟蹊径已经是大势所趋。不仅是外国公司,就连中国公司也会到海外寻找廉价劳动力市场。

根据亚洲鞋业协会调查的结果,自从 2008 年金融危机爆发以来,随着中国制造成本节节攀升,东南亚鞋业已抢走中国 30% 的订单。一方面国内原材料和劳动力成本上涨,不断提高皮革企业的生产成本,加剧出口订单向东南亚国家的流失;另一方面中国皮革行业遭受的各类贸易壁垒呈现不断上升趋势,也给皮革企业的出口带来了一定风险。据越南皮革、鞋业和箱包协会统计,2014 年上半年鞋和箱包生产线转移的比例比 2013 年同期高 25%,耐克、阿迪达斯、彪马等商家已经将在中国的大量订单转到越南生产。在此背景下,2014 年上半年越南出口鞋 48.5 亿美元,同比增长 22%,延续了高增长态势。

东南亚地区之所以成为皮革产能转移的聚集地,主要得益于这些地区享受着优惠关税、原料成本低廉等优势。以越南为例,2013 年,越南对欧盟出口鞋类约 34 亿美元,占越南鞋类出口总额的 33%。2014~2016 年,越南出口欧盟产品享受普惠制(GSP)关税优惠,鞋类出口关税由 8%~17% 降至 4.5%,中国则被取消该项优惠。而越南—欧盟自贸协定达成协议,越南有 90% 产品的进出口关税逐步降到零,相比中国产品其产品价格拥有较强的竞争力。短期来看对我国皮革出口带来一定的冲击,长期来看这种影响是渐进的。

(资料来源:中国工业新闻网 http://www.cinn.cn/xfp/331131.shtml。)

案例讨论:中国皮革行业如何从比较优势向竞争优势转化?

四、对国家竞争优势理论的简评

1. 国家竞争优势理论是当代国际经济学理论的重大发展

国家竞争优势理论弥补了其他国际贸易理论的不足,提出了国际竞争优势应该是国际贸易理论的核心,一国建立国际竞争优势才能获得持久的比较利益。同时该理论突破了传统贸易理论对于在要素基础上形成优势的静态观点,弥补了就单项因素或其简单组合为出发点来展开理论分析的不足。

2. 国家竞争优势理论在当代国际贸易分工中也具有重要的现实意义

伴随着当今经济的一体化到全球化,国际分工日益深入,国际竞争日益激烈,在这种竞争中,任何一个国家不再可能依靠基于禀赋条件的比较优势赢得有利的国际分工地位,而只有创造竞争优势,才能提高自己的竞争力,增进本国人民的福利。迈克尔·波特强调加强国家的竞争优势扶持和培育,这对于发展中国家竞争优势的发展无疑具有积极的指导意义。

总之,国家竞争优势理论超越了传统理论对国家优势地位形成的片面认识,首次从多角度、多层次阐明了国家竞争优势的确切内涵,指出国家优势形成的根本原因在于竞争,在于优势产业的确定。从这个意义上说,国家竞争优势理论摆脱了传统理论的孤立性、片面性,建立了国家竞争优势的概念体系和理论框架。

关键术语

技术差距理论　产业间贸易　产业内贸易　公司内贸易　模仿滞后　反应滞后　掌握滞后　需求滞后　内部规模经济　外部规模经济　产业内贸易指数　国家竞争优势　钻石模型　相关产业

复习思考题

1. 国际贸易新要素理论包括哪些内容?
2. 为什么人力资本、研究与开发、技术和信息能够成为生产要素?

3. 试述技术差距理论的主要内容。
4. 试述产品生命周期各阶段特点及与国际贸易的关系。
5. 论述产业内贸易理论的内容。
6. 假设某国服装进口额是 30 单位，出口额是 40 单位，请计算产业内贸易指数。
7. 为什么需求相似理论能从需求方面解释产业内贸易产生的原因？
8. 什么是规模经济？它能成为国际贸易的基础吗？
9. 公司内贸易迅速发展的原因是什么？
10. 请用相关理论解释下列情况：中国是电视机出口大国；美国与日本相互出口汽车；微软公司的产业地位；高科技产品总是首先在发达国家出现；世界上半数的大型喷气式客机在西雅图生产。
11. 按照迈克尔·波特的国家竞争优势理论，一国的竞争优势是由哪些因素决定的？比较优势与竞争优势之间是什么关系？并评析国家竞争优势理论。
12. 论述国家竞争优势理论在我国外贸中的应用与政策建议。

延展阅读书目

［1］迈克尔·波特. 国家竞争优势［M］. 北京：华夏出版社，2002.
［2］迈克尔·波特. 竞争论［M］. 北京：中信出版社，2003.
［3］海闻，等. 国际贸易［M］. 上海：上海人民出版社，2003.
［4］亚蒂什 N 巴格瓦蒂，等. 高级国际贸易学［M］. 上海：上海财经大学出版社，2004.
［5］国彦兵. 西方国际贸易理论历史与发展［M］. 杭州：浙江大学出版社，2004.
［6］张为付，等. 国际经济学［M］. 第四章. 北京：高等教育出版社，2014.

第六章 贸易保护理论

本章学习要点

- 重商主义
- 幼稚产业保护论
- 新重商主义
- 对外贸易乘数理论
- 中心—外围理论
- 战略性贸易政策理论

贸易保护理论始于重商主义，经过汉密尔顿、李斯特、凯恩斯、普雷维什等人的发展，形成了一个与自由贸易理论相对立的贸易保护理论。贸易保护理论是保护贸易政策的理论基础。本章将系统介绍贸易保护理论及其发展，为全面分析保护贸易政策提供理论框架。

第一节 贸易保护理论的演进

一、重商主义

15~17世纪是西欧从封建社会向资本主义社会过渡的时期。为适应商品经济迅速发展的需要，产生了一种新的经济理论即重商主义。重商主义认为，财富就是金银，金银是货币的唯一形态。根据对待金银的态度和获取金银的手段不同，重商主义可分为早期和晚期两个阶段。

早期的重商主义也称为货币差额论，其主要代表人物是英国的斯塔福德（Stafford，1554—1612）和法国的孟克列钦（Montchretien，1575—1622）。他们认为，积累财富的主要途径就是获得对外贸易顺差，因此在对外贸易活动中必须使每笔交易和对每个国家都保持顺差，以使金银流入本国，并将其储藏起来，不再投入到对外贸易。同时，为了增强国力，应阻止本国金银货币外流，禁止金银输出。在贸易保护的政策主张上，大多奉行出口垄断、进口高关税和外汇管制等举措。

晚期的重商主义也称为贸易差额论，其主要代表是英国的托马斯·孟（Thomas Mun，1571—1641）。他批评了早期的重商主义禁止货币流出，将货币储藏起来的不明智做法，主张将货币投入到有利可图的对外贸易中，认为货币产生贸易，贸易增加货币，只有保持贸易顺差，才可能增加货币并使国家富足。但一国追求贸易顺差的办法应是保持本国对外贸易总额的顺差，而不必使每个国家的每笔交易都保持顺差。为了实现对外贸易顺差，托马斯·孟提出发展英国工场手工业、航运业、殖民扩张以及保护贸易等政策主张，同时增加了以优惠条件鼓励工业原料进口、以退还税款方式鼓励商品输出以及对出口生产厂商发放奖金或补助等辅助性措施。

二、自由竞争时期的贸易保护理论

18 世纪后期～19 世纪中期是资本主义自由竞争时期。西欧各国和美国相继完成了产业革命。当时英国的工业水平最高，在国际市场上竞争力最强，需要在世界范围内获取丰裕而廉价的原料，需要开拓新的销售市场，极力倡导实行自由贸易政策。而当时工业处于落后地位的美国和德国的经济学家竭力主张实施保护贸易政策。当时贸易保护理论的主要代表人物是美国的汉密尔顿（Alexander Hamilton，1757—1804）和德国的李斯特（Georg Friedrich List，1789—1846）。汉密尔顿是美国保护主义的鼻祖，是美国独立后的首任财政部长。美国刚从英国殖民统治下获得独立时，由于殖民统治的影响，特别是受到战争的破坏，经济凋敝，工业落后，在与英国的贸易中，仍保留着出口本国农林等初级产品、进口本国所需工业制成品的格局。这种格局有利于南方种植园主，而北方工业资产阶级经营的制造业却难以发展。汉密尔顿代表工业资产阶级的利益，在 1791 年向国会提交《保护制造业的报告》中，极力主张以较高的关税保护美国的制造业。汉密尔顿提出美国的经济情况不同于欧洲先进国家，其工业基础薄弱，技术水平落后，工业生产成本高，实行自由贸易政策将断送美国工业的发展，进而威胁美国经济和政治上的独立地位，因此，必须采取关税措施保护美国的工业特别是制造业，使之生存、发展和壮大。

后来这一思想得到李斯特的进一步发展。他于 1841 年出版了《政治经济学的国民体系》一书，该书是幼稚产业保护论的代表作，其中系统地阐述了这一学说。

三、垄断资本主义时期的贸易保护理论

19 世纪末 20 世纪初，进入垄断资本主义时期。垄断资本的统治加强了对外贸易政策的扩张性。20 世纪 30 年代，资本主义经济陷入严重危机。自由放任经济的信条受到批判，国家干预经济的思潮风行起来，贸易保护甚至被理论学者奉为经济发展中无所不能的灵丹妙药，在贸易保护的具体政策主张上，他们除了继续强调设置传统的关税壁垒外，还对进口配额和其他非关税壁垒的设置给予了广泛的认同。凯恩斯（John Maynard keynes，1883—1946）的"新重商主义"成为超贸易保护主义的理论基础。普雷维什（Raul Prebisch，1901—1986）用中心—外围理论强调发展中国家应该采取保护贸易政策，以求经济上的自主发展和政治上的真正独立。

第二次世界大战后，世界经济与贸易高速发展。20 世纪 70 年代中期，石油危机、货币危机加剧了世界经济贸易发展的不平衡性，致使世界经济进入滞胀阶段，国际贸易中出现了传统自由贸易理论无法解释的一些新现象，贸易保护理论有了新的发展。凯恩斯的新重商主义就是这个时期具有代表性的理论。

四、当代西方贸易保护理论

20 世纪 80 年代，伴随经济全球化和科学技术的发展，全球竞争日趋激烈，发达国家

之间的贸易摩擦日益增多，管理贸易理论、战略性贸易理论等应运而生。美国经济学家瓦尔德曼（R. J. Waldman）在1986年出版了《管理贸易》一书，将管理贸易定义为政府为了更好地"管理"国家经济和国家间的经济，而在贸易和投资领域里的直接介入，从而使政府对贸易、投资以及企业决策日益加强控制。⊖而战略性贸易理论强调政府对本国战略性产业的扶持。这些理论从不同方面阐述了国家运用多种手段干预对外贸易、增强国际市场竞争能力的重要性。

第二节 李斯特的幼稚产业保护论

弗里德里希·李斯特是19世纪德国著名的经济学家，历史学派的先驱者，贸易保护理论的倡导者，其主要代表作是1841年出版的《政治经济学的国民体系》（The National System of Political Economy）。在该书中，李斯特系统深刻地阐述了幼稚产业保护论。

一、幼稚产业保护论提出的历史背景

19世纪初，德国是一个政治上分裂、经济上落后的农业国。拿破仑战争后的德国仍保持着中古时代的封建制度，全境分裂为38个小邦，每个小邦都拥有自己的政府、军队、法庭、货币及外交。各邦之间关卡重重，各邦内部省区之间也因为地方税率的差异而彼此分割。直到1834年，各邦才建立起统一的关税同盟，1848年结束封建割据局面，完成政治上的统一。德国发展资本主义经济面临着强大的外部竞争压力。当时的英国已经完成了工场手工业向机器大工业的过渡，法国的工业也有很大的发展，他们竭力提倡在国际市场上开展自由竞争，以大量廉价的商品冲击德国的市场。摆脱外国自由竞争的威胁、促进德国大工业的发展，成为德国资产阶级的迫切要求。李斯特的幼稚产业保护论正是在这样的背景下提出的。

二、幼稚产业保护论的主要内容

1. 求得生产力发展比财富本身重要

李斯特重视生产力的发展，指出："财富的生产力比之财富本身，不晓得要重要多少倍，它不但可以使已有的和已经增加的财富获得保障，而且可以使已经消失的财富获得补偿。个人如此，拿整个国家来说更是如此。"⊜"生产力是树之本，可以由此产生财富的果实，因为结果实的树比果实本身价值更大。"⊜李斯特主张重视培养创造财富的生产能力。对于一国的经济利益，他更看重经济成长的长远利益。他认为进口廉价商品，短期内是很合适的，但本国的产业就会长期处于落后的依附地位，而如采取保护贸易的措施限制进口，虽然开始国内厂商提供的商品价格要高一些，短期内消费者的利益会受到损害，但当本国的产业发展起来后，价格会降低，从长远看是有利于公众福利的。

2. 各国发展阶段不同，所采取的对外贸易政策不同

李斯特还提出了经济阶段论，阐明了经济发展与贸易政策的相互关系，以此作为保护贸

⊖　R. J. Waldman：Managed Trade。
⊜　（德）李斯特《政治经济学的国民体系》，商务印书馆，1961年，第118页。
⊜　（德）李斯特《政治经济学的国民体系》，商务印书馆，1961年，第47页。

易政策的基本依据。李斯特指出："从经济方面来看，国家都必须经过如下几个发展阶段：原始未开化时期，畜牧时期，农业时期，农工业时期，农工商时期。"⊖不同的时期应该实行不同的对外贸易政策。前三个时期要求农业得到发展，应实行自由贸易政策。农工业时期追求工业的发展，必须采取保护贸易政策，确保本国工业的发展。农工商时期追求商业的扩张，应实行自由贸易政策。李斯特认为德国正处于农工业时期，必须实行保护贸易政策，借助国家的力量来促进德国生产力的发展。

3. 选择保护对象是有条件的，保护是有期限的

李斯特认为实行保护贸易政策的目的是为了促进生产力的发展，为了最终无需保护。因此，保护并不是全面保护，而是有选择的。国家应该选择那些目前处于幼稚阶段、受到强大的竞争压力、但经过一段时间的保护和发展能够被扶植起来并达到自立程度的工业。因此，如果幼稚工业没有强有力的竞争者，或经过一段时期的保护和发展不能够自立，就不应保护。李斯特认为，这里"一段时期"的最高限应为30年。也就是说，保护是有期限的。

4. 保护贸易政策的主要手段是关税

李斯特认为，应针对不同类型的产品制定不同的关税税率。对于在国内生产比较方便又供普遍消费的产品，可以征收较高的关税；对于在国内生产比较困难、价值昂贵又容易走私的产品，税率应按程度逐级降低。为了促进本国工业的发展，在本国的专门技术和机器制造业还未获得高度发展时，就应对国外输入的一切复杂机器设备免税或征收较低的税率。

三、对幼稚产业保护论的简评

李斯特发展了重商主义和汉密尔顿的保护贸易理论，以生产力理论为基础，充分论证了落后国家实行贸易保护的必要性、阶段性与动态性，形成了贸易保护的完整理论体系。

李斯特主张根据本国的实际情况选择实行自由贸易政策或保护贸易政策，而不是一刀切地实行自由贸易政策；主张从经济成长的长远利益出发，根据经济发展的需要调整贸易政策，而不是一成不变地实行保护贸易政策；主张从维护本国经济运行的稳定性出发，对不同部门实行不同的贸易政策，而不是对所有部门均实行保护贸易政策；主张对产业的保护要有时间限制，而不是无限期地实行保护。李斯特认为实行保护贸易政策的立足点在于保护和促进本国的经济增长和发展生产力，以增强本国经济的国际竞争力。

李斯特的保护贸易学说对德国资本主义的发展起到了积极的作用，有利于资产阶级反对封建主义的斗争。他的理论对经济不发达国家制定对外贸易政策有积极的参考价值。他的关于保护对象是有条件的、保护是有时间限制的、保护本身不是目的而是以自由贸易为最终目的等主张，是具有积极意义的。

尽管李斯特的幼稚产业保护论具有合理性和进步性，但仍存在缺陷。第一，李斯特的生产力概念十分庞杂，他将政体、公共管理、自由程度、政治保障和法律的稳定性等各种社会制度，可供利用的物资以及劳动力的素质和科学技术水平都放在了生产力的定义中。他对影响生产力发展的各种因素的分析十分混乱和错误。他说："基督教，一夫一妻制，奴隶制与封建领地的取消，王位的继承，印刷、报纸、邮政、货币计量、历法、钟表、警察等等事物，制度的发明，自有保有不动产原则的施行，交通工具的采用——这些都是生产力增长的

⊖ （德）李斯特《政治经济学的国民体系》，商务印书馆，1961年，第155页。

丰富源泉。"⊖李斯特把各种不同的社会范畴、技术范畴与政治范畴混杂在一起，作为生产力增长的源泉，因而不能揭示生产力和经济发展的根本原因。第二，对"经济发展阶段"的划分缺乏科学性。李斯特的经济发展阶段论是按一定部门在经济发展中的地位和作用来划分的，把社会历史的发展归结为国民经济部门的变迁，而忽视了生产关系这个根本因素，因此不能反映社会经济形态变化的真实情况。

【国贸博览 6-1】

保罗·克鲁格曼关于幼稚产业保护论的几个观点

保罗·克鲁格曼（Paul R. Krugman）在《国际经济学》一书中，提出了幼稚产业保护论的几个问题。第一，幼稚产业保护论常常使得一些国家今天所保护的是将来才具有比较优势的产业。假定一个国家目前劳动力丰富，劳动密集型产品是其比较优势，资本是在积累的过程之中，只有当其资本积累到丰富的程度，该国的资本密集型产品才具有比较优势。这并不意味着这个国家目前就需要发展资本密集型产业，必须对这类产业进行保护。例如，20世纪80年代韩国开始出口汽车，这并不意味着在20世纪60年代，韩国就需要保护汽车制造业，当时它的资本和有技能的劳动力很缺乏。第二，除非一个国家为了帮助某一产业提高竞争能力，否则保护制造业并不是什么好事。例如，印度和巴基斯坦对于它们的制造业保护了几十年，直到近年来制造业产品才开始出口。然而它们所出口的都是一些轻纺织品，而不是它们重点保护的重工业产品。它们所出口的是他们从来没有保护的产业产品，而长期保护的产业产品却没有出口。在这个例子中，幼稚产业的保护似乎是成功的，但是他们付出了净成本和昂贵的代价。第三，所谓建立一个产业是昂贵的，需要花费时间的，这些并不能成为政府干预的理由，除非国内市场失灵。

在以下情况下，政府不需要进行保护，而应当做其所需要的事情。其一，如果一个发展中国家，没有一系列的金融体系（如有效率的股票市场和银行），那么需要一些传统的部门进行资本积累（如农业部门），用这些资金来投入新的部门（如制造业）。于是新的产业的成长受到当前这一产业的企业不能获得利润的限制。最初较低的利润阻碍了人们对这一新的产业的投资，即便是从长远的观点来看，这一部门的投资利润将来是很高的。在资本市场正常运转的条件下，政府不需要进行干预。企业家会意识到在企业建立的最初几年里，不可避免地出现亏损，但是经过一定时期可以使得成本逐渐下降，达到国际竞争的水平，将来利润也会增加。这些企业可以通过出售股票或者从银行贷款中得到资金的支持。因此，最好的办法是建立一个完善的资本市场，而不是政府的保护贸易政策。其二，当一个新的产业建立，一些最早进入该产业的企业会付出"初建"的成本代价。例如，需要对地方的基础设施、开辟新的市场进行投资，而后继的企业可以在没有支出这一类成本的条件下享用现存的条件。如果最早进入新产业的企业所付出的代价得不到回报，那么没有企业愿意较早进入一个新的产业。这一问题如何解决，最佳的选择是政府对于这些作出贡献的企业进行补贴。

（资料来源：王俊宜、李俊编写的《国际贸易》，中国发展出版社，2003年，第158~159页。）

⊖ （德）李斯特《政治经济学的国民体系》，商务印书馆，1961年，第123页。

第三节 凯恩斯的新重商主义

约翰·梅纳德·凯恩斯是英国资产阶级经济学家,是凯恩斯主义的创始人。凯恩斯生活的时代,是世界经济制度发生巨大变化的时代。资本主义经济以垄断代替了自由竞争,尤其是 1929～1933 年空前严重的经济危机的爆发,世界市场问题进一步尖锐化,各国相继放弃自由贸易政策,改为奉行保护贸易政策,强化了国家政权对经济的干预作用。在这种背景下,凯恩斯的经济立场也发生了改变,由原来的支持自由贸易转为赞同保护贸易,并积极为其提供理论依据。1936 年,凯恩斯出版了他的代表作《就业、利息和货币通论》(The General Theory of Employment, Interest and Money),简称《通论》。在书中,他对自由贸易理论展开了批评,对重商主义的一些政策进行重新评价,并以有效需求不足为基础,以边际消费倾向、边际资本效率和灵活偏好 3 个所谓心理规律为核心,以国家干预为政策基点,创立了新重商主义。

一、凯恩斯新重商主义的主要内容

1. 批评古典学派的自由贸易理论

凯恩斯认为传统的外贸理论是建立在充分就业的前提下的,不适用于现代社会。凯恩斯还认为古典国际贸易理论只用"国际收支自动调节机制"来证明贸易顺差、逆差的最终均衡过程,但忽视了国际收支在调节过程中对一国国民收入和就业的影响。他认为,贸易顺差对一国对外贸易有利,而贸易逆差则有害。因为贸易顺差可以给一国带来黄金,扩大货币的供应量,刺激物价上涨和降低利息率,从而可以扩大投资和就业。而逆差会使黄金外流,货币供应量减少,物价下降,利息率提高,导致国内经济趋于萧条,失业人数增加,使国民收入下降。因此,凯恩斯在一国对外贸易上赞成贸易顺差,反对贸易逆差,提倡运用各种措施,扩大出口,减少进口,以获得贸易顺差。

2. 提出贸易保护主张

凯恩斯认为,现代社会中存在着 3 种失业状态:摩擦性失业、自愿失业和非自愿失业。非自愿失业是政府必须解决的问题。失业产生的主要原因是社会的有效需求不足。有效需求是由消费需求和投资需求两部分组成的。消费需求取决于边际消费倾向,投资需求是由资本边际效率和灵活偏好决定的。投资需求又包括国内投资需求和国外投资需求。前者取决于利息率,后者取决于贸易收支状况。如果贸易顺差,国外投资增加,并由此导致国内货币供给增加,利率下降,刺激国内投资增加。如果贸易逆差,则相反。所以,保持贸易顺差可以增加有效需求,解决失业问题,促进经济繁荣。因此凯恩斯积极主张国家对经济生活进行全面干预,实行保护贸易政策,改变国际收支状况,提高一国国民收入。

3. 支持保护关税制度

凯恩斯认为,保护关税制度有 3 个好处:①可以促使人们增加国内产品消费,进而增加就业;②可以减轻本国国际收支逆差的压力,以便腾出一定的资金,偿付在扩张政策下的必要进口量,并对贫困的债务国进行贷款;③最能得到社会舆论的支持。因此,他曾督促英国政府放弃自由贸易政策,恢复保护关税制度,采取直接措施来限制输入,奖励输出。

二、凯恩斯主义的对外贸易乘数理论

为了进一步说明投资对就业和国民收入之间的影响，强调政府干预的必要性，凯恩斯提出了著名的乘数理论，即投资量的变动给国民收入带来的影响要比投资量实际变动本身大得多。他指出，新增加投资会引起对生产资料需求的增加，从而引起从事生产资料生产的人数和工资的增加；人们收入的增加会引起对消费品需求的增加，从而又引起从事消费品生产的人数和工资的增加。其结果是国民收入的增加量将为新增加投资的若干倍，而增加倍数的多少取决于"边际消费倾向"。用公式表示为

$$k = \frac{1}{1 - \frac{\Delta C}{\Delta Y}} = \frac{1}{\frac{\Delta S}{\Delta Y}} = \frac{\Delta Y}{\Delta S} \tag{6-1}$$

式中，k 为乘数；Y 为国民收入；ΔY 为国民收入增量；C 为消费；ΔC 为消费增量；S 为储蓄；ΔS 为储蓄增量；$\frac{\Delta C}{\Delta Y}$ 为边际消费倾向；$\frac{\Delta S}{\Delta Y}$ 为边际储蓄倾向。

如果 $\frac{\Delta C}{\Delta Y} = 0$，则没有倍增作用；如果 $\frac{\Delta C}{\Delta Y} = 1$，则乘数或倍增作用为无穷大；在 $0 < \frac{\Delta C}{\Delta Y} < 1$ 时，$1 < k < \infty$。

从式 6-1 可以看出，乘数的大小主要取决于边际消费倾向或边际储蓄倾向，它与边际消费倾向成正比，与边际储蓄倾向成反比。

凯恩斯主义者把乘数理论运用到对外贸易领域，建立了对外贸易乘数理论。他们认为一国的出口和国内投资一样，属于"注入"，有增加国民收入的作用；而一国的进口与国内储蓄一样，属于"漏出"，有减少国民收入的作用。为此，只有当贸易出超或国际收支顺差时，对外贸易才能增加一国的就业量，提高一国国民收入量。此时，国民收入的增加量将为贸易顺差的若干倍。用公式表示为

$$\Delta Y = [\Delta I + (\Delta X - \Delta M)] k \tag{6-2}$$

式中，ΔY 为国民收入增量；ΔI 为投资增量；ΔX 为出口增量；ΔM 为进口增量；k 为乘数。

在 ΔI 与 k 一定时，如果贸易顺差越大，ΔY 越大；反之，如果贸易存在逆差时，则 ΔY 要缩小。因此，一国贸易顺差越大，对本国经济发展作用越大。由此可见，凯恩斯及其追随者的对外贸易乘数理论为保护贸易政策提供了理论根据。

三、理论简评

凯恩斯的新重商主义是传统贸易保护理论在当代的发展。该理论说明发达国家如何通过实施保护贸易政策，实现国内充分就业，提高国民收入水平，以保持其在国际贸易中的竞争优势。该理论不同于传统的贸易保护理论，它是以保护国内成熟的工业，增强其在国际市场的垄断地位为目标，而不是以保护国内幼稚产业为宗旨；是倡导积极地、大规模地扩张本国商品的出口以最大限度地占领国际市场，而不是只通过抵制外国商品的进口以保护本国商品；是通过对外贸易促进国内经济发展的良性循环，而不是为了简单维持国际收支的平衡。凯恩斯的新重商主义代表了垄断资本主义的利益，是发达国家推行超保护贸易政策的理论依据。

新重商主义的一些论点是有研究价值和借鉴意义的。该理论把国际贸易作为整个经济运

行的一个重要因素，主张通过对外贸易促进国内经济发展的良性循环，扩大就业。对外贸易乘数理论揭示了贸易量与一国宏观经济各主要变量之间的相互关系，在一定程度上指出了对外贸易与国民经济发展之间的某些内在规律性。

新重商主义也存在一些局限性。首先，该理论是在20世纪30年代资本主义大危机的特定环境下产生的，因而只注重研究有效需求问题，单方面强调刺激需求以解决资本主义经济危机，忽略了解决供给问题的重要性。其次，对外贸易乘数理论把贸易顺差看作国内投资，作为对国民经济体系的一种"注入"，可以对国民收入产生乘数效应。但事实上，贸易顺差不同于国内投资。投资增加会形成新的生产能力，使供给增加，而贸易顺差增加实际上是出口相对增加，并不能形成生产能力。因此，投资增加和贸易顺差增加对国民收入增加的乘数作用并不等同。再次，对外贸易乘数效应，常常会受一国闲置资源和其他因素的影响，资源稀缺会限制该国国民收入的下一轮增长。最后，这一理论忽视了对外贸易发挥乘数作用的条件。只有在世界总进口值增加的条件下，一国才能继续扩大出口，从而增加国民收入和就业。如果世界的总进口值不变或减少，一国将无法增加出口，除非降低出口商品价格，但降低出口商品价格，企业会因利润下降而不愿扩大生产、增加产量，因此，增加出口也无从谈起。

第四节 普雷维什的"中心—外围"理论

普雷维什是阿根廷经济学家，被誉为"发展经济学"的十大先驱之一。在1981年获得第一届"第三世界基金奖"。他曾任阿根廷财政部长、农业财政问题顾问、中央银行总裁和联合国拉丁美洲经济委员会执行书记、贸易与发展会议秘书长等职。普雷维什站在发展中国家的立场上，提出了"中心—外围"理论。

一、"中心—外围"理论的主要论点

(一) 世界经济体系分为中心和外围两部分

普雷维什认为，世界经济体系被分成了两个部分：一部分是由发达国家构成的中心，另一部分是由广大发展中国家组成的外围。中心国是技术的创新者和传播者，外围国是技术的模仿者和接收者；中心国主要生产和出口制成品，外围国主要从事初级产品的生产和出口；中心国在整个世界经济中居于主导地位，外围国则处于依附地位并受中心国的控制和剥削。在这种世界经济贸易关系下，中心国享有大部分国际贸易的利益，而外围国则很少享受甚至享受不到这种利益。

(二) 外围国家贸易条件不断恶化

普雷维什考察了1876~1938年间英国进出口产品的平均价格指数。在普雷维什看来，英国作为世界经济的中心，进口的主要是初级产品，出口的多为制成品。所以它的进口出口可以分别代表这一时期初级产品和工业制成品的世界价格。他将1876~1880年的价格指数设为100，计算出以后各年的原材料价格与制成品价格之比，即发展中国家初级产品的贸易条件。计算的结果表明，除了1881~1985年的价格比例有略微的上升（102.4）以外，其余时期的价格比例均呈下降趋势，到1936~1938年已降至64.1。也就是说，一定量的原材料在19世纪70年代所能购买的制成品，到20世纪30年代只能买到其中的64.1%了。普雷

维什由此得出结论，发展中国家初级产品的贸易条件不断恶化。㊀

普雷维什认为，外围国贸易条件不断恶化的原因有以下 4 方面：

(1) 技术进步的利益分配不均。在"中心—外围"体系中，技术进步首先发生在中心国，工业部门容易吸收新技术，因而会提高工业生产率，使工业的要素收入增加，造成制成品价格较高。而初级产品的生产部门技术落后，劳动生产率低，投入要素的边际收益递减，从而使初级产品的价格较低。

(2) 经济周期对中心国与外围国产生的影响不同。普雷维什认为，在经济周期的上升阶段，制成品和初级产品的价格都会上涨，但在经济周期的下降阶段，由于制成品市场具有垄断性质，初级产品价格下跌的程度要比制成品严重得多。这就意味着随着经济周期的反复出现，初级产品与制成品之间的价格差距被不断拉大，从而使外围国的贸易条件趋于恶化。

(3) 工会作用的不同。在经济周期的上升阶段，由于企业家之间的竞争和工会的压力，中心国工人的工资会随着企业利润的增加而上涨。在危机期间，由于工会力量的强大，上涨的工资并不因为利润的减少而下调。而外围国的情况则不同，由于初级产品部门缺乏工会组织，没有谈判工资的能力，再加上存在大量剩余劳动力的竞争，外围国工人的工资和收入水平在危机期间会被压低。这样，外围国贸易条件的不断恶化就不可避免。

(4) 初级产品的需求收入弹性大大低于制成品。实际收入的提高会引起制成品需求较大程度的增加，因而工业品的价格也会有较大程度的上涨。相反，初级产品的需求收入弹性比较低，它们的价格不但呈现周期性的下降，而且还出现结构性下降。因此以出口初级产品为主的外围国的贸易条件存在长期恶化的趋势。

(三) 外围国家必须实行工业化，独立自主地发展民族经济

普雷维什认为，外围国由于长期奉行初级产品出口战略，形成了不同于中心国的经济结构，其本身缺乏经济增长的动力，加上初级产品贸易条件存在长期恶化的趋势，使外围国的处境更是雪上加霜。外围国要摆脱由于初级产品出口战略所导致的不发达状态，要改造其落后的经济结构，就必须通过实施进口替代战略来实现工业化。

(四) 外围国为了实现工业化，应实行保护贸易政策

普雷维什认为外围国为实现工业化，应采取保护贸易政策。只有通过征收关税以及采用配额、许可证、外汇管制等非关税手段限制进口，削弱外国商品的竞争力，才能保证工业化的顺利进行。

普雷维什指出，外围国的保护政策与中心国的保护政策性质是不同的。外围国的保护政策是有节制的，有选择的，是为了发展本国的工业化，它有利于世界经济的全面发展；而中心国的保护贸易政策则是对外围国的歧视和遏制，不但对外围国家不利，而且对整个世界经济的发展也是不利的。

二、"中心—外围"理论简评

普雷维什的"中心—外围"理论对发展中国家的国际贸易理论做了开拓性研究。他从发展中国家的利益出发，对当代国际分工体系和国际贸易体系中存在的发达国家控制与剥削发展中国家的实质进行了深刻的分析，从理论与实践上揭示了发达国家与发展中国家之间的

㊀ 转引自董国辉著《劳尔．普雷维什经济思想研究》，南开大学出版社，2003 年，第 81 页。

不平等关系,丰富了国际贸易理论宝库。

普雷维什的"中心—外围"体系,对"二战"后的世界经济格局分析是正确的,它使发展经济学家对"二战"后国际经济关系的不平等认识上升到一个新的高度,为发展中国家打破旧的经济秩序、争取建立新的经济秩序提供了思想武器。他的发展中国家贸易条件不断恶化的论点得到了普遍的证实。

普雷维什关于发展中国家实行进口替代战略、采取保护贸易政策、促进工业化发展的观点,对"二战"后拉丁美洲和其他发展中国家的经济发展具有积极的指导意义。但是这一理论的某些论点分析与解释仍存在局限性。该理论只从技术进步利益分配不均、发达国家工会对产品价格施加影响、制成品与初级产品需求收入弹性不同来解释发展中国家的贸易条件不断恶化,没有从发达国家实行的贸易政策等方面进行深入的分析。实际上,发达国家长期对本国初级产品实行保护贸易政策,人为地压缩了对发展中国家初级产品的需求也是发展中国家贸易条件恶化的重要原因之一。另外,初级产品的技术含量低,加工程度低、附加值低和替代产品增加等,也促使了发展中国家贸易条件恶化。

第五节 战略性贸易政策理论

战略性贸易政策(Strategic Trade Policy)是20世纪80年代初期由斯潘塞(Barbara Spencer)和布兰德(James Brander)等人首次提出的,后来经过巴格瓦蒂(Bagwaiti)和克鲁格曼(Krugman)等人的进一步研究,形成了比较完善的理论体系。

战略性贸易政策理论认为,由于国际市场上的不完全竞争性质和规模经济的存在,一国政府可以通过补贴或保护国内市场的手段,扶植本国战略性产业的成长,增强其在国际市场上的竞争力,以获取规模经济的收益,并借机扩大市场份额和工业利润。实施战略性贸易政策不但无损于其经济福利,而且可以增进一国的总体福利。

战略性贸易政策理论包括利润转移理论和外部经济理论两个方面。

一、利润转移理论

垄断竞争是当今国际竞争的主要特点。在许多情况下,商品的国际市场是由少数几家大企业控制的。出口国政府或进口国政府可以通过一些贸易干预政策和措施来影响本国企业的出口或进口,最终改变本国和外国企业之间的竞争格局,使本国企业获得利润,或者抽取外国企业的利润,提高本国福利。

1. 利用关税分享外国垄断厂商的垄断利润

由于进口产品大部分是由少数几家外国企业提供的,这些企业能够利用他们在进口国市场上一定的垄断力量将产品的价格定在高于其边际成本的水平上,并获得超额利润。这种利润是通过较高的价格从消费者身上赚取的。而政府可以通过征收关税的措施分享外国垄断厂商的垄断利润。

在自由贸易条件下,外国垄断企业为了实现利润最大化,根据边际收益等于边际成本的原则确定在进口国的销量为OQ_1,再根据进口国的需求将价格确定在高于边际成本的水平上,即P_1,见图6-1。

现假定进口国政府希望获取一部分外国垄断利润,所以对该产品征收关税税额为t,外

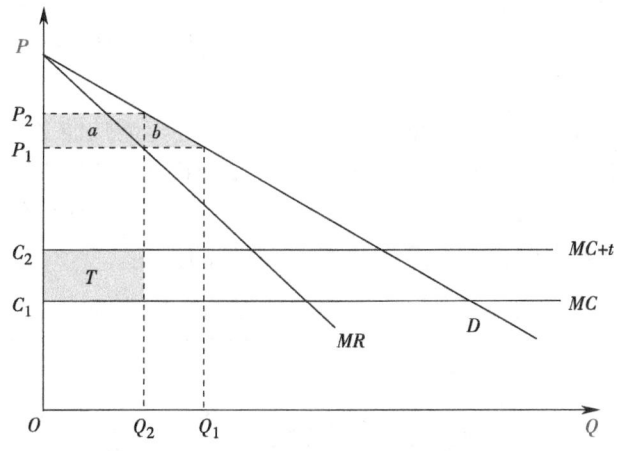

图 6-1 通过关税分享外国企业垄断利润

国垄断厂商在进口国的边际成本将上升至 $MC+t$。随着成本上升，外国垄断企业会提高价格。外国垄断厂商将以 P_2 价格在进口国销售 OQ_2。由于进口国对产品的需求是有一定弹性的，因此价格上升的幅度会小于边际成本提高的幅度（$OP_2 - OP_1 < t$）。也就是说，外国垄断厂商通过提高销售价格从进口国消费者身上得到的额外收益会小于所支付的关税。可见，进口国可以通过征收关税分享外国垄断利润。换言之，进口国政府所得的关税收益（T 部分）有可能大于消费者的损失（$a+b$ 部分），使整个国家受益。

但是，垄断价格会因关税的征收变得更高，除非政府能将关税收入的一部分用于补贴消费者，否则消费者会因征收关税而遭受更大的损失。表面上看，进口国政府的关税收入来自外国垄断企业的利润，实际上这些税收的相当部分是由本国消费者支付的。

2. 以补贴促进出口

在具有规模经济的条件下，拥有较高国际市场份额的国家从国际市场上获得的超额利润就较多。因此对国内企业实施出口补贴，可以获取更大的外国市场份额，在实现规模经济的条件下，阻止国外竞争对手进入该产业，确保本国企业获得垄断利润。

经济学家常常用美国波音公司和欧洲空中客车公司的假想例子来说明补贴的重要意义。假定这两家公司生产技术和能力相近，都有能力生产一种新产品，即一种有 500 个座位的大飞机。由于生产这种飞机具有规模经济效应，生产越多成本越低，生产量越小成本越大，甚至会出现亏损。进一步假定两家公司只能作出两种选择：生产或不生产。

表 6-1 表明两家公司在不同情况下的利润和亏损（用负数表示）。每个方框有两个数字，左下方代表波音公司的利润或亏损，右上方代表空中客车公司的利润或亏损。

表 6-1 波音公司和空中客车公司不同情况下的利润/亏损

波音公司 \ 空中客车公司	生产		不生产	
生产	−5	−5	100	0
不生产	0	100	0	0

如表 6-1 所示，如果两家公司都生产，两家公司都会亏本。如果两家公司都不生产，虽然谁也不亏本，但谁也没有利润。只有在一家生产而另一家不生产的情况下，生产的那家才

会有足够的生产量而获得利润。假设波音公司能够在空中客车公司进入市场以前，先占领 500 个座位飞机的市场，空中客车就不再进入该市场。此时的结果就是表 6-1 右上方的情形，即波音公司单独生产并获利。

现在假定欧洲政府希望通过积极的干预，帮助空中客车击败波音，占领全球市场。假设欧洲政府承诺，如果空中客车公司进入市场，欧洲政府将给予 25 单位的补贴。这种补贴使两家的利润/亏损情况发生了变化，如表 6-2 所示。如果只是空中客车公司生产，总利润达到 125 单位。即使两家都生产，空中客车仍有 20 单位的盈利。

表 6-2　欧洲政府进行补贴后的利润/亏损

波音公司 \ 空中客车公司	生产		不生产	
生产	−5	20	100	0
不生产	0	125	0	0

在政府补贴的情况下，空中客车只要生产，就能获利。而波音公司要么让空中客车生产，要么两家都生产而承担 5 单位的亏损。因此，波音公司已无获利的可能，被排除在市场之外。事实上，政府补贴使假设的波音公司先行动可能获得的优势不复存在，而空中客车却获得进入市场的优势。

政府的保护政策可以使本国企业在国际竞争中获得占领市场的战略性优势并使整个国家受益。

3. 以限制进口促进出口

一国政府对进口征收较高的关税或实行配额等，减少了来自外国垄断企业的进口。在规模经济的作用下，本国企业可以通过扩大产量，降低边际成本，形成相对于外国厂商的规模经济优势，从而扩大国内市场份额，提高出口竞争力。这样以进口保护来促进出口，可以把利润从外国厂商转移到本国厂商，增加本国福利。

二、外部经济理论

战略性贸易政策理论强调的外部经济是指单个厂商的发展使本产业或相关产业中其他厂商获得了收益，表现为成本的降低和效率的提高。

外部经济分为两个方面。一是技术的外部经济，即单一企业的生产行为带来的知识或专有技术可以为其他企业带来的收益。技术外部经济是通过直接的技术信息传播、技术人员的流动等方式实现的。二是资金的外部经济，即厂商的聚集使同一产业或相关产业厂商获得市场规模扩大带来的收益。这些收益表现为可以从产业的集中与扩展中便捷、廉价、可靠地获取原材料、中间产品和技术工人，从而提高效率、降低成本。

一国政府在资源有限的条件下，应选择"具有显著外部经济性"的产业加以保护和扶持。这种保护和扶持，不但有利于这些产业增强国际竞争力，而且可以带动其他相关产业的发展。

"具有显著外部经济性"的产业往往是那些企业投资巨大，但不能独享全部投资收益的产业，其投资的一部分收益以技术外溢的形式为社会共享，促进了整个国家的技术进步。高科技产业是典型的"具有显著外部经济性"的产业，因此，一国政府应该对高科技产业采取补贴等一系列支持性政策。

三、战略性贸易政策理论简评

战略性贸易政策理论是国际贸易新理论在国际贸易政策领域的反映和体现。战略性贸易理论论证了一国可以在不完全竞争的条件下通过实行贸易干预政策,促进本国战略性产业的发展,增强其在国际市场的竞争力。该理论强调了政府干预的重要性,摆脱了纯粹自由主义的阴影,为一国政府发展本国经济与对外贸易提供了有益的指导,因而具有一定的积极意义。

战略性贸易政策理论广泛借鉴和运用了博弈论的分析方法,是国际贸易理论研究方法的重要突破。但是该理论仍有许多缺陷与不足之处。

第一,该理论只涉及了不完全竞争和规模经济两个实施战略性贸易政策的必要条件,忽略了其他限制条件。如政府必须拥有充分可靠的信息,接受补贴的企业必须与政府行动保持一致,且能在一个相对较长的时间保持自身垄断地位;保护目标市场不会诱使新厂商加入,以保证企业的规模经济效益不断提高;其他国家不会实施报复措施等。

第二,该理论背弃了自由贸易理论,提出了富于想象力和进攻性的保护措施以掠夺他人市场份额与经济利益。该理论往往被贸易保护主义者片面夸大与曲解,助长了贸易保护主义。因此,经济学家提出,必须全面认识和正确把握该政策。一般认为,在知识技术密集型的高科技领域,政府干预是最为重要的。对高新技术产业实行战略性保护还可以通过外部经济效应使全世界从中受益。

【案例分析】

欧洲对飞机生产的支持

美国在飞机制造方面一直拥有统治地位,这是美国科技实力的显著标志。这一点,对于各国政策制定者来说尤其显而易见,因为他们的很多时间都花在乘坐飞机奔波于会议之间。因此,毫不意外,欧洲各国政府长期以来希望发展本国的飞机制造业,使之能够与美国企业竞争。在20世纪五六十年代,这些努力主要是各个国家单独进行的,结果收效甚微。于是,从20世纪60年代后期开始,欧洲各国政府为合作开发飞机生产进行了两次重要的努力。

其中之一是英国和法国共同开发协和型超音速飞机。20世纪60年代后期,建造超音速客机在技术上已经可行,但是私营飞机制造企业却不相信开发这种客机有利可图。在美国,企图说服政府为开发这种客机提供资金的政治努力没有成功。然而,在欧洲,英、法政府同意为开发这种客机提供财政支持。这个协议背后的逻辑是复杂的。在一定程度上,人们希望出现大规模的技术外溢。但更重要的是,这个项目能带来名誉,并用此来作为欧洲协作的标志。

从商业角度来看,结果却是灾难性的。协和飞机运行成本极高,节约几小时的飞行时间,不足以弥补费用的差异。仅卖出的几架协和飞机也是由英国和法国的国有航空公司(英国航空公司和法国航空公司)购买的。协和飞机最重要的贡献是,开发这种飞机的经验可能对欧洲在飞机生产方面的下一步努力,即生产空中客车,产生了技术外溢。

空中客车公司是欧洲各国政府的联合公司,它生产大型客机,直接与美国的飞机竞争。

公司的资本费用和其他成本由成员国政府补贴。虽然对欧洲政府支持的规模大小一直存在着争论（欧洲政府声称补贴的规模远小于美国的估计），但几乎没有人怀疑空中客车公司计划是世界上最大的战略性贸易政策的例子，可能比所有其他此类项目加起来还要大。而且，它也是获得了一些重要成就的一个项目。与协和计划不同，空中客车公司成功地生产出了商业上可行的飞机。尽管空中客车还不是波音747巨型飞机的对手，但在小型客机中，空中客车公司生产的客机，在性能和运行成本方面，能够与美国的飞机一决高低。盈利能力是另外一回事。空中客车公司的账目故意弄得不透明。但有一点则很清楚，至少直到最近，它一直是依靠政府的持续补贴才保持蓬勃发展的势头。欧洲政府投入的资本至今很少得到偿还。

空中客车是一个成功的计划吗？如果用严格的布朗德—斯潘塞分析来看，它显然不是。公司并未成功地获得超额利润，而事实上得到的利润比资本的市场回报率还要低；也不能简单地把它看作是对其他部门产生了很强的技术外溢。至少根据粗略的观察，飞机工业所用的技术好像非常专业化，对其他部门并不十分适用。然而，一些分析家认为，基于两方面的原因，空中客车计划对欧洲经济仍然是一个正面因素。第一，空中客车公司的存在，使得飞机市场的竞争更激烈了，它的存在限制了波音公司可能拥有的垄断力量。第二，飞机工业支付工人高工资，从而工资差别论在此适用。然而，即使根据乐观的估计，空中客车计划的收益和欧洲经济规模相比也非常微小。

最后提一下，由于对空中客车计划的兴趣，再加上基本的情况也好像十分简单——两个主要生产者，生产一种范围有限的产品——许多人试图建立可操作的飞机产业的理论模型。但根据大家一致的看法，这些模型在解释该产业的一些主要特征，如价格政策和投资政策等方面非常令人不满意。这段插曲提醒人们，真正地了解一个产业是多么困难；你或许十分了解技术和市场，但也不一定就能转化成有用的政策分析能力。

（资料来源：保罗·克鲁格曼，茅瑞斯·奥伯斯法尔德著，《国际经济学》，第5版，中国人民大学出版社，2002年，第277页。）

案例讨论：结合战略性贸易政策理论分析欧洲对飞机生产支持的利弊以及实施支持的条件。

第六节 主张贸易保护的其他论点

一、其他支持贸易保护的经济论点

1. 保护就业论

支持贸易保护的一个理由就是保护就业。这一观点在发达国家比较流行。这一观点可以从宏观和微观两个方面进行解释。从宏观层面讲，根据凯恩斯主义经济学说，实行"奖出限入"的贸易保护措施，可以保持贸易顺差，并通过对外贸易乘数效应促进国内生产总值的增加，扩大有效需求，从而增加本国就业机会。从微观上看，发达国家已经失去了比较优势的劳动密集型行业，通过贸易保护措施，减弱了外国竞争的冲击，保证了行业的生存和生产增加，导致工人就业的增加。

从理论上说，贸易保护无论从宏观还是微观上对扩大就业都有积极作用。但是，在实践中，贸易保护措施对增加就业并不十分有效。首先，一国通过保护措施限制进口，导致贸易伙伴的出口相应减少，其国际支付能力相应下降，结果影响到实行贸易保护国家的出口。其次，易受到其他国家的报复。在国际贸易中，一国的进口是另一国的出口。一国通过限制进口来提高本国的就业，伤害了其他国家的出口，其他国家为了维护自身利益，也会采取限制进口的报复性措施。最后，从长期看，一国必须有进口才能维持出口的扩张，从而增加就业。实行贸易保护的结果往往是增加了一个部门的就业，减少了另一部门的就业，使资源使用效率降低，消费者的利益受损，福利水平下降。

【国贸博览 6-2】

美国限制进口造成的就业变动和保护代价估计

美国经济学家戴维·塔（David Tarr）1989 年给美国联邦贸易委员会的报告中，对美国纺织品、汽车、钢铁三大行业贸易保护的结果做了分析。根据塔的估计，美国对其纺织品、汽车、钢铁行业所做的进口限额并没有提高整个就业水平，对钢铁行业就业的保护还造成钢铁价格的上升，汽车生产成本上升，汽车行业的就业人数下降，而由此带来的各种明显的或隐含的经济损失则高达 209 亿美元。表 6-3 显示的是贸易保护造成的各行业的就业变化。

表 6-3　美国纺织品、汽车、钢铁业进口限额造成的就业变动

就业增加的行业和人数估计/万人		就业减少的行业和人数估计/万人	
纺织业	15.756	汽车制造业	-0.195
钢铁业	1.622	服务业	-5.588
农业矿业	1.989	制造业	-7.862
		消费品生产工业	-1.745

一些美国经济学家还对每个因保护政策增加的工作机会进行了代价估计，如表 6-4 所示。

表 6-4　美国限制进口保护就业的代价估计

保护行业	消费者为每个工作机会所付的代价/美元
钢铁	75 万~100 万
彩色电视	42 万
奶制品	22 万
制鞋业	5.5 万

（资料来源：海闻、P. 林德特、王新奎著《国际贸易》，上海人民出版社，2003 年，第 345~346 页。）

2. 维护公平竞争论

维护公平竞争是许多国家特别是西方发达国家用来支持贸易保护主义的另一论点。这一论点最初是针对国际贸易中因为政府参与而出现的不公平竞争行为。各国对不公平竞争的定义不同，但一般来说，凡是由政府通过某些政策直接或间接地帮助企业在国外市场上竞争，并造成对国外同类企业的损害，即被看成是不公平竞争。不公平竞争包括出口补贴、低价倾销、对外国知识产权不加保护等。近年来，不公平竞争的定义又扩大到不对等开放市场。

维护公平竞争在理论上是为了更好地保证国际上的公平竞争，以推动自由贸易的发展。但在实践中，并不一定能达到预期效果。第一，维护公平竞争可能被滥用。有些国家的政府

以"反不公平竞争"为借口来滥用保护措施，这种保护措施的滥用只会使国际贸易更加偏离公平贸易。第二，以公平竞争为由实行的保护也同样可能遭到对方国家的指控和报复。

3. 本国产业多样化论

促进本国产业多样化是支持贸易保护的一种观点。这种观点认为，如果一国高度集中于一种或几种产品，国内其他需求依赖进口，这样就会形成比较脆弱的经济结构。一旦国际市场发生变动，国内经济就难以适应和调整。而通过贸易保护，可以保护和促进落后产业的发展，形成产业多样化，以保持国民经济结构的平衡，减少对外依赖性。

这一观点客观地反映了一些高度专业化国家和地区的实际情况，如智利的铜矿经济、中东的石油经济。但是由于资源禀赋和技术条件的限制，一国经济由高度专业化转变为多样化生产的投入与风险极大。

4. 改善国际收支论

改善国际收支也是贸易保护主义的一种论点。对外贸易有进有出，当贸易顺差时带来外汇收入，外汇储备增加；当贸易逆差时外汇对外支付，外汇储备减少。改善国际收支的论点认为，实行贸易保护可以减少进口，从而减少外汇支出，增加外汇储备。

利用贸易保护实现贸易顺差是改善国际收支状况直接而迅速的途径，但实施起来需要考虑两方面的问题。第一，别国采取的措施以及该措施对本国的影响。因为贸易活动涉及双方，一国实行保护，别国会采取相应措施。不管是报复还是进口能力下降，均导致本国出口减少。其结果是，虽然少进口节约了支出，但同时又因少出口而减少了收入，国际收支改善不大。第二，通过贸易保护来追求贸易顺差会引起与贸易逆差国的贸易摩擦。在国际贸易实践中，巨额贸易顺差往往引起逆差国的不满，是贸易摩擦产生的重要原因。

5. 改善贸易条件论

改善贸易条件论认为，用增加关税等贸易保护的手段限制进口减少需求可以降低进口商品的价格。由于贸易条件是出口商品的国际价格与进口商品的国际价格的比率，进口商品的国际价格降低可以使贸易条件得到改善，即同样数量的出口商品可以换回更多的进口商品，从而使整个国家获利。

一国能否成功地通过贸易保护改善贸易条件，需要具备两个条件。第一，该国对国际市场的影响力。只有大国，它在某种商品的进口中占有相当的份额，才能通过限制进口来降低进口价格。而贸易小国对国际市场不产生影响。第二，其他国家不采取报复措施。如果一国为了改善贸易条件而实行贸易保护，引起别国的报复，不但不能改善贸易条件，而且会使贸易量下降，致使进口商品的消费者和出口商品的生产者受到损失。

改善贸易条件论主要是针对发展中国家而言的。但在实践中，发展中国家对世界市场价格水平的影响力很小，往往是世界市场价格的接受者，如果提高关税会导致其他国家的报复，因此，为改善贸易条件而采取增加关税的措施难以奏效。

二、支持贸易保护的政治论点

1. 保障国家安全论

早在17世纪，英国重商主义者就利用国防安全来论证限制使用外国船舶和海运服务，以促进英国造船业发展的做法是正当的。现代经济学家从国家安全的角度出发，主张保护扶植基础产业，保护国防工业和重要行业，防止自然资源的枯竭。这是因为重要战略物资如粮食、棉花、武器在一国国民经济中处于重要地位，必须保持一定的生产规模。否则一旦发生战争或出现了敌对状态，就会面临缺乏生存必需品供应的危险。

2. 维护社会公平论

社会公平主要是指社会各阶层或各种生产要素在收入上的相对平衡。不少学者认为，自由贸易在给整个国家带来好处时，并不会自动地均匀地将利益分配给社会各阶层。出口集团由于出口商品相对价格高于国内市场而增加了企业和个人的收入，进口竞争集团则会因进口商品的增加而受损，使某些企业和个人的收入减少，甚至会造成企业破产、工人失业。为了维护社会公平，防止因自由贸易带来收入分配格局变动而引发的社会动荡，应对某些产业，尤其是丧失优势的产业实行保护贸易政策。

关键术语

重商主义　幼稚产业保护论　对外贸易乘数理论　"中心—外围"理论　战略性贸易政策理论　保护就业论　维护公平竞争论　改善国际收支论　改善贸易条件论

复习思考题

1. 如何认识李斯特的幼稚产业保护论？
2. 简述对外贸易乘数理论的主要论点。如何评价这一理论？
3. 中心—外围理论的主要论点是什么？
4. 战略性贸易政策理论的主要内容是什么？实施战略性贸易政策需要哪些条件？
5. 发达国家对贸易进行干预的理由有哪些？你认为这些理由合理吗？
6. 发展中国家对贸易进行干预的主要论点是什么？你同意这些论点吗？

延展阅读书目

[1] 任烈．贸易保护理论与政策［M］．北京：立信出版社，1997．

[2] 海闻，等．国际贸易［M］．上海：上海人民出版社，2003．

[3] 董国辉．劳尔·普雷维什经济思想研究［M］．天津：南开大学出版社，2003．

[4] 李斯特．政治经济学的国民体系［M］．北京：商务印书馆，1961．

[5] 凯恩斯．就业、利息和货币通论［M］．北京：商务印书馆，1983．

[6] 保罗·克鲁格曼．战略性贸易政策与新国际经济学［M］．北京：中国人民大学出版社、北京大学出版社，2000．

[7] 许斌．国际贸易［M］．北京：北京大学出版社，2009．

[8] 余淼杰．国际贸易学：理论、政策与实证［M］．北京：北京大学出版社，2013．

政 策 篇

第七章 国际贸易政策

本章学习要点

- 对外贸易政策的基本类型
- 制定对外贸易政策的主要依据
- 发达国家对外贸易政策的趋势
- 发展中国家对外贸易政策的趋势
- 中国对外贸易政策的发展变化

世界各国政府从本国的国情出发制定其对外贸易政策,最大限度地维护本国的利益。一国对外贸易政策在各国经济增长和经济发展中起着重要作用。主要贸易国的贸易政策对国际贸易的结构以及贸易流向产生着极为重要的影响。了解国际贸易政策的基本内容、掌握国际贸易政策的基本走势、熟悉影响各国对外贸易政策制定与变化的依据是十分重要的。

第一节 对外贸易政策概述

一、对外贸易政策的含义及基本类型

对外贸易政策是一国政府对进出口贸易活动进行管理的方针与原则。它所包含的基本要素为贸易政策主体、贸易政策客体、贸易政策目标、贸易政策内容和贸易政策手段5个方面。贸易政策主体是指贸易政策的制定者和实施者,一般是一国或地区的政府;贸易政策客体是贸易政策所规划、指导和调整的贸易活动以及从事贸易活动的企业、机构或个人;贸易政策目标是指贸易政策所要达到的目的;贸易政策内容是指贸易政策的倾向、性质、种类和结构;贸易政策手段是指为了实现政策目标而采取的具体措施。对外贸易政策是一国经济政策的重要组成部分,也是一国对外政策的重要内容。

制定对外贸易政策的目的在于:①保护本国市场;②增加出口贸易,扩大本国对外开放的规模与范围;③改善本国产业结构,促进经济发展;④在维护国家主权和利益的前提下,协调与各国的经济贸易关系。对外贸易政策不但影响着一国的对外贸易活动,而且还会通过对外贸易活动渗透到国民经济的各个部分,同时也会在一定程度上影响其贸易伙伴国的经济贸易发展。因此对外贸易政策的制定与实施总是从本民族的利益和整个国民经济发展出发的,但又要考虑国际贸易环境,甚至还要协调与贸易伙伴国的对外贸易关系。

一般来说,一国对外贸易政策包括对外贸易总政策与对外贸易具体政策。对外贸易总政

策是一国依据国际政治经济的基本状况和发展趋势，结合本国的资源状况、产业结构、经济发展水平和在世界经济贸易中所处的地位，从有利于本国国民经济发展出发，制定的较长时期的原则与方针。对外贸易具体政策是在一国对外贸易总政策的指导下制定的涉及对外贸易某一方面内容的政策，例如进出口商品政策、国际服务贸易政策、国别或地区政策等。这些政策比较灵活，会随着不断变化的国际经济形势及本国情况进行调整与完善。

从一国对外贸易政策的内容、结果、实施情况看，各国对外贸易政策可以分为两大基本类型，即自由贸易政策（Free Trade Policy）与保护贸易政策（Protective Trade Policy）。

自由贸易政策是指国家对进出口贸易不加干涉和限制，也不给予补贴和优惠，允许货物和服务自由输出和输入，使其在国内外市场上自由竞争的一种政策。保护贸易政策是指为保护本国产业和市场，国家采取各种措施限制货物和服务的进口，同时对本国出口商给予各种补贴和优惠以鼓励出口的一种政策。

当然，一国实行自由贸易政策，并不意味着完全的自由。从实践上看，西方发达国家在标榜自由贸易的同时，往往或明或暗地对某些产业提供保护。同样，实行保护贸易政策也并不是完全闭关自守，不发展对外贸易，彻底排除国外的竞争，而是对某些领域的保护程度高一些，即将外部的竞争限制在本国经济实力能够承受的范围之内。即使采取保护贸易政策，也要在保护国内生产者的同时，维护同世界市场的联系。

二、制定对外贸易政策的主要依据

一国对外贸易实行自由贸易政策还是推行保护贸易政策，一般是由以下几个因素决定的：

1. 经济发展水平和经济结构

一国的经济发展水平高，技术先进，资金充裕，经济结构高度现代化，产品竞争力强，该国政府就会推行自由贸易政策，以期在国际市场上获取更大的经济利益。相反，一国的经济发展水平低，资金和技术要素处于劣势，现代化工业尚未真正建立，其产品在国际市场上缺乏竞争力，该国政府就会倾向于采取保护贸易政策，以保护国内产业免受外国产品的竞争。

2. 经济发展战略

一般而言，采取外向型经济发展战略的国家，往往制定较为开放和自由的外贸政策。因为对外贸易在该国经济发展中的作用越重要，该国越需要在世界范围内扩大产品出口，加强与世界各国和地区的经济合作。而采取内向型经济发展战略的国家则缺乏同各国发展对外经济贸易关系的紧迫感。为了保护本国产业的成长，还会采取较为强硬的保护贸易政策。

3. 国际分工中的地位

一国在国际分工中处于主导地位，国际市场扩张能力强，往往倾向于自由贸易政策；而在国际分工中处于附属地位的国家，国际市场的开拓能力有限，面对国外产品、服务的大举进入，则倾向于采取保护贸易政策。

4. 各种利益集团力量的对比

一国不同的贸易政策对本国不同利益集团产生不同的影响。自由贸易政策有利于出口厂商，但不利于进口竞争集团；而保护贸易政策使国内竞争性企业得到保护，但消费者利益受到损害。通常各国直接参与对外贸易的企业集团推崇自由贸易，而那些同进口发生竞争关系的行业及其相关组织则是推行贸易保护主义的主要支持者。不同利益集团的力量对比会影响各国对外贸易政策的取向。

5. 政府决策者倡导的经济理论与贸易思想

各国对外贸易政策往往通过法律的形式表现出来。而法律的制定、修改要通过立法机构进行。政府决策者倡导的经济理论与贸易思想往往转变为政府的政策，并通过立法机关将政策转变为法律。

6. 本国与别国的政治经济关系

一国愿意同政治、外交关系友好的国家积极发展经济贸易关系，扩大货物与服务的出口，而对政治上、经济上敌对的国家采取保护贸易政策。

总之，一国采取哪种对外贸易政策是由其经济发展水平、在国际经济中所处的地位以及其经济实力决定的。一国在经济发展的初期，一般采取保护贸易政策，随着本国产业竞争实力的增强，保护贸易政策让位于自由贸易政策，而当其竞争地位受到威胁时，贸易保护主义又会抬头。

一国实行哪种对外贸易政策也要考虑所处的国际环境。在经济全球化的背景下，各国在制定对外贸易政策时，既要考虑积极参与国际分工，又要确保在分工中的利益最大化。

【国贸博览7-1】

当代利益集团对美国对外贸易政策的影响

当代贸易政策常常是围绕着党派之争、总统权位之争展开的，这在美国表现得尤为突出。美国是实行两党政治的国家。民主党、共和党每4年就要进行一番你死我活的总统之位的争夺。而两党总统之位的争夺这种美国国内的政治斗争，又常常把美国对外经贸关系牵扯进来，有的总统候选人甚至把制造对外贸易摩擦、发动贸易战当成其拉选票"出彩"的一个筹码。这种情况不但在美国大选年出现，在一届总统任期内的中期选举中也常常如此，只是没有选举年突出罢了。这种国内政治斗争需要把本可以平等协商解决的贸易问题升级为贸易摩擦，再升格为贸易战的做法在美国对外关系中带有明显的规律性。例如，1996年美国大选前，克林顿政府为了获得11月大选的胜利，在6月份采取强硬立场，宣布将持续了20多年的柯达-富士的纠纷提到世界贸易组织进行仲裁，以缓和国会和共和党的批评，满足产业界的要求，赢得更多的选票。

美国的对外贸易政策的变化也往往是国内利益集团施加压力的结果。2000年，布什在美国有史以来最为势均力敌的总统大选中险胜对手。连续数月，美国钢铁工业的院外集团一直在对国会议员们进行游说，在这种情况下，布什总统决定对几乎所有钢产品展开了保障性调查。2001年10月份，美国国际贸易委员会认定进口钢材损害了美国的钢铁工业。2002年3月20日美国政府正式启动钢铁保护方案"201条款"，实施为期3年的关税配额限制或加征高达8%至30%不等的关税。

（资料来源：王厚双主编《各国贸易政策比较》，中国经济出版社，2002年，第39~40页。）

三、对外贸易政策制定的基本框架

正如产品的价格是由市场的供给和需求决定的，一项对外贸易政策的决定也是由这项政策的需求和供给决定的。

从对外贸易政策供给方来看，一项具体对外贸易政策的制定受到两个方面的影响，一是政府对政策的偏好，二是制定具体政策的机制。政府对政策的偏好取决于贸易政策目标。从理论上分析，政府政策的目标应是资源最有效的利用和社会福利的最大化。但在现实中，政策的目标又是多重的，它不仅有经济目标，还有政治和社会目标。对于任何执政党，维持政权的稳定和保证继续执政都是最根本的。因此，政府在制定具体对外贸易政策时往往要综合考虑政治、经济和社会诸多因素。

从对外贸易政策的需求方来说，它既包括相关的个人利益者和集团利益者，又包括代表这些利益和反映这些利益的组织。这些不同的利益集团是通过对政府的游说工作，还是通过在政府中代表这些利益集团的政党和代言人来表达，或是直接通过舆论或民间团体来对政府施加压力，取决于一个国家的政治体制。

经济学家罗德瑞克（Dani Rodrik）用一张示意图描述了贸易政策的制定的框架（见图7-1），并在此基础上建立了对外贸易政策的政治经济学分析模型，如中点选民模型、集体行动理论、竞选贡献等。

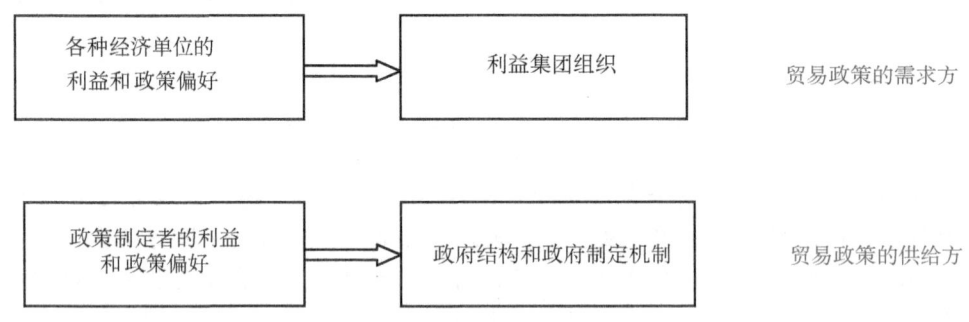

图7-1 罗德瑞克的对外贸易政策的制定框架

【国贸博览7-2】

中点选民模型、集体行动理论和竞选贡献

（1）中点选民模型。该模型假设政府是民主选举产生的。任何一个政党只有得到了多数选民的支持，该政党才有可能执政。因此，政府在选择任何经济与贸易政策的时候，必须要考虑如何得到多数选民的支持。怎样才能选择得到多数选民支持的政策？重要的方法是尽可能地选择靠近中点选民意见的政策。中点选民的意见一般为两种意见之间的观点。以中点意见为界，一边更为保守，另一边更为激进，且两边人数一样。

（2）集体行动理论。该理论认为一种政策是否被政府采纳并不在于受益或受损人数的多少，而在于利益集团的集体行动是否有效。消费者人数虽多，但每一个人的利益很小，在集体行动方面一定不如生产者有效。因为存在不少"搭便车的人"，且不易统一意见。人数较少的生产者利益集团容易统一，在集体行动中可以步调一致。

（3）竞选贡献。在民主选举政府的国家里，贸易政策的制定还要受到执政党支持者的影响。一般来说，每个政党都代表一些特殊集团的利益，而这些利益集团也在竞选中积极支持能考虑他们利益的政党。例如，在美国的两大政党中，工会（尤其是劳联和产联）一般支持民主党，大财团和企业主一般支持共和党。这些利益集团在国会和总统的竞选中出钱出力极力支持各自党派当选。而这些党派的候选人一旦当选，就会在力所能及的范围内制定或维持有利于这些利益集团的政策。否则他们就会在下一轮竞选中失去这些利益集团的资金、支持和选票。

（资料来源：海闻、P. 林德特、王新奎著《国际贸易》，第363~366页。）

第二节 国际贸易政策的历史演变

从整个世界范围来看，自资本主义生产方式出现以来，自由贸易政策和保护贸易政策始终相伴随。但在不同的发展时期，贸易政策的基调不尽相同，有时以自由贸易政策为主，有时又会掀起保护贸易的浪潮。

一、资本主义生产方式准备时期的国际贸易政策

16世纪~18世纪中期，是资本主义生产方式的准备时期。西欧各国普遍实行重商主义的保护贸易政策，通过限制货币（贵金属）的输出和扩大贸易顺差的办法积累财富。具体措施如下：

1. 限制外国制成品的进口

西欧各国采取征收较高关税的办法，限制外国制成品，特别是奢侈品的进口。法国在1667年规定，把从英国、荷兰进口的呢绒和花边等装饰品的税率提高一倍，英国在1692年规定，对从法国进口的全部商品征收25%的从价税。

2. 鼓励本国制成品的出口

政府通过减免出口税或退还进口原材料时征收的关税来鼓励本国制成品的出口。

3. 限制本国原材料的出口，鼓励外国原材料的进口

根据重商主义的政策，对出口原料制定高额关税以禁止出口。同时，为鼓励本国手工业的发展和制成品的出口，对进口国外原材料减免关税。

4. 推行殖民扩张和垄断外贸政策

西欧各国为了进行原始资本积累，从16世纪上半期开始，通过残酷的战争，将美洲、亚洲和非洲各国先后纳入自己的殖民地势力范围。同时，欧洲各国还制定各种法律，对殖民地实行贸易垄断。由各国王室或经政府批准的私人公司专营对殖民地贸易，荷兰东印度公司、英国东印度公司就是典型代表。葡萄牙、西班牙和英国都曾规定，凡是同殖民地贸易或同外国贸易，都必须使用王室或本国船只，禁止使用外国船舶。

5. 促进本国产业发展

为保证实现贸易顺差，各国都先后制定了发展本国工业的政策。法国在路易十四时期（1661—1715），重商主义政策达到顶点。当时法国政府创办了100余家"王家手工工场"，并通过拨给手工业工场主大量津贴和贷款，或免除工厂主和石匠的捐税等措施，扶持其发展。

这一重商主义的保护贸易政策推动了西欧各国资本的原始积累，为资本主义生产方式的

建立奠定了物质基础。

二、资本主义自由竞争时期的国际贸易政策

（一）以英国为代表的自由贸易政策

18世纪～19世纪后期，是资本主义自由竞争时期。从总体上看，这一时期资本主义国家的主流对外贸易政策是以自由贸易政策为特征，特别是英国、荷兰等国实行了全面的自由贸易政策。自由贸易政策极大地促进了这些国家工业和对外贸易的发展。英国当时的自由贸易政策主要包括：

1. 减少应税商品，逐步降低了关税税率

在重商主义时期，英国有关关税的法令多达上千条，内容极其繁杂。1825年英国开始简化税法，降低关税税率。1841年英国应税的商品项目有1163种，到1882年只有20种。工业制成品的平均关税率为30%左右，原料的平均关税率为20%。

2. 取消了经营外贸的特权

1813年和1834年，英国先后废止了东印度公司对印度和中国的贸易垄断权，对外贸易领域向所有人开放。

3. 废除了《谷物法》和《航海条例》

《谷物法》是英国政府1815年颁布的限制或禁止谷物进口的法律。它是通过维持较高的国内粮食价格而维护地主阶级的利益的。《谷物法》严重阻碍了英国工业资产阶级的发展，在英国资产阶级的不懈努力下，终于在1846年被废除了。

《航海条例》是英国限制外国航运业的竞争，垄断殖民地航运的一项法律。随着英国航运业的发展，航运业具有了绝对优势，完全可以开放了。从1824年起英国与其他国家订立的贸易条约中，废除了原有的《航海条例》。

4. 与其他国家签订贸易条约

从1860年起，英国根据自由贸易原则同其他国家签订了一系列贸易条约。1860年英法之间签订的《科伯登—谢瓦里埃条约》就是第一个体现自由贸易精神的贸易条约。

（二）美国和德国的保护贸易政策

与英国的自由贸易政策不同，这一时期美国和德国基本上实行的是保护贸易政策。由于这些国家工业起步较晚，无法与英国工业产品竞争，不得不实行一系列限制进口的保护贸易政策，扶植本国工业的发展。例如，美国在1789年制定第一个《关税税则》，平均税率为8.5%，此后历次《关税税则》的修改都在提高关税，到1816年，进口平均税率为20%，其中棉织品的税率为25%。保护贸易政策的实施，成功地促进了这些国家工业的迅速成长。

三、垄断资本主义时期的国际贸易政策

19世纪末20世纪初，进入垄断资本主义阶段。1929年爆发的世界性经济危机，表明了市场问题的尖锐化，正是在这一背景下，超保护贸易政策应运而生。许多国家提高了关税，对进口商品实行数量限制，并实行外汇管制。同时，政府采取各种有利于垄断组织夺取国际市场的措施。

超保护贸易政策是一种侵略性的保护贸易政策，与自由贸易时期的保护贸易政策有着明显的区别：它不是防御性地保护本国的幼稚产业，而是保护国内高度发展和出现衰落的垄断

工业；它保护的不是一般的工业资产阶级，而是垄断资产阶级；它不是消极地限制进口，而是主动出击，加紧扩张，占领国外市场；它不是单一运用关税措施，而是将各种"奖出限入"措施融为一体。

到了 19 世纪 70 年代中期，英国在国际经济贸易中的优势地位逐渐丧失，取而代之的是美国贸易地位的提高。进入 20 世纪 30 年代后，英国彻底抛弃了自由贸易政策，对许多商品规定了高额关税，并采取了其他保护贸易措施。

第三节 发达国家的对外贸易政策

一、"二战"后初期~20世纪80年代的发达国家的对外贸易政策

（一）"二战"后初期~20 世纪 70 年代初期的贸易自由化倾向

第二次世界大战以后，随着生产国际化和资本国际化，以及国际分工向深度、广度的发展，在世界范围内出现了贸易自由化倾向。1947 年签署的《关税与贸易总协定》旨在消除贸易中的歧视待遇，促进世界贸易的增长。《关税与贸易总协定》的临时适用，极大地推动了贸易自由化。各国纷纷降低关税，减少非关税壁垒，这对迅速恢复"二战"后经济、促进国际贸易的发展起到了积极作用。

"二战"后贸易自由化具有以下特点。第一，贸易自由化是通过多边贸易条约与协定的形式来进行的。在关税与贸易总协定的主持下，发达国家的关税有了大幅度的降低。区域贸易集团内部相互削减关税，导致全球关税大幅度下降。第二，贸易自由化是垄断资本主义对外扩张的要求，符合大垄断资本主义集团的利益。第三，贸易自由化是有保留的、有选择的自由化，表现为发达国家之间的贸易自由化程度超过发达国家与发展中国家的贸易自由化程度，区域贸易集团内部的自由化超过了集团外部的贸易自由化。各类商品之间的贸易自由化也不尽相同，工业品的贸易自由化超过农产品的贸易自由化，机器设备的贸易自由化超过了工业消费品的贸易自由化。第四，在实行贸易自由化的同时，并不完全排除保护贸易措施的运用。

（二）20 世纪 70 年代中期~80 年代的新贸易保护主义

从 20 世纪 70 年代中期起，世界又掀起一股新贸易保护主义浪潮。在 1974~1975 年和 1980~1982 年两次世界经济危机的打击下，经济严重停滞，国际市场竞争日趋激烈，导致了贸易保护主义的爆发。美国成为新贸易保护主义的重要发源地。在各国对外贸易政策的相互影响下，新贸易保护主义不断蔓延与扩大，对国际贸易的正常发展带来了不利影响。

新贸易保护主义具有以下几个特点：第一，贸易保护措施多样化，由过去的关税措施向非关税措施转变；第二，贸易保护措施法制化、系统化和综合化；第三，贸易保护范围扩大化，被保护的商品从传统的农产品和一般工业制成品转向知识技术密集型的制成品和服务部门；第四，贸易保护的重点从限制进口转向鼓励出口。

二、20 世纪 90 年代至今发达国家的外贸政策

20 世纪 90 年代以来，随着全球贸易自由化的推进，西方发达国家对外贸易政策呈现出一些新的特点与趋势：

1. 协调管理贸易政策成为发达国家的主要贸易政策

协调管理贸易政策是指一国对内通过制定一系列的贸易政策与法规,加强对内贸易秩序的管理,对外通过签订双边、区域及多边贸易条约或协定,协调与其他贸易伙伴的经济贸易关系。这一政策的特点是:①加强贸易立法,使贸易保护主义向合法化和制度化发展;②力求确保本国国际收支的平衡,降低失业率,保护适度的经济增长速度;③注重主动出击,积极开拓国际市场,发挥新兴产业的竞争优势,挖掘其潜在的规模经济效益;④双边、区域多边贸易协调日益加强,并与国际多边贸易协调体制相交织。

2. "公平贸易""互惠贸易"代替"自由贸易""多边主义"成为发达国家对外贸易政策的主旨和原则

近年来,西方发达国家一方面反对贸易保护主义;另一方面又强调贸易的公平性。这种公平贸易不同于高筑壁垒抑制外国竞争的保护主义或放任自流的自由主义,而是在支持开放性的同时,寻求"公平"的贸易机会,主张贸易互惠的"对等"与"公平"。具体表现为:①进入市场机会均等,判定的标准为双边贸易平衡,而不仅仅以是否满足双方进入要求为标准;②贸易限制对等,即以优惠对优惠,以限制对限制;③竞赛规则公平。

3. 对外贸易政策与对外政策、其他经济政策进一步融合

对外贸易在各国处理国家与国家之间关系中的作用越来越重要。如美国克林顿政府执政后曾把对外贸易提到"美国安全的首要因素"的高度,通过调整贸易政策的方式来调节对外关系,把对外贸易政策作为调节对外关系、实现政治与经济目标的主要手段之一。各国还注重对外贸易政策与其他经济政策的协调,最大限度地维护本国的公共利益。

【国贸博览7-3】

美国的对外贸易政策

克林顿执政后,将传统上一直以"自由贸易"为荣的美国对外贸易政策转变为目前更为体现实用主义的"公平贸易"政策。克林顿将"经济安全"列为其对外政策三大支柱之首,把外贸视为"美国安全的首要因素",主张政府积极介入对外贸易。20世纪90年代以来,美国外贸政策的调整主要体现在以下几方面:

(1) 采取强有力的措施,实施新的"国家出口战略"。1993年9月克林顿总统公布了国家出口战略,确定半导体、计算机、通信、环境保护、咨询软件工业及服务业等6大高科技产业和知识密集型产业为重点出口产业。采取的措施包括减除政府对技术领先产业出口的管制、开拓新兴市场、提供贸易融资、设立中小企业出口协助中心、提供贸易咨询等,将出口的焦点集中于具有强大竞争优势的环境科技、服务业、科技咨询等产业上。美国政府实施的"国家出口战略"有力地推动了美国经济的发展。1992~1996年,美国出口总额的年平均增长率达6.2%,高于全球5%的平均增长速度,出口增长速度是经济增长速度的2倍多。

(2) 推动双边、多边、区域贸易,积极扩展美国对外贸易的空间。

① 致力于多边贸易政策。美国充分发挥其影响力,积极参与GATT与WTO的各回合多边贸易谈判,谈判涉及的领域包括信息技术、关税减让、劳工标准、基础电信、金融服务、海运服务等方面。同时,美国积极利用世贸组织争端解决机制来处理贸易纠纷,从1995年11月到1996年11月,美国向世贸组织的争端解决机构申诉了21起纠纷,涉及的领域很广,

包括关税、农业政策、服务贸易、知识产权保护和反倾销等。

② 推进区域性贸易自由化。1992年8月12日北美三国建立了"北美自由贸易区"；1993年克林顿积极推动亚太经合组织首届领导人非正式会议的召开；1994年决定和西半球国家在2005年建立美洲自由贸易区；1995年他又在马德里会上与欧盟达成跨大西洋自由协定的行动纲领。

③ 采用双边贸易政策。美国还积极利用双边贸易谈判机制迫使主要贸易伙伴国做出进一步开放市场的让步，使其成为美国具有竞争力的商品和劳务输出的开放市场，达到削减贸易赤字、促进出口的目的。克林顿执政的第一个4年间，美国就同别的国家和地区签署了200多个双边贸易协定。以日本为例，仅1993~1995年美日签署20多个贸易协定，促使美国对日本出口增加了85%。

(3) 克林顿在加强与贸易伙伴合作的同时，对与其有贸易争端的国家采取了"大棒政策"。在20世纪90年代，美国以"对等"贸易和"公平"贸易为借口，以本国的"综合贸易法"和"301条款"为依据，尤其是利用"特殊301"和"超级301"，迫使其他国家开放市场。同时，美国还广泛使用反倾销和反补贴等措施，保护本国的企业和市场。如1993年美国宣布对19个国家和地区的进口钢材征收109%的惩罚性关税。

(4) 美国政府顺应全球电子商务发展的趋势，构筑全球网络贸易战略。未来的时代是信息的时代，信息和网络已日益显示出其强大的市场潜力和魅力。1993年，克林顿就任美国总统后，实施了《国家信息基础设施行动计划》《技术和国家利益》《全球电子商务框架》《IT2计划》等战略，这些战略有力地引导了信息产业的迅速成长，促进了高新技术在传统产业中的应用。美国国际竞争力也因此迅速增强。

布什上台以后，在贸易政策上加大推行"公平"贸易的力度，继续推进经济全球化，并从中获取更大的利益。美国总统布什2002年8月6日在白宫签署了《贸易促进授权法案》，从而使这项中断8年的总统外贸谈判授权得到恢复。美国加大推进贸易自由化的步伐，一方面，推动多边贸易合作，启动世界贸易组织的新一轮多边贸易谈判。"多哈回合"谈判共涉及7个领域，即农业、非农产品市场准入、服务、知识产权、规则、争端解决以及贸易与环境。在对美国有利的基础上提出非农产品零关税方案、农产品减少国内支持和出口补贴方案、提出开放服务市场的建议等。另一方面，注重展开双边和区域自由贸易谈判。

"9·11"事件以后，美国加强了高技术产品的出口管制，与此同时，美国加强了对传统产业的保护力度。2002年3月20日，美国限制钢铁进口的"201条款"正式启动。2002年5月13日，美国总统布什签署了《农产品补贴法案》。

(资料来源：中国国情—中国网 guoqing.china.com.cn, 2012-04-19)

4. 促进高科技产业发展成为推动外贸活动的主导措施

随着经济全球化的发展，国际市场的竞争日益激烈。各国竞争实力的强弱最终是由科技水平决定的。因此西方发达国家出于经济利益的驱使，纷纷制定了促进高科技产业发展的政策，竞相资助研发活动，大力鼓励发展高技术部门，积极促进高科技产业的发展，确保本国在高科技领域处于领先地位。

5. 非关税壁垒成为对外贸易的主要保护手段

在经济全球化和贸易自由化的大背景下，经过关贸总协定和世贸组织的多轮多边贸易谈判，发达国家的总体关税已降至较低水平，正常关税已起不到保护的作用，非关税贸易壁垒日益成为西方各国贸易政策工具的主体。如西方发达国家不断地采用技术性贸易壁垒和环境贸易壁垒来抵制发展中国家劳动密集型产品的进口。

6. 建立区域经济一体化组织，实行共同的对外贸易政策

进入20世纪90年代以来，区域经济贸易集团化发展迅速，发达国家通过建立各种一体化组织加强与成员国之间的贸易自由化，并以联合的经济实力和共同的对外贸易政策来参与国际经济事务。随着区域经济集团化的发展，区域内采取更加统一的对外贸易政策的趋势将进一步加强。

第四节 发展中国家的对外贸易政策

"二战"后，发展中国家为了发展民族经济，实现工业化，大多实行保护贸易政策。但由于各国的经济发展水平相差悬殊，他们的对外贸易政策各不相同。纵观"二战"后发展中国家实施的对外贸易政策，主要可以分为两种基本形式：进口替代政策和出口导向政策。

一、进口替代政策

进口替代政策又称进口替代工业化政策，是内向型经济发展战略的产物。它是指一国采取各种措施，限制某些外国工业品进口，促进国内有关工业品的生产，逐渐在国内市场上以本国产品替代进口产品，为本国工业发展创造有利条件，实现工业化。在进口替代政策的初级阶段，主要是发展消费工业替代消费品进口，在进口替代的高级阶段，主要是发展国内的中间产品、机器设备以及耐用消费品替代同类产品的进口。

进口替代政策的一般做法是国家通过给予税收、投资和销售等方面的优惠待遇，鼓励外国私人资本在国内设立合资或合作方式的企业；或通过来料和来件等加工贸易方式，提高本国工业化水平。

在对外贸易上，国家采取的措施包括：

(1) 实行保护关税。对进口商品征收较高的关税限制其进入，而对建立替代工业所需的机器设备、中间产品采取减免关税的方法。

(2) 采取进口限额。对某些进口商品规定进口数量，减少进口商品对本国工业的冲击。

(3) 外汇管制。运用集中的外汇资金，进口国内所需的机器设备。

"二战"后，拉美发展中国家和新独立的许多亚、非发展中国家先后把进口替代作为工业化的途径，并取得了较大的成效。到20世纪50年代中期，拉美全地区的制造业产值开始超过农业；到60年代，拉美国家的生产能力基本达到了满足本地居民消费需求的水平；到70年代中期，一般的生产资料也自给有余，巴西、墨西哥、阿根廷等国开始向世界其他地区出口电动机械、交通运输工具、电动器材及电子通信设备等重要的制造业产品。1950～1980年的30年间，拉美地区的国内生产总值年均增长率达到了5.6%，不仅高于发展中国家的平均数，而且高于发达国家的平均增长率。[○]

推行进口替代政策也有一定的局限性。该政策通过贸易保护，限制外国工业品进口，使

○ 赵春明，国际贸易学，石油工业出版社，第245页。

国内进口竞争工业在缺少竞争的条件下发育成长。这不仅会使国内消费者利益受损，而且还由于降低了该国与世界市场的联系程度，造成国内市场相对狭小，生产成本高，经济效益低，产品质量差，缺乏竞争力。因此，实行进口替代政策的发展中国家，虽然在一定程度上促进了国内工业的发展，加快了工业增长速度，但难以长期保持。这就迫使这些国家进行调整乃至放弃该政策，转而实行出口导向政策。

二、出口导向政策

出口导向政策，又称出口替代工业化政策或出口导向工业化政策，是外向型经济发展战略的产物。它是指一国采取各种措施扩大出口，并通过积极引进国外资本和先进技术，发展出口工业，逐步用工业制成品出口替代初级产品出口，用精加工制成品出口替代粗加工制成品出口，以带动经济发展，实现工业化政策。

一般地，出口导向是进口替代发展的必然趋势。发展中国家进口替代发展到一定程度，就需要寻找国外市场，但是，要从进口替代成功地转向出口导向，需要一些先决条件。除了国内某些工业部门已具备较高的技术水平，有较充分的管理人才和熟练劳动力，产品有一定的竞争能力之外，这些国家还要有一套鼓励出口的政策措施。

这些国家采取的鼓励出口政策措施包括：

（1）给出口生产企业提供低息贷款，优先提供进口设备、原材料所需外汇，大力引进资本、技术、经营管理知识，建立出口加工区等，以降低生产成本，提高产品质量，增加创汇能力。

（2）给出口企业提供减免出口关税、出口退税、出口补贴、出口信贷和出口保险等，以降低企业出口成本，开拓国外市场，增强出口竞争能力。

出口导向政策对一些发展中国家，尤其是新兴工业化国家和地区的工业化和工业品的出口起到了积极的作用。一些新兴工业化国家和地区的国内生产总值增长迅速，出口大幅度增加。[一]1965～1980年新加坡、韩国、马来西亚、泰国、巴西的国内生产总值年均增长分别为10%、9.9%、7.4%、7.3%和9%，大大超过全世界国内生产总值年均增长4.1%的水平。而韩国、马来西亚、泰国、巴西的出口增长速度分别为27.2%、9.1%、8.6%和9.3%，超过全世界同期出口平均增长率6.7%。

出口导向政策随着出口导向工业的发展也出现了一些问题。第一，出口导向产业主要面对国际市场，加强了对国际市场的依赖性。国际市场的波动，会影响到这些出口导向工业，进而影响国内经济的稳定。第二，以出口为导向，重点扶植国内出口导向产业，加剧了国民经济结构的不平衡性。第三，鼓励出口的措施运用不当，会扭曲国内的激励机制，导致出口导向产业效率低下。

三、发展中国家外贸政策的新趋势

伴随着经济全球化的深化，广大的发展中国家对外贸易政策发生了较大的变化：

（1）越来越多的发展中国家在世界贸易组织的框架下，进行了以贸易自由化为特征的对外贸易政策的改革，关税进一步降低，非关税壁垒措施减少。对外贸易政策正在向世界贸

[一] 李左东，国际贸易理论、政策与实务，高等教育出版社，2002年，第153页。

易组织的规则靠拢。

（2）无论是实行进口替代政策的国家还是实行出口导向政策的发展中国家，在开放经济的条件下，均把利用外资与发展本国经济、扩大进出口贸易有机结合，将利用外资的政策纳入整个外贸政策体系中。

（3）注重加强发展中国家的联合，运用共同的力量维护和扩大本国的正当利益。这是因为发展中国家经济实力相对较弱，在国际社会中的地位相对低下，单个国家的意见很难得到国际社会，尤其是发达国家的真正尊重。正是由于广大发展中国家团结一致、联合斗争，才使得世界贸易组织、联合国贸发会议等机构在维护发展中国家的利益上取得了一定成果。

【案例分析】

韩国成功实施出口导向型发展战略

纵观韩国发展史，它从一个非常落后的农业国在较短的时间内一举成为一个新兴工业化国家，人均 GDP 由 1960 年的 80 美元攀升到 2005 年的 16492.90 美元，成为世界上经济增长最快的国家之一。

作为一个发展中国家，韩国从 20 世纪 50 年代开始，实行进口替代战略，建立了相对独立的民族工业体系，改变了单一的畸形经济结构和对发达国家的严重经济依附，在一定程度上促进了经济的恢复与发展，并于 60 年代初步完成了重化产业的结构调整。然而新的问题也凸现出来：国内市场狭小，资源匮乏，剩余劳动力需要寻找出路。这促使韩国转变经济发展思路，实行出口导向型发展战略。可以说韩国经济发展神话的缔造与这一成功的转变密不可分。

韩国自 20 世纪 60 年代实施政府主导型市场经济与出口导向型发展战略，旨在以国外为原料供应地和销售市场，利用扩大出口，带动国内经济的发展。政府以各种方式鼓励出口企业，包括给予出口企业种种优惠政策，如：直接补贴（1964 年停止）；免征出口税；对加工进口原材料、半成品免征进口税（后来改为进口退税）；减征国内税；对出口企业提供低息贷款等。同时政府放松了金融管制，采用国际金融惯例，大量引进外资。相对灵活的金融市场，有利于经济稳定、健康的发展和对外贸易的繁荣。

以扩大出口为目的的出口导向战略，使得韩国的出口贸易（1960～1980 年）以年均 14% 的速度高速增长。出口产品结构顺利完成了从初级产品到工业制成品的转变，从劳动密集型产品到资本密集型产品的转变。

20 世纪 80 年代以来，随着韩国经济和科学技术的全面进步，出口产品逐渐变为计算机、半导体、汽车、彩色电视机等高技术密集型产品。韩国出口贸易的大发展和出口贸易结构的转变，又通过关联效应对就业和产出产生了相应影响，极大地带动了经济高速发展，国内生产总值（GDP）持续增长一直延续到 1996 年（GDP 增长率为 7%）。1998 年在亚洲金融危机的重创下，跌至 -6.9%，1998 年金大中执政后，推行企业、金融、公共部门和用工制度 4 大改革，在较短时间内克服了金融危机。2001 年 8 月，韩国提前还清 IMF 全部贷款，结束了 IMF 监管体制。2003 年卢武铉执政后，提出把韩国建设成东北亚枢纽国家等政策目标，继续推动经济改革，培育新兴产业，吸引外资。

韩国从自身国情出发，把握历史机遇，及时调整对外贸易发展战略，从进口替代型战略转向出口导向型战略,并取得成功,值得众多发展中国家借鉴。

(资料来源:林珏《国际贸易案例集》,上海财经大学出版社,2001年,第66~68页。)

案例讨论: 请分析韩国对外贸易政策变化的原因与效果。

第五节 我国对外贸易政策

一、我国对外贸易政策演变的几个阶段

(一) 计划经济下的内向型保护贸易政策

从建国初期到1978年,我国建立了集外贸经营与管理为一体、政企不分、统负盈亏的外贸管理体制,中央以指令性计划直接管理少数的专业性贸易公司进行进出口,实行国家管制下的内向型的保护贸易政策,贸易目标主要是进出口贸易在总体上达到平衡。这种内向型的保护贸易政策对粉碎帝国主义的"禁运"和"封锁",顶住外国的经济压力,密切配合外交斗争,促进社会主义经济建设,维持国际收支平衡起过积极作用。同时也产生了很多副作用,如对国内企业保护过度,造成国际竞争力低下、我国外贸事业发展缓慢等。

(二) 在有计划商品经济的条件下我国对外贸易政策的调整

1978年12月的十一届三中全会以后,我国开始实行改革开放。1979年,广东、福建两省率先开放,对外经济活动实施特殊政策和灵活措施。1980年5月,中央决定设立深圳、珠海、汕头、厦门经济特区,成为我国对外开放的先导示范基地。接着,我国沿海地区对外开放由点到线、由线到面逐步展开,到80年代末期形成了较为完善的沿海开放地带。这些开放地带,实行吸收外商直接投资的各项优惠政策,促进劳动密集型产品出口加工业的发展。

这一时期,我国的对外贸易政策由进口替代转变为进口替代与出口导向相结合的政策,即在资本、技术密集部门继续实行进口替代政策,而在劳动力密集部门实行出口导向政策。国家采取了放宽外汇管制、实行出口退税政策、原外经贸部下放部分权力等一系列配套改革的措施,鼓励企业面向国际市场,扩大出口。

(三) 按照国际规范对对外贸易政策体系进行全面改革

1992年10月党的十四大确立了建立社会主义市场经济体制的目标。伴随着中国"复关"和"入世"的进程,对外贸易政策体系的改革以符合国际规则为导向,涉及国内管理的各个方面。

1. 调整了进出口的管理措施

1992年我国取消进口调节税,1994年取消进出口指令性计划。此后我国进行了多次的关税降低,整体关税已经与国际平均水平十分接近,与世界市场的联系更为密切。此外,我国的进口配额及其他的非关税措施数量也在逐年减少。

2. 以国民待遇原则和非歧视原则开放外贸经营权

我国进一步推进了外贸放开经营,加快授予具备条件的国有生产企业、科研院所、商业物资企业外贸经营权。加入WTO之前,我国国内已经有30多万家企业获得了贸易经营权。

3. 开放服务贸易

1992年之后,我国服务贸易领域逐步向外资开放。国家在金融、保险、房地产、商业

零售、咨询、会计师服务、信息服务、教育等诸多领域积极进行试点开放，并陆续颁布了一些短期或者过渡性的法律法规进行规范管理。随着国内服务业改革的深入，我国的电信等敏感部门也开始同外资合作。

4. 改革外汇管理体制

1994 年，我国进行了外汇管理体制改革，实施汇率并轨，建立了以市场供求为基础的、单一的、有管理的浮动汇率制度，实行人民币经常项目下的有条件的可兑换，取消外汇留成制和上交外汇任务，并建立外汇指定银行间的外汇交易市场。

5. 加强法律法规建设

我国于 1994 年颁布了第一部《中华人民共和国对外贸易法》，开始系统地完善外经贸领域法律法规。我国根据国际规范，在货物贸易、外资、知识产权、反倾销等各个领域出台了一系列的法律法规，同时政府的政策透明度也不断加强。

（四）实行有管理的贸易自由化政策

自 2001 年 12 月加入 WTO 至今，我国在市场准入、国内措施、外资待遇、服务贸易等各个领域均较好地履行了自身的承诺和义务，得到了 WTO、世界银行等国际组织的高度评价和赞扬。这一阶段的最明显特征是我国的对外贸易政策体系已经与国际贸易体制接轨，符合国际规范。

1. 完善对外贸易法律制度

首先，修改了《中华人民共和国对外贸易法》。2004 年 4 月 6 日第十届全国人大常委会第八次会议通过了《中华人民共和国对外贸易法》修订稿。修订稿修改了原有法律与我国"入世"承诺和世贸组织规则不相符的内容，对我国享受世贸组织成员权利的实施机制和程序做了规定，并根据《中华人民共和国对外贸易法》实施以来出现的新情况和促进对外贸易健康发展的要求做了修改。具体内容包括：①允许自然人从事对外贸易经营活动；②取消对货物和技术进出口经营权的审批，实行备案登记；③国家可以对部分货物的进出口实行国营贸易管理；④对部分自由进出口的货物实行进出口自动许可管理；⑤加强了与对外贸易有关的知识产权保护；⑥加大对违法行为及侵犯知识产权行为的处罚力度等。

其次，完善了中国对外贸易救济制度。2004 年 3 月 31 日，修订了《中华人民共和国反倾销条例》、《中华人民共和国反补贴条例》和《中华人民共和国保障措施条例》。与此同时，加强反损害、反倾销、反补贴的组织保障及其调查能力与实施能力。

最后，相继颁布了一批开放服务贸易领域的法规和规章，涵盖了金融、贸易、物流、旅游、建设等几十个领域，基本完善了服务贸易领域对外开放的法律体系。

2. 进一步开放货物和服务贸易市场

我国工业品的关税由加入世贸组织前的 42.9% 降到了 2015 年 1 月的 8.9%，农产品关税由 54% 降到了 15.1%。根据《内地与香港更紧密经贸关系安排》《内地与澳门更紧密经贸关系安排》《中国—东盟自贸协定》《中国—巴基斯坦自贸协定》《中国—智利自贸协定》《中国—新西兰自贸协定》《中国—新加坡自贸协定》《中国—秘鲁自贸协定》《中国—哥斯达黎加自贸协定》《中国—冰岛自贸协定》《中国—瑞士自贸协定》《中国—韩国自贸协定》《中国—澳大利亚自贸协定》和《亚太贸易协定》等协定，我国对原产于上述国家和地区的部分商品实行比最惠国税率更加优惠的协定税率。此外，我国对 41 个最不发达国家的部分商品实行特惠税率，其中绝大多数商品实行零税率。

我国逐步减少了实行许可证管理的货物。2015年我国对48种货物分别实行出口配额许可证、出口配额招标和出口许可证管理。

我国在《加入世贸组织议定书》中对服务贸易做出了广泛的承诺。我国已依照承诺实施服务贸易开放市场的政策，进一步拓展了外国服务者进入中国内地的领域和地域范围，降低了有关行业的准入门槛。

3. 在促进贸易自由化中，运用贸易救济措施维护产业安全

我国充分运用贸易救济措施，遏制进口产品的不正当竞争，有效维护了国内产业安全，促进了国内产业结构升级和调整，增强了国际竞争力。

1997年我国政府首次启动贸易救济实施机制对原产于美国、加拿大和韩国的新闻纸进行了反倾销立案调查。自1997年至2009年，我国共对外发起反倾销调查62起（按WTO统计方法为181起），反补贴调查8起。尤其是2009年，商务部贸易救济立案、裁决数量和涉案金额均出现大幅增长，共对外发起反倾销调查8起、反补贴调查3起；涉及化工、纺织等10个行业、55类产品；其中8起反倾销案件和1起反补贴案件已做出裁决；同年12月10日，商务部对自美国进口的取向电工钢的"双反"调查做出初裁裁决，使我国成为少数能全部运用世贸规则允许的反倾销、反补贴和保障措施三种贸易救济措施的WTO成员之一。贸易救济措施已成为我国运用国际通行规则维护国内产业安全的重要手段。

二、改革开放后我国对外贸易政策的主要特点

1. 对外贸易政策调整与完善贯穿我国外贸体制改革的全过程

从上面介绍的内容，可以看出我国对外政策是伴随着我国经济体制改革特别是对外贸易体制改革的进程而变化的，并反映了这些改革的积极成果。我国对外贸易体制与政策变革主要是根据改革开放的大思路，学习西方发达国家的先进经验。加入WTO后，认真履行加入WTO的承诺和相关义务成为对外贸易政策体系全面改革的重要动力。

2. 对外贸易政策的内容更加符合市场经济体制和WTO规则的要求

我国对外贸易制度和管理体制一直朝着市场经济的方向发展。政府对对外贸易的直接控制，例如贸易计划、出口限制、非关税措施、外资壁垒等大幅度减少，我国对外贸易的各项措施与WTO规则相适应。

3. 对外贸易政策的制定与实施更加注重完善政策协调机制

我国对外贸易政策在制定与实施过程中，强调政策协调机制的完善，加强对外贸易政策与产业政策的协调，加强了财税、金融、产业与贸易等政策之间的衔接和配合，以提高对外贸易政策的实施效果。

4. 对外贸易政策制定的程序更加民主化和规范化

在制定对外贸易政策时注意吸收发达国家立法的经验，广泛听取专家学者和企业家的意见。例如，在修订《中华人民共和国对外贸易法》时，受全国人大财经委员会和法律工作委员会的委托，中国外商投资企业协会2004年初在北京举行座谈会，征求外商投资企业对《中华人民共和国对外贸易法（修订草案）》的意见和建议。50多家跨国公司的近70名代表参加了会议，欧盟商会、德国工商总会、日本国际贸易促进协会等也派代表参加了座谈会。我国对外贸易政策制定的程序已有一套科学的规则，使外贸政策的制定走向规范化。

5. 对外贸易政策实施从主要依靠行政手段向主要依靠法律手段转变

改革开放前，我国对外贸易政策主要通过内部文件下发，缺乏公开性与透明度。随着改革开放的深入，我国出台了一系列有关对外贸易的法律、法规，形成了符合 WTO 规则的对外贸易法律体系。我国对外贸易法律体系以《中华人民共和国对外贸易法》为龙头，并与其他涉及对外贸易管理的法律、法规相配合，各级政府依法管理对外贸易。

关键术语

自由贸易政策　保护贸易政策　贸易自由化　新贸易保护主义　超保护贸易政策　进口替代政策　出口导向政策

复习思考题

1. 一国制定对外贸易政策的主要依据有哪些？请用一国对外贸易政策变化的实例加以说明。
2. 请分析发达国家为什么长时期对农产品贸易实行保护？
3. 出口导向政策是否适用中国、印度这样规模较大的发展中国家？
4. 我国对外贸易政策发生了哪些变化？

延展阅读书目

[1] 保罗·克鲁格曼，茅瑞斯·奥伯斯法尔德. 国际经济学 [M]. 5 版. 北京：中国人民大学出版社，2002.
[2] 朱立南. 国际贸易学 [M]. 北京：中国人民大学出版社，1996.
[3] 任烈. 贸易保护理论与政策 [M]. 北京：立信出版社，1997.
[4] 海闻，等. 国际贸易 [M]. 上海：上海人民出版社，2003.
[5] 余淼杰. 国际贸易学：理论、政策与实证 [M]. 北京：北京大学出版社，2013.

第八章 关税措施

本章学习要点

- 关税的基本概念
- 关税的分类
- 海关税则与通关手续
- 关税的经济效应
- 关税的名义保护率和有效保护率
- 中国关税制度

国际贸易理论对国际贸易产生的原因、形态及利得进行了严密的逻辑分析,分析显示一国应该实行自由贸易。但是,在国际贸易政策的制定中,国际贸易理论研究中那些被剔除掉的因素和其他因素会进入政策制定者的视野,使国际贸易保护层面显现出来。现在,一国的贸易政策在总体上不断向贸易自由化发展,但仍存在不完全自由的一面。关税仍是一国在对外贸易中的一种重要措施。在本章中,对关税这种贸易政策工具,将从生产者、消费者、国际政府不同的利益集团及全社会整体的角度,对单一产品征收关税进行福利效果的分析。

第一节 关税概述

一、关税的含义

关税(Customs Duty;Tariff)是指当进出口货物通过一国关境(Customs Frontier)时,由政府设置的海关(Customs House)向本国进出口商所征收的税收。

关税的征收是由海关来执行的。海关是设立在关境上的国家行政管理机构,是贯彻执行本国有关进出口政策、法令与规章的重要部门。其职责是依照国家法令,对进出口货物、货币、金银、行李、邮件、运输工具等进行监督管理、征收关税、查禁走私货物、临时保管通关货物和统计进出口商品等。征收关税是海关的重要任务之一。

海关征收关税的领域称为关境或关税领域。它是海关管辖和执行海关法令与规章的区域。货物只有在进出关境时才被视为进出口货物而征收关税。一般情况下,一国的海关在其本国境内实施统一的贸易法令与关税法令,此时,一国关境与国境是一致的。但有些国家在本国境内设立了自由港、自由贸易区、出口加工区等经济特区,虽在国境之内,从征收关税的角度看,却在关境以外,这时关境小于国境。如果几个国家缔结成关税同盟,对内取消关税限制，对外建立统一的关税制度，成员国只对来自和运往非成员国的货物进出共同关境时征收关税，参加关税同盟的国家的领土即成为统一的关境，这时关境大于国境。

二、关税的特点

（一）关税与其他税种共同的特征

（1）强制性。它是国家法律规定强制征收的，而非纳税人自愿献纳的。凡要交税的，都要按照法律规定无条件履行自己的义务，否则就要受到国家法律的制裁。

（2）无偿性。这是国家向纳税人无偿取得的国库收入。国家获取这部分税收不付代价，也不归还给纳税人。

（3）预定性。国家预先规定征税比例或征税额，征纳双方必须共同遵守执行，不得随意变化和减免。

（二）关税与其他税种不同的特征

作为一种特殊的税收，关税有其自身的特点。

（1）关税是一种间接税。关税是对进出口商品征收，其税负由进出口商事先垫付，进出口商将它计入成本加在货价里，在货物出售时收回这笔垫款，最后是由消费者或买方承担关税税负。所以说，关税是一种间接税。

（2）关税的税收主体是本国的进出口商，税收客体是进出口商品。当商品进出国境或关境时，进出口商根据海关规定向当地海关缴纳关税，进出口商是关税的纳税人，即税收主体。关税的税收客体是进出口商品。根据海关税法和有关规定，对各种进出口商品制定不同税目和税率，征收不同的关税。

三、关税的作用

关税是通过提高进出口的成本发挥作用，它对一个国家的经济所产生的作用主要有：

（一）增加本国财政收入

海关征收关税后即上缴国库，关税成为国家财政收入。在前资本主义时期和资本主义发展初期，税源较少，各国财政收入的绝大部分来自关税。随着工商业的迅速发展，税源不断扩大，关税在财政收入中的比重和作用逐渐降低。

（二）保护国内产业，调整产业结构

合理的关税结构有利于保护国内产业。对本国较具竞争力的产业实行低关税政策，使得这些产业中的企业在同国外同类企业的竞争中不断强大起来。例如我国逐步取消了彩电、空调、洗衣机等产品的高关税，于是长虹、海尔、康佳等企业在竞争中迅速发展起来。对本国较有发展潜力的产业，一段时间采用较高关税的保护，有利于这些企业在免受国外企业的竞争的条件下渡过襁褓期。对国内不能生产的产品，低关税和免关税政策有利于这些产品的进口并满足国内生产和消费的需要，使国内经济的发展不受到影响。

（三）保护国内市场

以关税税率控制进出口商品的数量，保证市场供求平衡。关税可以调节国内市场价格，调剂国内市场供应。当国内某商品供不应求时，可通过降低进口关税，设置出口关税，增加商品进口，抑制商品出口，从而满足国内需求。

（四）对外贸易政策的重要手段

关税一直与国际经济关系和外交关系有着密切的联系。比如，各国可以利用关税税率的高低和不同的减免手段来对待不同类型国家的进口，以此开展其对外经贸关系。利用优惠待遇，可以改善国际关系，争取友好贸易往来；利用关税壁垒，限制对方进口甚至作为惩罚或报复手段。发展中国家还普遍利用关税减让作为"入场费"来取得WTO成员方地位，或者作为对外谈判的筹码，迫使对方做出让步。

第二节 关税的种类

一、按照征收的对象和商品流向分类

按照征收的对象和商品流向，关税可以分为进口税、出口税和过境税。

（一）进口税

进口税（Import Duty）是指外国商品进入一国关境时或者从自由港、出口加工区、保税仓库进入国内市场时，由海关根据海关税则对本国进口商所征收的一种关税。

进口税是关税中最重要的税种，也是保护关税的主要手段。通常所说的关税壁垒，主要是指征收进口税。一国对进口商品征收高额关税，可以提高进口商品的成本、削弱进口商品的竞争力、保护国内市场和生产。关税壁垒是一国推行保护贸易政策所实施的一项重要措施。进口税还是一国进行贸易谈判时迫使对方做出让步和妥协的重要手段。

各国进口税税率的制定是基于多方面因素的考虑，从有效保护和经济发展出发，对不同商品制定不同的税率。一般来说，进口商品加工程度越高，进口税率越高；原料等初级产品税率最低，甚至免税，半制成品次之，工业制成品税率最高。这称为关税升级（Tariff Escalate）。对于进口国国内紧缺而又急需的商品予以低关税甚至免税，而对国内能够大量生产的商品或奢侈品征收高关税。

进口国同世界各国的政治、经济、外交等关系不尽相同，对同一种进口商品根据不同的生产国或出口国制定了不同的进口税率。进口税率分为普通税率（General Rate）、最惠国税率（The Most-favored-nation Rate of Duty）和普惠制税率（GSP Rate）。普通税率适用于与进口国没有双边或多边贸易协定的国家和地区所进口的商品，税率最高；最惠国税率适用于与进口国签有双边或多边贸易协定的国家和地区所进口的商品；普惠制税率适用于享受普惠制待遇的发展中国家的商品，税率最低。

（二）出口税

出口税（Export Duty）是出口国海关对输往国外的商品向本国出口商征收的关税。由于征收这种税增加出口商品成本，削弱竞争能力，不利于扩大出口，故目前很少有国家征收。少数国家对在世界市场上已具有垄断地位的商品和国内供不应求的原料品，酌量征收。例如，瑞典、挪威对于木材出口征税，以保护其纸浆及造纸工业。另外，某些发展中国家，出于增加财政收入的考虑，也对本国资源丰富、出口量大的商品征收出口税，但有逐渐减少的趋势。拉丁美洲的大多数国家征收1%~5%的出口税，亚洲、非洲的发展中国家也有征收出口税的。例如为了防止跨国公司利用"转移定价"逃避或减少其在所在国的纳税，多向跨国公司出口产品征收高额出口税，维护本国的经济利益。

我国为了控制一些商品的出口量，采用了对极少数商品征收出口税的办法。被征收出口税的商品主要有生丝、有色金属、铁合金、绸缎等，出口税率从 10%~100% 不等。

（三）过境税

过境税（Transit Duty）也称"通过税"或"转口税"，它是指当他国货物通过本国领域，由本国海关征收的关税。过境税一般是由那些拥有特殊或有利地势的国家对通过本国海域、港口、陆路的外国货物征收的税。过境税在重商主义时期盛行于欧洲各国，19 世纪后半期，各国相继废除了过境税。目前，大多数国家对过境货物只征收少量的签证费、印花费、登记费、统计费等。

二、按照征收关税的目的分类

按照征收关税的目的，关税可以分为财政关税和保护关税。

（一）财政关税

财政关税（Revenue Tariff）又称收入关税。为了达到增加财政收入的目的，对进口货物征收财政关税时，必须具备以下 3 个条件：①征税的进口货物必须是国内不能生产或无替代品而必须从国外进口的货物；②征税的进口货物，在国内必须有很大的消费量；③关税税率要适中或较低，如果税率过高，将阻碍进口，达不到增加财政收入的目的。

（二）保护关税

保护关税（Protective Tariff）是以保护本国产业为目的而征收的关税。一般来说，保护关税的税率比较高，有时高达百分之几百，实际上等于禁止进口，从而达到保护的目的。目前，虽然可以采用进口许可证、进口配额等办法直接限制进口，以及采用倾销、资本输出等办法，冲破关税的限制，使保护关税的作用相对减低，但它仍是保护贸易政策的重要措施之一。

三、按照差别待遇和特定的实施情况分类

按照差别待遇和特定的实施情况，关税可以分为进口附加税、差价税、特惠税和普遍优惠制。

（一）进口附加税

进口附加税（Import Surtax）又称特别关税，它是指进口国海关对进口的外国商品在征收进口关税的同时，出于某种特定的目的而额外加征的关税。进口附加税不同于进口税，在一国的海关税则中并不能找到，也不像进口税那样受到世界贸易组织的严格约束而只能降不能升，其税率的高低往往视征收的具体目的而定。

进口附加税通常是一种临时性的特定措施，其目的主要有：①应付国际收支危机，维持进出口平衡；②防止外国货物低价倾销；③对某个国家实行歧视或报复等。例如，美国 1971 年出现贸易逆差，为了应付国际收支危机，维持进出口平衡，实行新经济政策，对于进口商品在征收一般进口关税的基础上再加征 10% 的进口附加税。

一般而言，对所有进口商品征收进口附加税的情况较少，更常用的是针对特定国家和特定商品征收。进口附加税主要有反倾销税、反补贴税、紧急关税、惩罚关税和报复关税。

1. 反倾销税

反倾销税（Anti-dumping Duty）是对实行倾销的进口货物所征收的一种临时性进口附加

税。其目的在于抵制商品倾销，保护本国产品的国内市场。因此，反倾销税税额一般按倾销差额征收，由此抵消低价倾销商品价格与该商品正常价格之间的差额。通常由受损害产业有关当事人提出出口国进行倾销的事实，请求本国政府机构征收。政府机构对该项产品价格状况及产业受损害的事实与程度进行调查，确认是倾销时，即征收反倾销税。政府机构认为必要时，在调查期间，还可先对该项商品进口暂时收取相当于税额的保证金。如果调查结果倾销属实，即作为反倾销税予以征收；倾销不成立时，即予以退还。有的国家规定基准价格，凡进口价格在此价格以下者，即自动进行调查，不需要当事人申请。倾销停止时，应立即取消征收。

世界贸易组织的《反倾销协议》对倾销做了如下规定：

(1) 倾销的确定。《反倾销协议》第二条指出倾销是："在正常的贸易过程中，当一项产品的出口价格低于其在正常贸易中出口国供其国内消费的同类产品的可比价格，即以低于正常价值的价格进入另一国市场，则该产品被视为倾销。"正常价值的确定有3种方法：①按正常贸易过程中的出口国国内销售价格；②依该国向第三国正常贸易中的出口价格；③按结构价格。出口国国内销售价格一般是指被指控的同类产品在调查期内（通常是1年至1年半），在其本国国内市场正常贸易中的成交价（包括批发价格）或销售价或一段时间内的加权平均价。向第三国正常贸易中的出口价格是指出口到适当的第三国的可比价格。选用向第三国正常贸易中的出口价格应考虑如下因素：①产品具有可比性；②向所有第三国销售价格较高的产品价格；③向该第三国的销售做法与向反倾销调查国销售该类产品的做法相类似；④不能以低于成本销售，且出口量一般不低于出口到反倾销调查国市场总量的5%。结构价格是通过同类产品在原产国的生产成本（实际消耗的原材料、折旧、能耗和劳动力等）加上合理金额的管理费、销售费、一般费用和利润确定的。出口价格是指在正常贸易中一国向另一国出口的某一产品的价格，也就是出口商将产品出售给进口商的价格。在特定情况下，如果不存在出口价格，如易货贸易、补偿贸易，或是出口价格因进出口商有关联关系等原因不可靠时，出口价格可在进口产品首次转售给独立买主的价格基础上予以推定。如果该产品不是转售给独立买主或不是以进口时的状态下的条件转售时，进口成员方当局可以在合理的基础上确定出口价格。

(2) 损害的确定。产业损害分3种情况：

1) 实质损害。这是指对进口国国内产业造成实质性的重大损害，轻微的影响不能予以考虑。对损害的确定应依据肯定性证据，并应审查下述有关内容。第一，进口产品倾销的数量情况，包括调查期内被控产品的进口绝对数量，及相对于进口成员方国内生产或消费相对数量，是否较以前有大量增长。第二，进口产品的倾销对国内市场同类产品价格的影响，包括调查期内是否使进口成员方同类产品的价格大幅下降、或在很大程度上抑制价格的上涨或本应该发生的价格增长。第三，进口产品的倾销对国内同类产品、产业产生的影响。应考虑和评估所有影响产业状况的有关经济因素和指标，包括：销售、利润、产量、市场份额、生产率、投资收益或设备利用率的实际和潜在的下降；影响国内价格的因素；倾销幅度的大小；对流动资金、库存、就业、工资、增长率、筹措资本与投资的能力的实际和潜在的消极影响等。

2) 实质损害威胁。这是指进口成员方的有关产业尚未处于实质损害的境地，然而事实将会导致这种境地。对实质损害威胁的确定应依据事实，而不是依据指控、推测或极小的可能性。

3）实质阻碍产业的新建。确定新建产业受阻必须有充分的证据。这不能被理解为倾销产品阻碍了建立一个新产业的设想或计划，而应是一个新产业的实际建立过程受阻。

如果某进口商品最终确认符合被征收反倾销税的条件，则所征的税额不得超过经调查确认的倾销差额。征收反倾销税的期限也不得超过为抵消倾销所造成的损害必需的期限。一旦损害得到弥补，进口国应立即停止征收反倾销税。另外，被指控倾销其产品的出口商愿做出"价格承诺"（Price Undertaking），即愿意修改其产品的出口价格或停止低价出口倾销的做法，进口国有关部门在认为这种方法足以消除其倾销行为所造成的损害时，可以暂停或终止对该产品的反倾销调查，不采取临时反倾销措施或不征收反倾销税。

2. 反补贴税

反补贴税（Countervailing Duty）又称反津贴税、抵消税或补偿税。它是对直接或间接接受出口国政府或公共机构任何奖金或补贴的外国商品的进口所征收的一种进口附加税。反补贴税的目的在于增加进口商品价格，抵消国外竞争者得到奖励和补助产生的影响，削弱其竞争能力，使其在进口国国内市场上不能进行低价竞争或倾销，从而保护进口国的制造商。这种奖励和补贴包括：①对外国制造商直接进行支付以刺激出口；②对出口商品进行关税减免；③对出口项目提供低成本资金融通或类似的物质补助。美国通过商务部国际贸易管理局实施反补贴税。近年来，这些反补贴税已日益成为国际贸易谈判中难以取得进展的领域，并且这也使国际对等贸易的安排复杂化，因为在对等贸易中衡量政府补贴非常困难。

1994 年《关税与贸易总协定》第 6 条和第 16 条对反补贴税做了明确规定：①反补贴税一词应理解为：为了抵消货物于制造、生产或输出时所直接或间接接受的任何奖金或补贴而征收的一种特别关税。②补贴的后果会对国内某项已建的工业造成重大损害或产生重大威胁，或在严重阻碍国内某一工业的新建，才能征收反补贴税。③要征收的反补贴税的税额不能高于足以抵消对国内产业所造成损害的程度，但可以低于这一水平；对任何进口产品所征收的反补贴税不得超过确认存在的补贴额，补贴额应以每单位出口产品所得到的补贴来计算。④对补贴方征收反补贴税应适用无歧视原则。⑤对于受到补贴的倾销货物，进口国不得同时对它既征收反倾销税又征收反补贴税。⑥在某些例外情况下，如果延迟将会造成难以补救的损害，进口国可在未经全体成员事先批准的情况下，征收反补贴税，但应立即向全体成员报告，如未获批准，这种反补贴税应立即予以撤销。⑦对产品在原产国或输出国所征收的捐税，在出口时退还或因出口而免税，进口国对这种退税或免税不得征收反补贴税。⑧对初级产品给予补贴以维持或稳定其价格而建立的制度，如符合该项条件，不应作为造成了重大损害来处理。

世界贸易组织《补贴与反补贴措施协议》进一步明确了"补贴"的定义及分类。按《补贴与反补贴措施协议》，补贴是指"在一成员方（以下称'政府'）领土内由一个政府或任一公共机构做出的财政支持"。它包括"政府的行为涉及一项直接的资金转移（即赠予、贷款和资产投入），潜在的资金或债务（即贷款保证）的直接转移；政府预定的收入的扣除或不征收（即税收方面的财政激励）；政府对非一般基础设施提供货物或服务，或者购买货物；政府向基金组织或信托机构支付或指示某个私人机构执行上述所列举的、一般由政府行为承担的作用"。《补贴与反补贴措施协议》把补贴分为 3 大类，即禁止的补贴、可申诉的补贴和不可申诉的补贴。禁止的补贴是指"在法律上或事实上仅向出口活动，或作为多种条件之一而向出口活动提供的有条件的补贴；在法律上或事实上仅向使用本国产品以替代进口，或作为多种条件之一向使用本国产品以替代进口而提供的有条件的补贴"。可申诉的补贴措施是指在一定范围内允许实施，但如果在实施过程中对其他成员方的经济贸易利益造成了严重损害，或产生了严重的歧视性影响时，则受到损害和歧视影响的成员方可对其补贴措施提出申诉。不可申诉的补贴是指补贴不具有专向性。所谓专向性是指向特定的企业或行业的部分企业提供的补贴；如有专向性，则要符合《补贴与反补贴措施协议》的规定条件。

此外，《补贴与反补贴措施协议》特别规定，在决定征收反补贴税时，应考虑国内其他利益集团的意见，如进口商品的消费者和工业用户等。与反倾销制度相似，《补贴与反补贴措施协议》也对追溯征税做了规定（第20条）。在紧急情况下，如果在短期内补贴的产品大量进口，并且由此给国内产业造成难以弥补的损害，当局为了避免再发生类似的事态，可决定对补贴产品进行追溯征收反补贴税。在这种情况下，当局对采取临时措施之日前90天内进口的补贴进口产品可以追征反补贴税。

3. 紧急关税

紧急关税（Emergency Tariff）是为消除外国商品在短时间内大量进口对国内同类产品生产造成重大损害和重大威胁而征收的一种进口附加税。当短期内外国商品大量涌入时，一般正常关税已难以起到有效保护作用，因此需要借助税率较高的特别关税来限制进口，保护国内生产。韩国自2009年起，对红参、绿豆、荞麦、红豆等29种农产品实施特别紧急关税。由于紧急关税是在紧急情况下征收的临时性关税，因此，紧急情况一旦解除，紧急关税必须撤除，否则会受到他国的关税报复。

4. 惩罚关税

惩罚关税（Penalty Tariff）是指出口国某商品违反了与进口国之间的协议，或者未按照进口国海关规定办理进口手续时，由进口国海关向该进口商征收的一种临时性的进口附加税。这种特别关税具有惩罚和罚款性质。比如某进口商以低价假报进口价格，一经发现，进口国海关将对该进口商征收特别关税作为惩罚。此外，惩罚关税有时还被作为贸易谈判的手段。

5. 报复关税

报复关税（Retaliatory Tariff）是指一国为报复他国对本国商品、船舶、企业、投资或知识产权等方面的不公正待遇，对从该国进口的商品所课征的进口附加税。通常在对方取消不公正待遇时，报复关税也会相应取消。当然，报复关税和惩罚关税一样，容易引起他国的反报复，最终导致关税战。

（二）差价税

差价税（Variable Levy）又称差额税，是当本国生产的某种产品的国内价格高于同类进口商品的价格时，为削弱进口商品的竞争力，保护本国生产和国内市场，按国内价格与进口价格之间的差额征收的关税。征收差价税的目的是使该种进口商品的税后价格保持在一个预定的价格标准上，以稳定进口国国内该种商品的市场价格。

对于征收差价税的商品，有的规定按价格差额征收；有的规定在征收一般关税以外另行征收。这种差价税实际上属于进口附加税。差价税没有固定的税率和税额，而是随着国内外价格差额的变动而变动，因此是一种滑动关税（Sliding Duty）。

征收差价税的典型例子是欧盟所实行的共同农业政策中的差价税制度。该政策的目的在于统一欧盟区域内的农产品市场价格，保护其农畜产品免受非成员国低价农产品竞争。欧盟征收差价税首先在共同市场内部以生产效率最低而价格最高的内地中心市场的价格为准，制定统一的指标价格（Target Price）。这种价格一般比世界市场的价格高。为了维持这种价格水平，还确定了干预价格，一旦中心市场的实际市场价格跌到干预价格水平，有关机构便从市场上购进谷物，以防止价格继续下跌。其次从指标价格中扣除把有关谷物从进口港运到内地中心市场的运费、保险费、杂费和销售费用后，得到门槛价格（Threshold Price），或称闸门价格。它是差价税估价的基础。最后，根据有关产品的进口价格与门槛价格的差额确定差价税额。其计算公式为：

$$差价税额 = 门槛价格 - 进口价格$$

（三）特惠税

特惠税（Preferential Duty）又称优惠税，是对来自特定国家或地区的进口商品给予特别优惠的低关税或免税待遇。但它不适合非优惠国家或地区的商品，其目的是为了增进与受惠国之间的友好贸易往来。特惠税有的是互惠的，有的是非互惠的。

特惠税最早开始于宗主国与其殖民地及附属国之间的贸易，其目的在于保护宗主国在其殖民地及附属国市场上的优势。目前仍在起作用的，且最有影响的是《洛美协定》国家之间的特惠税。《洛美协定》的特惠关税是世界上兑换程度最大的一种特别优惠关税，它是欧盟向参加协定的非洲、加勒比海和太平洋地区的发展中国家单方面提供的特惠关税。于2002年正式生效的第5个《洛美协定》受惠的非加太国家从最初的46个增加到86个。按照《洛美协定》，欧盟在免税、不限量的条件下，接受受惠国的全部工业品和96%的农产品进入欧盟市场，而不要求受惠国给予反向优惠，并放宽原产地限制和部分非关税壁垒。然而，它也有严格限制受惠出口国"免检进入"欧洲市场的条款。

（四）普遍优惠制

普遍优惠制（Generalized System Of Preferences，GSP）简称普惠制，是发达国家承诺对从发展中国家和地区进口的某些商品，特别是制成品和半制成品（包括某些初级产品）给予普遍的、非歧视的、非互惠的关税优惠待遇。普遍性、非歧视性和非互惠性是普惠制的三项基本原则。普遍性是指发达国家对所有发展中国家或地区出口的制成品和半制成品给予普遍的关税优惠待遇；非歧视性是指所有发展中国家或地区都不受歧视、无例外地享受普惠制待遇；非互惠性即非对等性，是指发达国家应单方面给予发展中国家或地区关税优惠，而不要求发展中国家或地区对发达国家提供反向优惠。

普惠制的目的是，扩大发展中国家对发达国家制成品和半成品的出口，增加发展中国家的外汇收入，促进其工业化水平的提高，加速国民经济的增长。普惠制是发展中国家在联合国贸易与发展会议上长期斗争的成果。从1968年联合国第二届贸发会议通过普惠制决议，1971年7月正式实施至今，普惠制已在世界上实施了44年。目前，全世界享受普惠制待遇的发展中国家和地区已有190多个，给惠国则达到41个，分别是：欧盟28国（奥地利、比利时、丹麦、芬兰、法国、德国、希腊、爱尔兰、意大利、卢森堡、荷兰、葡萄牙、西班牙、瑞典、英国、捷克、塞浦路斯、爱沙尼亚、拉脱维亚、立陶宛、匈牙利、马耳他、波兰、斯洛伐克和斯洛文尼亚、罗马尼亚、保加利亚、克罗地亚）、瑞士、挪威、日本、新西兰、澳大利亚、加拿大、美国、列支敦士登公国、俄罗斯、白俄罗斯、乌克兰、哈萨克斯坦和土耳其。

目前全世界共有 13 个普惠制方案,各给惠国的方案不尽相同,但大多包括以下几个方面:

1. 受惠产品范围

一般农产品的受惠商品较少,工业制成品或半制成品只有列入普惠制方案的受惠商品清单,才能享受普惠制待遇。一些敏感性商品,如纺织品、服装、鞋类以及某些皮制品、石油制品等常被排除在受惠商品之外或受到一定限额的限制。

2. 受惠国家和地区

普惠制原则上是无歧视的,但发展中国家能否成为普惠制方案的受惠国是由给惠国单方面确定的。给惠国从各自的政治、经济利益出发,对受惠国家和地区进行限制。例如,在美国的方案中,石油输出国组织、非市场经济的社会主义国家、与美国的贸易中有歧视或敌对的国家均被排除在受惠国名单之外。

3. 受惠商品关税削减幅度

普惠制的关税削减幅度取决于最惠国税率与普惠税率之间的差额,最惠国税率越高,普惠税率越低,差额越大。由于多数普惠制方案对农产品实行减税,对工业品实行免税,所以一般工业品差幅较大,农产品差幅较小。

4. 对给惠国的保护措施的规定

给惠国一般都规定保护措施,以保护本国某些产品的生产和销售。一般有以下 3 种保护措施:

(1) 预定限额。预定限额(Prior Limitation)是指给惠国根据本国和受惠国的经济发展水平及贸易状况,预先规定一定时期内(通常为 1 年),某项产品的关税优惠进口限额,达到这个额度后,就停止或取消给予的关税优惠待遇,而按最惠国税率征税。给惠国通常引用预定限额对工业产品的进口进行控制。

(2) 免责条款。当受惠国的商品出口量增加到对本国同类产品,或有竞争关系的商品的生产者造成或即将造成严重损害时,给惠国保留完全取消或部分取消关税优惠待遇的权利。

(3) 竞争需要标准。对来自受惠国的某种进口货物,如超过当年所规定的进口额度,则取消下年度该种商品的关税优惠待遇。

5. 对原产地的规定

为了确保普惠制待遇只给予发展中国家和地区生产和制造的产品,各给惠国制定了详细和严格的原产地规则。原产地规则是衡量受惠国出口产品能否享受给惠国给予减免关税待遇的标准。原产地规则一般包括 3 个部分:原产地标准、直接运输规则和书面证明书。所谓原产地标准,是指只有完全由受惠国生产或制造的产品,或者进口原料或部件在受惠国经过实质性改变而成为另一种不同性质的商品,才能作为受惠国的原产品享受普惠制待遇。所谓直接运输规则,是指受惠产品必须由受惠国直接运到给惠国。由于地理上的原因或运输上的需要,受惠产品可以经过他国领土转运,但必须置于过境国海关的监管下,未投入当地市场销售或再加工。所谓书面证明书,是指受惠国必须向给惠国提供由受惠国政府授权的签证机构签发的普惠制原产地证书表格 A(Form A),并以此作为享受普惠制减免关税优惠待遇的有效凭证。

6. 毕业条款

一些给惠国按照自己的定义和标准，取消一些已经获得较强出口竞争力的发展中国家的普惠制待遇。毕业标准可分为国家毕业和产品毕业两种。当从受惠国进口某项产品的数量增加到对给惠国相同产品或直接竞争性产品的生产、制造商造成或可能造成威胁或损害时，给惠国则对该受惠国的该项产品完全或部分取消普惠制优惠关税待遇的资格，称之为产品毕业。一旦某发展中国家（地区）工业化程度和经济发展水平有了较大的提高，并且在国际贸易中显示出较强的出口竞争能力，在国际市场上占有较大份额时，给惠国则对该发展中国家（地区）完全取消受惠国资格，称之为国家毕业。

2013年12月31日，欧洲委员会第1421/2013号规例，修订了欧盟的普惠制规例，在其生效1年后把中国内地剔除受惠国行列。因此，中国从欧盟普惠制"毕业"，中国所有产品于2015年1月1日起不再享受普惠制优惠待遇。

7. 普惠制的有效期

普惠制的实施期限为10年，经联合国贸易与发展会议全面审议后可延长。

普惠制对发展中国家的出口起了一定的积极作用。但由于各给惠国在提供关税优惠的同时，还做了烦琐的规定，又有相当严厉的限制措施。因此，发达国家实际上尚未普遍地全面地向发展中国家提供关税优惠。

第三节 关税的征收

一、征收关税的方法

关税的征收方法又称关税的征收标准，一般分为从量税、从价税、混合税和选择税4种。

（一）从量税

从量税（Specific Duty）是以货物的重量、数量、长度、容量和面积等计量单位为标准计征的关税。其中，重量单位是最常用的从量税计量单位。例如，美国对薄荷脑的进口征收从量税，普通税率为每磅50美分，最惠国税率为每磅17美分。从量税较适合于标准化和原材料产品，其与商品计量单位数的多少成正比关系，计算公式为

$$从量税税额 = 商品计量单位数 \times 从量税率（每单位的从量税） \qquad (8-1)$$

重量单位是最常用的从量税计量单位，但各国在实际应用中计算重量的标准各不相同，一般采用毛重、法定重量和净净重。毛重（Gross Weight）是指商品本身加内外包装的总重量。法定重量（Legal Weight）是指商品总重量扣除外包装后的重量。净净重（Net Net Weight）则指商品本身的重量，不包括内外包装的重量。

从量税的优点在于课税标准一定，而且征收手续比较简便；缺点在于税负不合理，同种类的货物不论等级高低，均课以同税率的关税，使得课税有失公平，而且其税额也不能随物价的变动而调整。征收对象一般是谷物、棉花等大宗产品和标准产品。

按从量税方式征收关税，在某商品价格下跌和商业衰退时期，会加重商品的关税税负，而且对于廉价物品会课征较重的关税，因此，这种关税征收方式实际上是鼓励同类产品中质量高、价格高的商品进口。例如，对每双鞋征收2美元的从量税，实际上是鼓励每双价格是

25美元的鞋进口,而不是每双价格是10美元的鞋进口。在进口货物时,海关当局无须确定其价值而只需要知道其数量便可征纳关税。由于征收从量税对货物价值不敏感,从而其保护作用会受到通货膨胀的抵消。又由于世界范围内通货膨胀和制成品贸易比重的上升,从量税逐步被从价税替代。

(二) 从价税

从价税(Ad Valorem Duty)是以商品的价格为标准征收的关税。它是按价格的一定百分比征收。例如对酒征收10%的从价关税。其计算公式为

$$从价税税额 = 进口货物总值 \times 从价税率 \tag{8-2}$$

从价税额随价格的上升而增加,随价格下跌而减少,关税收入直接与价格挂钩。进口从价关税势必影响进口商品国内价格,使之高于进口价格,差额应相当于进口税额,从而减少国内需求。出口从价关税势必影响出口商品的出口价格,使之高于国内价格,差额相当于出口税额,从而减少国外需求。而如何确定进出口商品的完税价格是征收从价税的一个关键。所谓完税价格,是指经海关审定的作为计征关税依据的货物价格。各国规定了不同的海关估价确定完税价格,目前大致有以下3种:CIF价、FOB价、进口国的官方价格。美国、加拿大等国采用FOB来估价,而西欧等国采用CIF价格作为完税价格。不少国家甚至故意抬高进口商品的完税价格,以此增加进口商品成本,把海关估价变成阻碍进口的非关税壁垒。

从价税的特点在于:

(1) 税负合理。同类商品质高价高,税额也高,质次价低,税额也低。加工程度高的商品和奢侈品价高,税额较高,相应的保护作用较大。

(2) 从价税率按百分数表示,便于与各国之间进行比较。

(3) 由于从价税随着商品价格的升降而变化,所以在价格上升时,税额增加,保护作用大,价格下降时,税额减少,保护作用小。

(4) 完税价格不易掌握,征税手续复杂,大大增加了海关的工作负荷。

目前,单一使用从价税的国家并不太多,主要有阿尔及利亚、埃及、巴西、墨西哥等发展中国家。由于从量税和从价税都存在一定的缺点,因此,在两者基础上又产生了混合税。

(三) 混合税

混合税(Mixed Duty)是在税则的同一税目中订有从量税和从价税两种税率,采用从量税和从价税同时征收的一种方法。比如对酒征收5%的从价税,另外每公升加征1美元的从量税。混合税计算公式为

$$混合税额 = 从量税额 + 从价税额 \tag{8-3}$$

按从量税、从价税的主次不同又可分为两种情况:一种是以从量税为主加征从价税,另一种是以从价税为主加征从量税。

(四) 选择税

选择税(Alternative Duty)是指对某种商品同时制定从量税和从价税,但按规定征收其中的一种。一般是选择税额较高的一种税率征收,在物价上涨时使用从价税,物价下跌时使用从量税。有时,为了鼓励某种商品的进口,或给某出口国以优惠待遇,也有选择税额较低的一种税率征收关税。比如,日本对坯布的进口征收税率有协定税率10%和7.5%另外每平方米加征2.6日元两种,具体征收关税时,按其中较高者进行。

二、关税的征收依据

各国征收关税的依据是海关税则。

（一）海关税则的内容

海关税则（Customs Tariff）又称关税税则，是一国对进出口商品计征关税的规章和对进出口应税与免税商品加以系统分类的一览表。海关税则是关税制度的重要内容，是关税政策的具体体现。

海关税则一般包括两个部分：一是海关课征关税的规章条例及说明，二是关税税率表。

关税税率表是海关税则的主要内容，包括3部分：税则号列（Tariff No.；Heading No.；Tariff Item），简称税号；商品分类目录（Description of Goods）；税率栏目（Rate of Duty）。

税则中的商品分类，有的按商品加工程度划分，有的按商品性质划分，也有的按两者结合划分，按商品性质分成大类，再按加工程度分成小类。随着经济的发展，各国海关税则的商品分类越来越细，这不仅仅是由于商品日益增多而产生技术上的需要，更主要的是各国开始利用海关税则更有针对性地限制有关商品的进口和更有效地进行贸易谈判，将其作为实行贸易歧视的手段。

（二）税则制度

各国海关都分别编制本国的海关税则，但由于各国海关在商品名称、定义、分类标准及税则号列的编排方法上存在差异，使得同一商品在不同国家的税则上所属的类别和号列互不相同，因而给国际贸易活动和经济分析带来很多困难。为了减少各国海关在商品分类上的矛盾，统一税则目录开始出现并不断完善。相继有《海关合作理事会商品分类目录》、《国际贸易标准分类》、《商品名称及编码协调制度》等。

1. 《海关合作理事会税则商品分类目录》

1952年成立海关合作理事会，并在布鲁塞尔制定了《海关合作理事会税则商品分类目录》（Customs Cooperation Council Nomenclature，CCCN），或称《布鲁塞尔税则目录》（Brussels Tariff Nomenclature，BTN）。这个税则目录就是以商品原料组成为主，结合加工程度、制造阶段和商品的最终用途进行分类，把全部商品分为21大类、99章（小类）、1015项税目。各国可在税目下加列子目，税则中商品分类之所以如此繁细，反映了商品种类增多，同时也是为了便于实行关税差别和贸易歧视政策，它是一国关税政策的具体体现。

2. 《国际贸易标准分类》

1950年，出于贸易统计和研究的需要，联合国经社理事会下设的统计委员会编制并公布了《国际贸易标准分类》（Standard International Trade Classification，SITC）。

3. 《商品名称及编码协调制度》

以上两种商品分类目录在国际上同时并存，虽然制定了相互对照表，但仍给很多工作带来不便，为了使国际贸易商品的分类统计与关税税则目录分类的协调统一，兼顾海关、贸易统计与运输保险业的共同需求，海关合作理事会下设的协调制度委员会研究制定了《商品名称及编码协调制度》（Harmonized Commodity Description and Coding System），简称《协调制度》（H. S.），于1983年6月以国际公约的形式正式通过。1988年1月1日在国际上开始实施。我国海关于1992年1月1日开始采用，以《协调制度》为基础编制新的《海关进出口税则》和《海关统计商品目录》。

《协调制度》是在《海关合作理事会税则商品分类目录》与《国际贸易标准分类》的基础上,吸收了国际上其他分类的长处,统一和协调国际商品分类体系而编制的。《协调制度》的基础目都是六位数字的编码。前两位表示商品所在的章,中间两位表示商品在章中所处的位置,第五位为一级子目,第六位为二级子目。前四位为协调制度的项目号(即税目号),与后两位之间用实点隔开。各国可以在子目之下增设分目。我国的海关税则在《协调制度》目录六位数编码的基础上,加列了 1832 个七位数子目和 282 个八位数子目,共有 6250 个税目。

《协调制度》是一个新型的、系统的、多用途的国际贸易商品分类体系。它除了用于海关税则和国际贸易统计外,对运输业的计费和统计、计算机数据传递、国际贸易单证简化以及普惠制的受惠标准等方面都提供了一套可使用的分类制度,避免了一种商品在一次国际贸易交易中,因成交、检验、保险、出运、议付、报关和统计等环节而多次改动商品编号的情况。

【国贸博览8-1】

H. S. 在我国的应用

1992 年 6 月 23 日,我国海关根据外交部授权,代表中国政府正式签字成为 H. S. 公约的缔约方。多年来,我国海关积极参与服务分类标准的制定和修订工作,在国际场合争取我国的经济利益,从而增强我国的影响力。

1992 年 1 月 1 日我国海关正式采用 H. S.,并于 1996 年 1 月 1 日按时实施了 1996 年版 H. S. 编码。我国海关采用的 H. S. 分类目录,前 6 位数是 H. S. 国际标准编码,第 7、8 两位是根据我国关税、统计和贸易管理的需要加列的本国子目。为满足中央及国务院各主管部门对海关监管工作的要求,提高海关监管的计算机管理水平,在 8 位数分类编码的基础上,根据实际工作需要对部分税号又进一步分出了第 9、10 位数编码的 H. S. 编码制度。

在研究设置本国子目时,充分考虑了执行国家产业政策、关税政策和有关贸易管理措施的需要,具体说来,我国加列的子目主要有以下几种情况:

(1) 为贯彻国家产业政策和关税政策,为保护和促进民族工业顺利发展,需制定不同的税率的商品加列子目,如临时税率商品。

(2) 对国家控制或限制进出口的商品加列子目,包括许可证、配额管理商品和特定产品。

(3) 为适应国家宏观调控、维护外贸出口秩序、加强进出口管理的需要,对有关主管部门重点监测的商品加列子目,包括进出口商会为维护出口秩序或组织反倾销应诉要求单独列目的商品(如电视机分规格,电风扇、自行车分品种等)。

(4) 出口应税商品。

(5) 在我国进口或出口所占比重较大、需分项进行统计的商品,包括我国传统大宗出口商品(罐头、中药材及中成药、编结材料制品等)。

(6) 国际贸易中发展较快,且我国有出口潜力的一些新技术产品。

(资料来源:海关总和信息资讯网 http://www.china-customs.com)

(三) 海关税则的分类

1. 根据海关税则同一税目下税率种类的多少，可分为单式税则和复式税则

（1）单式税则。单式税则（Single Tariff）又称一栏税则，是指一个税目下只有一个税率，适用于来自任何国家同类商品的进口，没有差别待遇。在垄断前资本主义时期，各国都使用单式税则。进入垄断阶段以后，为了在国际竞争中取得优势，在关税上都采用差别和歧视待遇，都改用复式税则。只有少数发展中国家如委内瑞拉、巴拿马、肯尼亚等还在使用单式税则。

（2）复式税则。复式税则（Complex Tariff）又称多栏税则，是指一个税目下有两个或两个以上税率，对来自不同国家的进口商品按不同税率征税，实行差别待遇。各国复式税则不同，有二、三、四、五栏不等，设有普通税率、最惠国税率、协定税率、特惠税率等。一般是普通税率最高，特惠税率最低。美国、加拿大等国实行三栏税则，而欧盟等国实行四栏税则。

2. 根据各国制定税则的权限不同，可分为自主税则和协定税则

（1）自主税则。自主税则又称国定税则，是一国立法机关根据关税自主原则独立制定的一种税则，它是单独制定的，但要遵守对外签订的贸易条约或协定的约束。

（2）协定税则。这是一国与其他国家或地区通过谈判，以贸易条约与协定的形式而订立的一种税则。它是在本国原有自主税则的基础上，通过关税减让谈判，另行规定一种税率。不但适用于该贸易条约或协定的签字国，而且某些协定税率也适用于享有最惠国待遇的国家。

3. 根据进出口商品流向不同，可分为进口货物税则和出口货物税则

三、关税的征收程序

征收关税的程序即通关手续，又称报关手续，是指出口商或进口商向海关申报出口或进口，提交报关单和有关证明，接受海关的监督与检查，履行海关规定的手续。办完通关手续，结清应付的税款和其他费用，经海关同意，货物即可通关放行。通常包括申报（Declaration）、查验（Inspection）、征税（Taxation）、放行（Release）4个基本环节。

（1）货物申报。货物进出境时，必须由货物所有人或其代理人按照规定向海关申报。申报时应交验报关单、许可证、提单或运单、发票、装箱单、原产地证书、合同或有关规定的文件证明等。

（2）货物的查验、征税与放行。海关在审核单证、查验有关单证与货物，计算进出口税额，由进出口商缴纳关税和其他费用后，即在一切海关手续办妥后，在提单、运单、装货单上加盖海关放行图章以示放行进出口货物，至此才算通关。由收、发货人据以向港口、民航、车站、集装箱场或邮局办理提取或托运手续。

（3）报关时限。这主要是指进口商应在货物到达港口后，在规定的工作日期限内向海关办理申报手续。如果进口商对于某些特定的商品，如水果、蔬菜、鲜鱼等易腐商品，要求货到时立即从海关提出，可在货到前先办理提货手续，并预付一笔进口税，至次日再正式结算进口税。如果进口商想延期提货，在办理存栈报关手续后，可将货物存入保税仓库，暂时不缴纳进口税。在存仓期间，货物可再行出口，就不必再付进口税，如打算运往进口国国内市场销售，在提货前办理通关手续。

货物到达后，超过法定申报时限进口商未向海关申报的，海关有权将货物存入候领货物仓库，期间一切责任和费用由进口商负责。如果存仓货物在规定期间内仍未办理通关手续，海关有权处理该批货物。

（4）填写报关单。经海关审批准予注册，可以直接向海关办理进出口海关手续的报关单位，指派经海关考核认可并持有海关签发的报关证件的报关员向海关报关。填写《进口货物报关单》或《出口货物报关单》，作为向海关申报的书面文件。进出口货物报关单的各项内容必须与实际货物及交验的单证一致，做到单、货、证三者相符。报关单的主要项目为：经营单位、贸易性质、贸易国别、原产国别（地区）、货名、规格及货号、成交价格、数量、单位等。

最后应注意，一些国家的报关手续十分繁杂，为了及时通关提货，可以委托熟悉海关规章的报关行代为办理报关手续。

第四节　关税的经济效应

关税理论是比较和选择国际贸易政策的重要理论依据。征收关税将对进出口国的经济产生多方面的影响。比如引起出口商品国际价格和国内价格的变动，引起进出口国在生产、分配、交换、消费等方面的调整。所有这些影响都是关税的经济效应，它主要包括价格效应、贸易条件效应和国内效应等几个方面。关税的经济效应可以从整个经济的角度来分析，也可以从单个商品市场的角度来考察，前者属于一般均衡分析，后者属于局部均衡分析。为了便于理解和分析，本节仅从局部均衡的角度分别讨论小国或大国征收关税产生的经济效应。

一、小国征收关税的经济效应

设某国为小国，它的进口需求量只占世界进口量的很少的一部分，无法影响进口商品的国际市场价格。换言之，小国是价格的接受者。其对某商品 X 的供给、需求、贸易状况如图 8-1 所示。图中，横坐标轴表示商品 X 的数量，纵坐标轴表示商品 X 的价格，S_X 和 D_X 分别代表商品 X 的供给曲线和需求曲线，两线之交点 E 为隔离均衡点，P_e 为隔离均衡价格。

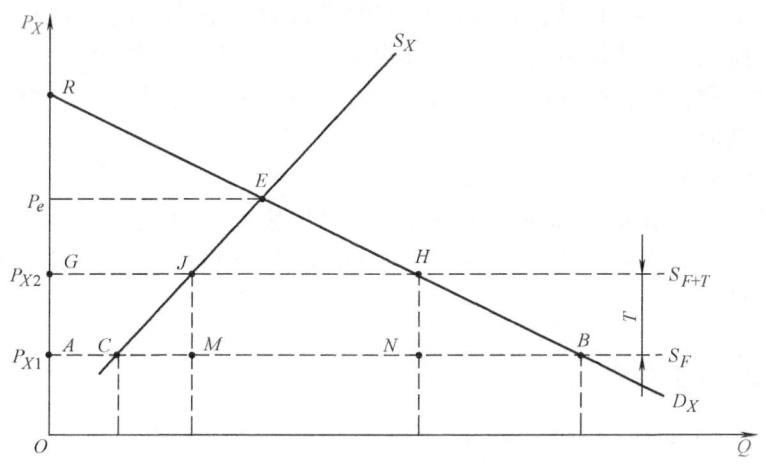

图 8-1　小国征收关税的经济效应

在自由贸易条件下，当不计运费时，国内价格等于国际价格，为 P_{X1}。在此价格下，该国对商品 X 的需求为 (A, B)，本国自行生产的数量为 (A, C)，需进口的数量为 (C, B)。S_F 为该国进口所面对的出口供给曲线，平行于横坐标轴，弹性无穷大。若该国对商品 X 的进口征收额度为 T 的关税（税率为 T/OP_{X1}），则其进口面对的是包括关税在内的新的出口供给曲线 S_{F+T}，征收关税对国内经济产生了以下影响：

（一）价格效应

价格效应（Price Effect）是指征收关税对进口国价格的影响。进口商向海关交纳关税后，总要相应提高进口商品的价格。研究价格效应，主要关心进口商品价格上涨额是否总等于所交关税额，以及关税是否完全由进口国国内消费者负担。

小国对进口商品征收关税，由于小国的进口量在整个国际市场显得微不足道，它的变化不足以引起国际市场进口量的变化，也就不会影响出口国的价格 P_{X1}。但征收关税后，在国内市场上的价格提高到 P_{X2}，$P_{X2} = P_{X1} + T$，进口商品成本增加，需求量减少，进口量下降。所以，小国征收关税其关税税额完全由本国的消费者承担。小国只能作为国际市场价格的接受者，但它可以从大国所引起的国际市场价格的下降中获得一定的利益。

（二）消费效应

消费效应（Consumption Effect）即征收进口关税对进口品消费量的影响。在图 8-1 中，小国征收进口关税后，对可进口商品 X 的需求量因价格提高而由 (A, B) 减至 (G, H)，即减少 (B, N) 数量的 X 商品消费。

（三）生产效应

生产效应（Production Effect）即征收关税对进口国进口替代品生产的影响。如图 8-1 所示，小国征收进口关税之后，由于进口品价格提高了等同于关税额的水平，因而刺激进口替代品的生产扩张，直至生产者价格达到 $(P_{X1} + T)$ 的水平，即进口替代品的产量由 (A, C) 增至 (G, J)。所增加的 (C, M) 数量的进口替代品生产就是关税的生产效应，又称替代效应（Substitution Effect）或保护效应（Protection Effect）。关税越高，保护程度也越高。当关税提高到 (P_{X1}, P_e)，或更高时，实际上成为禁止性关税（Prohibitive Tariff），关税的保护效应发挥得最完全。

（四）贸易效应

贸易效应（Trade Effect）即征收关税引起的进口量的变化。征收关税后，由于生产增加，消费减少，所以进口数量由 (C, B) 减为 (J, H)。其中，所减少的 (B, N) 数量的进口是消费减少所致；减少的 (C, M) 数量的进口是生产增加所致。故关税的贸易效应是消费效应和生产效应之和。

（五）财政收入效应

财政收入效应（Revenue Effect）即征收关税对国家财政收入发生的影响。小国征收额度为 T 的关税后，政府取得了 $T(J, H) = \square MJHN$ 的关税收入，使财政收入增加，这就是关税的财政收入效应。

【国贸博览 8-2】

发展中国家的财政关税收入

事实上，我们会看到在有些发展中国家，尽管国内税收可能很混乱，但关税的征税却非常规范。这些发展中国家关税收入是政府财政收入的主要来源。下面的资料显示了在一些发展中国家关税的财政作用，见表 8-1。

表 8-1　部分发展中国家关税收入占中央政府收入的比重（1980～1985 年）

国家	百分比	国家	百分比
冈比亚	68%	也门	50%
斯威士兰	63%	扎伊尔	32%
巴哈马群岛	57%	厄瓜多尔	24%

（资料来源：（英）大为·格林纳韦主编《国际贸易前沿问题》，中国税务出版社、北京腾图电子出版社，2000 年，第 199 页。）

（六）收入再分配效应

收入再分配效应（Income-redistribution Effect）即征收关税对收入分配发生转移的影响。征税前，商品 X 的消费量是 (A, B)，消费者剩余为 $\triangle RAB$；征税后，商品 X 的消费量是 (G, H)，消费者剩余为 $\triangle RGH$，故消费者剩余减少了 □AGHB。然而，征收关税后，生产者由于增加 (C, M) 的进口替代品生产而增加了 □AGJC 的生产者剩余，政府由于征收关税而增加了 □MJHN 的财政收入。□AGJC 和 □MJHN 实际上是社会收入由消费者增加消费负担而转移给生产者和政府的部分。

（七）福利效应

如果把关税的生产效应、消费效应和财政收入效应综合起来，就是关税的福利效应（Welfare Effect）。按照图 8-1，征收关税后，消费者剩余减少 □AGHB，其中 □AGJC 转移为生产者剩余增加的部分，□MJHN 成为政府的关税收入，余下的 △JMC 和 △HNB 是征收关税所导致的福利净损失或无谓的损失，即关税的社会成本。△JMC 代表生产的净损失，由增加 (C, M) 数量的进口替代品生产使资源使用效率下降所致；△HNB 代表消费的净损失，是关税人为地抬高了进口品价格进而扭曲消费所产生的消费效用的净损失。

第二次世界大战后，经济学家对关税这种贸易壁垒造成的国民净损失进行了定量的研究和分析。哈里·约翰逊（Harry G. Johnson）提出了计算由于征收关税所造成的国民净损失的公式，为

$$\frac{关税造成的国民净损失}{国民生产总值} = \frac{1}{2} \times 关税\% \times 进口数量变动\% \times \frac{进口值}{国民生产总值} \tag{8-4}$$

据此公式计算关税造成的国民净损失占一国国民生产总值的比重可能较小。假如某国的进口税率是 20%，在此种进口税率下，该国进口量减少了 20%，同时假定进口总值占国民生产总值的比重为 10%。据此数据计算关税造成的国民净损失为：$1/2 \times 20\% \times 20\% \times 10\% = 0.2\%$。

虽然直接计算的国民净损失不大，但有的经济学家认为，仍不能低估关税造成的净损失，因为除此之外，还应该考虑关税其他方面的负面影响：造成的行政费用支出，使得一国技术进步的步伐放慢，带来转移的费用和对进口数量的影响可能更大等等。综合考虑，关税造成的国民净损失会更大些。

以上所讨论的各种效应的大小，取决于征税商品的供给和需求弹性以及关税税率高低。对于相同的关税税率，需求曲线越富弹性，消费效应越大；同样，供给曲线越富弹性，生产

效应越大。因此,一国对某商品的供给和需求越富弹性,关税的贸易效应越大,而财政收入效应越小。

关税的负担决定于进口需求和出口供给的弹性大小,弹性越大者,关税的负担越轻;弹性越小者,关税的负担越重。由于小国进口所面对的出口供给弹性无限大,因此小国课征的关税完全由其本国消费者负担,而关税收入完全由本国的政府获得。

二、大国征收关税的经济效应

大国与小国征收关税的最大差异是:大国是价格的影响者或者决定者,大国征收关税能够影响贸易条件,从而能将其关税部分转嫁给出口国,这正是关税分析的大国模型与小国模型的基本区别。现用图8-2对大国征收关税进行局部均衡分析。图中,S_H 表示某大国商品 X 的国内供给曲线,S_{H+F} 表示商品 X 的总供给曲线,D_H 代表商品 X 的国内需求曲线。在自由贸易条件下,该国的国内需求曲线 D_H 与总供给曲线 S_{H+F} 相交于 B 点,价格为 P_h,该国对 X 商品的需求量为 (A, B),其中 (A, C) 数量由国内生产者提供,(C, B) 数量靠进口弥补。若该国对商品 X 征收额度为 T 的关税(税率为 T/OP_w),则对国内经济产生以下效果:

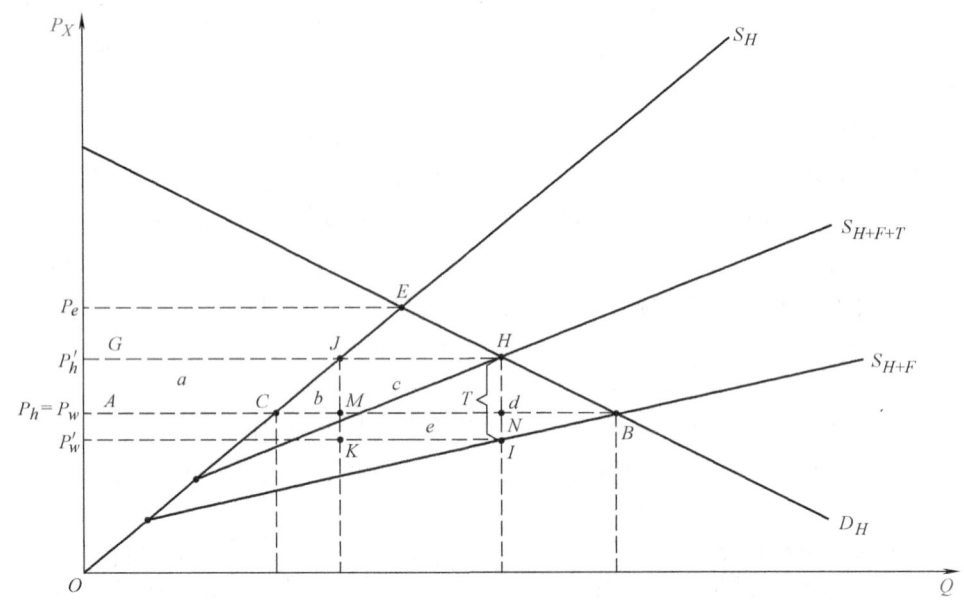

图 8-2 大国征收关税的经济效应

对进口大国来说,假定出口商品价格不变,而向进口商品征收关税,使其国内价格上涨,其结果是国内消费需求减少,进口量减少。由于大国的进口量占世界进口量的比重较大,其进口量的锐减势必导致该商品在国际市场上供大于求,从而使其国际市场价格下跌。由此该国出口/进口价格比率上升,即一定量的出口商品能换回更多的进口商品,这表示贸易条件得到改善。对该商品的出口国来说,假定其他商品进口价格不变,由于该商品出口价格的降低,不得不以更多的商品出口才能换回原先数量的进口商品,出口/进口的价格比率下降,贸易条件趋于恶化。

征收关税后,总供给曲线将上移为 S_{H+F+T},D_H 与 S_{H+F+T} 相交于 H 点,故国内价格升为

P_h'，该国对 X 商品的需求量为 (G, H)，其中 (G, J) 数量由本国提供，(J, H) 数量通过进口来满足。征税所致的消费者剩余损失为 $(a+b+c+d)$ 部分，其中 a 为生产者剩余增加部分，c 为政府向国内消费者征收的关税收入，其余的 $(b+d)$ 部分为保护的成本或无谓的损失。但由于该国是大国，征收关税提高了国内的价格，减少了消费和进口，使国际价格下降（由 P_w 降至 P_w'），从而改善其贸易条件并从中获益，即政府从外国出口商间接获得了 □MNIK，即 e 部分的关税收入。因此，征收关税引起的福利净变动是 $[e-(b+d)]$。如果贸易条件改善带来的利益大于保护的成本，即 $e>(b+d)$，则该国从征收关税中获益，福利增加；如果 $e<(b+d)$，则该国未从征收关税中获益，福利净损失。如果 $e=(b+d)$，则该国既未从征收关税中获益，也未因征税发生福利净损失。

大国对进口商品征收关税，进口商品成本增加，在国内市场上的价格提高，其需求量减少，进口量下降。由于大国的进口量占国际市场进口量的比重较大，它的减少足以引起国际市场价格的下跌。进而引发大国的贸易对手国（即出口国）价格的下跌。所以，大国征收关税，其关税税额由本国消费者和出口国的出口商共同承担。究竟大国可将多少关税税额转嫁给出口国的出口商则取决于进口国对进口商品的需求价格弹性及出口国的供给价格弹性。出口国供应商对国际市场上供过于求的应变能力越强，就越能不负担或少负担由进口国转嫁过来的那部分关税。本例中，进口国消费者负担 (P_w, P_h') 的关税，出口商承担 (P_w', P_w)。

通过以上对小国和大国征收关税的局部均衡分析可见，征收关税虽然使本国供应商受益并对政府有利，但却极大地损害了消费者福利，最终使社会遭受无谓的损失。降低关税，则会增进国民福利和消费者利益，而仅对相关的部分生产者及国库收入不利。在关税保护下的国内生产是低效率的生产，不利于资源的合理配置，因而也不应该长期对其提供保护。因此，除了在少数情况下，如进口大国能用关税影响进口货的价格，使其从中得到的利益超过保护的成本时，或在本国经济存在着其他方法不能纠正的缺陷时，才能考虑采取征收关税的手段，否则应尽量实行自由贸易政策。

三、最优关税

最优关税（Optimum Tariff）是指能使一国福利水平达到最大的关税水平，其税率称为最优关税税率。

通过前面的分析，可以得出这样的结论：对于贸易大国征收进口税，如果能改善贸易条件，便可以提高社会福利水平，但同时也会导致贸易量下降，会造成社会福利水平的下降。由于不断提高关税率改善贸易条件而提高福利的速度与减少贸易量而降低福利水平的速度不一致，在理论上存在一个最优关税。在这种最优关税下，可使该国的福利水平达到最高。

当征税国为小国时，外国出口供给价格不变，征税国无法改善贸易条件，征收进口税只会造成社会福利的净损失，因此，不存在最优关税。也就是说，小国的最优关税为零，实行自由贸易政策最有利。

对于贸易大国是存在最优关税的，见图8-3。其最优关税不能为零，因为最优关税为零，即不征收进口税，就谈不上改善贸易条件达到最优；随着关税率提高福利增加，并在关税率达到最优关税处达到最大，这时，进一步提高关税率会降低福利。当关税率提高到禁止性关税即进口量为零的关税时，该国将回到封闭经济的福利水平。因此，最优关税一定是在零关税和禁止性关税之间的某一税率。从自由贸易开始,大国提高关税率,贸易条件改善带来的正效应将超过贸易量减少所带来的负效应,使社会福利水平提高。当关税率增至最优税率时,福利水平达到最大值。此后,若再进一步提高关税率,则贸易条件改善的效果将会小于贸易量减少的效果,而使社会福利水平下降。当关税达到禁止性关税水平时,则回复到闭关自守状态下的福利水平。

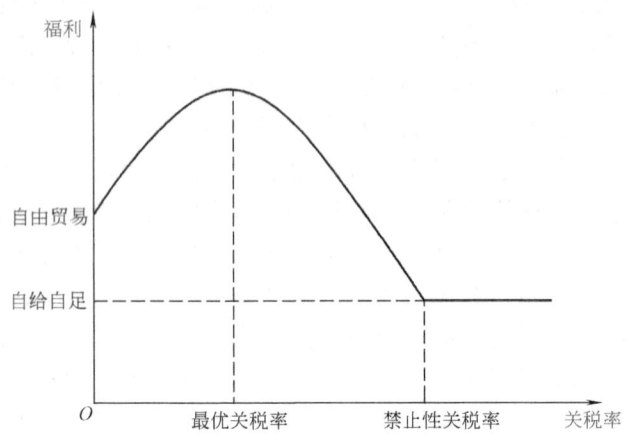

图 8-3　大国的最大收入关税

如图 8-4 所示,国Ⅰ和国Ⅱ为贸易伙伴国,两国的提供曲线Ⅰ和Ⅱ之交点 E 代表自由贸易条件下的贸易均衡情况。现设国Ⅱ征收最优关税,使其提供曲线移至Ⅱ*,若国Ⅰ不实行关税报复,则Ⅰ和Ⅱ*之交点为新的均衡点 E^*,因而Ⅰ国的贸易条件由 P_W 恶化至 P_W^*,而国Ⅱ的贸易条件则由 $1/P_W$ 改善至 $1/P_W^*$。与Ⅱ*相关的关税率反映了国Ⅱ由于征收关税而改善贸易条件,从而改善福利状况的程度超过了因贸易量下降所致的福利下降程度。而且,这一税率反映了国Ⅱ通过征税获得最大福利。

从动态上分析最优关税,实际上是当该大国征收最优关税时,关税收入中一大部分

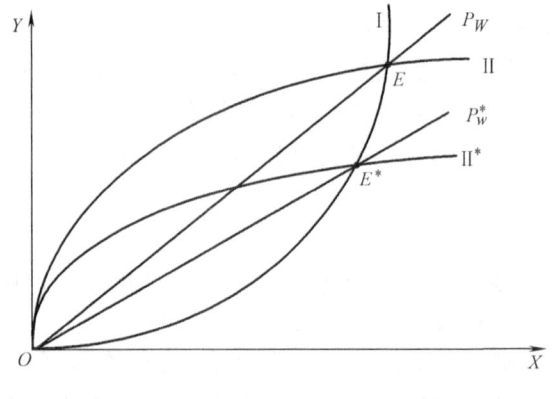

图 8-4　最优关税

由外国生产者以降低出口价格的方式承担,这可称为关税收益。因此,最优关税是在关税收益等于关税损失的点求得的,即最优关税率是恰好使关税变化引起的额外损失等于额外收益的关税率。

当一国征收最优关税时,改善了该国的贸易条件,促使本国的社会福利最大化。但其贸易伙伴国的贸易条件却恶化了,福利水平将会下降。其贸易伙伴国将会采取报复行动,对自己的进口产品征收最优关税。这样,会使国际贸易量进一步下降。可以想象,关税报复的不断升级,最终迫使各国又会趋向于封闭经济状态,使国际贸易的利益丧失殆尽。因此,自由贸易仍是世界福利最大化和使本国福利最大化的理想状态。

第五节　关税的名义保护率和有效保护率

一般说来，关税水平的高低大体上可以反映一国的保护程度，但两者并不能完全划等号，因为保护程度还与关税结构等其他因素有关。20世纪60年代以后，西方经济学家对关税税率和保护程度进行了深入的研究，提出了名义保护率和有效保护率的概念。

一、关税的名义保护率

某种进口商品进入一国关境时，海关根据海关税则对其征收的关税税率为名义关税（Nominal Tariff）税率。根据世界银行的定义，某一商品的名义保护率（Nominal Rate of Protection，NRP）是指由于实行保护而引起的国内市场价格高于国际市场价格的部分占国际市场价格的百分比，其计算公式为

$$名义保护率 = \frac{进口货物国内市场价 - 自国外进口价}{自国外进口价} \times 100\% \quad (8\text{-}5)$$

或

$$名义保护率 = \frac{进口货物国内市场价 - 国际市场价格}{国际市场价格} \times 100\% \quad (8\text{-}6)$$

由于在理论上，国内外差价与国外价格之比等于关税税率，因而在不考虑汇率的情况下，名义保护率在数值上与关税税率相等。名义保护率的计算一般是把国外价格折合成本国价格进行比较，因而受外汇汇率的影响较大。在其他条件相同的情况下，名义保护率越高，对本国同类商品的保护程度就越强。

二、关税的有效保护率的含义与计算

由于经济全球化和国际分工由产业间向产业内发展，中间产品贸易量大大增加，因此国际贸易商品很少完全是产自一个国家。在许多情况下，产品生产需要引进投入和进口零部件。中间产品贸易的存在给关税经济分析及关税保护效应的估量造成了极大的差别。

传统的关税保护理论是建立在产品的生产过程完全发生在一国内的假定下的，同时假定被征收关税的进口商品都进入了最终消费品行列，在此条件下研究对某种商品征收关税后对国内替代产品的生产和消费所产生的影响。特别是"二战"后，以中间产品为主的国际贸易商品结构的出现，使得传统的关税保护理论下的名义保护率的计算方法受到了严峻的挑战。正如著名经济学家巴拉萨（Bela Balassa）所阐述的："经济学家们传统地把注意力集中在最终产品上，似乎全部生产阶段均在一国内完成，从而仅考察关税（名义保护率）对这类贸易的影响。但是，由于中间产品贸易的存在，名义保护率就不足以说明保护的真实程度。因为事情的结果必然受到对加工活动保护的影响，而不是受到最终产品本身的保护的影响。同时，中间产品贸易在国际交换中占有相当大的比重，若把机械设备作为投入品看待，那么，这类产品占世界贸易的五分之四。"[⊖]

在有效保护税率的研究方面，1955年加拿大巴伯（C. L. Barber）在其《加拿大关税政

[⊖] "Effective Production: A Summary Appraisal" By Bela Balassa《Effective Tariff Production》; "GATT & Graduate Institute of International Studies Edited" By Herbert G. Grubel and Harry G. Johnson, 1971, p247。

策》一书中首次提出了有效保护（Effective Protection）的概念。随后，巴拉萨、柯登（W. M. Corden）、约翰逊（H. G. Johnson）等一批从事国际经济研究的著名学者在这一领域进行了富有开拓性的研究。

简单计算的名义关税没有考虑到关税对产品不同生产阶段的不同影响。如果一个国家对最终产品的进口征收关税，就会提高该产品的国内价格，从而提高国内生产的同类产品的增加值。如果对原材料或中间产品的进口征收关税，原材料或中间产品的价格就会上涨，从而使任何购买该产品作为投入品的部门减少其最终产品的增加值。相对于名义保护率的有效保护率则是将用于成品生产的原料和中间投入上的关税壁垒因素考虑在内，吸收了生产结构方面的信息，使其成为比名义保护率更为准确的测定保护程度的方法。

关税的有效保护率（Effective Rate of Protection，ERP），又称实际保护率，是指一个国家征收关税后单位产品产出增值量与自由贸易条件下单位产品产出增值量相比增加的百分比。有效关税税率的计算公式为

$$关税的有效保护率 = \frac{国内加工增值 - 国外加工增值}{国外加工增值} \times 100\% \tag{8-7}$$

或

$$ERP = \frac{V' - V}{V} \times 100\% \tag{8-8}$$

式中，ERP 为关税的有效保护率；V 为自由贸易条件下被保护商品生产过程中的增值量；V' 为征收关税条件下的增值量。

试以服装工业为例。假定在自由贸易的条件下，服装和生产服装的投入物（布、纽扣等）的国际价格分别为 20 美元和 12 美元，因此生产服装的增值量为 8 美元。假如对服装的进口征收 30% 的名义关税，则进口国市场价格提高到 26 美元，而投入物的税率为零，生产服装的增值量便为 14 美元。因此，服装的有效关税税率为 $(14-8)/8 \times 100\% = 75\%$，而其名义税率却为 30%。假如对服装的进口征收 40% 的名义关税，则进口国市场价格提高到 28 美元，而投入物的税率仍为零，生产服装的增值量便为 16 美元。因此，服装的有效关税税率为 $(16-8)/8 \times 100\% = 100\%$，而其名义税率却为 40%。

由此可见，有效关税税率是通过结构性关税，按产品加工程度由浅到深逐渐提高关税税率。这样，对最终产品的实际保护程度比名义税率所表现的保护程度要高得多。因此有效的关税保护主要是关税制度对加工工业的保护。关税的有效保护率是某项加工工业中全部受关税制度影响而产生的增值比。

在实际生产中，一个产业部门的投入要素是多样的，因此，关税的有效保护率也可以采用如下的计算公式

$$ERP = \frac{t - a_i t_i}{1 - a_i} \tag{8-9}$$

式中，t 为进口最终商品的名义关税税率；a_i 为进口投入系数，即进口原材料在最终产品中所占的比重；t_i 为投入物的名义关税税率。

由式 8-9 可知：

(1) $t > t_i$ 时，$ERP > t$。

(2) $t = t_i$ 时，$ERP = t$。

(3) $t < t_i$ 时，$ERP < t$。

最终产品的名义税率小于原材料的名义税率时，最终产品的有效保护率小于对其征收的名义税率，甚至会出现负保护，生产者无利可图，鼓励了成品的进口。

由此可见，有效关税税率和名义关税税率是有很大区别的，名义保护只考虑关税对某种产成品的国内市场价格的影响；有效保护则着眼于生产过程的增值，考察了整个关税制度对被保护商品在生产过程中的增加值所产生的影响，它不但关注了关税对于产成品的价格影响，还关注了投入品由于征收关税而增加的价格。有效保护理论认为，对生产被保护产品所消耗的投入品课征关税，会提高产成品的成本，减少产成品生产过程的增值，从而降低对产成品的保护。因此，要使本国的产业得到较好的保护，需要制定一个合理的关税结构制度。在现实生活中，许多国家对原材料实行低关税，对半成品实行较高关税，对制成品实行高关税，一些工业发达国家的有效关税税率往往比名义关税税率大得多。

【国贸博览 8-3】

发达国家的瀑布式关税结构

在发达国家中，特别是美国、欧盟和日本，成功地实施了瀑布式关税结构保护模式，即随着国内加工程度加深，关税税率不断上升。国内加工程度越深，有效或实际保护率超出名义关税税率的比例越大（见表 8-2）。

表 8-2　美国、欧盟和日本的瀑布式关税结构

美国				欧盟				日本			
产品	初级产品	半成品	最终产品	产品	初级产品	半成品	最终产品	产品	初级产品	半成品	最终产品
羊毛	4	9	11	木材	0	2	4	可可	0	2	25
皮革	0	3	14	纸	0	0	4	黄麻	0	8	20
棉花	2	7	7	锌	0	2	7	铝	0	9	
铁	0	1	4								
铜	0	1	2								
铅	0	4	8								

（资料来源：（美）Dominick Salvatore《国际经济学》，第 5 版，清华大学出版社，1998 年，第 179 页。）

第六节　我国的关税制度

中国关税制度的演变按历史时期可以划分为新中国成立至加入世贸组织前和加入世贸组织后两个时期。

一、新中国成立后至加入世贸组织前的关税制度演变

这个时期的关税制度演变，可以分为三个阶段。

（一）1950~1978 年实行全面保护关税政策

1951 年 5 月，中央人民政务院批准了《中华人民共和国出口税则》和《中华人民共和国海关进出口税则暂行实施条例》，并于同月 16 号实行。根据新的税则和实施条例，自 1951 年 5 月 16 日起，凡经准许进出口中华人民共和国国境的货物，除我国有规定外，均应按照我国的海关法由海关机关征收进口税和出口税。该税法一直实施到 1958 年，是税法税制的革命性变革。

（二）1979~1991 年从"全面保护"向"有区别地保护"转变

改革开放后，我国加强了对外经济联系，强调对外贸易是我国经济发展不可分割的重要组成部分，应积极发挥关税在增加财政收入、调节进出口、保护国内生产和市场以及平衡国际收支等方面的作用。

（三）1992~2001 年实行适度开放与适度保护相结合的进口关税

（1）降低关税水平。从 1992 年年底开始，我国就启动了大幅度的自主降税进程，1992 年至今的关税制度改革在关税税率方面是中国历年来下调幅度最大、范围最广的一次，是我国经济开放、对外贸易体制改革的一个里程碑。截至 2001 年"入世"前，关税总水平由 43.2% 降至 15.3%，降幅达 65%。

（2）降低出口退税率。出口退税率是指税务部门将出口商品中所含的间接税退还给出口商，从而使商品在国际市场上的价格真实反映其成本，各个国家因此可以根据国际分工参与国际竞争。出口退税是世界上一些间接税所占比重较大的国家所采取的一种消除出口歧视的中性政策。我国是一个以间接税为主的国家，改革开放以后，为避免我国出口产品被重复征税的问题，我国于 1985 年实行了出口退税政策。税改后，出口退税率提高到 17%，等于我国国内产品增值税税率，初步实现了出口产品的零税率。出口退税政策对鼓励出口、促进出口产品公平竞争起到一定的作用。但在外贸体制不完善、法律不健全的情况下，也产生了一些严重的负面效应，如加重了我国的财政负担、出现了严重的出口骗税现象等。

（3）对外商投资企业调整并提高了关税优惠政策。

（4）调整了关税结构。

二、加入世贸组织后的关税制度演变

我国全面履行关税减让承诺，在世贸组织规则范围内，科学、精细地调整关税税率、税目和专项税收优惠政策，有效发挥关税的宏观调控职能，逐步建立起适应国内外经济发展趋势、体系较为完备的关税制度。

（一）关税水平大幅度降低

2001 年以来，我国按照"入世"承诺逐年下调进口关税，截至 2010 年，"入世"降税承诺已全部履行完毕，2015 年关税总水平由"入世"前的 15.3% 进一步降至 9.8%，降幅达 36%。其中，农产品平均税率由"入世"前的 18.8% 降至 15.1%，工业品平均税率由"入世"前的 14.7% 降至 8.9%。与各成员对世贸组织所承诺的关税税率相比，我国关税总水平高于欧盟（5.3%）、美国（3.5%）等主要发达国家，但明显低于印度（48.5%）、印度尼西亚（37.1%）、墨西哥（36.1%）、巴西（31.4%）、阿根廷（31.9%）和南非（19%）等多数发展中国家，不到世界各国平均关税税率（40%）的 1/4。其中，15.2% 的农产品平均税率不仅低于绝大多数发展中国家水平，也明显低于挪威（130.9%）、瑞士

（48%）和日本（22.2%）等发达国家，约为世界各国农产品平均税率（57.6%）的1/4；8.9%的工业品平均税率低于大多数发展中国家水平，不到世界各国工业品平均税率（30%）的1/3。以实际关税税负水平比较，我国则更低，据世贸组织统计，2014年我国关税收入与进口总额比值仅为2.36%，不仅低于印度、阿根廷、埃及等大多数发展中国家，也低于澳大利亚、新西兰等发达国家，与日本、美国等发达国家水平相近。2015年我国出口税则的商品范围、税率没有变化，对各类金属非金属矿砂、煤炭、钢坯、化肥、纸浆等297项资源、能源和高耗能产品征收出口关税，出口税率在2%~40%之间。

（二）税则税目进一步精细

1992年，我国开始以世界海关组织《商品名称及编码协调制度》为基础设置税则税目，根据国际通行做法，将税则税目设为8位编码，并分别在1996年、2002年和2007年，与世界海关组织协调制度进行了同步改版，改版步伐与发达国家一致，快于大多数发展中国家。同时，由于海关监管和科学技术快速发展的需要，针对部分我国特有的贸易量较大或增长较快的产品、新技术产品以及实施进出口管理措施的商品，增设了800多个本国子目，8位税目数由2001年的7111个逐步增至2015年的8285个。

（三）关税结构不断优化

近年来，在关税总水平逐步下降的同时，我国关税税率结构不断优化。大幅降低了能源、资源、原材料等初级产品的进口关税，并有选择地降低了部分关键零部件等中间品以及重要机电设备等制成品的进口关税。以汽油、柴油为例，进口关税由入世前的9%降至目前实施的1%和0%。目前，我国进口能源、资源类产品税率一般不超过5%，其中原油、煤炭、铁矿石等重点大宗商品均已实行了零关税。较大幅度地降低了消费品的进口关税。如汽车进口关税由"入世"前的100%~120%降至目前的25%，降幅近80%，十几年间完成了发达国家五六十年的降税进程，而同为"金砖国家"的印度、巴西汽车关税则高达57%和35%。目前，我国进口化妆品、服装、箱包、鞋帽、手表等消费品关税税率在国际上处于中等偏低的水平。以法国产路易威登（LV）手提包为例，我国征收进口关税为10%，韩国、印度分别为8%和10%，美国、日本为9%和12%，而巴西、南非征收的关税为30%。经过十几年的调整，目前我国工业品中初级产品、中间品和制成品平均税率分别约为5.9%、6.7%和10.6%，与"入世"前这三类产品9.7%、16%和26.2%的税率相比，不仅税率大幅降低，而且结构明显改善，基本实现了从"高水平、窄税基"向"低水平、宽税基"的转变，形成了较为合理的税率结构。

（四）调整进口暂定税率，优化进口商品结构

近年来，我国每年都通过暂定税率的形式，对进口关税进行集中调整，重点降低了重要能源资源性产品、农业生产资料、基础工业原材料、先进技术装备和关键零部件、部分与百姓日常生活密切相关商品的进口税率，并且逐年扩大所涉及商品的范围。2009年起对670多种商品实施较低的进口暂定税率，主要包括煤炭、燃料油、石料等资源能源类产品；氨水、环氧树脂、液晶显示板用偏振片、空调用无级变速压缩机、大型清障车底盘等重要原材料和关键零部件；喷气织机、自动络筒机、大马力拖拉机、大型收割机等先进工农业设备；疫苗、无障碍升降机、陶瓷等与公共卫生相关的产品及部分家居生活用品等。2015年实施进口暂定税率的商品共计749项，平均税率为4.4%，相对于最惠国税率，优惠幅度为60%。实施进口暂定税率的措施，有效促进了相关商品进口和上、下游产业的发展，为满足

经济社会发展需要发挥了重要作用。一方面，位于产业链上游的能源、资源、原材料等初级产品进口持续快速增长，所占比重不断提高，有力支持了国内工业生产和经济建设；另一方面，位于产业链下游的消费品进口也保持稳定增长，为丰富国内市场供应、促进国内消费增长发挥了积极作用。根据海关贸易数据统计，2014 年我国进口初级产品和消费品分别为 6043.8 亿美元和 1059.1 亿美元，同比增长 39.3% 和 34.5%，均高于 24.9% 的进口总体增幅，占进口总额的 34.7% 和 6.1%，比重同比提高了 3.7 和 0.5 个百分点。

（五）不断丰富征税方式，有效发挥关税杠杆作用

我国已实现征税税种和征收方法的多样化，充分发挥特殊关税制度的功能。以从价税为主，辅以从量税、复合税、选择税、季节税、滑准税、临时关税、反倾销税、反补贴税等税种，这既能保证关税政策性调节弹性的发挥，又能保证税基不受侵蚀，征税方式日趋完备。2002 年起我国对 52 个税目按规定的税率征收从量税、复合税和滑准税。例如，我国对配额外棉花进口实行滑准税，对天然橡胶进口实行选择税，对部分电子摄录设备进口实行复合税，对感光材料等产品进口实行从量税，对化肥出口实行季节税等多种征税方式。针对不同商品特点采取不同的征税方式，既充分考虑了多方利益，照顾了上、下游产业的关系，又综合平衡了供需关系，收到了良好的调控效果，有效发挥了关税的杠杆作用。近年来，根据国际国内经济形势变化，配合国家出台的其他调控措施，通过适时调整进、出口关税，有效应对了 2007 年国际市场原材料价格上涨、2008 年国内外市场粮食产品价格上涨、2009 年外贸急剧下滑、2010 年国际大宗商品价格上涨、2011 年物价过快上涨等复杂形势，有力地保证了国内市场供应和价格总水平基本稳定。

（六）实施专项关税优惠政策

近年来，通过制定关税及进口环节税收优惠政策，大力支持产业转型升级和企业自主创新，有效配合了十大重点产业、战略性新兴产业、科技重大专项等国家发展规划的实施。同时，关税政策导向进一步向科教、卫生、文化、公益等公共事业领域倾斜，支持改善民生。如 2008 年起实施的重大技术装备进口税收优惠政策，对国内企业研发生产重大技术装备所需进口的关键零部件及原材料，免征关税和进口环节增值税，同时取消相应整机和成套设备的进口免税政策。在此政策支持下，国内 200 多家装备制造企业通过引进技术消化吸收再创新，开发了一批拥有自主知识产权和核心技术的产品，实现了跨越式发展。

（七）开展多边经贸合作，实施协定税率

为扩大双边、多边经贸合作，促进区域经济发展，中国将依据中国—东盟、中国—智利、中国—巴基斯坦、中国—新西兰、中国—新加坡等自由贸易协定以及《亚太贸易协定》，对原产于东盟十国、智利、巴基斯坦、新西兰、新加坡、韩国、印度、斯里兰卡、孟加拉等国家的部分进口商品实施比最惠国税率更优惠的协定税率。在《内地与香港关于建立更紧密经贸关系的安排》《内地与澳门关于建立更紧密经贸关系的安排》框架下，继续对原产于港澳地区且已制定原产地优惠标准的产品实施零关税。继续对原产于老挝等东南亚 4 国、苏丹等非洲 31 国、也门等 6 国，共 41 个最不发达国家的部分商品实施特惠税率。根据有关优惠贸易安排项下的分阶段关税减让方案，2015 年中国进一步下调了原产于东盟、智利、新西兰、秘鲁、哥斯达黎加、瑞士、冰岛等国家以及香港、澳门特别行政区的部分商品税目税率。对于原产于巴基斯坦、新加坡以及亚太贸易协定项下已制定优惠原产地标准的商品继续实施零关税。根据《海峡两岸经济合作框架协议》规定，2015 年实施该协定税率的

税目数为622个，平均税率为0。

关键术语

关税　进口税　从量税　从价税　混合税　选择税　反倾销税　反补贴税　普遍优惠制　最优关税　海关税则　单式税则　复式税则　名义保护率　有效保护率

复习思考题

1. 普惠制的基本原则是什么？普惠制方案一般包括哪些主要内容？
2. 什么是关税税则？它可以分成几类？
3. 试以局部均衡分析法剖析小国征收进口关税的经济效应。
4. 小国征收关税，其福利水平为何一定下降？
5. 什么是最适关税？小国有无最适关税？大国的最适关税税率如何确定？
6. 试比较从价税和从量税的不同特点和作用。
7. 假设某国对轿车进口的关税税率为180%，国内某一典型汽车制造商的成本结构和部件关税如表8-3所示。

表8-3　基本情况

成本项目	钢 板	发 动 机	轮 胎
占汽车价格比重	20%	30%	10%
进口关税税率	60%	120%	30%

（1）计算该国轿车产业的有效保护率。
（2）如果钢板、发动机和轮胎的进口关税分别降为10%、30%和5%，再计算该国轿车的有效保护率。
（3）通过以上的计算，可以推出哪些有关有效保护率的一般结论？
8. 假设某国是汽车进口的小国，对汽车的需求和供给分别为：

$$Dc = 2000 - 0.02P \quad Sc = 1200 + 0.03P$$

并设国际市场上的价格为10000美元，使用数字和图形说明下列问题：
（1）贸易前，该国汽车的价格和产量。
（2）自由贸易条件下，该国汽车的产量和进出口量，自由贸易对国内消费者及厂商的福利水平的影响。
（3）该国对进口汽车征收每辆3000美元的进口税，国内汽车的产量和贸易量。
（4）与自由贸易相比，消费者和厂商的福利水平变化。
9. "新战略性贸易政策理论揭示了像韩国这样推行出口补贴的政策是明智之举。出口补贴使每一个产业都获得了在国际竞争中发展壮大所需的战略优势。"请结合韩国出口补贴的实践对这一论点进行评述。
10. "关税能为政府带来收入并且能为国内产业提供保护，因此，关税税率越高，政府的收入越多且对国内产业保护越好"。请对该观点进行分析。

延展阅读书目

［1］朱立南．国际贸易政策学［M］．第二章、第三章．北京：中国人民大学出版社，1996．
［2］王普光，等．关税理论政策与实务［M］．第三章、第四章、第六章．北京：对外贸易教育出版社，1993．
［3］华民．国际经济学［M］．第四章．上海：复旦大学出版社，2001．
［4］杨圣明．中国关税制度改革［M］．第三章．北京：中国社会科学出版社，1997．
［5］尹翔硕．国际贸易教程［M］．第八章．2版．上海：复旦大学出版社，2001．
［6］中华人民共和国海关进出口税则编委会．中华人民共和国海关进出口税则［M］．北京：经济日报出版社，2015．

第九章 非关税措施

本章学习要点

- 非关税措施的特点与分类
- 进口配额的含义及其经济效应
- 外汇管制的含义及其分类
- 技术性贸易壁垒的含义、分类、特点及性质
- 环境贸易壁垒的含义、形式、特点及性质

第一节 非关税措施的特点与分类

关税曾经是限制进口的主要措施，然而，"二战"后，在 GATT 的主持下，经过 8 轮多边谈判，缔约国的平均关税水平有了大幅度的降低。为了满足贸易保护发展的需要，各国采取其他手段来限制和干预对外贸易。这些手段名目繁多，花样也不断翻新，为了与关税措施相区别，人们把除关税以外的所有限制与扭曲贸易的措施统称为非关税措施或壁垒（Non-tariff Barriers，NTBS）。

一、非关税措施的特点

与关税措施相比，非关税措施具有以下特点：

1. 种类繁多，适用范围广泛

据统计，非关税措施已经从 20 世纪 60 年代末的 850 多项发展到 20 世纪 70 年代的 900 多项，20 世纪 90 年代末已经达到 2700 多项，且还在不断增加。与进出口商品、进出口程序有关的种种法律规定、行政管理措施、技术标准的适用范围都十分广泛。

2. 具有更大的灵活性和较强的针对性

关税税率的制定必须通过立法程序，具有相对的稳定性。如果要调整或更改税率，往往需要经过比较繁琐的法律程序和手续。在多边贸易体制下，一国对其关税的调整或更改要受到多边协议的约束，牵涉面太广，灵活性较小。而且关税税率的制定往往是针对某一类商品，很难再做更具体的划分。而非关税措施的制定通常采取行政程序，操作起来简便、灵活，可以随时针对某国的某种商品采取相应的限制措施，达到特定的限制进口的目的。

3. 能更有效地限制进口

关税措施是通过征收高额关税，提高进口商品的成本和价格，削弱其价格竞争能力，从而间接地达到限制进口的目的。而非关税措施，如进口配额预先规定了进口的数量或金额，

超过限额就要征收高额关税甚至禁止进口，其限制作用就直接、有效得多。

4. 更具有隐蔽性

关税税率确定以后，必须在海关税则中公布，任何国家的出口商都可以了解，毫无隐蔽性可言。但一些非关税措施往往并不公开，或者规定极为繁琐复杂的标准和手续，且经常变化，使外国出口商难以应付和适应。

5. 更具有歧视性

一国关税税率是统一的，而且有 WTO 最惠国待遇原则的约束，因此，关税同等程度地限制了所有国家的进口。而非关税措施则可以针对某个国家或某个商品专门制定相应的措施，因而更具有歧视性。

6. 形式上的合法性

GATT 及随后的 WTO 对各国税率的更改有严格的限制，因而擅自提高税率是不合法的。但是，随着经济的发展和人民生活水平的提高，保护消费者的健康、安全，保护自然环境，不仅符合社会发展的要求，也符合 WTO 的宗旨和规定。因此，以保护消费者的健康、安全，保护自然环境为名，制定种类繁多的检验程序、技术标准，既可以达到限制进口的目的，形式上也是合法的。

"二战"后尤其是 20 世纪七八十年代以来非关税措施迅速"流行"的原因主要有：

（1）各国经济发展不平衡。这是导致非关税措施迅速发展的根本原因。美国的相对衰落，日本的崛起，欧盟的建立和扩大，使得市场问题日益尖锐。以美国为首的发达国家纷纷加强了贸易保护手段，而非关税措施具有较强的"传染性"，各国互相模仿，使这些措施迅速扩散至各国。

（2）战后在 GATT 的努力下，关税普遍大幅度地减让，各国不得不采用非关税措施来限制进口，以保护国内生产和国内市场。

（3）生活水平和科技水平的迅速提高，使许多非关税措施既有实施的必要，也有实施的可能。随着经济的发展，生活水平的提高，消费者对商品的质量要求也越来越高，经济发展造成的环境污染也使消费者的环保意识越来越强，而科技水平的提高，则相应提高了生产的技术水平和对进口商品的检测能力。发达国家的生产和消费纷纷向环保型发展，相应地对进口商品也提出相应的要求。

（4）非关税措施本身的隐蔽性、灵活性、针对性及形式上的合法性等优点，使得它在限制进口、保护国内市场方面效果显著，运用起来得心应手，而且使受害国难以进行报复，因此受到各国的欢迎。

二、非关税措施的分类

为了深刻了解非关税措施的特征以及准确分析其经济效应并积极应对其不利影响，需要对种类繁多的非关税措施进行区别和归类。以不同的标准划分，非关税措施大致可以分为以下几类：

1. 从对进口限制的作用上分类，可分为数量限制型非关税措施和成本价格型非关税措施

数量限制型非关税措施是指由进口国直接对进口商品的数量或金额加以限制，或迫使出口国直接限制商品的出口的措施。这类措施主要有进口配额制、进口许可证制、"自愿"出口限额等。成本价格型非关税措施是指进口国并未直接规定进口商品的数量或金额，而是对进口商品制定种种严格的条例或规定，直接影响进口商品的成本进而削弱外来商品的竞争力，从而间接地影响和限制商品的进口的措施，如进口押金制、最低进口限价、海关估价制、苛刻复杂的技术标准、卫生检疫规定等。

2. 从制定主体的角度分类，可分为内生性非关税措施和外生性非关税措施

两者的区别在于是由本国自主决定还是由外界压力或通过谈判达成协议决定。例如1981年美国政府要求日本"自愿"限制对美国出口的汽车数量，每年不得超过168万辆，为期3年。由于严重依赖美国市场，日本不得不接受美国的条件，"自愿"限制对美国的出口，这就是外生性非关税措施。目前大多数"自限协定"或"有秩序的销售协定"均是通过谈判达成的，都属于外生性非关税措施。同样是在1981年，美国单方面规定从中国进口的羊毛衫配额为18.73万打，即为自主配额，属于内生性非关税措施。

3. 从实施手段的特性角度分类，可分为制度性非关税措施和技巧性非关税措施

前者如利用进口配额制、进口许可证制、进出口国家垄断、政府采购政策、海关估价制、原产地规则等制度形成制度性措施，后者如利用技术标准、质量标准、环境标准、劳工标准、商品检验标准等形成技巧性措施。技巧性非关税措施隐蔽性高，看上去似乎并不违背WTO的原则，但内容却变幻莫测，行之有效，使人防不胜防，被越来越多地采用。

4. 从影响方式及程度的角度分类，可分为直接影响性非关税措施、间接影响性非关税措施及溢出或旁及影响性非关税措施

表9-1是联合国贸易与发展会议（UNCTAD）在20世纪80年代提出的对非关税措施的分类。每种类型又分为A、B两组，其中A组为数量限制，B组为影响进口商品的成本。直接影响性非关税措施是指出于保护国内产业、加强国内产业在国外市场竞争力的考虑，而采取的对进口产品限制和对本国出口产品鼓励的措施，如进口配额制、许可证、进口押金制等，这类措施对贸易的限制直截了当。间接影响性非关税措施从表面上看是出于其他目的而制定的，比较含蓄，不易被发现，但仍被怀疑具有隐藏的限制贸易的动机，如质量标准、海关程序、检验标准等。溢出或旁及影响性非关税措施是指并非主要针对贸易，却不可避免地导致国际竞争条件失常，从而对贸易发生影响的非关税措施，这类措施有：政府对某种商品在生产、销售和分配方面的垄断政策，影响贸易的产业政策和地区发展政策，政府特定的国际收支政策和会计政策等。

表 9-1　联合国贸易与发展会议对非关税措施的分类

Ⅰ. 为保护国内生产不受外国竞争而采取的商业性措施
A组：1. 进口配额 2. 许可证 3. "自愿"出口限制 4. 禁止出口和进口 5. 国营贸易 6. 政府采购 7. 国内混合规定
B组：8. 最低限价和差价税 9. 反倾销税和反补贴税 10. 进口押金制 11. 对与进口商品相同的国内工业生产实行优惠 12. 对与进口商品相同的国内工业实行直接或间接补贴 13. 歧视性的国内运费 14. 财政部门对于进口商品在信贷方面的限制
Ⅱ. 除商业性政策以外的用于限制进口和鼓励出口的措施

（续）

A 组 { 15. 运输工具的限制
16. 对于进口商品所占国内市场份额的限制

B 组 { 17. 包装和标签的规定
18. 安全、健康和技术标准
19. 海关检查制度
20. 海关估价
21. 独特的海关商品分类

Ⅲ. 为促进国内替代工业的发展而实行的限制进口措施
22. 政府专营某些商品
23. 政府实行结构性或地区性差别待遇政策
24. 通过国际收支限制进口

（资料来源：陈宪、韦金鸾、应诚敏、陈晨编著，《国际贸易——原理·政策·实务》，第 3 版，立信会计出版社，2003 年，第 191 页。）

为了更清楚地了解非关税措施的主要形式及其特征，可以将其归纳，如表 9-2 所示。

表 9-2 非关税措施分类表

影响程度 作用机制	直接影响	间接影响	溢出或旁及影响
控制数量	1. 进口配额、许可证 2. "自愿"出口配额 3. 进出口禁令 4. 当地含量要求 5. 混合规定 6. 禁止性政府采购政策 7. 直接影响贸易的投资措施	1. 通信工具限制 2. 广告数量和市场限制 3. 间接影响贸易的投资措施	1. 产业和地区发展政策 2. 特定的国际收支政策 3. 税收制度的差异 4. 国家社会保障制度 5. 折旧期限的差异 6. 国家订货的规模效应 7. 国际运输协定
影响成本	1. 反倾销措施 2. 进口押金制 3. 国内费用的差别待遇	1. 海关估价 2. 外汇管制 3. 包装、标签规定 4. 质量、卫生、环境标准 5. 安全、劳工标准 6. 报关程序 7. 披露规定和行政指导 8. 专业服务中的许可证、文凭 9. 销售证规定	

（资料来源：赵春明主编，《国际贸易学》，石油工业出版社，2003 年，第 307 页。）

第二节 数量限制措施

一、进口配额制

进口配额制（Import Quotas System）又称进口限额，是一国政府在一定时期内对某种商品的进口数量或金额所规定的限额。在规定的限额以内商品可以进口,超过限额就不准进口,或征收较高的关税或罚款。它是进口数量限制的重要手段之一。根据控制的力度和调节手段,进口配额又可分为两种:绝对配额和关税配额。

1. 绝对配额

绝对配额(Absolute Quotas)是指在一定的时期内,对某种商品的进口数量或金额规定一个最高限额,达到这个限额后,便不准进口。在实施中又分为两种:全球配额、国别配额。

(1) 全球配额。全球配额(Global Quotas)属于世界范围内的绝对配额,它是指一国当局在一定时期内对某种商品规定一个全球性配额额度,对于任何国家和地区的商品一律适用。主管当局通常按进口商申请先后顺序或过去某一时期的实际进口额批给进口商一定的额度,直至总配额发完为止,超过总配额就不准进口。

(2) 国别配额。国别配额(Country Quotas)即在总配额内按国别或地区分配给固定的配额,来自任何国家或地区的商品超过规定的配额便不准进口。为了区分来自不同的国家或地区的商品,进口商必须提交原产地证书。实行国别配额可以使进口国根据其与有关国家或地区的政治经济关系分配不同的额度。一般地,国别配额又可分为自主配额和协议配额。

自主配额(Autonomous Quotas)又称单方面配额(Unilateral Quotas),是由进口国完全自主地、单方面强制规定一定时期内从某个国家或地区进口某种商品的配额。这种配额不需征得出口国的同意。协议配额(Agreement Quotas)又称双边配额(Bilateral Quotas),是由进口国与出口国双方通过谈判达成协议规定的某种商品的进口配额。如果协议配额是通过双方政府的协议订立的,一般需要在进口商或出口商中进行分配;如果配额是由双方的民间团体达成的,应事先获得政府许可方可执行。协议配额是由进出口双方协商确定的,通常不会引起出口方的反感与报复,并可使出口国对于配额的实施有所谅解与配合,执行起来比较容易。

2. 关税配额

关税配额(Tariff Quotas)是指一国政府在一定时期内,对某种商品规定一定数额的进口配额,对于在规定配额以内的进口商品,给予低税、减税或免税待遇;对于超过配额的进口商品则征收较高的关税,或征收附加税或罚款。这实际上限制或禁止了超过配额以外的商品进口。

按商品进口的来源,关税配额可分为全球性关税配额和国别性关税配额,前者不分国别来源,对所有商品一律适用;后者则根据不同国家的额度分别适用。按征收关税的目的,关税配额可分为优惠性关税配额和非优惠性关税配额。

3. 进口配额的经济效应

进口配额是通过对进口数量的直接限制来影响国内市场的价格,从而调节进口和保护国内生产的。如果实行进口配额的是个贸易小国,那该国由于配额而减少进口不会影响世界市场价格,而只会引起本国价格的上涨。如果配额使进口商品价格上涨的幅度与征收进口关税相同(等效关税),那配额所产生的消费效应、生产效应、贸易效应与关税的局部均衡效应完全相同,假如政府采取竞争的手段将配额拍卖,那么财政收入效应也应与等效关税相同。

如果实行配额的是个贸易大国,那该国就会由于配额限制了外国产品进入本国市场而造成国际市场商品充斥,导致国际市场价格下跌。至于该国会不会因此而改善贸易条件,产生贸易条件效应，就要看具体情况了。在实行配额的条件下，即使国际市场价格下跌，该国也不会增加进口，因此，出口国就无法通过降价来扩大出口，对该国就会维持原有的价格水平，甚至可以借机提价。出口国在供给弹性较大的情况下，尤其会这样做。但是如果出口国供给弹性较小，且又十分依赖于该国的市场，那该国实行配额限制进口，就会改善本身的贸易条件，而使出口国的贸易条件恶化。各种效应都与贸易大国征收关税类似。

下面用图9-1来分析进口配额对贸易小国的经济效应。

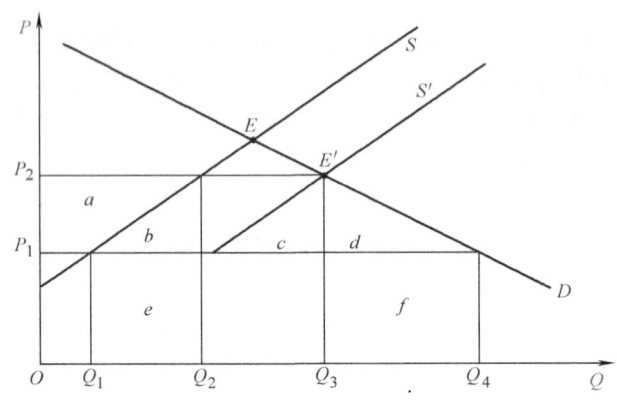

图9-1　贸易小国配额的经济效应

图9-1为贸易小国配额经济效应的局部均衡图。图中S曲线和D曲线分别代表该国某商品的国内供给曲线和需求曲线。在封闭条件下，S和D的交点E为国内供求均衡点。在自由贸易条件下，该国面临具有无穷弹性的国际供给曲线P_1，其国内生产(OQ_1)，总共消费(OQ_4)，缺口为进口量(Q_1Q_4)。现在假设该国对进口实行配额，规定只允许进口(Q_2Q_3)数量的商品，则此时该国此商品的供给曲线就会变为S'。在国际市场价格P_1之上，不管价格如何变化，它总是在国内供给基础上加上一个固定的进口量。S和S'之间的水平距离即为配额数量。此时，国内均衡点为E'，价格为P_2，该国消费(OQ_3)，国内生产(OQ_2)，进口(Q_2Q_3)。其产生的经济效应如下：

消费（代价）效应：国内消费减少(Q_3Q_4)，消费者剩余减少$a+b+c+d$。

生产（保护）效应：国内生产增加(Q_1Q_2)，生产者剩余增加a。

贸易（收支）效应：进口减少(Q_1Q_2)+(Q_3Q_4)，贸易支出减少$e+f$。

配额利润效应：配额拥有者获得配额利润c，即(OP_2-OP_1)·(Q_2Q_3)。

再分配效应：消费者剩余减少的$a+b+c+d$中，a转化为生产者剩余，c转化为进口商的配额利润。净损失为$b+d$，即配额保护的代价，其中b为生产损失，d为消费损失。

关于配额的分配，大致有3种方法：

(1) 竞争性拍卖。这是最公平、最有效率的办法。政府将配额在竞争性市场上公开拍卖，将配额拍给出价最高的竞买者，理论上配额的超额利润将全部转为国家的财政收入。

(2) 无偿分配。这又有以下两种情况：

1) 直接分配给固定的进口商。政府根据主要进口商前几年平均进口数量或比重或根据某一个基期中各进口商的份额来分配配额，而不考虑进口商经营效率的变化，很难公正。不仅如此，由于配额能带来垄断利润，既得利益者会千方百计地采用各种手段包括贿赂来维持、扩大其既得利益,严重损害国家的利益,阻碍改革的进行。

2)按进口商申请的先后顺序分配。这是指按先申请、先发放的原则向进口商发放配额。在实践中,由于配额的有限性,加上排队等待可能错过商机等因素,促使进口商通过贿赂政府官员提前获得配额,再加上配额发放的程序不透明,暗箱操作,这就为"寻租"的盛行创造了条件。

(3) 配额由出口国自行掌握。在实行国别配额时,进口国会将配额分配给世界各出口国,由它们按配额控制出口量,或者出口国采用"自愿"出口配额。这样,获得出口配额的出口商可以按进口国国内的价格销售,从而获得超额利润,进口国的净损失就会增加。

二、"自愿"出口配额制

"自愿"出口配额制("Voluntary" Export Quotas)又称"自愿"限制出口("Voluntary" Restriction Export),它是指出口国或地区在进口国的要求或压力下,"自愿"规定某一时期内(一般是3~5年)某些商品对该国的出口限额,在限定的配额内自行控制出口,超过限额即禁止出口。

"自愿"出口配额与绝对进口配额形式不同,但实质相同,都是通过数量限制来控制进口。20世纪70年代以来,用"自愿"出口配额制进行保护的趋势日益加强,主要原因有以下几方面。首先,由于关贸总协定(世贸组织)缔约方的多边谈判已大大降低了关税,而传统的非关税壁垒措施,如进出口数量限制、海关估价制度、进出口许可证制度等,也在多边谈判的基础上受到限制,它们的使用必然受到国际社会的有力监督。因此,要有力地限制进口,必须寻求其他措施。其次,"自愿"出口限制协定一般由两国政府采取不公开或半公开的方式私下达成,透明度很低。由于这种出口限制是"自愿"的,其法律地位不明确,是"灰色区域措施"。最后,由于国际贸易中不断出现反补贴、反倾销指控,作为出口国,采用"自愿"出口限制措施主动化解争端要比其他方法在经济上来得有利,且不伤和气,能继续发展与进口国的经贸关系。从进口国的角度来看,选择"自限"比提高关税或规定配额更能避开关贸总协定(世贸组织)的规则,依自己的意愿针对某个国家采取限制措施,而不涉及出口同类产品的其他国家,不必担心受到这些国家的报复而使本国的出口遭到损害。

三、进口许可证制

进口许可证制(Import License System)是指国家为管制对外贸易,规定某些进口商品必须事先领取进口许可证,没有许可证,一律不准进口的制度。进口许可证必须注明有效期与进口商品名称、来源、数量等。

进口许可证可分为两类:

1. 按进口许可证与进口配额的关系,可分为有定额的进口许可证和无定额的进口许可证

(1) 有定额的进口许可证。有定额的进口许可证是指国家有关机构预先规定有关商品的进口配额,在配额的限度内,根据进口商的申请对于每笔进口货物发给进口商一定数量或金额的进口许可证。

(2) 无定额的进口许可证。无定额的进口许可证是指进口许可证不与进口配额相结合,国家有关政府机构也不预先公布进口配额，只是在个别考虑的基础上进行。此种进口许可证由于没有公开的标准，因而给正常贸易造成更大困难，其限制进口的作用更大。

2. 按进口管制的程度，可分为公开一般许可证和特种进口许可证

（1）公开一般许可证。公开一般许可证（Open General License）又称"公开进口许可证""一般许可证"或"自动进口许可证"。它对进口国别或地区没有限制，凡列明属于公开一般许可证的商品，进口商只要填写公开一般许可证后，即可获准进口。显然，这种许可证对进口管制最松。属于这类许可证的商品是"自由进口"的商品。填写许可证的目的不在于限制进口，而在于管理进口，如海关可直接对进口商品进行分类统计。

（2）特种进口许可证。特种进口许可证（Specific License）又称非自动进口许可证。进口商必须向政府有关当局提出申请，经逐笔审查批准后才能进口。这种进口许可证对进口的管制最严，而且多数都指定进口国别或地区。

四、外汇管制

外汇管制（Foreign Exchange Control）也称外汇管理，是指一国政府通过法令，对国际结算和外汇买卖实行限制，以平衡国际收支和维持本国货币汇价的一种制度。负责外汇管理的机构一般都是政府授权的中央银行（如英国的英格兰银行），但也有国家另设专门机构（如法国设立外汇管理局）。一般说来，实行外汇管制的国家，大都规定出口商必须将出口所得外汇收入按官方汇率出售给外汇管理机构，而进口商进口用汇也必须向外汇管理机构申请。此外，该国禁止外汇自由买卖，本国货币出入境也受到严格限制。这样，政府就可以通过确定官方汇率、集中外汇收入、控制外汇支出、实行外汇分配等办法来控制进口商品的数量、品种和国别。

对外贸易与外汇关系十分密切，因为出口必然要收汇，进口必然要付汇，因此，通过对外汇有目的地进行干预，就可以直接或间接地影响进出口。利用外汇管制来限制进口的方式一般分为以下两种：

1. 数量性外汇管制

它是指国家外汇管理机构对外汇买卖的数量直接进行限制和分配。进口商如欲进口商品，必须向国家外汇管理部门申请外汇额度，经外汇管理部门批准后，方可获得外汇，支付进口货款。其目的在于国家集中外汇收入，控制外汇支出，实行外汇分配，以限制进口商品品种、数量和国别。

2. 成本性外汇管制

它是指国家外汇管理机构对外汇买卖实行复汇率制度（System of Multiple Exchange Rates），利用外汇买卖成本的差异，间接影响不同商品的进出口。所谓复汇率制度，是指一国货币对外有两种或两种以上的汇率。其目的是利用汇率的差别限制或鼓励某些商品进口或出口。一般说来，对于适当允许进出口的商品使用普通汇率；对于鼓励进出口的商品使用优惠汇率；对于严格限制进口的商品则使用惩罚性汇率，即高价购买外汇，使进口商品成本增加，竞争力下降，从而达到限制其进口的目的。

一些国家同时采用数量性外汇管制和成本性外汇管制，使国家能更有效地控制商品进出口。

第三节　技术性贸易壁垒

技术性贸易壁垒（Technical Barriers to Trade，TBT）是指一国以维护生产、消费安全及保护人民健康为理由，通过颁布法律、法令、条例、规定，制定复杂苛刻的技术标准、卫生检疫规定以及商品包装和标签规定，增加进口难度，使外国商品难以适应，从而起到限制外国商品进口的作用。

一、技术性贸易壁垒的分类

（一）严格、繁杂的技术法规与技术标准

技术法规是指由进口国政府制定、颁布的有关技术方面的法律、法令、条例、规则和章程，它具有法律上的约束力。技术法规所涉及的范围包括环境保护、卫生与健康、劳动安全、节约能源、交通规则、计量、知识产权等方面，对商品的生产、质量、技术、检验、包装、标志及工艺流程等进行严格地规定和控制，使本国商品具有与外国同类商品不同的特性和适用性。进口商品必须严格遵守这些法规，否则，进口国就有权对此进行限制，甚至扣留、销毁。目前，工业发达国家颁布的技术法规种类繁多，例如《消费产品安全法》《防毒包装法》《控制放射性的健康与安全法》《设备安全法》《防爆器材法》《高频设备抗干扰法》《蔬菜水果进口检验法》《产品含毒物质限制法》等。《欧共体指令》就是典型的技术法规。

【国贸博览 9-1】

中国彩电出口北美专利费加码　每台新增 14 美元

美国强制推行 ATSC 数字电视标准的大限——2007 年 3 月 1 日，这一天到来之际，挥向中国彩电企业的专利"大棒"再一次加码。

2006 年 12 月 23 日，从国家知识产权局内部获悉的一份专利费详细清单显示，与此前业界普遍预计的 2~3 美元/台大相径庭，届时对美出口彩电要付出的专利费可能高达 23 美元/台。据了解，2006 年 11 月，美国 ATSC 组织曾两次来华，向有关方面提出不断更新的专利费清单。此次新增加的专利费用主要来自于汤姆逊和索尼的专利。

一、每台新增 14 美元

业界此前曾预测，ATSC 的基本专利技术其实只有两项，即美国 Lucent 和 Zenith 两家公司收取的分别为 1 美元/台和 2.5 美元/台的专利费用。其中，Zenith 公司目前还因为专利费问题与日本、韩国彩电企业，以及中国的 TTE 展开法律诉讼。因此，此前普遍的乐观预测是，届时出口美国的数字电视需要付出的专利费用为 2~3 美元/台。

但从国家知识产权局获得的该专利清单显示，在目前总数为 23 美元/台的专利费中，有一些是在模拟电视时代就已经开始征收的，如美国杜比的音频 AAC 技术（每台收费 2 美元）、Mpeg La 联盟的 MPEG2 视频压缩技术（共 795 项专利，由 24 个专利人所有；每台收费 2.5 美元）、加拿大 Tzi-vision（每台 1.25 美元）以及美国 GUARDIA MEDIA 公司的 V-chip 技术（每台 1 美元）。

而 2006 年 11 月才纳入 ATSC 专利范围的汤姆逊和索尼，是专利费大幅增加的主要来源。

据悉，汤姆逊许可公司掌握着数字电视的 18 件核心专利技术，包括编解码技术、图像素处理技术和 V-chip 技术等，这其中大部分近日被 ATSC 采用为标准内容。上述专利的收费高达 3~5 美元/台。此外，汤姆逊还向日本平板电视厂商 Funai 转让了 500 项专利，这部分专利将按每台至少 2 美元的方式来收取。

分析人士认为，在将彩电业务出售给 TCL 多媒体之后，汤姆逊在数字电视时代将取代飞利浦成为中国彩电企业最大的专利"债主"。

这份清单还显示，同样纳入 ATSC 的索尼掌握的核心技术虽然只有四项（主要是数字接口和 POD 模块技术），但是其收取的专利费却很高，其收费模式为每台彩电收费 600 日元再加总营业收入的 2%，这相当于每台收取至少 7 美元的费用。

据了解，美国 ATSC 的专利权人还在不断增加，其中的一些专利权人，国家知识产权局目前还没有接触，收费情况尚不清楚，如美国 Sun 公司关于数字电视中间件的费用、日立公司拥有的专利费用等。

二、交叉授权的可能

信息产业部有关人士表示，在平板电视时代，索尼等企业可以利用其掌握的专利，与汤姆逊等公司互换，从而减少专利支出，并以此阻止中国自有品牌的产品进入北美市场。

欧美目前拥有众多的专利技术公司，他们 80%~90% 的收入来自于专利费的收取和技术转让，如美国高通，其 80% 以上的收入来自专利转让；美国 TI 公司每年仅向韩国三星转让专利的收入就达 10 多亿美元。此外，美国很多的组织机构，如 ATSC，就是通过制定游戏规则来赚钱的。

康佳集团股份有限公司彩电技术开发中心总体技术设计所所长陶显芳对记者表示："中国企业如果在美国遭到专利权人的联合起诉，97% 是无法打赢官司的，而一旦败诉将面临 3 倍罚款。"

后来，中国 13 家彩电企业成立知识产权公司，就是为了与国外专利机构进行专利互换，该公司正吸引包括国内的 AVS、HDMI 数据接口联盟，以及数字电视地面传输标准 DVB-TH 等进入。不过，上述专利还需要到美国申请才有进行交叉授权的可能。

不过，有业内人士分析，中国企业还有谈判的资本，占美国彩电销售 30% 以上的中国彩电厂家，以及同样面临专利麻烦的三星、松下等日本、韩国企业，如果联合起来与汤姆逊等专利商谈判，最后的收费价格可能大大降低。

（资料来源：http://digi.it.sohu.com/20061226/n247259035.shtml。）

技术标准是指由公认的（规定产品或有关生产工艺和方法的）规则指南或机构所核准，供共同和反复使用的、不强制要求与其一致的一种文件，主要适用于工业制成品。进口商品只有符合进口国的标准，才准予进口。目前发达国家无不利用自己的技术优势，普遍规定了极为严格、繁琐的技术标准，制定了名目繁多的技术法规，进口商品必须符合这些标准、法规才能进口。如欧盟就有 10 多万个技术标准，各个成员国还有自己的标准。日本有 8500 多个，美国有 10500 多个，德国达 15000 之多。其中，日本的国家标准分成工业标准（JIS）8184 个和农林标准（JAS）397 个。另外，日本众多的行业协会也制定行业标准，只有极少数标准与国际标准一致。如化妆品，要与日本的化妆品成分标准（JSCL）、添加剂标准（JSFA）、药理标准（JP）的要求一致，只要其中一项指标不合格，日方就可以以质量不达标为由将其拒之门外。美国技术标准多由企业协会制定，以产业界自律、自治为特征，以自愿加入、自由竞争为其运作形式。美国国家标准学会（ANSI）是其技术标准最重要的管理者和协调者，它是一个民间性质的非营利团体。进入这些国家市场的产品既要符合国际标准，又要符合其国内标准。

各国不同的技术标准、法规会人为地阻碍自由贸易，构成实质上的技术壁垒。为了协调世界范围内的标准化工作，以推进国际贸易和科学技术的发展，1946年于瑞士日内瓦成立了国际标准化组织（International Organization for Standardization，ISO），该组织的主要工作之一就是制定各行业的国际标准，但ISO制定的标准只是推荐给各国采用，没有强制性。

【案例分析9-1】

欧盟实施史上最严玩具标准　中国制造遇大麻烦

2013年7月21日《欧盟新玩具安全指令》正式实施。欧盟是仅次于美国的世界第二大玩具消费市场，而欧盟市场上，80%以上的玩具是从中国进口的。《欧盟新玩具安全指令》被认为在物理、化学、电子、卫生、辐射等诸多领域里做出了"世界上最严格的规定"。

欧洲人生活的精细众所周知，欧盟有最严格的食品安全法规，现在又有了被认为是全世界"最严苛"的玩具安全指令。实际上这一指令并非突然从天而降，早在2011年就开始强制执行了其中的物理和机械部分，2013年开始强制执行的是化学部分的要求。欧盟委员会副主席塔亚尼曾在一次针对玩具安全的宣传发布会上，举着一双童鞋说："现在我们要特别关注孩子们，因为他们也是消费者，举个例子，来看看这些鞋子，它们铬含量比限量高出10倍以上，超过了3毫克，这种成分是致癌物。"

为了说明问题的严重性，欧盟还耗资7万欧元制作了宣传短片。为此要付费的还有消费者，因为对于欧盟的玩具零售商来说，更加严格的规定也将意味着更高的价格。

欧盟总部布鲁塞尔一家玩具店主麦乐蒂-格蕾丝说："就像我说的，这样有好处也有坏处，这种情况在任何地方都存在，但更重要的是，产品要有好的质量你总要多花点钱，这一点是肯定的。"

《欧盟新玩具安全指令》的条款由原本16条增至57条，明确禁止限制有毒有害化学物质，从8种增加到85种，首次禁用约300种亚硝胺类化合物和致癌、致基因突变、影响生育CMR类物质，迁移元素限制由以前的8种元素增加到了19种。

卫生方面，增加了针对用于36个月以下儿童的纺织玩具可清洗的要求。这些新增加的要求对于欧盟玩具市场的主要供应商中国玩具厂家意味着什么？

对于广东东莞玩具出口企业"哈一代"董事长肖森林来说，每多一条要求，就意味着多一分成本。

肖森林："技术的角度来说是没问题，还是能够做得到，对于出口的直接影响是成本提高了。最终的结果还是消费者买单，比如说成本增加了，利润比例一样，但出厂价就高了，到欧洲进口商的价格也高了，卖到市场上的价格也提高了。"

相比之下，汕头的玩具生产商王锐亮没有提价的勇气，对于他的企业来说，增加的成本都是从利润里扣除的。

王锐亮:"原料一涨价,人工一涨价,就会大大缩小你的利润点。他质量要求又那么严,你投入的费用会更大。"

而据深圳一家名为"金利"的玩具厂负责人邓先生测算,新规带来的成本上升可以达到两成。

邓先生:"我们以前生产用的材料现在改了新的要求,重金属含量要减小,还有其他的方面。成本上升最少20%。"

2011年前开始强制执行物理机械条例后,仅2012年,国内输欧玩具产品共通报314起违规情况,同比增幅超过10%,生产商检测和原材料成本的上涨已成事实。

中国商务部新闻发言人姚坚建议,玩具生产企业除了积极应对标准的变化,更应提升整体竞争力。

姚坚:"我们的企业还是有很多积极的因素、积极的办法来提升他们的竞争力的。比如他们积极研发新产品、特色产品、培育自主品牌的产品、创新经营的模式。用学术一点的名词讲,就是延伸价值链,由以前企业只承担制造环节,延伸到上游的产品的设计、品牌、原材料的供应和下游的销售渠道。"

(资料来源:央视网 http://business.sohu.com/20130721/n382191963.shtml。)

案例讨论:《欧盟新玩具安全指令》对中国出口有何影响?中国玩具企业应采取何种措施应对?

(二) 复杂的合格评定程序

合格评定程序是指任何直接或间接用以确定是否满足技术法规或技术标准有关要求的程序。《世界贸易组织技术性贸易壁垒协议》(以下简称 TBT 协议)规定合格评定程序包括:抽样、测试和检查;评估、验证和合格保证;注册、认可和批准以及各项的组合。一般认为,合格评定程序由认证、认可和互认3个方面组成。

1. 认证

认证是指由授权机构出具的证明,一般是第三方对某一事物、行为或活动的本质或特征,经对当事人提出的文件或事务审核后给予的证明,通常也被称为"第三方认证"。认证可以分为产品认证和体系认证。产品认证主要是指确认产品符合技术法规或技术标准的规定。其中因产品的安全性直接关系到消费者的生命健康,所以产品的安全认证为强制认证。体系认证是指确认企业的生产或管理体系应该符合相应规定。

欧盟在合格评定程序方面有9个统一的认证体系,进入欧盟的产品至少需要符合欧洲标准 EN 和欧盟安全认证标志 CE,日本仅认证体系就有25种,美国认证体系有55种。安全认证体系美国有 UL 认证,加拿大有 CSA 认证,日本有 JIS 认证。目前最为主要的国际体系认证由国际标准化组织(ISO)制定并实施的 ISO 9000 质量管理体系认证和 ISO 14000 环境管理体系认证,行业体系认证有 QS 9000 汽车行业质量管理体系认证、TL 9000 电信产品质量体系认证、IEC 电气设备安全标准认证、英国劳氏船舶等级社 LR 认证、OHSAS 18001 职业安全卫生管理体系认证等。

2. 认可

认可是指权威机构依据程序对某一机构或个人具有从事特定任务或工作的能力给予正式

承认的活动。包括产品认证机构的认可、质量和管理体系认证机构的认可、实验室认可、审核机构认可、审核员/评审员资格认可、培训机构的注册等。

3. 互认

互认是指在评审通过的基础上,认证、认可机构之间通过签署相互承认协议,相互承认彼此的认可与认证结果。TBT协议鼓励成员只要符合技术法规或标准就尽可能接受其他成员的合格评定程序,并就达成相互承认合格评定结果的协议进行谈判。

认证工作涉及生产、流通、消费领域,是一项复杂的系统工程。进口商品必须先进行认证,而要认证,首先就要交纳数目不菲的培训费和认证费。这事实上增加了出口商的负担,间接影响了进口。对大多数发展中国家来说,要获得国际著名认证机构的认证是很困难的。

(三) 严格的卫生与动植物检疫措施

卫生检疫规定是指在成员国境内为保护人类、动植物的生命或健康而采取的技术性措施。随着世界性贸易战的加剧,以及发达国家国民生活水平的提高和保障身体健康的要求,发达国家更加广泛地利用卫生检疫的规定来限制商品的进口,它们要求卫生检疫的商品日益增加,卫生检疫的项目越来越多,规定越来越严格。例如,美国、加拿大规定陶瓷制品的含铅量不得超过百万分之七,澳大利亚规定不得超过百万分之二十。又如日本对从中国进口的大米农药残留项目检验从52种增加到100多种。日本厚生省于2002年7月1日决定,新设约200种农药残留标准。在国内外约700种农药中,厚生省已对其中的229种设定了农残标准。2002年11月8日提出的《食品卫生法》修正案,强化对进口农产品的检查制度,对含有未设定残留标准农药的进口农产品将一律停止流通。再如日本对茶叶农药残留量的规定不得超过百万分之零点二至零点五,对茶叶已设定残留标准的农药达108种。

近年来,欧盟接连出现食品危机,导致欧盟进一步加强食品安全保护,发展中国家对其出口食品难度越来越大。从2000年7月1日开始,欧盟对进口的茶叶实行新的农药最高允许残留量标准,部分产品农药的最高允许残留量仅为原来的1/100~1/200。2003年4月欧盟又增加茶叶中农药残留的检验项目,由2001年的108项增加到156项(日本81项、中国13项)。美国规定,输往美国的食品、药品、饮料及化妆品,必须符合美国的《联邦食品、药品及化妆品法》(The Federal Food, Drug and Cosmetic Act)的规定,否则不准进口。进口货物通过海关时,均须经过美国食品和药品管理局(Food and Drug Administration, FDA)的检验,如发现与规定不符,海关将予以扣留,有权进行销毁,或按规定的日期再装运出口。在美国关税表上,与FDA有关的商品编号约有3944个。每月被FDA扣留的进口商品高达3500批左右。

【案例分析9-2】

中国遭遇入世以来最大贸易壁垒　或导致我国20万人失业

经过长达6年的讨论,欧盟R法规于2007年6月1日正式生效,这使得中国面临入世以来最大的贸易壁垒。业内专家指出,由于所有物质检测和注册的费用均由企业承担,保守估计我国企业每年为R法规所要负担的成本为5亿~10亿美元。

R法规全称为《关于化学品注册、评估、许可和限制法案》。它将取代欧盟的《危险物质分类、包装和标签指令》等40多项有关化学品的指令和法规,对欧盟市场上和进入欧盟市场的所有化学品强制要求注册、评估和许可并实施安全监控。

这项旨在维护欧盟境内居民健康安全的法规也是一种比反倾销等措施更为严格的贸易壁垒。由于其程序复杂且涉及面广泛，在全球范围内备受关注。

业内专家指出，它将涉及欧盟市场上约3万种化工产品、影响中欧之间90%以上的贸易额，中欧化工品进出口总额将下降10%，中国化工生产总值将下降0.4%，并有可能导致20万化工及相关从业人员失业。

统计数据显示：目前，中国与欧盟在化学品领域的双边贸易额每年超过230亿美元。中欧双边贸易总额2006年达到2700多亿美元，欧盟已成为中国最大贸易伙伴。表面上看，上述法案只是针对化学品，影响的将是中国化工产品的出口。然而，化学品不过是冰山一角，它影响的是几乎所有商品，因为几乎没有哪种商品是不使用化工产品的。

专家估计，因为R法规，中国与欧盟的贸易全部受到影响，家电纺织、服装、鞋业、玩具、轻工、电子、汽车、制药等均将受到波及，整个中欧贸易格局乃至其上下游产业格局都将面临一次重大洗牌。

（资料来源：http：//news.sohu.com/20070601/n250341694.shtml。）

案例讨论：欧盟法规具有哪些特点？

（四）严格的商品包装和标签规定

商品包装和标签的规定主要是针对商品包装所使用的材料、包装规格、文字、图形或者代号所做的规定。进口商品必须符合这些规定，否则不准进口。为了符合有关规定，许多商品不得不重新包装和改换商品标签，因而费时费工，增加了成本，削弱了竞争能力，从而影响了销路。如新加坡要求黄油、人造黄油、食用油、米、面粉、白糖等依照标准进行包装，否则不得进口。法国就曾规定，所有标签、说明书、广告传单、使用手册、保修单和其他产品的情报资料，都要强制性地使用法语或经批准的法语替代词。加拿大规定包装文字需用英、法两种文字书写，在英语区销售的商品，其包装上的文字要英文在上，法文在下；在法语区销售的商品，其包装上的文字要法文在上，英文在下。1999年6月欧盟对从中国进口货物的木质包装实施新的检疫标准，要求木质包装不得带有树皮，不能有直径大于3mm的虫蛀洞，必须对木质包装进行烘干，使木材含水量低于20%。为了推动包装废弃物的回收再生和重复使用，欧洲设计了一组包装回收象征性标记，供包装商将其标示在包装主要面。这些标记包括：①可以重复周转再用的包装标记；②可以回收再生（再循环）的包装标记；③使用再生料超过50%的包装标记；④使用绿色标记。

（五）信息技术壁垒

全球贸易额的上升带来了各种贸易单证、文件数量的激增。美国森林及纸张协会曾经做过统计，认为GDP每增加10亿美元，用纸量就会增加8万吨。在各类商业贸易单证中有相当大的一部分数据是重复出现的，据统计，计算机的输入平均70%来自另一台计算机的输出，且重复输入也使出差错的几率增高。据美国一家大型分销中心统计，有5%的单证中存在着错误。同时重复录入浪费人力、浪费时间、降低效率。因此，纸面贸易文件成了阻碍贸易发展的一个比较突出的因素。另外市场竞争也出现了小批量、多品种、供货快的趋势，提高商业文件传递速度和处理速度成了所有贸易链中各环节成员的共同需求。

正是在这样的背景下，以计算机应用、通信网络和数据标准化为基础的EDI（Electronic

Data Interchange）即电子数据交换，又称无纸贸易应运而生。简单地说，EDI 就是按照商定的协议，将商业文件标准化和格式化，并通过计算机网络，在贸易伙伴的计算机网络系统之间进行数据交换和自动处理。过去需要花费 1 天才能办完的通关过程，如今只用不到 1 个小时就可办完，而且不需要提供纸质单证，大大提高了通关效率，加快了贸易速度。欧美从 1992 年起就全面采用 EDI 办理海关业务，不采用 EDI 报关的，单证要重新电子化，处理每个集装箱货物要花费 2000～4000 美元不等及 2～3 周的时间。由于不少发展中国家信息技术落后，EDI 事实上阻碍了落后国家的出口。

二、技术性贸易壁垒的特点及盛行的原因

1. 技术性贸易壁垒的特点

（1）广泛性。技术性贸易壁垒协定（TBT）措施涉及面极广。从产品角度来看，不仅涉及与人类健康有关的初级产品，而且涉及所有的中间产品和工业制成品；从过程角度来看，包括研究开发、生产、加工、包装、运输、销售和消费整个产品的生命周期；从领域来看，已从有形商品扩展到金融、信息等服务贸易、投资、知识产权及环境保护等各个领域，一般发展中国家很难达到，因而极容易遭到发达国家的刁难。

（2）合理性。WTO 关于技术性贸易壁垒的文件有两个，分别是《技术性贸易壁垒协定》（TBT 协定）和《实施卫生与动植物卫生措施协定》（SPS 协定），于 1995 年 1 月 1 日 WTO 正式成立起开始执行。为了保护国家安全及消费者利益，各国可以制定各自的技术法规和标准，只是要求技术壁垒不应妨碍正常的国际贸易，不得具有歧视性，即设立技术法规、标准及检验程序应有其合理的一面。然而目的合理性掩盖了措施的欺骗性，在技术性贸易壁垒看似公平的标准和法规中，渗入了国与国之间发展水平的差异性和一些人为因素，非常具有隐蔽性。

（3）灵活性。制定技术性贸易措施，手续简便，伸缩性较大，可以针对进口商品随时灵活改变标准水平，或增加检验检疫项目，或人为拖延检验时间，而且技术性贸易壁垒措施涉及范围十分广泛，不仅中央政府，而且地方政府甚至民间机构也颁布了许多技术规定，这使得国外厂商疲于应付，竞争力大为削弱，甚至被拒之于国门之外。

（4）强制性。关税壁垒是通过增收高额关税提高进口商品的成本和价格，削弱其竞争力，从而间接影响进口的。技术性贸易壁垒则不然，技术标准和法规的制定和实施具有强制性，达不到标准一律不准进口，这就阻止了科技水平落后国家的出口。

2. 技术性贸易壁垒盛行的原因

WTO 成立以来 TBT 越来越多。WTO 统计数据显示，从 1995～2007 年 12 年间，WTO 各成员通报影响贸易的新规则总量达到 23897 件，其中 TBT 措施为 16974 件，占 71%。2008 年 WTO 通报 TBT 数量 1493 件，2009 年通报 1863 件，2010 年通报 1958 件，2011 年通报 2106 件，2012 年通报 2185 件，2013 年通报 2141 件，即从 1995～2013 年的 18 年间，WTO 通报 TBT 总量已达 28720 件。技术性贸易壁垒越来越多的原因主要有：

（1）科学技术的进步导致技术性贸易壁垒的强化。随着经济的发展和产业结构的升级，技术密集型产品占世界贸易的比重进一步上升，国际贸易中所涉及的各种技术问题也变得更加复杂。科技进步的结果，给发达国家限制商品进口提供了新的手段和快速、准确的数据。为了在激烈的国际市场竞争中取胜，发达国家便利用其先进的技术水平，制定名目繁多的技

术法规、标准、认证制度、检验制度等，使其他国家尤其是发展中国家难以适应，从而达到限制进口的目的。

（2）消费观念的改变和环保意识的增强推动了技术性贸易壁垒的产生。产品品质直接影响消费者的利益，随着消费者自我保护意识的增强，对商品质量要求越来越高，对卫生、安全指标的要求越来越严格；不仅要提高生活水平，更要提高生活质量，当然包括环境质量。因此，要求制定相应技术标准的呼声越来越强烈。各国政府及民间组织顺应潮流，制定了各种各样的技术法规和标准。

（3）世贸组织的例外规定使技术性贸易壁垒可以"合法"地存在。TBT协议虽然规定，要保证技术法规和标准不给国际贸易造成不必要的障碍，但也允许各参加方为提高产品质量、保护人类健康与安全、保护动植物生命与安全、保护环境或防止欺骗行为等，可以有例外规定。服务贸易协定、农产品协定和与贸易有关的知识产权协定中都有类似的规定。此类例外规定给设置技术性贸易壁垒提供了"合法"空间。发达国家纷纷打着保护人类健康与安全、保护环境等旗号，制定出严格、繁多、苛刻的技术法规和标准等，名正言顺地达到既有利于扩大本国商品出口，又有利于限制别国商品进口的双重目的。

（4）关税的大幅度削减和传统数量限制措施被扼制，从而使技术性贸易壁垒成为贸易保护主义的新式武器。GATT及WTO组织的多轮贸易谈判不但使关税大幅度地下降，而且强化和完善了非关税壁垒的约束机制，尤其是传统的数量限制措施被规定了取消时间表。在这种情况下，世界各国特别是发达国家转向使用技术性贸易壁垒，使之成为贸易保护主义的新式武器。

三、技术性贸易壁垒的性质及影响

（一）技术性贸易壁垒的性质

技术性贸易壁垒具有双重性，它既有合理合法的一面，又有易被贸易保护主义利用的一面。合理制定和实施技术法规、标准、合格评定程序等可以维护国家经济安全，保障人类健康和安全，保护生态环境，促进调整和优化产业结构，规范市场秩序，促进经济和社会的可持续发展。事实上，一开始技术性贸易措施大都是为了保护本国消费者的利益而被各国提出和采用的，并极大地推动了国际贸易的发展。但是，随着关税大幅度降低和传统非关税壁垒不断被消除和规范，技术性贸易措施也越来越被滥用，成为替代关税和一般非关税壁垒的最重要的贸易壁垒，成为发达国家实行贸易保护主义的主要手段和高级形式。

（二）技术性贸易壁垒的影响

从结果看，技术性贸易壁垒是一把"双刃剑"，既会对各国的经济发展产生积极影响，也会产生消极影响。

1. 合理运用技术性贸易措施的积极影响

（1）保障人类健康和安全。合理的技术性贸易措施可以保障人类的健康和安全，提高生活质量。

（2）维护国家基本安全。世贸组织的TBT协议明确指出："不应阻止任何国家采取必要的措施以保护其基本安全利益"。建立有效的技术性贸易壁垒体系可以帮助一国维护国家基本安全，促进科技进步，促进调整和优化产业结构。

（3）保护生态环境，实现可持续发展。在国际贸易领域，以保护环境为目的而采取限制甚至禁止贸易的措施即绿色壁垒，一方面限制甚至禁止了严重危害生态环境产品的国际贸易和投资；另一方面，又为有利于可持续发展的产业创造了新的发展空间，这些产业已成为国际贸易和投资新的增长点。

(4) 调控经济贸易利益，提高企业出口竞争力。采取合理的技术性贸易措施，特别是采用国际标准和取得国际认证，是调整和优化企业出口产品结构的重要手段，是进入国际市场的通行证，也是提升出口竞争力的重要工具。世贸组织有关技术协议的实施也有助于规范各国的技术壁垒，从而为国际竞争创造较为良好的环境。

2. 滥用技术性贸易壁垒的消极影响

(1) 增加贸易成本，造成贸易障碍。根据美国商务部1998年的报告和欧盟的研究，仅受技术法规影响的出口产品就占世界出口总额的25%，全世界出口因此减少15%~25%，因标准和认证减少的出口相当于出口总额的3.75%~6.25%。联合国贸易与发展会议的一个研究报告指出，海关程序和相关活动所需的成本占贸易总额的7%~10%，对这些程序进行协调并简化可以降低25%的成本，相当于贸易总额的1.75%~2.50%。美国商务部估计，各种技术性贸易壁垒至少直接影响美国500亿美元的出口，并且成为另外200亿~400亿美元货物出口的障碍。⊖

(2) 引发贸易争端。由于利益不同，评判方法也难以统一，且技术性贸易壁垒较易被贸易保护主义者所利用，结果引发争端。目前TBT已成为贸易争端的重要领域。1995~2002年间，涉及TBT和SPS（《实施动植物卫生检疫措施的协议》，简称SPS协议）的争端达50件，其中39个涉及农产品和食品。在2001年3月15日SPS委员会会议上，秘书处汇报了80个对贸易有影响但有争议的案例。在这些案例中，23个涉及食品安全，28个涉及动物健康与疫病，27个关于植物健康。涉及采取SPS措施的国家和地区共39个，贸易受到影响的国家和地区达22个。⊖

(3) 限制进口，损害发展中国家的利益。技术性贸易壁垒大多数是由发达国家制定的，而发展中国家科技水平落后，致使发展中国家受到的损害最为严重。据统计，发展中国家受贸易技术壁垒限制的案例，大约是发达国家的3.5倍。加入世贸组织以来，我国有2/3的出口企业遭遇国外技术性贸易壁垒，有2/5的出口产品受到不同程度的影响，每年我国受技术性贸易壁垒所造成的贸易损失达到200亿美元。⊜

(4) 扭曲比较利益，抵消多边谈判取得的成果，扭曲贸易的地区和商品结构。TBT的合理目标是维护国家基本安全、保障人类、动植物安全和健康及环境安全、防止欺诈行为和保证出口产品质量等。事实上，发达国家设置技术性贸易壁垒客观上可能产生的效果是多方面的。既可能保护了本国的产业，还可能同时促进了本国相关产业的发展。技术性贸易壁垒已经成为一国产业政策的有机组成部分。一些发达国家实施TBT的目标正从1~2个目标转向多个目标，最终达到扭曲甚至抵消出口国的比较优势，创造进口国新的比较优势的目的。

2002年9月欧盟实施偶氮染料禁令（出口欧盟的服装等纺织品禁用偶氮染料）可以得到多方面的效果：一是可以保护欧盟人民健康和安全；二是禁止了出口国原有比较优势产品

⊖ 夏友富、俞雄等，技术性贸易壁垒的特点及其发展趋势（http：//www.ibb.cn，2004.08.13）。
⊖ 夏友富、俞雄等，技术性贸易壁垒的特点及其发展趋势（http：//www.ibb.cn，2004.08.13）。
⊜ 国外技术性贸易壁垒每年影响我国出口200亿美元（http：//www.hebei.net.cn，2005.05.11）。

的出口,同时,出口国的染料生产企业受到沉重打击,如我国 119 种染料被迫停产;三是在制定这一禁令前,欧盟内部的替代产品已经被开发并成为新的比较优势产品,出口国为了出口被迫进口欧盟成员的替代品,结果导致这些替代品出口增加,如我国这些年来进口的染料增长迅速;四是出口国使用这些替代品后成本猛增。据测算,每吨染料成本和检测费用分别增加 120 美元。这样,出口国纺织品和服装的比较优势受到影响,甚至发生逆转,从而达到控制进口、保护进口国国内产业的目的。

【国贸博览 9-2】

技术性贸易措施综合应对亟待加强
——访全国政协委员、国家质检总局副局长魏传忠

"国家质检总局连续多年的抽样调查结果显示,国外技术性贸易措施已经成为继汇率之后、影响我国产品出口的第二大因素,我国技术性贸易措施综合应对亟待加强!"全国政协委员、国家质检总局副局长魏传忠明确指出。

魏传忠说,改革开放以来,特别是我国加入 WTO 以后,我国对外贸易快速发展,2013 年进出口总量达到 4.16 万亿美元,超过美国成为全球第一。然而我国有超过 23.9% 的出口企业受到国外技术性贸易措施影响,直接外贸损失超过 685 亿美元。其中仅欧盟网络待机能效新规一项措施,就致使深圳上千家电子信息企业受到影响,新增成本达 5 亿美元以上,行业面临"被动洗牌"局面。而作为我国优势产业的通信企业,则频繁遭遇有关国家"信息安全"壁垒,相关企业的国际化和"走出去"遇到极不公平的竞争环境。

以技术法规、标准、合格评定程序和检验检疫要求为主要内容的技术性贸易措施,正成为许多国家实施贸易保护的重要手段。来自权威部门的统计显示,WTO 每年通报的新技术性贸易措施超过 2000 项,而且逐年上升,呈现出越来越频繁、越来越严苛的趋势。"基于历史原因,我国在技术性贸易措施工作上虽已有长足进步,但相对于发达国家来说,仍处于相对被动的弱势地位,出口利益和竞争力面临被国外技术规则逐步侵蚀的局面。"在忧心忡忡的表情下面,魏传忠作为全国政协委员的使命感与责任感一览无余。

据分析,国际上大量技术性贸易措施的涌现,既有因技术进步、人类文明发展、环保节能需要等客观因素,也有出于各自国家政治经济利益而主观推行贸易保护的不公平竞争因素。作为市场准入技术门槛的技术性贸易措施,现在不仅担负了保护产品质量安全与环境生态的基本任务,而且承载了经济管理与调节、维护市场秩序、支持重点产业发展等新内容。相关工作涉及国家经济外交、核心竞争力提升、产业升级换代、市场体系完善与开放、政府公共服务提供和社会力量参与、企业应对联动机制等。

魏传忠指出,在完善我国现代市场体系的改革中,强化技术性贸易措施应对工作可以发挥重要作用。通过积极应对国外技术性贸易措施,可以逐步理顺市场、政府、企业、社会公共机构在国际市场竞争环境条件下的职能和作用,减缓、化解、消除技术性贸易措施对我国出口外向型经济的冲击影响,防范"壁垒"风险,争取公平的国际市场竞争环境。

"虽然我国在技术性贸易措施应对方面做了大量工作,但也存在应对力量分散、未能形成有效合力、资源保障严重不足、能力建设跟不上、人才队伍缺乏机制保障等突出问题。"魏传忠深思熟虑地分析。

建立快速应对反应机制,是魏传忠提出的综合应对技术性贸易措施的一个重要方面。他认为,要加强对技术性贸易措施信息的收集、解读和研判,争取应对前置,尤其要充分发挥我国商务、质检信息通报和技术性贸易措施信息平台作用,及早发布预警信息。同时,要不断提升社会公共机构的研究和应对能力,引导产业、企业发挥市场主体应对功能。对合理的规则,也要及时跟踪、做好各个环节的消化吸收工作,让企业跟上国际最新发展步伐。对不合理的规则,要尽快做出反应,及时、有效应对。

魏传忠强调,综合应对技术性贸易措施,要加强统筹协调,形成应对合力。要加强并合理配置政府在技术性贸易措施工作中的各项资源,鼓励社会技术机构和产业力量的积极参与。要引导企业建立自己的应对机制,积极参与国际标准化活动,提升技术规则研究解读能力。在此基础上,加强统筹协调,提升国家整体应对能力。

"当然,随着我国对绿色发展、环保要求越来越高,如何发挥技术措施的引领倒逼机制,及时消化国外的技术标准,促进我国产业升级,也是我们保护民生、推进可持续发展的必由之路。"魏传忠强调,他还指出:"要充分发挥新技术措施在跟踪国际前沿技术发展、技术管理创新中的信息载体和发展引领作用,让国际上通行合理的技术规则成为我国改革中理顺机制、提升政府公共管理水平和社会服务有效性的重要参考。同时要发挥倒逼机制,促进企业技术进步、产业升级。"

"在政协提案中,我特别提出了要进一步加大技术性贸易措施应对投入保障力度的建议。我认为国家要进一步加大对技术性贸易措施综合应对工作的投入,提供政策支持、资金支持和人力资源支持,培养专门的人才队伍,建立完善的技术支撑体系。"魏传忠说。

(资料来源:质检总局网站,引用有删改。)

第四节 环境贸易壁垒

环境贸易壁垒(Environmental Trade Barriers,ETBs),也称绿色贸易壁垒,是指在国际贸易活动中,一国以保护环境为由而制定的一系列环境贸易措施,使得外国产品由于无法满足环境要求而无法进口或进口时受到一定限制,从而达到保护本国产品和市场的目的。由于发达国家的产品科技含量和公众的环境意识普遍较高,他们对环境标准的要求非常严格,不仅要求末端产品符合环保要求,而且规定从产品的研制、开发、生产、包装、运输、使用、循环再利用等整个过程均需符合环保要求。这无疑会给广大发展中国家产品出口带来很大的障碍。⊖它通常分为两类:一类是政府引导型的绿色壁垒,它以保护自然资源、生态环境和人类健康为名,通过制定一系列苛刻的环保标准对来自其他国家和地区的产品设置关卡,限制其出口,是一种以保护本国市场为目的的新兴的非关税壁垒;另一类是非政府引导型的绿色壁垒,不同国家的生产者或消费者,由于环境保护意识强弱差异会对产品的生产或消费产生影响,从而造成产品在国际流通中的不平衡。"绿色壁垒"的表现形式有3个层次:一是由一些国家的政府或地区性国际联盟颁布的具有强制性的法律或技术法规,以及由这些法律法规所衍生出来的各类具体的条例、实施细则和强制性标准等;二是由一些国家的产业管理

⊖ 中国高新技术产业导报,2001.08.21。

部门、行业公会、国际性行业协会以及标准化组织推出的非强制性的各类技术标准；三是由各类科研单位、中介机构、行业协会、企业推出的各种符合性评定程序（包括授权使用各类标志），它们也是非强制性的。

一、环境贸易壁垒的形式与基本特点

（一）环境贸易壁垒的形式

1. 国际和区域性的环保公约

国际和区域性的环保公约种类繁多，如《保护臭氧层维也纳公约》《关于消耗臭氧层物质的蒙特利尔议定书》及其修正案《控制危险废物越境转移及其处置巴塞尔公约》《濒危野生动植物物种国际贸易公约》《生物多样性公约》及《生物安全议定书》《联合国气候变化框架公约》《里约环境与发展宣言》《21世纪议程》等，无不对国际贸易中不利于环境的因素予以限制，它是形成环境贸易壁垒的国际法基础。

2. 国别环保法规、标准

主要发达国家先后分别在空气、噪声、电磁波、废弃物等污染防治、化学品和农药管理、自然资源和动植物保护等方面制定了多项法律法规及环境标准。这些严格的法律、法规和要求阻碍了发展中国家的出口产品进入发达国家的市场。如1994年美国国家环保署为9大城市出售的汽油制定了新的环保标准，规定汽油中有害物质的含量必须低于一定水平，美国生产的汽油可逐步达到有关标准，而进口汽油必须在1995年1月1日该规定生效时达标，否则禁止进口。

3. 自愿性措施——ISO 14000 环境管理体系和环境标志

国际标准化组织1996年制定并实施了ISO 14000系列标准，这一系列标准有14001到14100共100个号。该标准对企业的清洁生产、产品生命周期评价、环境标志产品、企业环境管理体系加以审核，要求企业建立环境管理体系，并通过经常的检查和评审，使得环境质量有持续地改善。其目的在于激发企业自觉采取预防措施及持续性改善措施来改善环境，这是一种自愿性标准。ISO 14000对国际贸易的影响早已开始，发达国家政府或跨国公司普遍对供应商提出有关环境保护的要求。通过ISO 14000认证已成为进入国际市场的通行证。

环境标志是贴在商品或其外包装上的一种图形，它是根据有关的环境标准和规定，由政府管理部门或民间团体依据严格的程序和标准，向有关申请者颁发其产品或服务符合环保要求的一种特定标志，标志获得者可把标志印在产品和包装上。它向消费者表明该产品或服务在研制、开发、生产、使用、回收利用、处置的整个过程中符合环境保护要求。这是调动消费者和企业参与环境保护的一种很好方式，最终有利于保护环境。调查表明，84%的荷兰人、89%的美国人、90%的德国人在购物时会考虑消费品是否具有绿色标志，有人甚至愿意多花10%的费用来购买绿色产品。

4. 绿色补贴制度

由于污染治理费用通常十分昂贵，导致一些企业难以承担此类开支，对许多发展中国家的中小企业而言更是如此。当企业无力投资于新的环保技术、设备或无力开发清洁技术产品时，政府可以采用环境补贴来控制污染，这些补贴包括专项补贴、使用环境保护基金及低息优惠贷款等。按WTO修改后的《补贴与反补贴措施协定》的规定，这类补贴属于不可申诉的补贴范围，因而为越来越多的国家和地区采用。经济合作与发展组织（OECD）也允许其成员政府可根据"污染者付费原则"提供环境补贴。

5. 绿色包装制度

包装对环境的负面影响主要是由于包装材料及其所形成的废弃物和包装容器结构而引起，如 PVC 塑料难以自然降解，焚烧处理时又污染环境。为此，许多国家颁布了不少有关包装的法律法规。如英国制定了包装材料重新使用的计划，要求 2000 年前使包装废弃物的 50%～75%重新使用。

对绿色包装，目前尚无统一的定义和明确的范围，通常认为绿色包装是指包装材料节省资源，用后可以回收利用，焚烧时无毒害气体产生，填埋时占地少，并能生物降解和分解的包装。国外有人形象地将绿色包装归纳为 4R：即 Reduce——减少材料消耗量；Refill——大型容器再填充使用；Recycle——可循环使用；Recovery——可回收利用。由于这些规定是按照西方国家国内资源禀赋、消费偏好等因素确定的，发展中国家或是难以适应，或是增加改装成本，从而起到了贸易限制的实际效果。

【案例分析9-3】

欧盟新令提高中国家电成本　家电业面临严峻考验

一项 3 个月后才产生实际影响的法律，却因为一些家电巨头纷纷成立专门机构，而提前摆到中国家电企业面前。经证实，TCL、美的等企业已成立"应对欧盟委员会"，寻找因按照欧盟新标准后成本提高的解决之道。中国家电产业链最严峻的考验真的来了。

一、"救火委员会"

"TCL 已专门成立了由各个事业部负责人组成的'应对欧盟委员会'，财务方面负责人也参与其中进行成本核算。"TCL 集团内部一位高层证实：TCL 集团整体生产控制体系的建立工作已在进行中，3 条符合欧盟要求的无铅生产流水线已建成，以应对"全球最严厉的欧盟环保考验"。

所谓"全球最严厉的欧盟环保考验"，实际是欧盟 2003 年前通过的两项法律。2003 年 2 月，欧盟通过《关于报废电气电子设备指令》（WEEE）和《关于在电气电子设备中限制使用某些有害物质指令》（ROHS），以针对"电子垃圾"回收及循环再利用、防止有害物质对人类健康造成危害等问题。

于 2005 年 8 月 13 日实施的 WEEE 指令要求欧盟市场流通的电器生产商，必须承担支付报废产品回收费用。欧盟 25 个成员国中已有希腊、比利时、荷兰等国家，将该指令明确转化为本国正式法律条文。而 2006 年 7 月 1 日实施的 ROHS 指令，则要求投放欧盟市场的电器不得含有铅、汞、镉、六价铬、多溴联苯和多溴联苯醚等 6 种有害物质。

据中国机电出口商会估算，两项指令付诸实施，中国受此影响的电器出口额将达 317 亿美元，占中国出口欧盟机电产品总值 71%。从这个意义看，TCL 成立的机构似乎更像是"救火委员会"。

一旦违反指令，国内家电企业面临的惩罚将是巨大的。据广州松下空调统括部长彭清毅透露，2003 年前就已有中国某著名家电企业触雷：出口家电含有害物质，被进口国课以 1 亿多元重罚。

"美的集团也成立了专门机构研究对策，适应欧盟这两项指令"，美的集团副总裁方洪波表示。"美的每年出口欧盟的空调约为100多万台,占全部出口1/3,因此美的要积极适应市场变化。"他补充道。

志高空调董事长李兴浩也表示,2004年志高空调在欧洲销量为70万~80万台,目前在意大利、德国、西班牙等欧洲市场占有率均较高。应付这两项指令成为志高目前头等大事。

二、产业链危急

尽管成立"救火队",但不少家电企业都表达出共同观点:这场大考考验的已不是单一企业,整个中国家电产业链条实际面临巨大重整。

欧盟新令的实施,不可避免地带来家电制造商对上游供应商的淘汰。这种选择的残酷性,广州松下空调高层首先有了切身体会。

"广州松下空调目前共有208家供应商,涉及空调零部件多达7268件。但开始按照WEEE及ROHS认证严格检测有害物质后,发现有1806件零部件不合格,占25%。这意味当时有1/4的供应商产品,不能符合欧盟新令",广州松下空调统括部长彭清毅透露。"以零部件螺丝为例,广州松下此前有4家供应商。但只有两家能通过检验。另外两家如不改进,松下最终只能放弃他们。"他无奈地说。

而据业内人士透露,2003年前,松下在中国还有4000余家供应商,2004年后该数量已减至3000家,而到2005年,松下的中国供应商只剩下1700家。

美的集团副总裁方洪波承认,美的拥有500家产业链供应商,以前能符合欧盟新标准的企业不多。但2005年8月实施后,美的产品会按要求贴上环保标识,同时将不良产品的回收交予当地经销商负责。

格兰仕集团副总裁俞尧昌也承认,在应对WEEE上,中国家电企业尚可作为,但对于ROHS,制造商不得不寄希望于上游供应商。当时格兰仕已达标的供应商中,以外资或合资企业为主,国内供应商仅有宝钢等几家大供应商能够达标。

"由于各个企业在解决环保问题过程中,同时向上下游转移风险分摊成本,这就必然会引起整个家电产业链的巨变。"国务院发展研究中心市场所副主任陆刃波表示。

三、成本将上升

当时在全球家电业竞争中,中国制造企业凭借的不败利器就是成本优势。但新环保指令实施后,无疑对中国家电出口成本造成一定费用和压力,使中国企业的成本神话遭遇考验。

"如全部进行技术改造,必然造成成本增加,美的的价格将因此增长15%以上。"方洪波透露。而创维集团新闻发言人孙伟中也向记者透露:"这两个法案会导致创维整体成本增加大概1%。"

在俞尧昌看来,格兰仕60%的空调产能和800多万台微波炉都在欧洲消化。按照新环保指令,格兰仕产品成本也将增加一成多。

"WEEE和ROHS真正影响的并不是全球电子电器产业,而是中国家电制造业。中国家电制造商一直以价格优势而取胜,在研发上相对薄弱,如果受欧盟新指令的压力,中国家电整机生产企业被迫将供应商选择由国内转向国外,中国制造的价格优势将不复存在。"陆刃波对此评价。

(资料来源:http://www.p5w.net/news/cjxw。)

案例讨论:请分析欧盟《关于报废电气电子设备指令》和《关于在电气电子设备中限制使用某些有害物质指令》对中国家电业的影响。

（二）环境贸易壁垒的基本特点

当前国际贸易中形形色色的环境贸易壁垒主要从以下几个方面呈现出其特有的时代性特点：

（1）合法性。从有关国际环境公约及世贸组织的有关规定来看，环境贸易壁垒具有一定程度的合法性。如《关于建立世界贸易组织协定》等文件中规定，为保护人类、动物或植物的健康与安全，保护生态环境，在遵循贸易影响最小、科学上证明合理、国民待遇和非歧视、统一性、透明度、发展中国家特殊和差别待遇等原则下，可以实施贸易的环境控制。但是，在具体实践中，以环境保护为名、行保护贸易政策之实的情况比较突出，有时两种动机相互交叉，因而要明确甄别其真实动机是非常困难的。

（2）歧视性。由于设置环境贸易壁垒的主要是发达国家，它的实施没有考虑到发展中国家经济、技术发展的现实，对各类不同水平国家的产品规定同样的市场准入条件，这是很不公平的，发展中国家的贸易利益通常受损，因而环境贸易壁垒有其歧视性的一面。

（3）广泛性。环境贸易壁垒涉及的范围很广。从产品角度来看，不仅包括初级产品，而且涉及所有的中间产品及制成品；从部门角度来看，既包括有形商品，又拓展到投资及服务领域。因而较之于关税及传统的非关税壁垒，环境贸易壁垒的影响更大。而且环境贸易壁垒往往会有连锁反应，容易从一个国家扩展到多个国家。如1996年德国禁止含偶氮染料的纺织品进口，结果法国、荷兰、日本也相继效仿。

（4）发展性。近几年来，环境贸易壁垒的时间效应不断增强，实施方通常随着贸易伙伴国经济和技术条件的进步，不断调整其环境技术标准，使得绿色贸易壁垒呈现出不断加高和拓宽的趋势。如日本对大米进口检验的理化指标从1993年的20多项增加到目前的104项，西方发达国家规定的农药残留量指标已经降至几年前的1%。另外，当具有环境标志的某种产品的比例在市场中达到20%左右后，该国的环境标志认证要求也将随之提高。这一趋势还将一直持续下去。

二、环境贸易壁垒盛行的原因

1. "绿色消费"观念的确立和流行

"二战"后世界各国的经济发展无一不对生态环境造成了巨大的破坏，可以说，人类的财富是通过对大自然的掠夺而积累起来的。片面追求经济的高增长而忽视对生态环境的保护，致使人类与生态环境的关系失衡，出现了一系列严重的环境问题，这些问题直接威胁到人类的生存和发展。从20世纪70年代在美国兴起的环境保护运动到1992年的102个国家参加的世界环境与发展大会，拉开了环保时代的序幕，说明公众的环境意识正在逐渐增强。随着全球环保意识的增强，人们对产品的内在和外在的环境质量要求越来越高，人们的思维方式、价值观念、价值行为及消费心理都产生了革命性的变化，"绿色消费"作为一种消费理念已经深入人心，市场上兴起了"绿色消费"的热潮，由此出现了环保产品、环保科技和环保服务构成的潜力巨大的新兴市场。

2. 可持续发展战略的确立

随着生态环境的持续恶化，保护人类赖以生存的自然环境和生态环境已经引起世界各国的广泛关注，人类发展观也在转变，追求经济、科技、社会、人口和环境协调发展的可持续发展战略已成为世界各国经济发展的主题。体现在国际贸易领域，许多国家和有关国际组织因此而制定了一些相关的环境保护法规和贸易规则，既有力地促进了有助于维护环境的商品的国际贸易，又使对环境有害商品的国际贸易受到了限制和禁止，从而构成了国际贸易中的绿色贸易壁垒。

3. 日益激烈的国际贸易竞争，促使绿色贸易壁垒的形成和发展

20 世纪 90 年代以来，乌拉圭回合谈判的结束和 WTO 的建立，以关税和显性非关税壁垒为特征的传统贸易保护措施受到了极大的限制，自由贸易原则已被世界各国普遍接受，以自由贸易为宗旨的世界多边贸易体制得到进一步加强。贸易自由化的发展一方面促进了国际贸易的扩大和经济全球化的进程，同时也加剧了经济贸易的竞争。在这种新形势下，贸易保护主义者变换手法，寻求新的贸易保护手段。于是以绿色之名行贸易保护之实，绿色贸易壁垒便应运而生。

4. 国际公约的不完善使其具有存在的合法性

以 WTO 的环境政策为例，尽管 WTO 在环境贸易规则制定方面有了很大的进步，但依旧存在许多问题，对发展中国家来说更存在许多不合理之处。WTO 的环境规范，突出强调了各会员国的"环保例外权"，却对行使此种权利缺乏有效明确的约束性规范，结果必然为贸易保护主义所利用，并为其提供合法的外衣。另外，在环保方面客观存在着南北差异，而 WTO 的环境规则却并未对发展中国家做出差别或优惠安排，使得发展中国家处于不利的国际竞争地位。

三、环境贸易壁垒的性质及其影响

环境贸易壁垒具有双重性，它既有合理合法的一面，又有被贸易保护主义利用的一面。合理制定和实施环境贸易措施可以保护生态环境，促进经济和社会的可持续发展。但是，随着传统的贸易限制措施不断地被消除和规范，环境贸易措施也越来越被发达国家滥用，成为阻碍国际贸易的主要壁垒，限制了国际贸易的正常发展。与此相对应，环境贸易壁垒的影响也分为两方面：

（一）绿色贸易壁垒的负面影响

1. 直接限制产品出口

发达国家日益复杂且日趋严格的环保法规严重制约了许多产品的出口。联合国国际贸易中心于 2001 年 10 月完成的一个研究报告就环境有关的技术性贸易壁垒对贸易的影响做了全面的评估。其结论是：第一，环境贸易壁垒几乎影响所有贸易产品。在 4917 种产品中，只有 1171 种产品不受影响，受影响的 3746 种产品的贸易额达 47320 亿美元，占 1999 年世界进口额的 88%，其中直接受影响的贸易额达 6790 亿美元，相当于世界进口额的 13%。资料表明，137 个进口国采用了 ETBs。因此，绝大多数贸易的产品受 ETBs 的直接或潜在影响。第二，贸易保护主义者利用 ETBs 达到其保护国内产业的目的。在 4917 个产品中，1983 个产品受以环保名义的贸易保护主义的影响，这些产品的进口额达 27000 亿美元，可以说，世界进口总额的一半受环境保护主义的影响，直接受到限制的进口额达 1100 亿美元。○

2. 增加出口企业的成本，削弱其国际竞争力

为了增加出口，发展中国家必须满足发达国家的环境标准和要求，在生产中不得不考虑

○ 夏友富、俞雄等，技术性贸易壁垒的特点及其发展趋势（http：//www.ibb.cn，2004.08.13）。

环境因素，由此必然会增加产品的成本，从而影响其国际竞争力。环境措施所带来的费用增加包括直接费用与间接费用两种。例如生态环境标志制度所带来的直接费用就是收取的标志申请费和标志使用的年费用。环境措施带来的间接费用，是指生产企业通过要把较大份额的环境费用在内部消化，由此增加其生产成本和产品价格。

3. 影响出口产品的市场范围

发展中国家主要的出口对象是美国、日本、欧盟等发达国家，而这些国家与地区正是环境保护行动较早，公众环境意识强、环境标准较严、环保技术先进的国家，其国内市场严格的环境要求与标准，正逐步形成形形色色的绿色贸易壁垒。从而使发展中国家产品的出口市场范围面临缩小的可能。

4. 严重损害发展中国家的利益

目前环境贸易壁垒主要是发达国家设立的，而发展中国家与发达国家在科技水平和环保要求上存在巨大的差异，使遭受环境贸易壁垒损害的主要是发展中国家，由此严重损害了发展中国家的利益，阻碍了发展中国家的贸易发展，加大了南北差距。

(二) 绿色贸易壁垒的积极影响

1. 有利于保护环境，推动对外贸易可持续发展

保护环境是全人类的共同事业，实现贸易与环境的协调发展是可持续发展战略的必然要求。发达国家的环保技术和环境管理领先世界，它们设置的环境贸易壁垒作为一种外源性的强制措施，迫使发展中国家以可持续发展战略为基本战略，转变增长方式，变传统的粗放型发展模式为集约型的发展模式，提高资源利用效率，降低消耗，加强生态环境保护，努力提高环境管理水平，提升国家环保技术标准，促进经济、贸易与环境的持续、稳定和协调发展。

2. 促进环保产业的发展和绿色产品的出口

环境法规和措施的实施，促进了环保产业和绿色产品的出口。据统计，全球环保市场规模从 2010 年的 2000 亿美元猛增到 2013 年的 5300 多亿美元。这为中国绿色产品的出口带来机遇。

3. 促使企业树立绿色营销观念

发达国家的环境法规和措施，也促使企业由过去旧的营销观念转变为更全面、更先进的社会营销观念。社会营销观念是指企业提供产品，不仅要满足消费者的需要与欲望，而且要符合消费者和社会的长远利益，企业要关心和增进社会福利。该观念强调将企业利润、消费需要和社会利益三个方面统一起来。这样，企业在产品的开发、生产、储存、运输和营销等过程中就会自觉地考虑到社会利益（包括环境利益）并采用"绿色营销"战略，使环保意识深入人心。

第五节 其他非关税壁垒

一、社会责任壁垒

企业社会责任并无准确的定义，世界企业可持续发展委员会的定义是企业承诺持续遵守道德规范，为经济发展做出贡献，并且改善员工及其家庭、当地整体社区、社会的生活水平。广义而言，企业社会责任是指企业对社会合乎道德的行为，企业在经营过程中，除了要考虑投资人的利益外，还要适当考虑与企业行为有密切关系的其他利益群体及社会的利益。即企业不再是纯粹意义上的经济组织，利润最大化不再是其唯一的追求目标，还应该扮演重要的社会角色。

目前最重要的企业社会责任壁垒是 SA8000（Social Accountability 8000 International standard，SA8000）。SA8000 规定了 9 个方面企业社会责任的最低要求，其核心内容是对劳工权益的保护，包括：禁止使用童工；禁止强迫性劳动；为员工提供健康、安全的工作环境；尊重员工结社自由和集体谈判权；禁止任何形式的歧视和惩戒性措施等。此外对工作时间、工资报酬和管理系统都有规定。SA8000 关注的不是产品和环境，而是企业内部劳工的权利，其目标是通过有道德的采购活动改善全球工人的工作条件，确保供应商提供的产品符合社会责任标准的要求，最终达到公平体面的工作条件。

SA8000 对企业的影响一是成本，二是产品差异性。它一方面降低发展中国家生产的比较成本优势，另一方面增强发达国家产业的差异化优势，在此消彼长的互动中争夺国际市场。20 世纪 80 年代特别是 90 年代以来，西方跨国公司纷纷采用 SA8000 标准，要求发展中国家的供应商取得 SA8000 认证，否则便撤销订单，从而成为西方国家限制国外商品尤其是发展中国家商品进口的有力手段。

SA8000 的影响也是双重的，一方面打击了"血汗工厂"，促使发展中国家的企业尊重劳工权益；另一方面阻碍了以廉价劳动力为主要竞争优势的发展中国家的企业出口。

二、动物福利壁垒

发达国家在日益关注"人权"的同时，也在关注"兽权"，并成为西方国家限制发展中国家动物产品进口的新型贸易壁垒。目前世界上有 100 多个国家制定了"动物福利"法案，以欧盟最为典型。欧盟是动物保护和动物福利的积极倡导者，迄今为止，欧盟有关动物福利的具体法规和标准累计已有几十项，涉及饲养（农场）、运输、屠宰、进口、实验等多个方面。在这些法规中，动物被公认为应享有 5 大福利：①生理福利，即无饥渴之忧虑；②环境福利，也就是要让动物有适当的居所；③卫生福利，主要是减少动物的伤病；④行为福利，应保证动物表达天性的自由；⑤心理福利，即减少动物恐惧和焦虑的心情。通俗地讲，在动物饲养、运输、宰杀过程中，应尽可能地给动物创造有利的条件，使其免受虐待，少受痛苦。

第六节 我国的非关税措施

改革开放前，我国是个实行计划经济的国家，进出口计划是整个国民经济计划的一部分，对进出口实行完全的计划管理，当时进出口计划是主要的非关税贸易措施。改革开放后，僵化的计划体制被打破，为了保护国内产业，规范进出口贸易，我国制定了一些非关税措施。下面分"入世"前后分别介绍。

一、"入世"前的非关税措施

（1）经营权审批制。从事对外贸易的各类企业必须经过主管外经贸部或外经贸部授权的省级经贸主管部门及经济特区政府部门的审批，在工商行政管理部门注册登记后才能从事对外贸易。

（2）进出口许可证制、配额制和国家专营制的交叉使用。在进口管理方面，我国是按照重要商品统一经营和多数商品分散经营相结合的原则进行进口管理。我国将进口货物分为一般进口许可（自由进口）、凭许可证进口和禁止进口三类进行管理，对进出口许可证实行分级管理、无偿发放制（1998年以后部分许可证实行拍卖）。在出口管理方面，我国仅对部分商品实行出口配额管理，有主动出口配额管理和被动出口配额管理两种方式。

（3）外汇管理。1994年以前，我国实行严格的外汇管理。1994年外汇体制改革后，我国对经常项目的外汇交易不实行或基本不实行外汇管制，但对资本项目的外汇交易进行一定的限制。

（4）制定法律、法规。改革开放以来，我国逐步加强和完善了外贸法制建设，借助法律的规范作用对进出口活动施加影响和控制。

二、"入世"后非关税措施的调整

1. 外贸经营权由审批制向登记制转变

根据新的《中华人民共和国对外贸易法》，我国在2004年7月1日正式取消对外贸易经营权的审批，改为登记制，同时允许个人从事对外贸易。

2. 逐步缩小进出口许可证管理范围

入世后我国逐步取消了进口配额和许可证管理的种类。2009年我国进口许可证管理货物目录只保留了消耗臭氧层物质和旧机电产品两种，总计83个8位HS编码。2015年我国分别实行出口配额许可证、出口配额招标和出口许可证管理的货物共有48种。

3. 制定技术标准，尝试建立自己的技术标准体系

通过制定各种严格的技术标准来限制进口商品的流入，是目前世界范围内通行的一种做法。目前我国使用的技术法规中国际标准的含量从12%上升到40%。在多数情况下，我们只能被动地执行国外或国际标准，受制于人。因此，我们要加快国内技术法规标准和措施的国际标准化进程，使更多的企业和产品取得国际质量认证，达到国际标准和出口市场的要求。同时，积极参与国际标准的制定，使国际标准尽量反映我国的意见和要求，争取把具有中国国情特点的文化、传统工艺品、名品等纳入国际标准，将我国在国际上处于领先地位的科研成果及技术变化及时转化为技术标准，并推荐制定为国际标准。例如，中文编码、EVD、第三代移动通信标准（TD-SCDMA）、音视频编码标准（AVS）等少量标准已被纳入国际标准。

4. 建立统一的中国强制性产品认证制度（3C认证）

长期以来，我国的强制性产品认证制度存在着政出多门、重复评审、重复收费以及认证行为与执法行为不分的问题。尤其突出的是国内产品和进口产品存在着对内、对外两套认证管理体系。原国家质量技术监督局对国内产品和部分进口商品实施安全认证并强制监督管理，原国家出入境检验检疫局对进口商品实施进口商品安全质量许可制度。这两个制度将一部分进口产品共同列入了强制认证的范畴，因而导致了由两个主管部门对同一种进口产品实施两次认证、贴两个标志、执行两种标准与程序。随着我国加入WTO，根据世贸协议和国际通行规则，要求我国将两种认证制度统一起来，对强制性产品认证制度实施"四个统一"，即统一目录，统一标准、技术法规、合格评定程序，统一认证标志，统一收费标准。

同时，为完善和规范中国的强制性产品认证制度，解决政出多门、认证行为与执法行为不分的问题，使之适应我国市场经济发展的需要，更好地为经济和贸易发展服务。2001年成立了新的国家质检总局和国家认可监督管理委员会，建立了新的国家强制性产品认证制度（China Compulsory Certification，CCC）。2001年12月3日正式对外公布，2003年5月1日起强制执行。第一批强制性产品认证目录涉及安全、电磁兼容性（EMC）、环保要求，包括19大类、132种产品。国家认监委先后指定9家认证机构和69家检测机构承担第一批强制性产品认证的认证和检测工作。

关键术语

非关税壁垒　进口配额　绝对配额　关税配额　"自愿"出口配额制　进口许可证　外汇管制　数量性外汇管制　成本性外汇管制　技术性贸易壁垒　环境贸易壁垒

复习思考题

1. 与关税措施比较，非关税措施有哪些特点？
2. 非关税措施如何分类？
3. 进口配额制与"自愿"出口配额制的区别在哪里？
4. 什么是技术性贸易壁垒？简述技术性贸易壁垒的特点。
5. 分析技术性贸易壁垒的影响。
6. 分析技术性贸易壁垒的性质及盛行的原因。
7. 简述绿色壁垒的特点、形式及盛行的原因。
8. 如何突破国外非关税壁垒？
9. 与发达国家相比，分析我国在非关税壁垒方面的差距及其完善措施。

延展阅读书目

[1] 赵春明．国际贸易学［M］．第十一章．北京：石油工业出版社，2003．

[2] 陈宪，等．国际贸易——原理·政策·实务［M］．第八章．3版．上海：立信会计出版社，2003．

[3] 李志军．怎样打造"技术壁垒"的矛与盾［M］．北京：经济出版社，2002．

[4] 叶汝求，等．环境与贸易［M］．北京：中国环境科学出版社，2001．

[5] 王亚星．中国出口技术性贸易壁垒追踪报告2013［R］．北京：中国人民大学出版社，2013．

[6] 毕克新，王晓红，李唯滨，等．中小企业成长新思维——技术性贸易壁垒对我国中小企业技术创新的影响与策略研究［M］．北京：科学出版社，2010．

[7] 俞灵燕．服务领域技术性贸易壁垒问题研究［M］．北京：光明日报出版社，2011．

第十章 促进出口与出口管制

本章学习要点

- 促进出口的各种措施
- 不同类型的经济特区的特点
- 出口管制的各种措施
- 我国促进出口与出口管制的措施

各国除了利用关税和非关税措施限制进口外,还采取各种促进出口的措施扩大商品的出口。限制进口和促进出口是国际贸易政策相辅相成的两个方面。目前,大多数国家都积极采取各种措施促进本国出口。此外,出于政治、经济或军事方面的原因,一些国家对某些主要资源和战略物资实行出口管制,限制或禁止出口。

第一节 促进出口措施

促进出口措施是指出口国政府通过经济、行政和组织等方面的措施,促进本国商品的出口,开拓和扩大国外市场。各国的促进出口措施很多,既有宏观的,也有微观的。本节将从国家宏观经济政策方面论述几种主要的促进出口措施。

一、出口信贷

(一)出口信贷的定义

出口信贷(Export Credit)是一种国际信贷方式,是一国为了支持和扩大本国大型机械、成套设备、大型工程项目等的出口,加强国际竞争能力,对本国的出口给予利息补贴并提供信贷担保的办法,鼓励本国的银行对本国出口商或国外进口商(或其银行)提供利率较低的贷款,以解决本国出口商资金周转困难或满足国外进口商对本国出口商支付货款需要的一种融资方式,它是扩大销售市场的一种手段。

(二)出口信贷的特点

出口信贷具有以下特点:

(1)贷款利率低于市场利率,两者之间的差额由出口国政府补贴。
(2)属于中长期贷款,贷款期限一般为5~8年,最长不超过10年。
(3)出口信贷发放与出口信贷担保相结合,以减少或避免信贷风险。
(4)贷款偿还均为分期偿还,一般规定半年还本付息一次,还款期限有长有短。

(三) 出口信贷的形式

常用的出口信贷形式主要有卖方信贷和买方信贷两种。

1. 卖方信贷

所谓卖方信贷（Supplier's Credit），是指出口方银行向出口商（卖方）提供的贷款。其贷款合同由出口商与银行签订。这种信贷主要用于那些金额大、期限长的交易项目。因为这类商品的购进需要大笔资金，进口商往往要求延期付款。而出口商又不可能长期采用延期付款的方式出口，否则将会面临资金周转的困难，甚至影响其继续经营。因此，出口商需要取得银行贷款。卖方信贷可以直接资助出口商向外国进口商提供延期付款，以促进商品出口。发放卖方信贷的程序如下：

（1）出口商（卖方）以延期付款或赊销方式向进口商（买方）出售大型机械装备或成套设备。在这种方式下，进出口商签订合同后，进口商先支付10%~15%的定金；在分批交货验收和保证期满时，再分期付给10%~15%的货款；其余70%~80%的货款在全部交货后若干年内分期偿还，并付给延期付款期间的利息。所以，卖方信贷实际上是出口商从供款银行取得贷款后，再向进口商提供延期付款的一种商业信用。

（2）出口商（卖方）向其所在地的银行贷款，签订贷款协议，以融通资金。

（3）进口商（买方）随同利息分期偿还出口商（卖方）货款后，根据贷款协议，出口商再用以偿还其从银行取得的贷款。

卖方信贷的程序见图10-1。在卖方信贷的方式下，由于卖方承担较大的风险，因此，它在报价时，往往将货款的利息、保险费、手续费等费用加到货价上，使得买方难以分清真实货价，而只能以比即期付款方式高得多的价格买进，这对进口商而言是不利的。

2. 买方信贷

所谓买方信贷（Buyer's Credit），是指出口方银行直接向进口商（买方）或进口方银行提供的贷款。这种贷款是一种约束性贷款，其附带条件是贷款必须用于购买债权国的商品，即贷款的提供与商品的出口是直接相联系的，因而可以起到促进出口的作用。

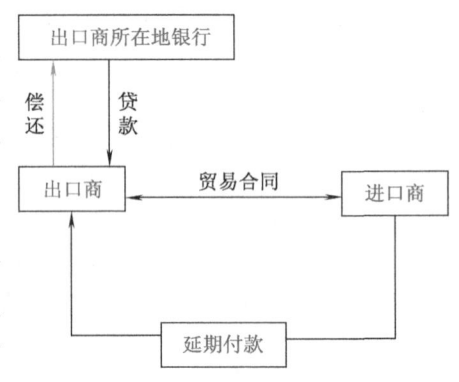

图10-1 卖方信贷程序

买方信贷有直接贷款给进口商（买方）和直接贷款给进口商（买方）银行两种形式。

（1）直接贷款给进口商（买方）。这种买方信贷的程序如下：

1）进口商（买方）与出口商（卖方）洽谈贸易，签订贸易合同后，进口商（买方）先付相当于货款15%的现汇定金。现汇定金可在贸易合同生效日支付，也可在合同签订后的60天或90天内支付。

2）贸易合同签订后至预付定金前，进口商（买方）再与出口商（卖方）所在地银行签订贷款协议，这个协议是以上述贸易合同为基础的。如果进口商不购买出口国的设备，则进口商不能从出口商所在地银行取得此项贷款。

3）进口商（买方）用其借得的款项，以现汇付款条件向出口商（卖方）支付货款。

4）进口商（买方）对出口商（卖方）所在地银行的欠款，按贷款协议的条件分期偿付。

这是一种商业信用，风险较大。如果出口国银行对买方的资信把握不准，就可能难以收回全部贷款。因此，它的利率相对较高。

(2) 直接贷款给进口商（买方）银行。这种买方信贷的程序如下：

1) 进口商（买方）与出口商（卖方）洽谈贸易，签订贸易合同，进口商（买方）先交付相当于货款15%的现汇定金。

2) 进口商（买方）的银行与出口商（卖方）所在地的银行签订贷款协议；该协议虽以前述贸易合同作为基础，但在法律上具有相对独立性。

3) 进口商（买方）银行以其借得的款项，转贷予进口商（买方），后者以现汇条件向出口商（卖方）支付货款。

4) 进口商（买方）银行根据贷款协议分期向出口商（卖方）所在地的银行偿还贷款。

5) 进口商（买方）与进口商（买方）银行间的债务按双方商定的办法在国内清偿结算。

买方信贷的程序见图10-2。买方信贷方式使得进出口商之间能以即期付款方式成交，因而进口商能够很清楚地将商品本身的价格与贷款费用分开，便于与出口商讨价还价。而出口商由于能取得货物现款，既减少了风险，又加速了资金周转。因此买方信贷方式对进出口商和双方银行都较有利，故而在国际上日益流行。

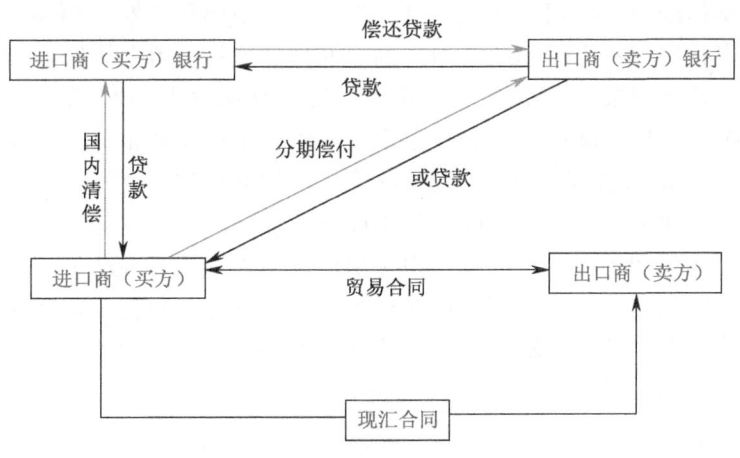

图10-2 买方信贷程序

二、出口信贷国家担保制

出口信贷国家担保制（Export Credit Guarantee System）是国家为了扩大出口，对于本国出口商或商业银行向外国进口商或银行提供的信贷，由国家设立的专门机构出面担保，当外国债务人不能付款时，由该机构按照承保的金额给予赔偿。

(一) 担保的项目与金额

出口信贷国家担保的业务项目，一般都是商业保险公司所不承担的出口风险。主要有政治风险和经济风险两类。

(1) 政治风险。对由于发生政变、战争及其他特殊原因，进口国政府采取禁运、冻结资金、限制对外支付等造成的损失，可以给予赔偿。这种风险承保金额一般为合同金额的

85%~95%。

(2) 经济风险。对进口商或借款银行破产无力偿还、货币贬值或通货膨胀等原因所造成的损失，可以给予赔偿。承保金额一般为贸易合同金额的75%~100%。

出口信贷国家担保制是一种国家出面担保海外风险的保险制度，收取费用一般不高。出口信贷国家担保制能使银行减少或避免不能收回贷款的损失，有利于银行扩大出口信贷业务，促进商品输出。

(二) 担保对象

(1) 对出口商的担保。出口商输出商品时所需的短期或中长期信贷均可向国家担保机构申请担保。有些国家的担保机构本身不向出口商提供出口信贷，但可为出口商取得出口信贷提供有利条件。例如，有的国家采用保险金额的抵押方式，允许出口商所获得的承保权利，以"授权书"方式转移给供款银行而取得出口信贷。这种方式使银行提供的贷款得到安全保障，一旦债务人不能按期还本付息，银行可直接从担保机构得到赔偿。

(2) 对银行的直接担保。通常银行所提供的出口信贷均可申请担保。这种担保是担保机构直接对供款银行承担的一种责任。有些国家为了鼓励开展出口信贷业务和提供贷款安全保障，往往给银行更为优厚的待遇。

(三) 担保期限与费用

根据出口信贷的期限，担保期限通常可分为短期、中期和长期。短期信贷担保期为6个月左右。承保范围往往包括出口商所有海外的短期信贷交易。有些国家为简化手续则采取综合担保的方式，出口商只要一年办理一次投保，便可承保这期间对海外的一切短期信贷交易。一旦外国债务人拒付，即可得到赔偿。中长期信贷担保期通常为2~15年，最长的可达20年。承保时间可从出口合同成立或货物装运出口时起直到最后一笔款项付清为止。由于时间长，金额大，因而采用逐笔审批的特殊担保方式。

出口信贷国家担保制的主要目的在于担保出口商与供款银行在海外的风险，以扩大商品的出口，因而所收取的费用一般不高，以减轻出口商和银行的负担。保险费因出口担保的项目内容、金额大小、期限长短、输往国别或地区的不同而不同。此外，各国对保险费率的规定也不一样，例如英国一般为0.25%~0.75%。

三、倾销措施

(一) 商品倾销

商品倾销（Dumping）是指商品以明显低于公平价格的价格在国外市场上大量抛售，以打击竞争对手，占领或巩固国外市场的行为。商品倾销通常由私营垄断企业进行，但有时会得到政府的补贴。

商品倾销的具体目的各异：有的是为了打击竞争对手，以扩大和垄断某种产品的销路；有的是为了在国外建立新产品的销售市场；有的是为了阻碍当地同类产品或类似产品的生产和发展，以继续维持其在当地市场上的垄断地位；有的是为了推销"过剩"产品，转嫁经济危机；有的是为了打击发展中国家的民族经济，以达到政治上、经济上控制这些国家的目的。

按照倾销的具体目的和时间的不同，商品倾销分为以下几种：

(1) 偶然性倾销。这种倾销通常是因为销售季节已过或公司改营其他业务，在国内市场上较难出售这些"剩余物资"或库存积压，便以倾销方式在国外市场进行抛售处理。这种倾销对进口国同类产品的生产虽然会造成不利的影响，但由于时间短暂，进口国通常较少采取反倾销措施。

(2) 间歇性或掠夺性倾销。这种倾销是以低于国内价格甚至低于生产成本的价格在国外市场销售商品，挤垮竞争对手后再以垄断力量提高价格，以获取高额利润。这种倾销严重地影响了进口国的市场，因而进口国一般都必须采用反倾销措施加以抵制。

(3) 持续性倾销。持续性倾销又称长期性倾销。这种倾销是长期以低于国内市场的价格在国外市场上出售商品。这种倾销具有长期性，主要通过扩大销售量，实现规模经济效益，降低单位产品成本，或通过获取本国政府的补贴来得以补偿。

(4) 隐蔽性倾销。这种倾销是出口商按照国际市场上的正常价格出售商品给进口商，而进口商则以倾销性的低价在进口国国内市场上抛售，其亏损部分则由出口商给予补偿。

商品倾销由于实行低价策略，必然会导致出口商利润减少甚至亏损。这一损失一般可通过以下途径得到补偿：①在贸易壁垒的保护下，维持国内市场上的垄断高价或压低工人的工资；②国家提供出口补贴；③打垮国外竞争者，占领市场后再提高价格；④出口国政府设立专门机构，对内高价收购，对外低价倾销，由政府负担亏损。

商品倾销是通过人为措施提高商品竞争力、扩大出口，是一种不公平的贸易行为，这种行为受到各国的谴责。为此，《关税与贸易总协定》做出严格规定加以规范，授权进口国可以征收反倾销税进行抵制。

(二) 外汇倾销

外汇倾销（Exchange Dumping）是国家利用本国货币对外贬值的机会向国外倾销商品的一种特殊措施。当一国货币对外贬值后，一方面用外币表示的本国出口商品的价格会降低，该商品的竞争能力则相应地提高，从而有利于扩大出口。另一方面，进口商品价格上升，削弱了进口商品的竞争力。因此，实行外汇倾销能同时起到扩大出口和限制进口的双重作用。

外汇倾销不能无限制、无条件地进行，必须具备一定条件才能起到扩大出口的作用：

(1) 货币贬值的程度要大于国内物价上涨的程度。货币贬值必然引起一国国内物价上涨。当国内物价上涨程度赶上或超过货币贬值的程度，外汇倾销的条件就不存在了。但国内价格与出口价格的上涨总要有一个过程，并不是本国货币一贬值，国内物价立即相应上涨，而总是在一定时期内落后于货币对外贬值的程度，因此垄断组织就可以获得外汇倾销的利益。

(2) 其他国家不同时实行同等程度的货币贬值和采取其他报复性措施。如果其他国家实行同等程度的货币贬值，那么两国货币贬值程度就相互抵消，汇价仍处于贬值前的水平。如果外国采取提高关税等其他限制进口的报复性措施，也会起到抵消的作用，外汇倾销的条件也就不存在了。

(3) 当进口需求和出口需求都富有弹性时，外汇倾销的扩大出口和减少进口的作用才能够发挥。如果进口和出口需求都缺乏弹性，通过外汇倾销，国外消费者不会因为价格的下降而扩大需求数量，同时国内的消费者也不会因为价格的上升而减少太多的需求，那么外汇倾销促进出口、抑制进口的目的就不能达到。

四、出口补贴

出口补贴（Export Subsidies）又称出口津贴，是一国政府为了降低出口商品的价格，增强其在国外市场上的竞争力，在出口某种商品时给予出口商的现金补贴或财政上的优惠。

出口补贴有直接补贴和间接补贴两种。

（1）直接补贴。直接补贴（Direct Subsidy）即政府在商品出口时，直接付给出口商的现金补贴，主要来自财政拨款。其目的是为了弥补出口商品国内价格高于国际市场价格所带来的损失，或者补偿出口商所获利润率低于国内利润率所造成的损失。有时候，补贴金额还可能大大超过实际的差价或利差，这已包含出口奖励的意味，同一般的出口补贴不可同日而语。

（2）间接补贴。间接补贴（Indirect Subsidy）即一国政府对某些出口商品给予政策上的各种优惠，以人为地帮助出口商降低生产成本。因此，其目的仍然在于降低商品价格，以便更有效地打进国际市场。间接补贴的形式主要包括：①对出口商减免所得税；②对出口商进口的机器、设备、修理工具等资本品减免关税；③对出口商提供低息优惠贷款。

此外，还有其他形式的补贴，如政府向出口商提供优惠的运输条件以减少运费，实施优惠汇率，提供低于国际最低利率标准协定的出口信贷和出口信贷担保，承担某一商品的研究、开发、试制、生产和销售的费用开支等。

由于对出口产品给予补贴可能对进口国或其他出口缔约国造成不利的影响，因此WTO禁止对初级产品以外的任何产品给予或维持任何补贴，并着手取消部分农产品的出口补贴。2005年12月WTO第六次部长级会议通过的《部长宣言》中提出发达国家成员2006年取消棉花的出口补贴；欧盟委员会负责农业和农村发展事务的委员玛丽安·菲舍尔·伯尔2005年12月20日表示，欧盟将尽快出台相关法规，停止活牛出口补贴。

五、出口价格支持

所谓价格支持，是政府通过稳定价格来支持生产者的一种手段。为了稳定生产和保证生产者的收入，政府设立一个不由市场变动决定的"支持价格"或"保证价格"。如果市场价格高于保证价格，生产者可以根据市场需求卖出高价，自然不用政府操心。如果市场价格低于保证价格，生产者则可以从政府手中得到两种价格的差额，产品产量和生产者的收入都不会因价格的下跌而受到多大影响。

价格支持本身并不是一种贸易政策，但如果政府将此政策用于出口行业或进口竞争行业，就起到了限制或刺激贸易的作用。现在以出口的价格支持为例进行分析。

假设美国出口小麦，而世界小麦市场的价格起伏波动很不稳定。为了保证农民收入，美国政府制定了保证价格 P_S，假设为每吨1000美元。也就是说，政府告诉农民，不管世界市场价格如何，他们都能得到这个保证价格。如果世界市场价格低于1000美元/t，农民把小麦卖给政府，仍能得到1000美元，如图10-3所示。

在这个保证价格下，农民的小麦生产量也就不会因为市场价格的波动而增减，而只是根据成本来确定（在每吨1000美元的价格下，生产 S_1t）。国内消费者支付的价格也等于保证价格，因为无论农民直接卖给国内消费者还是政府转卖都不会低于这个价格。由于给定价格下的国内需求量是确定的（假设为 D_1t），出口量也就得到了保证（等于 X_1t），不会受到世

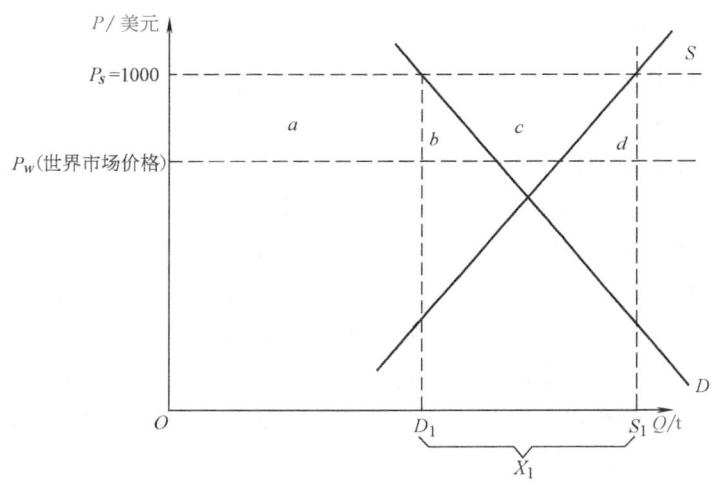

图 10-3 出口市场的价格支持

界市场价格的影响。

价格支持政策给社会带来的利益变动主要是：农民（生产者）得到了好处，所得利益可用图中 $a+b+c$ 来衡量；消费者为此损失了 $a+b$；政府为保证小麦价格而增加的开支为 $b+c+d$。整个社会的净损失是 $b+d$。

价格支持政策看上去与出口补贴相似，实际上并不一样。在出口补贴中，国内的价格是波动的，但政府对每单位出口量的补贴是固定的。在价格支持下，国内价格是固定的，政府的补贴是波动的，每单位产品的补贴会随世界市场价格的跌涨而增减。世界市场价格下降，政府补贴开支增加；反之减少。生产者与消费者的收益也会随着世界市场价格的波动而变化。同样，a、b、c、d 所代表的实际价值与生产补贴或出口补贴中有很大不同。世界市场价格与保证价格相差越大，a、b、c、d 的价值也越大。

【国贸博览 10-1】

美国、加拿大促进农产品出口贸易的措施

美、加两国均为世界农产品出口大国，农产品出口贸易在其经济发展中占有十分重要的地位。美国有50%以上的农产品出口，年出口额达490亿美元左右。其中谷物出口量占其生产总量的40%以上，占世界粮食市场交易量的50%以上。加拿大有70%的农产品出口，年出口额达234亿美元左右。其中粮食出口量占其生产总量的70%～80%，年出口额50多亿美元。美、加两国的农业均属出口导向型，在提供就业、增加农民收入、减少农产品过剩等方面发挥了积极作用。美国农产品出口贸易每年为国内20万人创造就业机会，仅加州每年农产品出口装船值就达61亿美元。加拿大阿尔伯塔省农产品出口贸易每年为省内10%的劳动力创造就业机会，仅农产品出口船装值就达50亿美元。总结两国的做法，主要有以下5个方面：

1. 以政府管理机构为载体，为农产品出口贸易创造条件

两国联邦和地方（州、省，下同）政府均设有农产品出口贸易机构。美国联邦政府成

立了包括14个部门在内的海外贸易促进委员会,在国内的东北部、中部、南部和西部分设4个区域性食品出口服务机构,以及1个由各州参加的全美地区性贸易集团;联邦政府农业部在海外设有海外农业服务局(FAS),州政府农业部设有农产品国际营销局。加拿大联邦政府农业与食品部市场与产业服务局设有国际市场处,省政府农业与食品部设有农产品出口部。不同的机构之间按分工协作原则运作,为农业出口企业开拓国际市场创造条件。

2. 以政府项目为依托,为农产品出口贸易提供支持

两国联邦政府均设有配套项目(每年2000万~3000万美元),以财政补助方式支持农产品出口贸易,主要包括:支持开拓新的海外市场、支持技术培训和支持促销活动。

3. 以行业协会为中介,为农产品出口贸易服务发挥重要作用

两国行业协会充分发挥企业与政府间的桥梁作用、企业与农户间的纽带作用,既是行业利益的忠实代表,又为会员企业提供优质的服务:组织实施行业出口战略计划、人力资源培训计划以及农产品安全计划。

4. 以金融服务为手段,为农产品出口贸易降低风险

两国农产品出口贸易所需金融与投资服务,涉及多个金融或非金融机构,其在各自的职责范围内按商业规范和市场规则运作。美国政府主要通过进出口银行、海外私人公司、国际金融公司、商业部、农业部等;加拿大政府主要通过政府开办的农业金融服务公司(AFSC)、商业银行、农业与食品部等,为农产品出口贸易提供金融服务,主要包括提供信贷担保、买方信贷及相关服务。

5. 以质量管理体系为支撑,为农产品出口贸易保驾护航

(1)法规法则配套。两国均制定了与农产品质量相关的法规、法则与标准。例如加拿大制定了相关法律13部、法规32个、农产品质量标准1000多个,且企业标准高于国家和行业标准,以确保农产品竞争力处于领先水平。

(2)组织机构健全。两国联邦和地方政府均设有农产品质量监测检验机构。加拿大食品检测署内设食品安全、动物安全和植物保护3个部门,并在4大区域设有分部(辖18个区域办公室和22个实验室),负责国际间、省际间流通食品质量监测检验;省级农业与食品部设有食品安全处,负责省内流通食品的质量监测检验。两级机构的基本职能为对农产品和食品实施"从田间到餐桌"全程质量控制。

(资料来源:浙江农业信息网。)

第二节 经济特区措施

一、经济特区的定义与类型

经济特区(Economic Zone)是指一个国家或地区在其管辖的地域内划出一定非关境的地理范围,实行特殊的经济政策,以吸引外商从事贸易和出口加工等业务活动。其目的是为了促进对外贸易的发展,鼓励转口贸易和出口加工贸易,繁荣本地区和邻近地区的经济,增加财政收入和外汇收入。因此,建立经济特区是一国实行对外开放和鼓励扩大出口的一项重要措施。各国或地区设立的经济特区规模不一、名目繁多,一般主要有贸易型、工业型、综

合型、科技型 4 种类型。

（一）贸易型经济特区

贸易型经济特区一般设在港口附近，以便于发挥商品集散中心的作用，从而吸引外国商品扩大转口。以发展转口贸易为主要目的的经济特区包括自由港、自由贸易园区、保税区等。

1. 自由港或自由贸易园区

自由港（Free Port）有时称为自由口岸。自由贸易园区（Free Trade Zone）有时称为对外贸易区、自由区、工商业自由贸易区等。无论自由港还是自由贸易园区，都在关境以外，对进出口商品全部或大部分免征关税，并且准许在港内或园区内开展商品自由储存、展览、拆散、改装、重新包装、整理、加工和制造等业务活动，以便于本地区的经济和对外贸易的开展，增加财政收入和外汇收入。

自由港或自由贸易园区可以分为两种类型。一种是把港口或设区所在的城市都划为自由港或自由贸易园区，如我国香港整个是自由港，除个别商品外，绝大多数商品可以自由进出，免征关税，甚至允许外国商人兴办工厂或企业。另一种是把港口或设区所在城市的一部分划为自由港或自由贸易园区。

自由港和自由贸易园区的区别在于自由贸易园区的自由度相对低些。自由港内的居民和旅客，无论是否从事经营活动，都可享受豁免海关限制的待遇；而自由贸易园区的东道主和客户，只有在其作为纯粹经营活动者参与区内经济活动时，才能取得豁免海关限制的待遇。就商品关税的豁免而言，自由港只对少数进口商品征收关税或实施不同程度的贸易管制；而自由贸易园区在一般情况下，对所有进口的生活消费品都实行征税和贸易管制。

2. 保税区

有些国家没有设立自由港或自由贸易园区，而实行保税区制度，如日本、荷兰等。保税区（Bonded Area）又称保税仓库区（Bonded Warehouse），是海关所设置的或经海关批准注册的，受海关监督的特定地区和仓库，外国商品存入保税区内，可以暂时不缴纳进口税；如再出口，不缴纳出口税；如要运进所在国的国内市场，则需办理报关手续，缴纳进口税。运入区内的外国商品可进行储存、改装、分类、混合、展览、加工和制造等。此外，有的保税区还允许在区内经营金融、保险、房地产、展销和旅游业务。

保税区或保税仓库的存储期限，各国的规定不同，有的几个月，有的可长达 2 ~ 3 年。逾期不取者，海关可进行拍卖，所得的货款，除抵偿仓租、关税和其他杂费外，余数归还货主。

（二）工业型经济特区

它是一国或地区在港口或机场附近交通便利的地方，划出一定的区域，通过优惠措施吸收外资，引进先进技术和设备，促进出口和本地区经济的发展。工业型经济特区主要有出口加工区、自由边境区等。

1. 出口加工区

出口加工区（Export Processing Zone）是指一个国家或地区在其港口、机场附近交通便利的地方，划出一定区域范围，新建和扩建码头、车站、道路、仓库和厂房等基础设施，并提供减免关税和国内税等优惠待遇，鼓励外商在区内投资设厂，生产以出口为主的制成品。

虽然出口加工区与自由港、自由贸易园区有所不同，但由于出口加工区是在自由港、自由贸易园区的基础上发展起来的,因此,有些自由港或自由贸易园区虽以从事出口加工生产为主,但仍沿用自由港或自由贸易园区的名称。

2. 自由边境区

自由边境区(Free Perimeter)是指设在本国省市地区的某一地段,按照自由贸易园区或出口加工区的优惠措施,对区内使用的机器、设备、原料和消费品,实行减税或免税,以吸引国内外厂商投资。

自由边境区与出口加工区的主要区别在于自由边境区的进口商品加工后大多是在区内使用,只有少数用于再出口,故设立自由边境区的目的是开发边区经济。因此,有些国家对优惠待遇规定了期限,当自由边境区生产能力发展后,就逐步取消某些商品的优惠待遇,甚至废除自由边境区。

(三)综合型经济特区

经济特区随着国际经济关系,特别是国际贸易、金融和经济技术交流的发展而以不同形式发展,并出现向综合化发展的趋势。综合型经济特区是一种多行业、多功能的特殊经济区域。其主要特点是:特区规模大、经营范围广。它不仅重视出口工业和对外贸易,同时也注重农牧业、旅游业、金融服务业、交通运输业、邮电通信业以及其他行业的发展,对区域经济的发展具有重要意义。如新加坡的裕廊工业区,它既是一个工业区,区内有932家工业企业;又是一个重要的转口贸易自由港,港口有10个大型泊位,可以容纳10艘巨轮停泊;同时还是一个旅游区,拥有著名的飞禽公园、仿日本风格的星和园、仿中国园林建筑的裕华园及面积达80公顷的裕廊湖。

(四)科技型经济特区

科技型经济特区是指以科技为先导,以生产技术密集型和知识密集型的出口产品为主的自由经济区。

第二次世界大战以后,随着资本主义生产国际化和新科技革命的发展,各国经济与产业结构不断调整与升级,一些发达国家和发展中国家为促进各自高技术产品的研制、生产和贸易,在其拥有的自由经济区的基础上开始逐步向多元化、高层次方向发展,一种将科研、教育、生产和贸易相结合的科技型经济特区——科学工业园区(Science-based Industrial Park)脱颖而出。它是一种高级形式的出口加工区,目前还在进一步发展中。

科学工业园区的主要特点是:有充足的科技和教育设施及高校、研究机构,以一系列企业组成的专业性企业群为依托,区内企业设施先进、资本雄厚、技术密集程度高,信息渠道畅通、交通发达、政策优惠,鼓励外商在区内进行高科技产业的开发,吸引和培养高级技术人才,研究和发展尖端技术和产品。与出口加工区侧重于扩大制成品加工出口不同,科学工业园区旨在扩大科技产品的出口和促进本国技术的发展。

科学工业园区有自主型和引进型两类。发达国家拥有先进的技术、充裕的资金,可以依靠自身的资金、技术和人才优势,研究与开发高科技,并使之商品化,其所设立的科学工业园区多属于自主型。而大多数发展中国家或地区进行科技开发时面临资金、技术和人才不足的难题,因而大多采用引进国外资金、技术和人才的办法进行合作研究与开发,其所设立的科学工业园区多属于引进型。

二、经济特区的特点

经济特区具有以下特点:

（1）以扩大出口贸易、开发经济和提高技术水平为目的。各国建立经济特区的首要目的就是要扩大出口，增加外汇收入。在此基础上，通过发展出口加工业，吸收外资和引进先进技术设备，发展本地区和邻近地区的经济，提高国内生产的技术水平。

（2）有一个开放的投资环境。经济特区大都提供优惠待遇，同时，国家还采取财政措施等对特区的生产经营进行扶持，并简化各种行政手续，为外商投资提供方便。

（3）具有一定的基础设施。这些基础设施主要包括：水电设施，仓储设施，邮政通信设施和生活文化设施等。

（4）具有良好的社会经济条件。一般来说，经济特区都有较丰富的劳动力资源，受教育程度较高，技术力量和管理能力也较强。

（5）有良好的自然条件。经济特区大都设在地理位置和自然环境较好的地区，交通运输方便，资源丰富或易于获得，气候温和，风景秀丽。

第三节　出口管制措施

大多数情况下，各国政府是鼓励出口限制进口的，但对某些商品或在某些时候或对某些国家也采取出口管制或进口鼓励的政策。

出口管制（Export Control）是指国家通过法令和行政措施，对本国出口贸易实行管理和控制。其目的有经济上的，也有政治上的。从政治上来说，向"敌对"国家或"不友好"国家的出口往往受到政府的限制。从经济方面来说，许多国家对本国比较稀缺而又比较重要的商品常常会实行出口限制以保证国内的需要；或者是为了控制和稳定国际市场价格。例如，石油输出国组织为了保证国际油价不下跌，往往限制石油的生产和出口。

一、出口管制的对象

需要实行出口管制的商品主要有以下几类。

（1）战略物资、尖端技术、先进产品及有关的技术资料。各国尤其是发达国家对这类物资的出口控制得十分严格，主要是从"国家安全"和"军事防备"的需要出发，防止它们流入政治制度对立或政治关系紧张的国家。例如美国等西方国家规定，武器、军事设备、军用飞机、军舰、先进的电子计算机及有关的技术资料等，必须领取特种出口许可证才能出口。

（2）国内的紧缺物资。国内的紧缺物资即国内生产急需的原材料和半制成品，以及国内供应明显不足的商品。如西方各国往往对石油、煤炭等能源实行出口管制。这些商品在国内本来就比较稀缺，倘若允许自由流往国外，只能加剧国内的供给不足和市场失衡，严重阻碍经济发展。

（3）历史文物和艺术珍品。各国出于保护本国文化艺术遗产和弘扬民族精神的需要，一般都要禁止该类商品输出；即使可输出的，也实行较严格的管理。

（4）需要"自动"限制出口的商品。为了缓和与进口国贸易上的摩擦，在进口国的要求或压力下，"自动"控制出口的商品，如发展中国家根据纺织品"自限协定"自行控制出口的商品。

二、出口管制的形式

（一）单方面出口管制

单方面出口管制是指一个国家根据本国的出口管制法案，设立专门的执行机构，对本国某些商品的出口进行审批和颁发出口许可证，实行出口控制。例如美国长期以来就推行这种出口管制战略。早在 1917 年美国国会就通过了《1917 年与敌对国家贸易法案》，以禁止所有私人与美国敌人及其同盟者在"二战"时或国家紧急时期进行财政金融和商业上的贸易。"二战"结束后，为了对当时的社会主义国家（如前苏联）进行禁运，又于 1949 年通过了《出口管制法案》，以禁止和削减全部商品和技术资料经由贸易渠道出口。这个法案以后几经修改，直到《1969 年出口管理法》出台。以后美国国会又出台了《1979 年出口管理法》、《出口管理法 1985 年修正案》等，这些法案或修正案一次比一次宽松，但主要规定不变。

（二）多边出口管制

多边出口管制是指几个国家出于共同的政治和经济目的，通过一定的方式建立国际性多边出口管制机构，商讨和编制多边出口管制货单和出口管制国别，规定出口管制办法等，以协调彼此的出口管制政策和措施。然后由各参加国依据上述精神，自行办理出口商品的具体管制和出口申报手续。巴黎统筹委员会就是一个典型的国际性多边出口管制机构。巴黎统筹委员会本名为输出管制统筹委员会，它是在美国操纵下，由 17 国（美国、英国、法国、意大利、加拿大、比利时、卢森堡、荷兰、丹麦、葡萄牙、挪威、原联邦德国、日本、希腊、土耳其、西班牙、澳大利亚）组成的常设多国出口管制机构。其总部设在巴黎，故而得名巴黎统筹委员会，简称"巴统"。该机构于 1949 年 11 月成立，其目的就是共同防止战略物资和先进技术输往社会主义国家，对它们实行出口管制，以遏制社会主义的发展。然而，随着国际形势的变化，"巴统"逐渐放宽了对社会主义国家的出口管制，其作用日渐减小，至 1994 年 4 月 1 日正式解散。

三、出口管制的程序

一般而言，西方国家出口管制的程序是：有关机构根据出口管制的有关法案制定出口管制货单和输往国别分组管制表；列入出口管制的商品，必须办理出口申报手续，获取出口许可证后方可出口。

【国贸博览 10-2】

美国的出口管制程序

（一）制定出口管制货单和输往国别分组管制表

美国商务部贸易管理局是办理出口管制工作的具体机构，它负责制定出口管制货单和输往国别分组管制表。在出口管制货单中列有各种需要管制的商品名称、商品分类号码、商品单位及其所需的出口许可证类别等，在输往国别分组管制表中将商品输往国家或地区分成 Z、S、Y、P、W、Q、T、V 8 个组，实行从严到宽不同程度的管制。

例如，把朝鲜、越南等国家列为 Z 组；把前苏联和除波兰、罗马尼亚、南斯拉夫以外的东欧国家列为 Y 组；1972 年 2 月美国商务部宣布把中国由 Z 组转为 Y 组，1981 年由 Y 组转为 P 组，1983 年由 P 组划为 V 组。对 Z 组国家的所有出口都必须领取特种出口许可证；对 Y 组国家的非战略性物资可按一般许可证出口，战略性物资需按特种出口许可证出口；对 P 组管制较 Y 组为宽，对 V 组管制较 P 组为宽。

(二) 申请出口许可证

对出口受管制的商品，出口商必须向贸易管理局申领出口许可证。美国的出口许可证分为两类：

1. 一般许可证

一般许可证 (General License) 也称普通许可证。这种许可证的管理十分松动。一般而言，出口这类商品时，出口商在出口报关表上填明出口管制货单上这类商品的普通许可证编号，再经海关核实方算办妥出口许可证。

2. 特种许可证

特种许可证 (Validated License) 必须向有关机构专门申请。出口商在许可证上要填明商品的名称、数量、管制编号以及输出用途，再附上有关交易的证明书和说明书，呈送有关机构审批，获准后才能出口商品。那些涉及所谓"国家安全"的商品，还要提交更高层次的机构审批，不予批准则禁止出口。

(三) 贸易管理局审批和颁发出口许可证

贸易管理局审批和颁发出口许可证是根据有关法案和规定，并参照当时的对外政策来进行的。有些商品可能涉及"国家安全"，则必须经有关各部共同组成的出口政策咨询委员会的管理委员会进行审批；属于"巴统"管制的商品，必须提交该委员会进行审批。申请书获得批准后，即作为有效许可证，出口商凭此报关出口。若未获批准，商务部以"拒发出口许可通知"驳回，禁止出口。

(资料来源：《国际贸易——原理·政策·实务》，第 3 版. 上海：立信会计出版社，2003 年，第 219 页。)

第四节　我国的促进出口与出口管制

随着我国外贸体制改革的深化和参与国际多边贸易体系活动的深入，我国已建立起既符合社会主义市场经济运行机制，又符合国际贸易规范的促进出口与出口管制体系。

一、促进出口措施

(一) 出口信贷

我国的出口信贷分为出口卖方信贷和进口买方信贷。出口卖方信贷主要包括船舶出口卖方信贷、设备出口卖方信贷、高新技术产品出口卖方信贷、一般机电产品出口卖方信贷、农产品出口卖方信贷、文化产品和服务出口卖方信贷等。出口卖方信贷的申请对象为出口大型设备、船舶、高新技术产品或一般机电产品、农产品以及文化产品和服务的企业。出口买方信贷包括固定资产类贷款和流动资金类贷款两种形式，并可采取境外金融机构转贷的方式。出口买方信贷的借款人为境外金融机构、进口国财政部或进口国政府授权的机构以及发放卖方信贷的银行认可的进口商或境外业主及船舶经营人。出口信贷为出口企业提供资金支持，对促进我国机电产品、高新技术产品以及文化产品和服务等的出口起到了积极作用。

(二) 出口信用保险

出口信用保险是各国政府以国家财政为后盾，为企业的出口贸易、对外投资和对外工程承包等经济活动提供风险保障的一项特殊的政策性支持措施，是一国政府支持出口的最重要的手段之一。我国积极发展出口信用保险，支持企业发展出口。

中国出口信用保险公司（以下简称中国信保）是我国唯一一家从事出口信用保险的政策性保险公司，中国信保的任务是积极配合国家的外交、外贸、产业、财政和金融政策，通过政策性出口信用保险手段，加强对货物、技术和服务出口，特别是对高技术、附加值大的机电产品、成套设备等资本性货物出口的支持力度，在信用保险、出口融资、信息咨询和应收账款管理等方面为从事外经贸业务的企业提供快捷、完善的服务，为企业积极开拓海外市场减少收汇风险和提供出口融资保障，支持国内企业的国际化生存和发展。

【国贸博览10-3】

中国出口信用保险公司与中国工商银行签署"一带一路"战略专项合作协议

2015年7月13日，中国出口信用保险公司与中国工商银行签署了"一带一路"战略专项合作协议，并联合发布10项银保创新金融服务。根据该合作协议，中国出口信用保险公司与中国工商银行将共同开拓"走出去"市场，创新银保综合化金融产品与服务，加大对"一带一路"建设的金融支持力度，引领中国企业"走出去"。

据介绍，双方将重点加强对"一带一路"沿线、中巴经济走廊、孟中印缅经济走廊、中蒙俄经济走廊、非洲"三网一化"战略重点国别区域的市场开发，大力支持高铁、核电、电信等高端装备"走出去"和国际产能合作。双方将发挥各自优势，共同推出境外项目投融资和风险管理的综合化、一体化金融服务解决方案。

中国出口信用保险公司是承办出口信用保险业务的政策性保险公司，积极服务我国对外经贸的发展，截至目前，已累计支持了1.96万亿美元的对外贸易和投资，帮助企业获得银行融资2.2万亿元人民币；承保我国面向"一带一路"沿线国家出口、投资、承包工程的规模累计已达到5348.71亿美元，支付赔款16.25亿美元。中国出口信用保险公司相关负责人表示，中国出口信用保险公司与中国工商银行的合作可以追溯到2002年，目前双方合作领域已经扩展到贸易融资、项目融资和海外投资等广泛领域。

近年来，中国工商银行充分发挥集团综合化和全球服务网络优势，积极为中国企业"走出去"和"一带一路"建设提供全方位金融服务。在"一带一路"沿线，中国工商银行在18个国家拥有120家分支机构，处于中资银行领先地位。

此次合作亮点是银保共同开展国别区域市场开发，从源头获取市场项目信息，做好投资规划、融资条件和担保结构设计，实现金融机构从"跟随"企业"走出去"到"引领"企业"走出去"的经营模式转型。在银保金融服务合作方面，突破了传统各自产品叠加的模式，更加注重银保金融产品和服务的创新融合。中国出口信用保险公司和中国工商银行将根据"走出去"项目的特点和企业需求，提供更多的多元化、个性化金融服务，协助企业优化投融资结构、加强主动风险管理。

(资料来源：http://www.sinosure.com.cn/sinosure/xwzx/xbdt/168750.html。)

(三) 出口退税

所谓出口退税（Export Rebates），是指当商品出口时，将该商品在国内负担的间接税予以退还的制度。某些部件或制成品的出口，如果已缴纳了所用进口原料的进口税和国内税（增值税），可以退还全部或部分税款。出口退税的目的是要通过退还出口货物的国内税以避免国际经济交往中的重复征税，平衡出口货物与国内销售货物的税收负担，更主要的是，出口退税可以降低出口货物的成本，以不含国内税的形态进入国际市场，从而增强出口商品的竞争能力。

【国贸博览10-4】

出口退税的非中性原则

理想状态的出口退税应该是对出口商品实行彻底退税，即征多少退多少。这种情况下的出口退税不是鼓励出口的优惠和补贴政策，是一种消除出口歧视的中性措施。由于受到国内外贸易条件的制约，现实中的出口退税往往不是理想状态的中性制度，通常是以理想状态的"征多少，退多少"的标准作为参照，以国际惯例许可的"不少征多退"为基准，对不同的产品制定相应的退税率，即国家鼓励出口的产品可以规定退税率和增值税率保持一致，一般的出口产品都规定较低的退税率，国家限制出口的产品不予退税等，实行中性与非中性相结合的制度。由于退税是目前为数不多的一种符合国际惯例的调节手段，面对国际竞争激烈化和加入WTO后一国宏观经济政策自由空间相对缩小的现实，越来越多的国家在国际惯例许可的条件下，重视非中性特征的运用，因此在一定范围内出口退税就成为鼓励出口的措施之一。

(资料来源：《出口退税制度研究》. 北京：北京大学出版社，2004年，第6~7页。)

(四) 建立自由贸易园区

中国自由贸易园区是在本国领土上划出一块地方，单边自主实施贸易投资自由化措施所形成的区域。中国自由贸易园区是政府全力打造中国经济升级版的最重要的举动，其核心是营造一个符合国际惯例的对内、外资的投资都要具有国际竞争力的国际商业环境。至2015年，中国已获批准设立的四个自由贸易园区包括：中国（上海）自由贸易试验区、中国（广东）自由贸易试验区、中国（天津）自由贸易试验区、中国（福建）自由贸易试验区。

1. 首个中国自由贸易园区——中国（上海）自由贸易试验区

中国（上海）自由贸易试验区（简称上海自贸试验区），是中国政府设立的第一个区域性自由贸易园区。2013年8月，国务院正式批准设立中国（上海）自由贸易试验区。该试验区成立时，以上海外高桥保税区为核心，辅之以机场保税区和洋山港临港新城，成为中国经济新的试验田，实行政府职能转变，对金融制度、贸易服务、外商投资和税收政策等多项措施进行改革，并大力推动上海市转口、离岸业务的发展。2013年9月29日，上海自由贸易试验区正式挂牌成立。

上海自贸试验区范围涵盖上海市外高桥保税区、外高桥保税物流园区、洋山保税港区和上海浦东机场综合保税区等4个海关特殊监管区域，总面积为28.78km²，是"四区三港"

的自贸区格局。2014年12月，上海自贸区由原先的28.78km²扩至120.72km²。

上海自贸试验区的总体目标是经过2~3年的改革试验，加快转变政府职能，积极推进服务业扩大开放和外商投资管理体制改革，大力发展总部经济和新型贸易业态，加快探索资本项目可兑换和金融服务业全面开放进程，探索建立货物状态分类监管模式，努力形成促进投资和创新的政策支持体系，着力培育国际化和法治化的营商环境，力争建设成为具有国际水准的投资贸易便利、货币兑换自由、监管高效便捷、法制环境规范的自由贸易试验区，为我国扩大开放和深化改革探索新思路和新途径，更好地为全国服务。

上海自贸试验区自运行以来，紧紧围绕面向世界、服务全国的战略要求和上海"四个中心"建设的战略任务，按照先行先试、风险可控、分步推进、逐步完善的方式，把扩大开放与体制改革相结合、把培育功能与政策创新相结合，出台一系列措施，形成与国际投资、贸易通行规则相衔接的基本制度框架。

2. 其他中国自由贸易园区

中国（上海）自由贸易试验区运行试水，各项举措得到广泛好评。为顺应市场需求，中央政府决定继续实施一系列深化改革举措，把上海自贸试验区的成功经验逐步推广运用。2014年12月，国务院决定设立中国（广东）自由贸易试验区、中国（天津）自由贸易试验区和中国（福建）自由贸易试验区。

中国（广东）自由贸易试验区（简称广东自贸试验区）涵盖3个片区：广州南沙新区片区（广州南沙自贸区）、深圳前海蛇口片区（深圳前海蛇口自贸区）、珠海横琴新区片区（珠海横琴自贸区），总面积116.2km²，广东自贸区立足港澳深度融合。

中国（天津）自由贸易试验区（简称天津自贸试验区）的实施范围为119.9km²，涵盖3个片区：天津港片区30km²（含东疆保税港区10km²），天津机场片区43.1km²（含天津港保税区空港部分1km²和滨海新区综合保税区1.96km²），滨海新区中心商务片区46.8km²（含天津港保税区海港部分和保税物流园区4km²）。主要涵盖3个功能区，天津港片区、天津机场片区以及滨海新区中心商务片区。

中国（福建）自由贸易试验区（简称福建自贸试验区）的实施范围为118.04km²，涵盖3个片区：平潭片区43km²，厦门片区43.78km²（含象屿保税区0.6km²、象屿保税物流园区0.7km²、厦门海沧保税港区9.51km²），福州片区31.26km²（含福州保税区0.6km²、福州出口加工区1.14km²、福州保税港区9.26km²）。

以上3个自由贸易园区都把构建开放型经济新体制，建成符合国际高标准的法制环境规范、投资贸易便利、辐射带动功能突出、监管安全高效的国际一流自由贸易园区作为发展目标，但三者战略定位的侧重点则有所不同。

广东自贸试验区的战略定位是依托港澳、服务内地、面向世界，将自贸试验区建设成为粤港澳深度合作示范区、21世纪海上丝绸之路重要枢纽和全国新一轮改革开放先行地。天津自贸试验区的战略定位则是以制度创新为核心任务，努力成为京津冀协同发展高水平对外开放平台、全国改革开放先行区和制度创新试验田、面向世界的高水平自由贸易园区。而福建自贸试验区的战略定位是围绕立足两岸、服务全国、面向世界，把自贸试验区建设成为改革创新试验田；充分发挥对台优势，率先推进与台湾地区投资贸易自由化进程，把自贸试验区建设成为深化两岸经济合作的示范区；充分发挥对外开放前沿优势，建设21世纪海上丝绸之路核心区，打造面向21世纪海上丝绸之路沿线国家和地区开放合作新高地。

三个自由贸易园区都从完善体制机制入手，切实转变政府职能、推进投资管理体制改革、推进贸易发展方式转变、推进金融领域开放创新、培育新的竞争优势，并从实行有效监管、健全法制、组织实施和评估推广机制等方面形成保障机制。

二、出口管制措施

我国在积极促进企业扩大出口的同时，为保护国家安全和人民生命财产安全，维护社会公共利益和良好的进出口经营秩序，履行国际公约规定的义务，仍对一些商品的进出口采取管制措施。

（一）禁止出口的货物

国家对与裂变、聚变物质或者衍生此类物质有关货物、技术，以及与武器、弹药或者其他军用物资有关的货物禁止出口。除了列入《禁止进口货物目录》的货物不准出口外，其他法律、法律规定不准出口的货物还包括：①劳改产品。②麝香、发菜。③未定名的或者新发现的有重要价值的野生植物。

禁止出口的货物目录由商务部会同国务院有关部门制定、调整并公布。其他法律、行政法规规定禁止出口的，依照其规定。

（二）限制出口的货物

为维护国家安全、社会公共利益或者公共道德；为保护人民的健康或者安全，保护动物、植物的生命或者健康，保护环境；为实施与黄金或者白银进出口有关的措施；为建立或者加快建立国内特定产业的货物均需限制出口。

限制出口的货物目录由商务部会同国务院有关部门制定、调整并公布。限制出口的货物目录，应当至少在实施前21天公布；在紧急情况下，应当不迟于实施之日公布。

国家规定有数量限制的限制出口货物，实行出口配额管理；其他限制出口货物，实行出口许可证管理。

1. 出口配额管理

出口配额根据实施的主动性可以分为主动配额和被动配额。主动配额是我国自主实行的配额，被动配额是根据多、双边协议，实行管理的配额。

实行配额管理的限制出口货物，由商务部和国务院有关经济管理部门（以下统称出口配额管理部门）按照国务院规定的职责划分进行管理。2002年1月1日起施行中华人民共和国对外贸易经济合作部2001年第12号令《出口商品配额管理办法》。出口配额管理商品的范围如下：①关系国计民生的重要初级农副产品和工业原材料；②国内供应短缺或不可再生的资源性商品；③在国际市场或某一市场占主导地位，输出国家或地区的市场容量有限，需要限制出口的重要商品；④根据我国缔结的双边或多边国际条约、协定、协议，需要限制出口的商品。

2. 出口许可证管理

为了合理配置资源，规范出口经营秩序，营造公平透明的贸易环境，履行我国加入国际公约和条约的义务，维护国家经济利益和安全，我国实行统一的货物出口许可证制度。国家对限制出口的货物实行出口许可证管理。

商务部是全国出口许可证的归口管理部门，负责制定出口许可证管理办法及规章制度，监督、检查出口许可证管理办法的执行情况，处罚违规行为。

商务部会同海关总署制定、调整和发布年度《出口许可证管理货物目录》。商务部负责制定、调整和发布年度《出口许可证管理货物分级发证目录》，并由商务部以公告形式发布。

凡实行出口配额许可证管理和出口许可证管理的货物，对外贸易经营者（以下简称经营者）应当在出口前按规定向商务部配额许可证事务局及商务部驻各地特派员办事处以及各地方发证机构申领出口许可证，海关凭出口许可证接受申报和验放。20世纪90年代以来，我国不断缩小出口许可证管理的产品，2015年，我国仅对48种货物分别实行出口配额许可证、出口配额招标和出口许可证管理。

 关键术语

出口信贷　卖方信贷　买方信贷　出口信贷国家担保制　出口补贴　商品倾销　外汇倾销　出口价格支持　自由港　自由贸易园区　保税区　出口加工区　自由边境区

 复习思考题

1. 商品倾销有哪几种？倾销所导致的损失可通过哪些途径得以补偿？
2. 外汇倾销及其实施条件是什么？人民币币值的波动对我国对外贸易的影响是什么？
3. 出口退税的主要内容是什么？请分析出口退税对我国出口贸易的影响。
4. 什么是经济特区？经济特区的主要类型有哪些？
5. 什么是出口补贴？出口补贴有哪两种形式？
6. 什么是出口信贷？阐述两种类型的出口信贷的基本运作程序。
7. 分析中国自由贸易园区建立的意义与作用。

 延展阅读书目

[1] 托马斯·A-普格尔. 国际贸易 [M]. 15版. 第十一章. 赵曙东，沈艳枝译. 北京：中国人民大学出版社，2014.
[2] 薛荣久. 国际贸易（新编本）[M]. 第十三章. 北京：对外经济贸易出版社，2003.
[3] 陈宪，等. 国际贸易 [M]. 第十四章. 3版. 上海：立信会计出版社，2003.

第十一章 世界贸易组织

本章学习要点

- 关税与贸易总协定的产生与发展
- 世界贸易组织的产生
- 世界贸易组织的宗旨、职能和法律框架
- 世界贸易组织的运行机制
- 世界贸易组织的基本原则
- 世界贸易组织"多哈回合"谈判
- 我国与世界贸易组织

为创造良好的国际贸易环境,需要全球多边贸易体制对各国的对外贸易政策与措施进行协调与约束,以减少贸易摩擦与冲突,推进国际贸易自由化进程,促进国际贸易的发展。1995年1月1日世界贸易组织(World Trade Organization,WTO)建立,取代了1947年创立的关税与贸易总协定(General Agreement on Tariff and Trade,GATT),成为全球多边贸易体制的法律与组织基础。客观认识世界贸易组织的作用与职能,掌握世界贸易组织的规则,有助于我们更好地顺应经济全球化的发展趋势,提高参与国际竞争的能力。

第一节 世界贸易组织概述

一、世界贸易组织的产生

(一) 1947年《关税与贸易总协定》

世界贸易组织正式运行之前,1947年创立的《关税与贸易总协定》是协调、处理缔约方间关税与贸易政策的主要多边协定。其宗旨是,通过彼此削减关税及其他贸易壁垒,消除国际贸易上的歧视待遇,以充分利用世界资源,扩大商品生产和交换,保证充分就业,增加实际收入和有效需求,提高生活水平。

1. 关税与贸易总协定的产生

关税与贸易总协定的产生,与20世纪30年代资本主义世界的经济危机以及第二次世界大战前后的国际经济贸易发展的衰退局面密切相关。20世纪30年代,爆发了历史上规模空前的世界性经济危机,各国政府为了转嫁危机,纷纷放弃自由贸易政策,而实施提高关税、限制进口和实行外汇管制等措施的保护贸易政策。高关税阻碍了商品的国际流通,造成国际贸易额大幅度萎缩。随之而来的第二次世界大战给世界各国带来了巨大的灾难。除美国外的主要资本主义国家的经济均遭受了毁灭性的打击，世界各国逐渐认识到保护贸易政策只会对本国政治、经济形势的发展带来不利的影响，国际间有必要改变保护贸易的现状，消除贸易壁垒，进行国际经济合作和政策协调。

各国在第二次世界大战结束前就开始探讨面临的国际经济问题，并设想建立3个国际经济组织，即国际货币基金组织、国际复兴开发银行（世界银行）、国际贸易组织，以此来维持国际间的汇率和收支平衡，协助经济复兴，促进国际贸易自由发展。于是1944年，美国、英国等44个国家在美国新罕布什尔州召开会议，建立了国际货币基金组织（IMF）和国际复兴开发银行（IBRD），以稳定国际金融，促进世界贸易发展。

为了实现建立国际贸易组织的设想，1945年，美国提出了《国际贸易与就业会议建议案》，正式建议成立国际贸易组织。1947年11月至1948年3月，在哈瓦那举行的联合国贸易与就业会议，审议并通过了《国际贸易组织宪章》，又称《哈瓦那宪章》。《哈瓦那宪章》的目标是，建立一个全面处理国际贸易和经济合作事宜的国际组织。然而，由于各国针对草案提出了大量的修正案，以至于美国的立法机构认为该宪章中的一些条约和规定与其国内立法有冲突，干预了国内立法，不符合美国的利益要求，因而否决了这个宪章。而且因为美国当时处于霸权地位，其政府的放弃使其他国家纷纷作壁上观，宪章没有得到必要数量的国家支持。因此在这种情况下，国际贸易组织最终宣告流产。

1945年，美英在建议筹建国际贸易组织的同时就提出各国进行关税减让谈判的建议。1947年4～10月，筹委会日内瓦会议在讨论审查《国际贸易组织宪章》的同时，进行了关税问题的多边谈判。由23个会议参加国进行了首轮关税减让的谈判，达成了123项有关关税减让的协议，并把这些协议与联合国经济与社会理事会第二次筹备会通过的有关商业政策的部分加以合并，构成一个独立的协定，即《关税与贸易总协定》（GATT）。同年10月30日，包括中国在内的23个国家签署了《关税与贸易总协定》。为使《关税与贸易总协定》能得以尽快适用，这23个成员方中的8个国家（美国、英国、法国、加拿大、澳大利亚、荷兰、比利时和卢森堡）同时签署了《关税与贸易总协定临时适用议定书》，宣布于1948年1月1日开始"临时适用"《关税与贸易总协定》。成员方约定，待《国际贸易组织宪章》生效后，即用宪章的有关部分取代《关税与贸易总协定》。但由于《国际贸易组织宪章》的夭折，《关税与贸易总协定》实际上替代了国际贸易组织而临时生效，《关税与贸易总协定》并由此诞生。

尽管《关税与贸易总协定》设立的初衷是作为管理多边贸易的临时性工具，但从1948年1月1日《关税与贸易总协定》实施开始到1995年1月1日被世界贸易组织所取代，《关税与贸易总协定》作为国际贸易领域唯一的一项多边协定，它形成了一套指导成员方贸易行为的国际贸易准则，为各国在经济贸易上提供了谈判和对话的场所，削减了关税和非关税壁垒，促进了许多国家与地区的繁荣与发展。

2. 关税与贸易总协定发展的历程

关税与贸易总协定在1948～1995年的47年发展历程中，共主持了八轮多边贸易谈判，促使成员方之间的关税水平大幅度下降，非关税措施受到约束，推动了贸易自由化的进程。关税与贸易总协定前七轮多边贸易谈判情况见表11-1。

表 11-1　关税与贸易总协定前七轮多边贸易谈判情况

谈判回合	谈判时间	谈判地点	参加方/个	谈判议题	谈判主要成果
第一轮	1947年4~10月	瑞士日内瓦	23	关税减让	达成45000项商品的关税减让，使占进口值54%的商品平均降低关税35%
第二轮	1949年4~10月	法国安纳西	33	关税减让	达成近5000项商品的关税减让，使平均关税水平降低35%
第三轮	1950年9月~1951年4月	英国托奎	39	关税减让	达成近9000项商品的关税减让，平均关税水平下降26%
第四轮	1956年1月~5月	瑞士日内瓦	28	关税减让	达成近3000项商品的关税减让，平均关税水平下降15%
第五轮	1960年9月~1962年7月	瑞士日内瓦	45	关税减让	达成4400项商品的关税减让，平均关税水平下降10%
第六轮	1964年5月~1967年6月	瑞士日内瓦	54	关税减让	以关税统一减让的方式就影响世界贸易额约400亿美元的商品达成关税减让，使平均关税水平下降35%
第七轮	1973年9月~1979年4月	瑞士日内瓦	102	关税减让与削减非关税壁垒	关税水平下降35%，使发达国家制成品关税降至4.7%，达成多项非关税壁垒协议和守则，通过了给予发展中国家优惠待遇的"授权条款"

（资料来源：世界贸易组织秘书处。）

（二）世界贸易组织的产生

1. 关税与贸易总协定"乌拉圭回合"谈判

关税与贸易总协定第八轮多边贸易谈判，从 1986 年 9 月开始启动，到 1994 年 4 月签署最终协议，共历时 8 年。这是关税与贸易总协定的最后一轮谈判。因发动这轮谈判的贸易部长会议在乌拉圭埃斯特角城举行，故称"乌拉圭回合"。参加这轮谈判的国家最初为 103个，到 1993 年底谈判结束时有 117 个。

在启动"乌拉圭回合"的部长宣言中，明确了这轮谈判的主要目标：一是通过减少或取消关税、数量限制和其他非关税措施，改善市场准入条件，进一步扩大世界贸易；二是完善多边贸易体制，将更大范围的世界贸易置于统一的、有效的多边规则之下；三是强化多边贸易体制对国际经济环境变化的适应能力；四是促进国际合作，增强关税与贸易总协定同有关国际组织的联系，加强贸易政策和其他经济政策之间的协调。

"乌拉圭回合"经过 8 年谈判，取得了一系列重大成果：①多边贸易体制的法律框架更加明确，争端解决机制更加有效与可靠；②参加方的关税水平将进一步下降；③农产品贸易和纺织品与服装贸易纳入全球贸易自由化轨道，谈判达成了《农业协定》和《纺织品与服装协定》；谈判达成了《服务贸易总协定》，首次确立了有关服务贸易规则和原则的多边法律框架；谈判达成了《与贸易有关的知识产权协定》；成立了世界贸易组织，取代 1947 年关税与贸易总协定，完善和加强了多边贸易体制，为执行"乌拉圭回合"谈判成果奠定了良好的基础，这是"乌拉圭回合"取得的最突出的成就。

2. 世界贸易组织的产生

1986年"乌拉圭回合"谈判启动时，谈判议题没有涉及建立世界贸易组织问题，只设立了一个关于完善关税与贸易总协定体制职能的谈判小组。在新议题的谈判中，涉及服务贸易和与贸易有关的知识产权等非货物贸易问题。这些重大议题的谈判成果，很难在关税与贸易总协定的框架内付诸实施，创立一个正式的国际贸易组织的必要性日益凸显。因此，欧洲共同体于1990年初首先提出建立一个多边贸易组织的倡议，这个倡议后来得到美国、加拿大等国的支持。

1990年12月，布鲁塞尔贸易部长会议同意就建立多边贸易组织进行协商。经过一年的紧张谈判，1991年12月形成了一份关于建立多边贸易组织协定的草案。时任关税与贸易总协定总干事阿瑟·邓克尔将该草案和其他议题的案文汇总，形成《邓克尔最后案文（草案）》，这一案文成为进一步谈判的基础。1993年12月，根据美国的提议，把"多边贸易组织"改为"世界贸易组织"（WTO）。

1994年4月15日，"乌拉圭回合"参加方在摩洛哥马拉喀什通过了《建立世界贸易组织马拉喀什协定》，简称《建立世界贸易组织协定》。

二、世界贸易组织的宗旨与职能

（一）世界贸易组织的宗旨和目标

根据《建立世界贸易组织协定》序言的基本内容，世界贸易组织的宗旨和目标是：

（1）提高生活水平，保障充分就业，大幅度稳步增加实际收入与有效需求，扩大货物和服务的生产和贸易。

（2）遵循可持续发展的目标和不同经济发展水平国家各自需要，最佳利用世界资源，保护和维护环境。

（3）通过切实的努力，确保发展中国家在国际贸易增长中获得与其经济发展水平相适应的份额。

世界贸易组织的目标是建立一个完整的包括货物、服务、与贸易有关的投资及知识产权等更具活力、更持久的多边贸易体系，以巩固包括关税与贸易总协定贸易自由化的成果和"乌拉圭回合"多边贸易谈判的所有成果。

为了有效地实现上述宗旨与目标，世界贸易组织规定各成员应通过互惠互利的安排，大幅度降低关税，减少其他贸易壁垒，消除在国际贸易交往中的歧视待遇，对发展中国家给予特殊和差别待遇，扩大市场准入程度及提高贸易政策和法规的透明度，以及实施通知与审议等原则。

（二）世界贸易组织的职能

根据《建立世界贸易组织协定》的规定，世界贸易组织的职能有：

（1）组织实施世界贸易组织负责管辖的各项贸易协定、协议，积极采取各种措施努力实现各项协定、协议的目标。

（2）为成员提供多边贸易谈判的场所，并为多边贸易谈判结果提供框架草案。

（3）按争端解决规则与程序解决各成员之间的贸易争端。

（4）定期对各成员的贸易政策与措施进行审议。

（5）为发展中国家提供技术援助和培训。

(6) 与其他国际组织开展合作，特别是协调与国际货币基金组织和世界银行及其附属机构的合作，以保障全球经济政策的一致性。

三、世界贸易组织的组织结构与法律框架

(一) 世界贸易组织的组织结构

1. 部长级会议

部长级会议（The Ministerial Conference）是世界贸易组织的最高决策机构，由世界贸易组织的所有成员组成，也是各成员方最重要的谈判场所。根据《建立世界贸易组织协定》，部长级会议至少每两年举行一次，所有成员方的代表都有资格参加会议，"有权对多边贸易协议下的所有事项做出决定"。部长级会议应全权"履行WTO的职能，并为此采取必要的行动"。

【国贸博览11-1】

世界贸易组织部长级会议

世界贸易组织部长级会议是WTO的最高决策权力机构，至少两年举行1次会议，讨论和决定涉及WTO职能的所有重要问题，并采取行动。自1995年成立以来，世界贸易组织已先后举行过九次部长级会议。

第一次部长级会议1996年12月9～13日在新加坡召开。会议主要审议了世界贸易组织成立以来的工作及"乌拉圭回合"协议的执行情况，并决定成立贸易与投资、贸易与竞争政策、政府采购透明度3个工作组，同时将贸易便利化纳入了货物理事会的职责范围，会议最后通过了《新加坡部长宣言》。

第二次部长级会议1998年5月18～20日在瑞士日内瓦举行。会议主要讨论了已达成的贸易协议的执行情况、既定日程和未来谈判日程等问题以及第三次部长级会议举行的时间和地点。会议的主要目的是为第三次部长级会议启动新一轮多边贸易谈判做准备。

第三次部长级会议1999年11月30日～12月3日在美国西雅图召开。由于非政府组织的示威游行和干扰所产生的压力以及成员间在一系列重大问题上的意见分歧，会议未能启动拟议中的新一轮多边贸易谈判，最终以失败告终。

第四次部长级会议2001年11月9～14日在卡塔尔首都多哈举行。会议启动了被称为"多哈发展议程"即所谓的"多哈回合"的新一轮多边贸易谈判。会议的另一个重要成果是批准中国和中国台北加入WTO。会议最后通过了《部长宣言》等三个文件。

第五次部长级会议2003年9月10～14日在墨西哥坎昆举行，来自WTO146个成员的近5000名代表以及非政府组织代表出席了会议。会议对WTO"多哈回合"谈判举行了中期评估，同意接纳柬埔寨和尼泊尔两国为WTO正式成员，发表了《部长会议声明》。由于与会各方对《部长宣言草案》存在巨大分歧，大会未取得实质性成果，这是WTO成立以来无果而终的第二次部长级会议。

第六次部长级会议2005年12月13～18日在中国香港举行。经过各方共同努力，多哈谈判在香港会议上取得了一些积极进展。

(1) 确定将2013年作为取消农业出口补贴的最后期限。

(2) 发达成员在 2008 年前对来自最不发达国家至少 97% 税目的产品实行"双免"待遇；并在 2010 年之前对全部产品给予"双免"待遇。

(3) 要求发达国家在 2006 年取消棉花出口补贴，发达成员对棉花提供"双免"待遇，从实施期开始就执行。

(4) 同意采用多个系数的瑞士公式，同时规定发展中成员的特殊和差别待遇是谈判模式的组成部分。

第七次部长级会议 2009 年 11 月 30 日 ~ 12 月 2 日在瑞士日内瓦举行。会议未能在推动"多哈回合"谈判方面取得明显进展，但继续承诺 2010 年结束"多哈回合"谈判。

第八次部长级会议 2011 年 12 月在日内瓦举行。会议正式批准俄罗斯加入世贸组织。虽然成员普遍认同应加强世贸组织作用，呼吁抵制贸易保护主义，但在"多哈回合"谈判等事关多边贸易机制未来的方向性问题上存在明显分歧，"多哈回合"谈判陷入困境。

第九次部长级会议 2013 年 12 月 3 日在印度尼西亚巴厘岛举行。此次会议达成了世贸组织首个全球贸易协定。会议上发布的巴厘岛部长宣言共包括理事会日常工作、"多哈发展议程"进展和巴厘岛会议后工作展望三大部分。"多哈发展议程"进展一项即为此前各方期盼的"多哈回合"谈判"早期收获"，包含贸易便利化、农业、棉花、发展和最不发达国家四项议题共 10 份协定。

(1) 在贸易便利化方面，协定决定尽快成立筹备委员会，就协定文本进行法律审查，确保相关条款在 2015 年 7 月 31 日前正式生效。各方在声明中同意尽力建立"单一窗口"以简化清关手续。

(2) 在农业方面，协定同意为发展中国家提供一系列与农业相关的服务，并在一定条件下同意发展中国家为保障粮食安全进行公共储粮。

(3) 在棉花贸易方面，协定同意为最不发达国家进一步开放市场，并为这些国家提高棉花产量提供协助。

(4) 在发展议题方面，协定同意为最不发达国家出口到富裕国家的商品实现免税免配额制；进一步简化最不发达国家出口产品的认定程序；允许最不发达国家的服务优先进入富裕国家市场；同意建立监督机制，对最不发达国家享受的优先待遇进行监督。

第十次部长级会议于 2015 年 12 月 15 日 ~ 12 月 19 日在肯尼亚首都内罗毕召开。此次会议取得了以下四项主要成果：

一是世界贸易组织成员首次承诺全面取消农产品出口补贴，并就出口融资支持、棉花、国际粮食援助等方面达成了新的多边纪律；

二是达成了近 18 年来世界贸易组织首个关税减让协议——《信息技术协定》（ITA）扩围协议，涉及国际贸易额 1.3 万亿美元；

三是在优惠原产地规则、服务豁免等方面切实给予最不发达国家优惠待遇；

四是正式批准阿富汗和利比里亚加入 WTO。

2. 总理事会

总理事会（The General Council）由世界贸易组织全体成员的代表组成，主要是在部长级会议休会期间履行部长理事会的职责。总理事会为除部长级会议之外的世界贸易组织的最高权力机构，负责日常对世界贸易组织的领导与管理。会议可根据需要适时召开，通常每年召开6次左右。总理事会还履行争端解决机构和贸易政策审议机构的职责。

3. 理事会

理事会（Council）是总理事会的下设机构。世界贸易组织为使各项制度及协定得到圆满执行，成员方之间发生的争端得到迅速有效解决，在部长级会议或总理事会之下又设立了一系列常设理事会、委员会。其中负责世界贸易组织主要职能的货物贸易理事会、服务贸易理事会和知识产权理事会为最重要的理事会，它们分别监督货物贸易、服务贸易和与贸易有关的知识产权协议的实施情况，并履行由总理事会所赋予的其他职责。各理事会的成员资格对所有成员的代表开放。每一理事会每年至少举行8次会议。

4. 委员会

部长级会议下设各种委员会（Committee），包括贸易和发展委员会，国际收支限制委员会，预算、财政与行政委员会，贸易与环境委员会等专门委员会。他们执行由《建立世界贸易组织协定》及多边贸易协定赋予的职能，执行总理事会赋予的任何附加职能。上述委员会的成员资格对所有成员的代表开放。

5. 秘书处

秘书处（The Secretariat）为世界贸易组织的日常办事机构。它由部长级会议任命的总干事领导。总干事的权利、职责、服务条件和任期由部长级会议明确。总干事任命秘书处人员并确定其职责和服务条件。在履行职责时不得寻求或接受任何政府或世界贸易组织之外机构的指示。

【国贸博览 11-2】

表 11-2 世界贸易组织历任总干事

姓　名	国　籍	任 职 年 限
皮特·萨瑟兰	北爱尔兰	1994～1995 年
瑞那托·鲁杰罗	意大利	1995～1999 年
迈克·穆尔	新西兰	1999～2002 年
素帕猜·巴尼巴滴	泰国	2002 年 9 月～2005 年 8 月
帕斯卡尔·拉米	法国	2005 年 9 月～2013 年 8 月
罗伯托·阿泽维多	巴西	2013 年 9 月至今

（资料来源：根据世界贸易组织官方网站（www.WTO.org）有关资料整理。）

世界贸易组织的组织结构见图 11-1。

（二）世界贸易组织的法律框架

WTO 的法律框架包括 WTO 成员通过多边贸易谈判达成的各种协议、WTO 成立后新加入成员的"入世"法律文件两部分。第一部分具体又包括两个方面。一是 WTO 成立时已经形成的各种协议和协定，主要由《建立世界贸易组织协定》及其 4 个附件组成。《建立世界贸易组织协定》正文包括 16 个条款，就世界贸易组织的结构、决策过程、成员资格、接受、加入和生效等程序性问题作了原则规定。有关协调多边贸易关系和解决争端以及规范国际贸易竞争规则的实质性规定，则体现在 4 个附件中。附件一为多边贸易协议，包括《货物贸易多边协定》《服务贸易总协定》和《与贸易有关的知识产权协定》。附件二为《关于

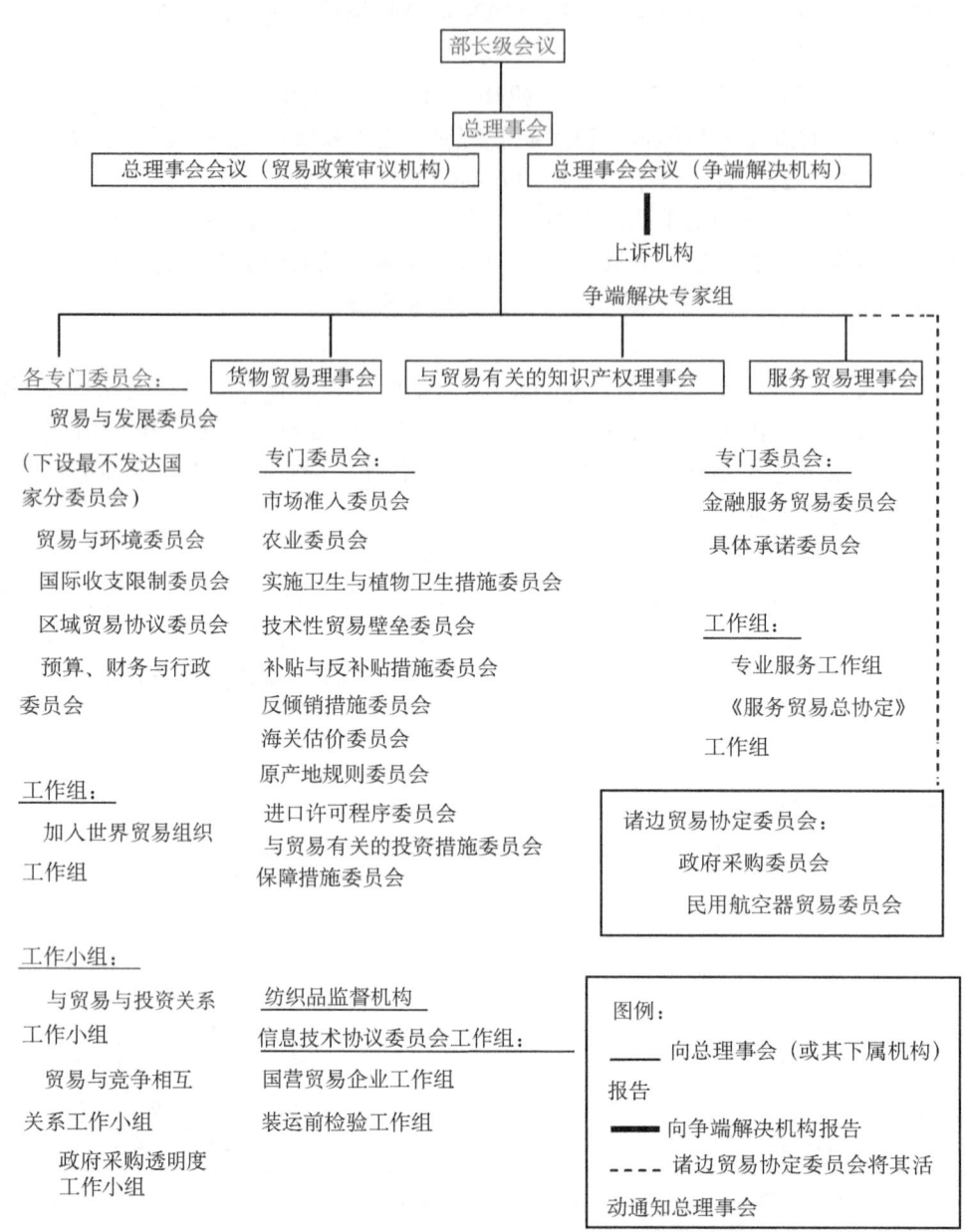

图 11-1 世界贸易组织的组织结构

注：世界贸易组织成员可以参加所有理事会、各专门委员会、理事会下设委员会、工作组和工作小组，但上诉机构、争端解决专家组、纺织品监督机构、信息技术协议委员会及诸边贸易协定委员会除外。

争端解决规则与程序的谅解》，附件三为《贸易政策审议机制》，附件四为诸边贸易协定。二是 WTO 成立后新达成的协议，如《信息技术产品协议》《金融服务协议》《基础电信协议》等。这是 WTO 法律框架的主干。第二部分是 WTO 成立后新加入成员的入世法律文件，如入世议定书等。例如，《中国加入 WTO 议定书》，它不但是中国入世后处理与 WTO 关系的基本文件，而且作为WTO法律框架的组成部分，要求所有WTO成员都必须遵守。

四、世界贸易组织体制的特点

以世界贸易组织为法律和组织基础的多边贸易体制与以1947年《关税与贸易总协定》为基础的原多边贸易体制相比，具有如下的特点：

1. 世界贸易组织是具有国际法人地位的国际组织

世界贸易组织是被正式批准生效并成立的国际组织，具有独立的国际法人资格，是一个常设性、永久性存在的国际组织，有着良好的法律基础、健全的机构，享有执行其职责需要的法律资格，享有履行其职责所需要的特权和豁免权。而关税与贸易总协定则仅是"临时适用"的协定，不是一个正式的国际组织。其成员方是"临时"地适用关税与贸易总协定，并且关贸总协定从未得到成员方国家立法机构的批准，也没有自己的组织基础。

2. 世界贸易组织管辖的范围广泛

世界贸易组织不仅要处理货物贸易问题，还要处理服务贸易和与贸易有关的知识产权问题，是和国际货币基金组织、世界银行并行的，维护世界经济运行的三大支柱之一。世界贸易组织将货物、服务、知识产权融为一体，置于其管辖的范围之内。同时，世界贸易组织还努力通过加强贸易与环境保护的政策对话，强化各成员对经济发展中的环境保护和资源的合理利用。而关税与贸易总协定产生于货物贸易占国际贸易主流的20世纪40年代末，只处理货物贸易问题，并且在实施中农产品贸易和纺织品与服装贸易先后又脱离其管辖，其协调与监督的范围远小于世界贸易组织。

3. 世界贸易组织协议对成员的约束力加强

世界贸易组织成员不分大小，对其所管辖的多边贸易协议必须一律遵守，以"一揽子"方式接受世界贸易组织的协定、协议，不能选择性地参加某一个或某几个协议，不能对其管辖的协定、协议提出保留，使大部分诸边贸易协议成为真正意义上的多边协议，它涉及所有成员的承诺。而关税与贸易总协定的许多协议、许多条款规定得过于笼统，可操作性不强，在执行中出现许多歧义。成员可以接受，也可以不接受。

4. 世界贸易组织争端解决的效力增强

世界贸易组织的争端解决机构是按照"除非世界贸易组织成员协商一致反对通过裁决报告"，否则就视为"协商一致"通过裁决的原则做出决策的，增强了争端解决的效力，同时又明确了争端解决和裁决实施的时间表，因此，其争端解决机制效率较高、速度较快，其裁决的实施容易得到保证。而关税与贸易总协定主要依靠成员方之间的协商解决贸易争端，遵循协商一致的原则，在处理国际贸易纠纷和争端方面缺乏强制性手段，被戏称为"一只没有牙齿的老虎"。

第二节 世界贸易组织的运行机制

一、世界贸易组织的决策机制

世界贸易组织在进行决策时，主要遵循"协商一致"原则，只有在无法协商一致时才通过投票表决决定。

(一) 协商一致

世界贸易组织以 1947 年关税与贸易总协定所遵循的决定、程序和惯例作为指导，在决策中继续沿用 1947 年关税与贸易总协定所遵循的"经协商一致做出决定"的习惯做法。

1947 年关税与贸易总协定的决策惯例是，讨论一项提议或拟议中的决定时，应首先寻求协商一致，所有缔约方都表示支持，或者没有缔约方反对，即为协商一致通过。1995 年 11 月，世界贸易组织总理事会议定了一项有关决策规则的重要说明，强调在讨论有关义务豁免或加入请求时，总理事会应寻求以协商一致达成协议，只有在无法协商一致的情况下才进行投票表决。

(二) 投票表决

当不能达成意见一致时，则求助于投票表决，这已成为 WTO 的制度。在世界贸易组织部长级会议或总理事会表决时，每一成员拥有一票。这一特征使 WTO 区别于广泛使用加权投票方法的 IMF 和其他国际经济组织。总的原则是，部长级会议和总理事会依据成员所投票数的多少做出决定，除非《建立世界贸易组织协定》或有关多边贸易协定另有规定。

当修改涉及总原则时需要全体一致通过，例如最惠国待遇或国民待遇条款。对于 WTO 协议的解释及决定是否同意某成员豁免义务时则要求投票表决中的 3/4 多数通过。而 2/3 多数票表决则用来修改除上述提到的总原则以外的其他有关议题的修改。新成员的加入也需要 2/3 多数成员的批准。对于其他没有明确规定而又不能达成一致意见的情况，简单多数表决就够了，这是因为当所涉及的议题不是有关 WTO 运作的核心问题时，就不大可能引起冲突。

这些投票的要求，比 GATT 的规定要严格，其原因是如果不这样做，会诱使一些成员联合起来投票批准豁免或其他决定，从而剥夺在投票中失败的少数成员的权利。

二、世界贸易组织的争端解决机制

(一) 争端解决机制的作用

WTO 的争端解决机制强调法治，并使多边贸易体制更安全和可预见。如果没有一个解决争端的办法，以规则为基础的多边贸易体制将因为其规则无法实施而变得毫无价值。争端解决机制是多边贸易体制的主要支柱，是 WTO 对全球经济稳定做出的最独特的贡献。

然而，重要的不是做出裁决，首要目的是在可能的情况下，通过磋商解决争端。截至 2008 年 1 月，369 个案件中只有 136 个经过了专家组的全部过程，其余绝大部分是"庭外"解决的。

WTO 强调，争端的迅速解决对世界贸易组织的有效运作而言是基本的要求，因此，它非常详细地规定了解决争端所应遵循的程序和时间表。世界贸易组织争端解决机制的目的在于"为争端寻求积极的解决办法"。因此，对于成员之间的问题，它鼓励寻求与世界贸易组织规定相一致的、各方均可接受的解决办法。通过有关政府之间的双边磋商，找到解决办法。因此，争端解决的第一阶段要求进行这样的磋商。如果磋商失败了，经双方同意，在这个阶段的案件可以提交给世界贸易组织的争端解决机构。

(二) 争端解决机构

WTO 争端解决机制由"争端解决机构"（Dispute Settlement Body, DSB）负责监督，DSB 实际上是 WTO 总理事会以不同名义召开会议，DSB 的主席通常与总理事会的主席不是同一个人，但也不一定必须如此。DSB 有权设立专家组，通过专家组和上诉机构报告，监督裁决和建议的执行，以及暂停适用协议下的减让和其他义务。

第二个有关争端解决体制机构安排的内容是设立专家组以审议特殊事项。专家组由 DSB 设立，承担一项具体的任务，任务完成后即解散。

关于专家组的组成，《关于争端解决规则与程序的谅解》（简称《谅解》）要求专家组成员是完全合格的政府或非政府个人，合适的人选可以是以前曾在专家组任职的人员，曾在 WTO 或 GATT 中担任过政府代表的人员，高级贸易政策官员或秘书处人员，曾讲授或出版国际贸易法或政策著作的人员。专家组由 3 名或 5 名成员组成，他们应该是独立的，拥有不同背景和丰富的经验；不能从涉及审议中的争端国家中选择，除非这些国家同意，且如果争端涉及某一发展中国家，该发展中国家可以要求专家组至少包括一名来自发展中国家的成员。秘书处保留一份可担任专家组成员的名单，并负责任命专家组组成人员，争端各方不应反对这一任命，除非有令人信服的理由。专家组可以从任何来源寻求信息，如果是科学的或技术性的问题，还可以请专家审议小组（Expert Review Groups）提供建议。

【国贸博览 11-3】

WTO 争端解决机制——WTO 最独特的贡献

如果不提及争端解决机制，任何对 WTO 成就的评论都是不完整的。从许多方面讲，争端解决机制是多边贸易体制的主要支柱，是 WTO 对全球经济稳定做出的最独特的贡献。与 GATT 的争端解决机制相比，新的 WTO 争端解决机制从一开始就更有力、更自动、更可靠。这反映在使用这一机制国家的类型越来越多样，及在最终裁决前在"庭外"解决案件的趋势上。目前 71 个案件中有 19 个是庭外解决的。这一机制正按人们设想的那样运转，即作为一项重要的调解和鼓励解决争端的手段，而不是仅仅是做出判决。通过减少采取单边行动的范围，（对于力量较小的国家）这一机制也成为公平贸易的重要保证。

——雷纳托·鲁杰罗，1997 年 4 月 17 日

（资料来源：世界贸易组织秘书处编，《贸易走向未来》，法律出版社，1999 年。标题为编者所加。）

WTO 争端解决机制中的第三个机构是上诉机构（Appellate Body）。《谅解》允许争端各方有权对专家组报告进行上诉。但上诉仅限于专家组报告中有关法律问题和专家组详述的法律解释。对某一具体案件的上诉应由上诉机构 7 名成员中的 3 名进行审议。上诉机构可以维持、修改或撤销专家组的法律调查结果和结论，而且上诉机构的报告一旦经 DSB 通过，争端各方就必须无条件接受。上诉机构由 DSB 设立，由具有公认权威，并在法律、国际贸易和各适用协议所涉事项方面具有公认专门知识的人员组成，并且这些人员不附属于任何政府，其成员应在 WTO 成员中具有广泛代表性。上诉机构的成员任期为 4 年，但是为了扩大在成员间的轮换，最初任命的 3 名成员的任期只有两年。

（三）决策的做出

GATT 与 WTO 争端解决规则的最重要的区别可能是有关决策程序的改变。在 GATT 框架内，重要的决定需经协商一致做出。这意味着如果一争端方不愿意设立专家组，或反对其成员组成或职权范围，或不接受专家组的结论，它就可以拒绝提供支持，从而阻止达成协调一致或取得进展。而协商一致的要求在 WTO 规则中"掉了个头"，即不能阻止取得进展，

除非各方经协商一致决定这样做。这样，如果一争端方请求设立专家组，且有关请求已列入 DSB 会议的议题，那么 DSB 就必须最迟在随后的 DSB 会议上设立专家组，"除非 DSB 经协商一致决定不设立专家组（unless the DSB decides by consensus not to establish a panel）"。这种协商一致未必能够形成，因为提出设立专家组请求的国家不太可能改变自己的观点，除非争端已经得到解决。如果争端各方不能就专家组的成员组成达成一致，那么这一问题就要由总干事来做出决定。专家组报告应交由 DSB 批准，除非提出上诉或者是 DSB 经协商一致决定不通过该报告。在提出上诉的情况下，上诉机构报告必须仍交由 DSB 通过，除非 DSB 经协商一致决定不这样做。这些规定有效地消除了 GATT 程序中存在的阻止多边争端解决进程的可能性。再加上引入了 WTO 框架内适用于争端解决的截止日期制度，新的协商一致原则就可以保证整个争端解决程序在今后比过去进展得更快和更自动。

（四）争端解决的结果

WTO 争端解决的首要目标是达成双方同意的解决办法，如果不能达成，则要保证撤销被认定不符合 WTO 某一协议的措施，或者是使违反协议的成员对造成的任何损害做出适当的补偿。实际上，达成双方同意的争端解决办法、撤销被认定不符合 WTO 某一协议的措施或提供补偿是所有 WTO 争端解决的正常结果，除非争端解决的程序因某种原因被阻止了。但是，还有第 4 种选择，即报复，正式的说法是"可以歧视性地针对另一成员暂停实施适用协议下的减让或其他义务"。对于被认定在争端中犯错误的政府，这种报复的最终制裁无疑是一种有力的引诱性条件，使之通过撤销违反协议的措施或通过给予补偿来解决问题。

如果获得通过的专家组报告或上诉机构报告认定，某成员违反了协议，那么该成员就要在报告通过后的 30 天内通知 DSB 将要采取的符合报告中建议和裁决的措施。该成员被给予一段"合理期限"执行有关建议和裁决。如果 DSB 未能达成协议，或者争端各方未能达成协议，那么这段合理期限就需要通过裁决来确定，一般不超过 15 个月。如果被认定犯错误的成员政府未能执行建议或裁决，那么它可以自愿向争端中受损害的一方提供补偿。但是，如果双方未能就补偿的问题达成协议，那么受损害的一方可以请求获得进行报复的权利，此时经协商一致阻止进程的原则再次适用，这项请求必须得到满足，除非经协商一致拒绝这项请求。该《谅解》对报告的形式规定了详细的规则，目的是为了一方面尽可能将措施限制在造成损害的同一领域，另一方面允许受损害的一方得到足够的补偿，即"相当于利益丧失或减损的程度"。总的原则是，起诉方应首先寻求对其利益丧失或减损的部门进行报复。例如，有关措施造成了货物贸易方面的损害，可以通过撤销影响货物贸易的减让来得到补偿。对服务贸易部门的损害应优先通过对相同的部门（如交通、旅游或运输）采取行动来得到补偿。对于与知识产权有关的问题，补偿也应针对于造成损害的相同领域（如版权保护）。但是，如果受损害的一方认为这样做是不实际的或无效的，那么报复也可以针对另外一个部门，或甚至在情况非常严重的时候，报复可以针对 WTO 的另外一个协议。如果受影响的国家反对，认为拟议的措施过分了，那么这个国家可以请原专家组的成员或者一位独立仲裁人进行仲裁，仲裁的决定将是最终的。

三、世界贸易组织的贸易政策审议机制

理论上讲，政府如果接受国际协议，就应该能够保证实施协议的规定，并按协议的要求更改国内法律、政策和程序。而实际上，这种情况可能不会发生。最坏的情况是，议会或政府官员可能有意不去理会政府所承担的国际义务。但是，更有可能的情况是，一项义务被忽视或被解释成与其他签署方理解不同的意思。WTO 规则之所以存在，主要是为了给国际贸易建立一个可预测的和自由的经济和法律环境。为未来制定计划和进行投资，商业界和政府都需要能够确定其贸易伙伴正在实施有关规则，并且它们是以同样的方式实施的。WTO 实现这一目的的手段是建立贸易政策审议机制，对各成员方贸易政策进行审议。

贸易政策审议机制（Trade Policy Review Mechanism，TPRM）是"乌拉圭回合"的一项成果。但是，这一机制却先于 WTO 而建立。该机制是在 1988 年"乌拉圭回合"中期审评会议上经部长们临时批准建立的，当时整个谈判仍在进行当中。该机制于 1989 年开始运行，在"乌拉圭回合"结束时成为常设的，定义其目标和程序的文字成为《WTO 协议》的一个附件，即《贸易政策审议机制》。总理事会为此目的而成立"贸易政策审议机构"（Trade Policy Review Body，TPRB）。TPRM 的决定主要与对 WTO 单个成员的审议有关。但是，TPRM 的决定也要求对世界贸易环境的发展情况进行更广泛的年度审议，并鼓励成员促进在其国内所做的努力，以改善贸易政策事务方面决策的透明度。

（一）贸易政策审议的目标

TPRM 审议的目的在于能"对各成员的全部贸易政策和做法及其对多边贸易体制运行的影响进行定期的集体审议和评估"。其目的在于"促进所有成员更好地遵守根据多边贸易协议及适用的诸边贸易协议所制定的规则、纪律和承诺"。但是，这一集体审议区别于 WTO 其他机构的运作，这些机构负责监督每个成员执行具体协议的情况，如有关农产品和补贴的协议等，也区别于争端解决程序。贸易政策审议机构不是一个执行机构，也不能给成员增加新的政策承诺。虽然审议的重点是接受审议国家的贸易政策，但也要考虑更广泛的经济和发展需要、政策、目标以及外部环境。也就是说，审议常常使接受审议的国家有机会了解其他国家对其所面临问题的理解，说明其贸易政策与其更广泛的经济增长和发展如何发生联系，以及强调其贸易伙伴的政策可能对其造成的困难。

（二）国别审议

所有 WTO 成员都要进行审议。审议的频率取决于成员对多边贸易体制的影响程度，因此对于占世界贸易最大份额的国家的审议更加频繁。目前 4 个最大的成员，欧盟（计为一个成员）、美国、日本和加拿大每两年审议一次，另外 16 个成员每 4 年审议一次，余下的成员每 6 年审议一次，对最不发达国家的审议可以间隔更长。这些审议的周期表明，由于 WTO 成员数远远超过 100 个，要求 TPRB 每年要审议 20 个以上国家的贸易政策。这就意味着更频繁的会议及对所有有关方面的巨大工作量，包括接受审议的成员、TPRB 的参加者、编写报告和为 TPRM 提供服务的 WTO 秘书处工作人员。

真正的审议由贸易政策审议机构进行，对所有成员开放。从成员那里选取两位讨论人（Discussants），以便鼓励进行辩论，这两个人以个人身份参加会议，不代表各自的政府。会议一般连续举行两个上午。第一次会议由接受审议的成员致开幕辞，该成员的代表团通常为部长级的，随后讨论人发言，与会者发表意见。在第二次会议上，讨论主要围绕主席、讨论人及秘书处与接受审议的成员根据第一次会议情况进行磋商后确定的主题进行。成员对已经提出的问题做出答复，并进行进一步讨论；如果有必要的话，可以在一个月内做出书面补充答复。会议在主席自负全责做出总结后结束。主席和秘书处随后立即向新闻界进行简要的介绍，接受审议的成员也可以举行自己的新闻发布会。秘书处的意见摘要及主席的闭幕词随后公布，包括在互联网上发布。两份报告和秘书处的会议记录（由秘书处撰写并经成员批准）随后不久以英文、法文和西班牙文发表。

（三）贸易政策审议机制的作用

TPRM 被认为是 WTO 体制中有价值的甚至是独特的组成部分，主要体现在以下 3 方面：

（1）它是 WTO 全体成员对贸易政策的所有方面进行审议的唯一场所。该机制包括对成员的贸易和经济形势的客观和独立的评估和"外部审计（External Audit）"，也是可以对贸易和与贸易有关的政策进行解释和讨论的场所，可以获得信息，可以表达关注。

（2）接受审议的成员所获得的好处也是很多的。进行 TPRM 的过程包括对首都的访问，可以为国别政策制定提供有价值的建议。在许多国家，审议帮助增强了国内各部门之间对贸易和与贸易有关的政策的讨论和合作。此外，该机制还可对许多发展中国家发挥重要的技术合作作用，向它们介绍 WTO 成员资格的各个方面，确定今后可以满足的具体技术援助需要。

（3）多边贸易体制从整体上讲可在这一过程中获益，因此这一过程能够帮助政府推行理想的贸易政策改革。TPRM 也可以不断阐明至今未受到足够重视的 WTO 的义务，因而有助于保证这些义务得到重视。

第三节　世界贸易组织的基本原则与规则

一、世界贸易组织的基本原则

在世界贸易组织负责实施管理的贸易协定与协议中，贯穿了一些基本原则，这些基本原则构成了多边贸易体制的基础。

（一）非歧视的贸易原则

非歧视的贸易（Trade without Discrimination）原则是针对歧视待遇的一项缔约原则，它要求缔约双方在实施某种优惠和限制措施时，不要对缔约对方实施歧视待遇。根据非歧视的贸易原则，世界贸易组织一成员方在任何贸易活动中，都要给予其他方以平等待遇，使所有成员方能在同等条件下进行贸易。在世界贸易组织中，非歧视的贸易原则由最惠国待遇和国民待遇条款体现出来。

1. 最惠国待遇原则

最惠国待遇（Most-favored-nation Treatment，MFN）是指一成员方将在货物贸易、服务贸易和知识产权领域给予任何其他国家（无论是否是世界贸易组织成员）的优惠待遇，立即和无条件地给予其他各成员方。

在国际贸易中，最惠国待遇的实质是保证市场竞争机会均等。它最初是双边协定中的一项规定，要求一方保证把给予任何其他国家的贸易优惠（如低关税或其他特权）同时给予对方。关税与贸易总协定将双边协定中的最惠国待遇作为基本原则纳入多边贸易体制，适用于缔约方之间的货物贸易，"乌拉圭回合"将该原则延伸至服务贸易领域和知识产权领域。

最惠国待遇原则包含以下 4 个要点：

（1）自动性。这是最惠国待遇的内在机制，体现在"立即和无条件"的要求上。当一成员给予其他国家的优惠超过其他成员享有的优惠时，这种机制就启动了，其他成员便自动地享有了这种优惠。

（2）同一性。当一成员给予其他国家的某种优惠，自动转给其他成员方时，其受惠标的必须相同。

（3）相互性。任何一成员既是给惠方，又是受惠方，即在承担最惠国待遇义务的同时，享受最惠国待遇权利。

（4）普遍性。这是指最惠国待遇适用于全部进出口产品、服务贸易的各个部门和所有种类的知识产权所有者和持有者。

2. 国民待遇原则

国民待遇（National Treatment）是指对其他成员方的产品、服务或服务提供者及知识产权所有者和持有者所提供的待遇，不低于本国同类产品、服务或服务提供者及知识产权所有者和持有者所享有的待遇。

国民待遇原则对最惠国待遇原则起着补充作用。最惠国待遇原则是所有成员方的产品处在相同的条件下，而国民待遇原则要求将这些进口产品与进口国的国内产品处在相同的条件下。实施国民待遇必须对等，不得损害对方国家的主权，并且只限制在一定的范围之内。

国民待遇原则包含以下要点：

（1）国民待遇原则适用的对象是产品、服务或服务提供者及知识产权所有者和持有者，但因产品、服务和知识产权领域具体受惠对象不同，国民待遇条款的适用范围、具体规则和重要性有所不同。

（2）国民待遇原则只涉及其他成员方的产品、服务或服务提供者及知识产权所有者和持有者，在进口成员方境内所享有的待遇。

（3）国民待遇定义中"不低于"一词的含义是指，其他成员方的产品、服务或服务提供者及知识产权所有者和持有者，应与进口成员方同类产品、相同服务或服务提供者及知识产权所有者和持有者享有同等待遇，若进口成员方给予前者更高的待遇，并不违背国民待遇原则。

（二）贸易自由化原则

世界贸易组织倡导并致力于推动贸易自由化，要求成员方尽可能地取消不必要的贸易障碍，开放市场，为货物和服务在国际间的流动提供便利。贸易自由化（Trade Liberalization）是指通过多边贸易谈判，实质性削减关税和减少其他贸易壁垒，扩大成员方之间的货物和服务贸易。

开放市场可以带来好处，但同时也需要进行调整。世界贸易组织允许各国通过"渐进的自由化"，循序渐进地进行改变。发展中国家通常被允许用更长的时间履行义务。

1. 贸易自由化原则的基本要点

（1）以共同规则为基础。成员方根据世界贸易组织的协议，有规则地实行贸易自由化。

（2）以多边谈判为手段。成员方通过参加多边贸易谈判，并根据在谈判中做出的承诺，逐步推进贸易自由化。货物贸易方面体现在逐步削减关税和减少非关税贸易壁垒上，服务贸易方面则更多地体现在不断增加开放的服务部门，减少对服务提供方式的限制。

（3）以争端解决机制为保障。世界贸易组织的争端解决机制具有强制性，如某成员被诉违反承诺，并经争端解决机制裁决败诉，该成员方就应执行有关裁决；否则，世界贸易组织可以授权申诉方采取贸易报复措施。

（4）以贸易救济措施为"安全阀"。成员方可通过援用有关例外条款或采取保障措施等贸易救济措施，消除或减轻贸易自由化带来的负面影响。

（5）以过渡期方式体现差别待遇。世界贸易组织承认不同成员之间经济发展水平的差异,通常允许发展中成员履行义务有更长的过渡期。

2. 贸易自由化的主要表现

(1) 削减关税。关税透明度高,易衡量,但对进出口商品价格有直接影响,高关税是制约货物在国际间自由流动的重要壁垒。因此,世界贸易组织在允许成员方使用关税手段的同时,要求成员方逐渐下调关税水平并加以约束,以不断推动贸易自由化进程。"关税约束"是指成员方承诺把进口商品的关税限定在某个水平,不再提高。如一成员因实际困难需要提高关税约束水平,则须同其他成员方再行谈判。

(2) 减少非关税贸易壁垒。非关税贸易壁垒通常是指除关税以外各种限制贸易的措施。随着关税水平逐步下调,非关税贸易壁垒增多,且形式不断变化,隐蔽性强,越来越成为国际贸易发展的主要障碍。世界贸易组织就一些可能限制贸易的措施制定了专门协议,以规范成员方的相关行为,减少非关税贸易壁垒,不断推动全球贸易自由化进程。

(3) 扩大服务贸易的市场准入。国际服务贸易的迅速发展,客观上要求各国相互开放服务领域。但各国为了保护本国服务业,对服务业的对外开放采取了诸多限制措施。包括限制服务提供者数量,限制服务交易或资产总值,限制服务业务总数或服务产出总量,限制特定服务部门或服务提供者的雇用人数,要求通过特定类型的法律实体提供服务,限制外国资本投资总额或参与比例,以及国民待遇限制等。这些限制影响服务业的公平竞争、服务质量的提高和服务领域资源的有效配置,不但对服务贸易本身,而且对货物贸易乃至世界经济发展都构成了不利影响。《服务贸易总协定》要求,成员方为其他成员方的服务产品和服务提供者提供更多的投资与经营机会,分阶段逐步开放商务、金融、电信、分销、旅游、教育、运输、医疗保健、建筑、环境、娱乐等服务领域。

(三) 可预测原则

可预测原则要求成员方之间提供稳定的、可预测的贸易发展环境,这是通过成员方用减让承诺约束自己和保持贸易政策透明度来实现的。

有时,成员方承诺不提高贸易壁垒,对国际贸易的发展来说,这与成员方降低贸易壁垒一样重要,因为这种承诺给工商业界提供了一个稳定的、可预测的未来发展环境,使他们能够清晰地看到未来的发展机会。稳定的、可预测的发展环境能够鼓励投资,创造就业机会,消费者能够充分享受到竞争带来的选择多样化和商品价格低廉的好处。以世界贸易组织为基础的多边贸易体制的初衷之一就是要营造一个稳定的、可预测的商业和贸易环境。

在 WTO 中,当各成员方同意开放其货物或服务市场时,他们就"约束"了各自的承诺。就货物贸易而言,这些约束构成了关税税率的上限。有时,成员方对进口产品征收的关税低于约束税率,发展中成员方经常出现这种情况,而发达成员方实际征收的税率与约束税率是趋于一致的。

一成员方可以改变其约束税率,但只能在与贸易伙伴谈判后进行,谈判可能意味着要对贸易伙伴的贸易损失做出补偿。

多边贸易体制也试图通过其他方式提高可预见性和稳定性。方法之一是限制使用配额和其他进口数量限制的措施。另一个方法是,使各成员方的贸易规则尽可能公开和透明。通过贸易政策审议机制对各成员方贸易政策举行定期审议,保持可预见性。

(四) 公平竞争原则

WTO 有时被称为"自由贸易"组织,但这并不完全准确。多边贸易体制确实允许使用关税，在少数情况下还允许其他形式的保护。确切地说，这是一个致力于公开、公平和无扭曲竞争的规则体系。

在世界贸易组织框架下，公平竞争原则是指成员方应避免采取扭曲市场竞争的措施，纠正不公平贸易行为，在货物贸易、服务贸易和与贸易有关的知识产权领域，创造和维护公开、公平、公正的市场环境。

公平竞争原则包含以下要点：

（1）公平竞争原则体现在货物贸易领域、服务贸易领域和与贸易有关的知识产权领域。

（2）公平竞争原则既涉及成员方的政府行为，也涉及成员方的企业行为。

（3）公平竞争原则要求成员方维护产品、服务或服务提供者在本国市场的公平竞争，不论他们来自本国或其他任何成员方。

世界贸易组织主张公平竞争，反对采取不公平的贸易手段进行竞争，反对倾销和出口补贴等不公平的贸易做法，允许成员方采取措施来抵消倾销行为和出口补贴政策。

（五）鼓励发展和经济改革的原则

针对世界贸易组织成员大多数是发展中国家的现实以及经济转型国家已加入世界贸易组织或正在申请加入世界贸易组织的状况，为了鼓励这些国家发展和进行经济改革，世界贸易组织在负责实施管理的贸易协定和协议中对发展中国家和经济转型的国家都做出了一些鼓励措施。

世界贸易组织不但保留了1947年《关税与贸易总协定》对发展中缔约方予以照顾的原则，而且充实和丰富了原则的内容。

（1）允许发展中成员方用较长的时间履行义务，或有较长的过渡期；如在农产品关税削减上，发达国家在6年内使关税降低36%，而发展中成员方在10年内使关税降低24%，最不发达国家免除降税义务；在《与贸易有关的投资措施协议》中，其中一项对外资企业不可采用"当地成分""外汇平衡"措施的规定，要求发达国家成员在2年内取消，发展中国家成员则可有5年过渡期，最不发达国家成员有7年过渡期。

（2）允许发展中成员方在履行义务时有较大的灵活性。如《农业协定》规定，原则上取消并禁止进口数量限制，但在特定的条件下，对发展中成员方给予"特殊待遇"，即仍可采用进口限制措施，通常可长达10年之久。

（3）规定发达国家成员对发展中国家成员提供技术援助，以使后者得以更好地履行义务。例如，《服务贸易总协定》第4条规定发达国家成员要在技术获得、销售渠道、信息沟通等方面帮助发展中国家成员，并主动向发展中国家成员更多地开放自己的服务市场。又如，《与贸易有关的知识产权协定》第67条规定，发达国家成员向发展中国家成员提供财政和技术援助，帮助后者有效地履行知识产权协定。

对经济转型国家成员也给予了低于发展中国家成员而高于发达国家成员的待遇。

二、世界贸易组织的贸易规则

世界贸易组织原则通过世界贸易组织负责实施、管理的贸易协定与协议转化为具体的货物贸易、服务贸易和与贸易有关的知识产权规则，使世界贸易组织原则更加具体化，以便于实施和操作。

从涉及领域划分，世界贸易组织规则包括三大领域，即货物贸易规则、服务贸易规则、与贸易有关的知识产权规则。

(一) 货物贸易规则

现在关税与贸易总协定作为国际组织已经不再存在，但是《关税与贸易总协定》作为协议仍然存在。原来的关贸总协定文本被称为1947年《关税与贸易总协定》。而新文本被称为1994年《关税与贸易总协定》，它成为《建立世界贸易组织协定》的组成部分，以多边货物贸易协定形式纳入附件。1994年《关税与贸易总协定》是适用于货物贸易的多边协定，是其他多边货物贸易协议的法律与原则基础。

1994年《关税与贸易总协定》确定了货物贸易的框架规则，货物贸易具体规则体现在各个具体的贸易协议上。在货物贸易领域，具体的货物贸易协议有：《农业协定》《纺织品与服装协定》(已于2005年1月1日到期)、《实施动植物卫生检疫措施协议》《海关估价协议》《装运前检验协议》《技术性贸易壁垒协议》《进口许可程序协议》《原产地规则协议》《与贸易有关的投资措施协议》《反倾销协议》《补贴与反补贴措施协议》《保障措施协议》等。

(二) 服务贸易规则

与货物贸易规则相比，服务贸易规则不仅在整体框架方面，甚至在某些具体内容上都具有相似之处。首先，作为服务贸易规则的核心是《服务贸易总协定》(GATS)，它以货物贸易规则的基础——1994年《关税与贸易总协定》为范本，确定了服务贸易领域适用的若干基本原则；其次，与货物贸易的若干具体规则相对应，服务贸易领域也将订立若干基本规则，这些规则有的已经作为《服务贸易总协定》的附件与《服务贸易总协定》一同生效，有的在"乌拉圭回合"之后通过各个成员的努力也形成了具体的协议，还有些内容有待以后继续谈判。

但是，由于服务贸易是世界贸易组织管辖的一个新的领域，其本身具有的特殊性，又有许多规则必然与货物贸易不同。有关服务贸易的若干具体协议，目前也只能以签字生效的形式存在，而不像货物贸易的若干具体协议那样，是作为"一揽子"协议的一部分，对全体成员生效。与货物贸易规则相比，服务贸易规则还处于相对不完善、不稳定的状态。

(三) 与贸易有关的知识产权规则

"乌拉圭回合"达成的《与贸易有关的知识产权协定》(TRIPS协定) 将与贸易有关的知识产权纳入了WTO的管辖范围。

与GATT和GATS一样，TRIPS协定开始就规定了基本原则。同其他两个协定一样，非歧视是最显著的特点，即最惠国待遇原则和国民待遇原则。国民待遇原则也是WTO之外其他知识产权协定的主要原则。

TRIPS协定的规则覆盖了以下知识产权的类型：版权及相关权利、商标 (包括服务商标)、地理标识、工业设计、专利、集成电路布图设计、未公开的信息 (包括商业秘密)。对不同类型的知识产权，TRIPS协定规定了不同的保护方法，目的是保证对所有成员方都有足够的保护标准。

第四节 世界贸易组织"多哈回合"谈判

一、"多哈回合"谈判启动原因

世贸组织"多哈回合"谈判能够启动，源于以下原因：

（1）世界经济发展缓慢，贸易保护主义增强，需要举行新的多边贸易谈判，加强贸易自由化的共识，进一步推动贸易自由化，增强抑制贸易保护主义的能力。

（2）世界经济贸易面临新情况和新问题。世界贸易组织成立以来，电子商务的规范、贸易与环境的协调、贸易环节的进一步便利化、贸易与竞争政策、贸易与投资的、贸易与技术转让之间关系的协调等问题日益突出。它们对世界贸易的发展影响加大，需要通过多边贸易谈判确立新的规则，否则将影响世界贸易组织作用的发挥和国际贸易的发展。

（3）纠正世界贸易组织原有协定与协议实施上的失衡。由于发展不平衡和竞争力的强弱差距等原因，世贸组织成员在实施原有的贸易协定与协议中出现了不平衡，有的协议执行得较好，有的则执行的较差。如发达国家成员对自由化的承诺，例如在《纺织品与服装协定》义务的履行上，一再拖延。众多规定仍然扭曲着农产品贸易的自由化，如出口补贴、国内支持、关税高峰等。在食品进口方面出现了新的贸易壁垒。发展中成员在世贸组织中的权利未能充分享受，一部分发展中国家出现了边缘化的趋势。这些都影响了世贸组织作用的发挥。

（4）修复世贸组织的形象。自1999年在美国西雅图世贸组织第三次部长级会议无果而终以来，世贸组织的形象受到很大伤害，甚至成为反经济全球化的口实。

（5）世贸组织本身为新回合谈判做了大量有效的工作，世贸组织第三任总干事穆尔做了大量游说工作。

（6）从世界贸易大局出发，在着眼于共同利益的基础上，成员方尤其是发达成员与发展中成员相互做出让步。发达国家认识到，1999年西雅图部长级会议发动新一轮谈判失败的主要原因是其在谈判议题上的不妥协立场。发展中成员也感到需要一定的妥协，才能发起新的多边贸易谈判，既考虑到发达成员方的要求，更照顾到发展中成员的利益。

二、"多哈回合"谈判的目标与特点

（一）目标

2001年11月，世贸组织在卡塔尔首都多哈举行第四次部长级会议，会议通过《部长宣言》，启动了新一轮多边贸易谈判，并决定到2005年1月1日前结束所有谈判。人们称之为"多哈发展议程"，简称"多哈回合"。"多哈回合"谈判的目标主要有：抑制全球经济减缓下出现的贸易保护主义，加大贸易在促进经济发展和解除贫困方面的作用，处理最不发达国家出现的边缘化问题，理顺与区域贸易协定之间的关系，把多边贸易体制的目标与可持续发展有机地结合起来，改善世贸组织外部形象，实现《建立世界贸易组织协定》的原则和目标。

（二）谈判议题的特点

在《部长宣言》中，列出了"多哈回合"谈判的议题。归纳起来，这些议题具有以下特点：

1. 议题的涉及面十分广泛

《部长宣言》列出的谈判议题有19个，包括：与实施有关的问题和关注；农业；服务；非农产品市场准入；与贸易有关的知识产权；贸易与投资的关系；贸易与竞争政策的相互作用；政府采购透明度；贸易便利化；世贸组织规则；《关于争端解决规则与程序的谅解》；贸易与环境；电子商务；小经济体；贸易、债务和财政；贸易与技术转让；技术合作和能力建设；最不发达国家；特殊和差别待遇等。

2. 新议题多

"多哈回合"谈判的议题充分考虑到世界贸易组织建立以来世界经贸发展中出现的新事物，做到与时俱进，把关系到世界经贸发展的重要问题作为新议题，包括：贸易与环境；贸易便利化；贸易与竞争政策；贸易与技术转让；贸易与债务、金融；技术与能力建设等。新议题的数目与范围远远超出乌拉圭回合谈判确定的3个新议题，表明世界范围的贸易自由化向纵深发展。一方面，贸易自由化从关税、非关税、服务市场准入转向贸易发挥作用的相关问题和环境上。另一方面，这些新议题的达成与接受将更加影响世贸组织成员境内的经贸法规，使世贸组织成员境内市场与世界市场进一步接轨，加速融入经济全球化的进程。

3. 发展中成员和最不发达成员的贸易发展和利益受到空前关注

首先，在《部长宣言》前言中，声明"大多数世贸组织成员属于发展中国家，我们寻求将它们的利益和需要放在本宣言所通过的工作计划的中心位置""我们致力于处理最不发达成员在国际贸易中被边缘化的问题，提高它们在多边贸易体制中的有效参与"。其次，在《部长宣言》中，涉及发展中成员和最不发达成员的内容几乎占了一半。最后，在19个议题中，有13个议题中涉及对发展中成员和最不发达成员的谈判，其中6个议题是专门针对发展中成员和最不发达成员的。这些内容为发展中成员和最不发达成员通过多哈回合取得更多的差别待遇和落实这些待遇提供了良好的条件。

4. 平衡了发达成员与发展中成员的要求

"多哈回合"19个议题使发达成员与发展中成员的要求得到较好的平衡。在新议题中，既包含了发达成员关心的新议题，如贸易与环境问题、贸易与竞争政策问题等；同时也接纳了发展中成员关注的新议题，如贸易与技术转让、技术合作与能力建设以及贸易与债务、金融等。

三、"多哈回合"谈判进展

"多哈回合"原计划在2005年1月1日前结束，但是在2003年9月于墨西哥坎昆举行的WTO第五次部长级会议上，由于各成员在农业等问题上没有达成一致，会议无果而终，"多哈回合"陷入僵局。

经多方努力，WTO各成员于2004年8月1日就"多哈回合"谈判达成框架协议，为削减农业补贴和取消关税，降低工业品关税，推动服务贸易自由化和贸易便利化确定了基本原则，并同意将结束谈判的时间推迟到2006年底，"多哈回合"谈判重回正常轨道。

2005年12月，在我国香港举行的WTO第六次部长级会议上，在令人关注的农产品贸易争议问题上取得积极进展，但是在事关"多哈回合"成败的削减农业补贴、降低非农产品关税和开放服务业等关键问题上仍未取得突破。

2006年初以来，WTO成员一直就农业和非农产品市场准入问题进行谈判，但是始终难有进展。7月，由于WTO 6个主要成员美国、欧盟、日本、澳大利亚、巴西和印度未能就农业和非农产品市场准入问题达成协议，WTO被迫宣告中止"多哈回合"谈判。

为协调各成员立场，2006年9月10日，美国、欧盟和日本等发达国家的代表与"20国协调组"的代表在巴西里约热内卢举行对话会议，同意尽快恢复"多哈回合"谈判。2006年11月16日，WTO贸易谈判委员会召开"多哈回合"谈判中止以来的首次全体会议，与会代表一致同意恢复"多哈回合"谈判的技术性讨论，并为谈判最终全面恢复做好准备。

2007年1月31日，WTO在日内瓦总部召开全体成员大使会议，与会代表一致表示，同意全面恢复"多哈回合"谈判。12月4日，WTO成员达成共识，将争取在2008年结束漫长的"多哈回合"谈判。

2008年7月21日，来自35个主要世贸组织成员的贸易和农业部长在日内瓦聚会，试图在一周时间内就"多哈回合"谈判农业和非农产品市场准入问题取得突破。但几天来，谈判难以取得进展，原定一周的会期被迫延长。旨在寻求"多哈回合"谈判关键性突破的世界贸易组织小型部长会议在经过9天的讨价还价后，7月29日还是以失败告终。

2009年11月30日在瑞士日内瓦举行的WTO第七次部长级会议仍未能在推动"多哈回合"谈判方面取得明显进展，提出2010年实现谈判的结束。

2010年10月，WTO总理事会做出决定，计划于2011年12月在日内瓦举行第八次部长级会议，并且希望这次会议能成为"多哈回合"成功结束的终点，并为此制定了推进谈判的计划。然而在第八次部长级会议上，成员在"多哈回合"谈判等事关多边贸易机制未来的方向性问题上存在明显分歧，"多哈回合"谈判陷入困境。

美国等发达国家甚至纷纷看淡WTO的发展，对多哈回合谈判失去耐心，于是把重点转移到了《跨太平洋战略经济伙伴协定》（Trans-Pacific Partnership, TPP）、《跨大西洋贸易与投资伙伴协定》（Transatlantic Trade and Investment Partnership, TTIP）等谈判以及缔结双边或区域自由贸易协定方面。

但是2013年12月3日，WTO第九次部长级会议在印度尼西亚巴厘岛举行。会议发表了《巴厘部长宣言》，达成"巴厘一揽子协定"，"多哈回合"谈判12年僵局终获历史性突破。"巴厘一揽子协议"一共在4个方面达成了协议：贸易便利化、农业、棉花和关于发展与最不发达国家议题。

巴厘会议成果是对"多哈回合"谈判成熟议题的锁定，因此又称"多哈回合"早期收获，或称"小多哈"，是未来推进多哈回合进程的基础，标志着"后巴厘"时代的开始。"巴厘一揽子协议"不是结束，而是刚刚开始。

2015年12月19日，WTO第十次部长级会议在肯尼亚首都内罗毕闭幕。内罗毕会议的主要议题为最不发达国家的发展问题、农业谈判中的出口竞争以及多哈核心议题后续谈判框架等。总体而言，内罗毕WTO第十次部长级会议的成果喜忧参半。美国、欧盟和其他WTO成员主张终止久拖不决的多哈回合谈判，想要转向新的谈判领域，并专注于更小规模，如同信息技术协定或是环境产品协定模式的诸边协定。很多发展中国家，如中国、印度等主要成员不同意WTO采取这种新的谈判模式。

在此背景下，会议经过延时谈判和各方努力，取得了以下四项主要成果：一是世界贸易组织成员首次承诺全面取消农产品出口补贴，并就出口融资支持、棉花、国际粮食援助等方面达成了新的多边纪律；二是达成了近18年来世界贸易组织首个关税减让协议——《信息技术协定》（ITA）扩围协议，涉及国际贸易额1.3万亿美元；三是在优惠原产地规则、服务豁免等方面切实给予最不发达国家优惠待遇；四是正式批准阿富汗和利比里亚加入WTO。

内罗毕会议的成果表明WTO仍具有谈判功能，在多边贸易中仍然起着主导作用，会议巩固了WTO在全球贸易治理方面的核心作用。但关于"多哈回合"的未来发展仍未得以解决，尽管各成员愿意继续推动农业、非农、服务、规则、知识产权等"多哈谈判"议题，但对推动谈判的方式、方法存在明显的不同意见。"多哈回合"的僵局仍有待进一步解决。

第五节 我国与世界贸易组织

一、我国"复关"与入世的谈判进程

我国是1947年《关税与贸易总协定》的23个缔约国之一。1949年中华人民共和国成立后未能取得联合国席位，我国的社会主义计划经济体制也与关税与贸易总协定的基本原则不符，所以关税与贸易总协定的中国席位仍由国民党政府占据。1950年，台湾国民党政府退出了关税与贸易总协定。此后我国在关税与贸易总协定的席位一直空着。

1986年7月，改革开放取得一定成就之后，我国开始了恢复关税与贸易总协定缔约国地位（简称"复关"）的申请。关税与贸易总协定中国工作组于1987年3月成立，并且于当年10月召开第一次会议。从1987年到1995年世界贸易组织建立，关税与贸易总协定中国工作组一共举行过20次会议，但终因与关税与贸易总协定成员国（主要是美国和欧盟）的双边谈判未能完成而没有恢复在关税与贸易总协定中的席位，也没有成为世贸组织的创始成员国。

1995年世界贸易组织成立以后，关税与贸易总协定中国工作组相应变成了世界贸易组织中国工作组，陆续召开了18次会议。我国分别在1999年11月15日和2000年3月19日与美国和欧盟签署了关于我国加入世界贸易组织的双边协议。世界贸易组织中国工作组在2001年9月17日批准了所有法律文件。11月9日至13日于卡塔尔首都多哈举行的世界贸易组织第四届部长级会议就中国加入世界贸易组织进行表决，获得通过。11月11日，原对外贸易经济合作部部长石广生代表中国政府在《中华人民共和国加入议定书》上正式签字，并向世界贸易组织秘书处递交了由原国家主席江泽民签署的《中华人民共和国加入世界贸易组织批准书》。2001年12月11日，我国正式成为世界贸易组织第143个成员。纵观历史，我国的"复关"与"入世"是关税与贸易总协定和世界贸易组织的所有多边谈判中最漫长和最艰苦的一次谈判过程，历经15年。

二、我国加入世界贸易组织的法律文件

我国加入世界贸易组织的法律文件包括：《马拉喀什建立世界贸易组织协定》《关于中华人民共和国加入议定书》及其附件、《中国加入工作组报告书》。

议定书是确定作为申请加入方中国权利与义务关系的法律文件，工作组报告书则是对整个加入谈判情况的记录和说明（也包括部分承诺）。工作组报告书在结构上与议定书有一定的差异，但作为谈判过程的记录和对议定书有关条款的进一步细化和说明，与议定书具有内在的统一性，具有与议定书同等的法律效力。此外，作为世界贸易组织成员，中国的权利与义务不仅包括在议定书和工作组报告书当中，也全面体现在世界贸易组织现行的各项协定与协议中。

三、我国加入世界贸易组织的权利和义务

（一）我国加入世界贸易组织的权利

根据我国加入世界贸易组织的法律文件，我国加入世界贸易组织享受的基本权利主

要有：

（1）全面参与多边贸易体制。加入世界贸易组织前，我国作为观察员参与多边贸易体制，所能发挥的作用受到诸多限制，加入世界贸易组织后，我国将充分享受正式成员的权利，其中包括：①全面参与世界贸易组织各理事会和委员会的所有正式和非正式会议，维护中国的经济利益；②全面参与贸易政策审议，对美国、欧盟、日本、加拿大等重要贸易伙伴的贸易政策进行质询和监督，敦促其他世界贸易组织成员履行多边义务；③在其他世界贸易组织成员对中国采取反倾销、反补贴和保障措施时，可以在多边框架体制下进行双边磋商，增加解决问题的渠道；④充分利用世界贸易组织争端解决机制解决双边贸易争端，避免某些双边贸易机制对中国的不利影响；⑤全面参与新一轮多边贸易谈判，参与制定多边贸易规则，维护中国的经济利益；⑥对于现在或将来与中国有重要贸易关系的申请加入方，将要求与其进行双边谈判，并通过多边谈判解决一些双边贸易中的问题，包括促使其取消对中国产品实施的不符合世界贸易组织规则的贸易限制措施、扩大中国出口产品和服务的市场准入机会和创造更为优惠的投资环境等，从而为中国产品和服务扩大出口创造更多的机会。

（2）享受非歧视待遇。我国加入世界贸易组织后，将充分享受多边无条件的最惠国待遇和国民待遇，即非歧视待遇。现行双边贸易中受到的一些不公正的待遇将会被取消或逐步取消。

（3）享受发展中国家成员的大多数优惠待遇或过渡期安排。

（4）享受其他世贸组织成员开放市场和扩大货物、服务市场准入的利益。

（5）利用世贸组织争端解决机制，公平、客观、合理地解决与其他国家经贸纠纷，营造良好的经贸发展环境。

（二）我国加入世界贸易组织的义务

（1）遵守非歧视性原则，给予外国产品、服务以最惠国待遇和国民待遇。

（2）扩大货物、服务的市场准入程度，降低关税和规范非关税措施，逐步扩大服务贸易市场开放程度。

（3）贸易政策统一实施，承诺在整个中国境内，包括民族自治地方、经济特区、沿海开放城市以及经济技术开发区等统一实施贸易政策。

（4）确保贸易政策透明度，承诺公布所有涉外经贸法律和部门规章，未经公布的不予执行。

（5）根据《与贸易有关的知识产权协定》，进一步规范知识产权保护。

（6）接受过渡期审议。

【国贸博览11-4】

中国加入世界贸易组织的所有承诺履行完毕

国务院新闻办公室2011年12月7日发布的《中国的对外贸易》白皮书指出，截至2010年，中国加入世界贸易组织的所有承诺全部履行完毕。

2001年12月11日，历经16年谈判，中国成为世界贸易组织第143个成员。根据加入世界贸易组织的承诺，中国扩大了在工业、农业、服务业等领域的对外开放，加快推进贸易自由化和贸易投资便利化。

——加快对外经济贸易法制化建设。加入世界贸易组织后，中国集中清理了2300多部法律法规和部门规章。对其中不符合世界贸易组织规则和中国加入世界贸易组织承诺的，分别予以废止或修订。新修订的法律法规减少和规范了行政许可程序，建立健全了贸易促进、贸易救济法律体系。

——进一步降低关税，削减非关税措施。在加入世界贸易组织过渡期，中国进口商品关税总水平从2001年的15.3%逐步降低到2005年的9.9%。根据承诺，中国自2005年1月起全部取消对424个税号产品的进口配额、进口许可证和特定招标等非关税措施，仅仅保留了为保证生命安全、保护环境实施进口管制产品的许可证管理。2010年，中国关税总水平已经降至9.8%，其中农产品平均税率降至15.2%，工业品平均税率降至8.9%。

——全面放开外贸经营权。自2004年7月起，中国政府对企业的外贸经营权由审批制改为备案登记制，所有对外贸易经营者均可以依法从事对外贸易。取消外贸经营权审批，促进了国有企业、外商投资企业和民营企业多元化外贸经营格局的形成。2010年，国有企业、外商投资企业和民营企业进出口分别占中国进出口总额的20.9%、53.8%和25.3%。

——进一步扩大服务市场开放。中国认真履行加入世界贸易组织的承诺，为境外服务商提供了包括金融、电信、建筑、分销、物流、旅游、教育等在内的广泛的市场准入机会。在世界贸易组织服务贸易分类的160个分部门中，中国开放了100个，开放范围已经接近发达国家的平均水平。2010年，中国服务业新设立外商投资企业13905家，实际利用外资487亿美元，占全国非金融领域新设立外商投资企业和实际利用外资的比重分别为50.7%和46.1%。

——营造更为公平的市场竞争环境。中国通过建立、完善公平贸易法律制度和执法、监督机制，遏制与打击对外贸易经营中的侵权、倾销、走私、扰乱市场秩序等不公平贸易行为，努力为境内外企业提供一个宽松、公平、稳定的市场环境。中国政府依据国内法律和国际贸易规则，加强预警监测，同时利用贸易救济和反垄断调查等措施，对贸易伙伴的不公平贸易行为予以纠正，维护国内产业和企业的合法权益。

中国认真履行承诺的实际行动得到世界贸易组织大多数成员的肯定。世界贸易组织所倡导的非歧视、透明度、公平竞争等基本原则已经融入中国的法律法规和有关制度。市场意识、开放意识、公平竞争意识、法治精神和知识产权观念等在中国更加深入人心，推动了中国经济进一步开放和市场经济体制进一步完善。

（资料来源：《中国的对外贸易》白皮书，国务院新闻办公室，2011年12月7日。）

关键术语

关税与贸易总协定　世界贸易组织　乌拉圭回合　最惠国待遇　国民待遇　争端解决机制　贸易政策审议机制　1994年《关税与贸易总协定》　《服务贸易总协定》　《与贸易有关的知识产权协定》

复习思考题

1. 关税与贸易总协定通过八轮谈判成功地降低了各成员国货物贸易中的关税和非关税壁垒，为什么还要成立世界贸易组织？
2. 世界贸易组织的职能是什么？针对每个职能分别举出一到两个实例加以说明。

3. 什么是最惠国待遇和国民待遇？它们在世界贸易组织中的地位如何？
4. 世界贸易组织体制有什么特点？
5. 世界贸易组织的运行机制包括哪几部分？分别有什么作用？
6. 世界贸易组织"多哈回合"谈判的目标和特点是什么？
7. 我国加入世界贸易组织有哪些权利和义务？

延展阅读书目

[1] 张汉林. 世界贸易组织发展报告 [M]. 北京：高等教育出版社，2014.
[2] 陈卫国. 世界贸易组织的逻辑 [M]. 北京：对外经济贸易大学出版社，2013.
[3] 战勇. 世界贸易组织（WTO）规则 [M]. 大连：东北财经大学出版社，2012.
[4] 曹建明，贺小勇. 世界贸易组织 [M]. 北京：法律出版社，2011.
[5] 薛荣久. 世界贸易组织（WTO）教程 [M]. 北京：对外经济贸易大学出版社，2009.

运行篇

第十二章 国际货物贸易

本章学习要点

- 国际货物贸易的发展
- 国际货物贸易条件
- 世界市场价格
- 我国货物贸易的发展

当代国际贸易包括国际货物贸易、国际服务贸易和知识产权贸易。从国际贸易的产生和发展历史来看，最早产生的是国际货物贸易。国际贸易的产生，从某种意义上来说，也就是国际货物贸易的产生。最初的国际服务贸易是作为国际货物贸易的附属物而产生的，如航运业就是较早出现的服务贸易行业，航运业是在资本主义生产方式准备时期，随着新大陆的发现而兴起的[⊖]。知识产权贸易是随着世界科学技术革命的发生和国际间科学技术的传播而出现的。虽然从"二战"以后特别是20世纪90年代以来，国际服务贸易和知识产权贸易得到了蓬勃的发展，但在国际贸易领域，国际货物贸易的贸易额仍远远超过国际服务贸易和知识产权贸易的贸易额，在国际贸易领域占主导地位。

第一节 国际货物贸易概述

一、国际货物贸易的发展

在相当长的历史时期内，传统的狭义的国际贸易即国际货物贸易，它一直是不同国家之间发生经济联系的唯一形式。第二次世界大战以后，随着国际资本流动规模的扩大，技术在不同国家之间转移速度的加快，各国人员交流的日益频繁，国际贸易的内涵与外延得到不断扩展。因而，国际贸易既包括了国际货物贸易，也包括国际服务贸易、国际技术贸易等方面。

国际货物贸易不但发展的历史悠久，而且至今在国际贸易中占主导地位。例如，2013年国际货物贸易占国际贸易总额的80%左右，国际服务贸易只占到20%左右。国际货物贸易对世界各国经济发展的作用也是巨大的。另外，国际货物贸易还是国际服务贸易、国际技术贸易、国际直接投资产生和发展的基础。随着经济全球化的不断发展，它们之间相互结合，相互促进，共同推动着世界经济和各国经济的发展和繁荣。

⊖ 卢进勇等《国际服务贸易与跨国公司》，对外经济贸易大学出版社，2002年，第6页。

二、国际货物贸易的地理分布

国际分工的变化是影响国际货物贸易地理方向发生变化的重要因素。在国际分工中处于中心地位的国家或地区,在国际货物贸易中也占据主要地位。

(一) 第二次世界大战前国际货物贸易的地理分布

19世纪,国际分工的主要形式是宗主国同殖民地等落后国家之间的分工,前者出口工业品,后者出口农产品和原材料,国际货物贸易主要发生在西方工业国与广大发展中国家之间。在此期间,英国一直处于国际分工中心国的地位,其次是法国、德国和美国。英国是工业革命的先驱国,倚仗工业革命所造就的雄厚技术基础,取得了世界工业的霸权地位,成为"世界工厂"。1870年,英国在国际货物贸易中的比重达25%,几乎相当于法国、德国和美国的总和。法国、德国和美国等国在这一时期也相继完成工业革命,开始在世界市场上展开竞争,这些国家在国际货物贸易中也位居支配地位。1880~1913年,英国出口一直位居世界第一位,但在世界货物贸易中所占份额不断下降,由23%下降至13.1%。

(二) 第二次世界大战后国际货物贸易的地理分布

第二次世界大战后,国际分工发生了变化,从垂直分工变为水平分工。国际货物贸易的地理方向也随之发生了变化,发达国家间的贸易占主导地位,而发达国家同发展中国家间的贸易则居次要地位。而且,越来越多的国家参与国际货物贸易,各种类型国家的对外贸易都有了不同程度的增长。2013年国际货物贸易主要进出口国家和地区见表12-1。

表12-1 2013年国际货物贸易前10名进出口国家和地区

	出口					进口			
排名	国家或地区	出口额/十亿美元	份额(%)	增长率(%)	排名	国家或地区	进口额/十亿美元	份额(%)	增长率(%)
1	中国	2209	11.7	8	1	美国	2329	12.3	0
2	美国	1580	8.4	2	2	中国	1950	10.3	7
3	德国	1453	7.7	12	3	德国	1189	6.3	2
4	日本	715	3.8	-10	4	日本	833	4.4	-6
5	荷兰	672	3.6	3	5	法国	681	3.6	1
6	法国	580	3.1	2	6	英国	655	3.5	-5
7	韩国	560	3.0	2	7	中国香港	622	3.3	12
8	英国	542	2.9	15	8	荷兰	590	3.1	0
9	中国香港	536	2.8	9	9	韩国	516	2.7	-1
10	俄罗斯	523	2.8	-1	10	意大利	477	2.5	-2
	世界	18816	100.0	2		世界	18890	100.0	2

(资料来源:世界贸易组织秘书处。)

在国际货物贸易中,发达国家占据支配地位,在世界货物出口中均占1/2以上的份额。图12-1是每隔10年各种类型国家在世界货物贸易中的比重。

在发达国家中,欧盟、美国和日本三方是世界货物贸易的三大经济体。1950~2013年,

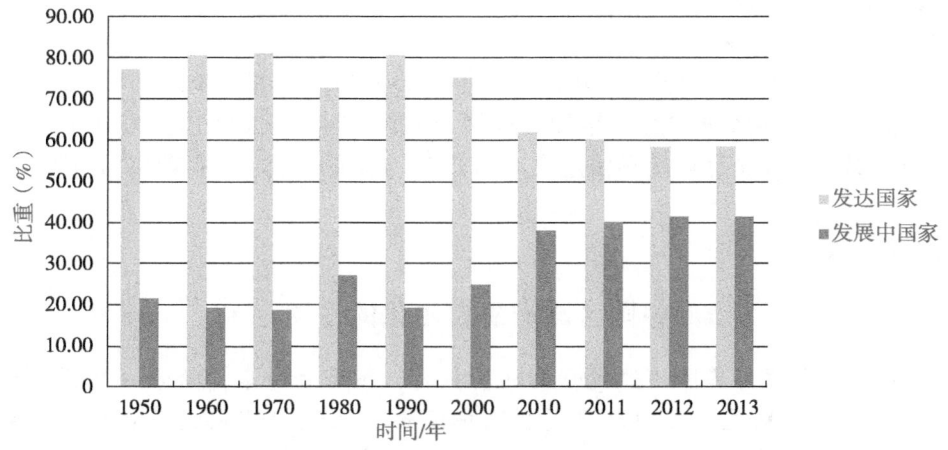

图 12-1 各种类型国家在世界货物贸易中的比重

(资料来源：根据国际货币基金组织资料整理。)

这三大经济体在国际货物贸易总额排名中均位居前 4 位，三者进出口总额占世界货物贸易份额的比重超过 40%。

但是，近年来发展中国家在国际货物贸易中的份额不断增长。在发展中国家中，新兴工业化国家处于领先地位。另外，我国改革开放以来，货物进出口贸易发展迅速，贸易地位不断提高，进出口快速增长，于 2013 年成为全球第一货物贸易大国，约占世界贸易的 11.7%。

如果从区域来考察，各地区货物贸易发展很不平衡。西欧、亚洲、北美地区在国际货物贸易中占主导地位。而且，欧盟地区内部的货物进出口额高于欧盟与世界其他地区之间的贸易额，北美以及亚洲地区的共同特点是：地区内的货物贸易占区域出口总额的比重较高。世界上货物进出口增长较快的国家和地区是中国和中、东欧国家及地区。

三、国际货物贸易发展的主要特点

国际货物贸易从无到有，经过数千年的演变和发展，已成为世界经济不可缺少的组成部分，成为世界经济和各国经济发展的动力。"二战"之后，国际货物贸易得到了蓬勃的发展。特别是 20 世纪 90 年代以来，世界经济形势的重大变化，使国际货物贸易出现了许多令人瞩目的新变化、新趋势。概括来说，当代国际货物贸易具有以下特点：

（一）国际货物贸易自由化进程加快

全球贸易自由化是指诸多国家和地区通过一定的协议或形式，使相关的经济活动在全世界范围内按照一定的规则、在没有贸易壁垒和贸易障碍的全球市场下协调运行。

20 世纪 90 年代以来，世界范围的贸易自由化进程明显加快。其主要表现是"乌拉圭回合"谈判达成协议，世界贸易组织取代关税与贸易总协定并于 1995 年 1 月 1 日正式成立。世界贸易组织的建立反映了世界经贸发展的需要，标志着全球贸易自由化进程进入了一个新阶段。随着现代科学技术的突飞猛进和国际分工的深入发展，世界经济传递加速，各国之间的相互依赖加强，同时矛盾和利益同在，竞争和合作并存。全球贸易自由化与区域贸易集团化两个趋势都明显加强，二者之间的互补性竞争关系推动着国际货物贸易环境的不断改善和国际货物贸易的迅速发展。

(二) 区域贸易集团化发展迅速

进入 20 世纪 90 年代，世界区域集团化趋势发展强劲。20 世纪 90 年代以来，全球贸易体制中区域贸易协定的数量在急剧增加。根据《WTO 年度报告 2015》发布的数据，截止 2015 年 1 月，共有 604 个区域贸易协定向 GATT/WTO 通报，259 个目前仍然有效。

【国贸博览 12-1】

中国区域贸易自由化的发展

中国在双边、区域自贸区的建设方面起步较晚，但近两年来，随着《中国—瑞士自由贸易协定》签署，特别是近期中韩自贸区、中澳自贸区谈判的完成，中国的自由贸易区（FTA）实践实现了快速的发展和新突破。从区域多边合作角度来看，中国正在参与的"区域全面伙伴关系"（RCEP）和 APEC 会议中力推的亚太自由贸易区（FTAAP）已经成为亚太区域内一体化的重要实现路径和通道。

目前，中国在建自贸区共 20 个，涉及 32 个国家和地区。其中，已经签署自贸协定 12 个，涉及 20 个国家和地区，分别是中国—东盟、中国—新加坡、中国—巴基斯坦、中国—新西兰、中国—智利、中国—秘鲁、中国—哥斯达黎加、中国—冰岛和中国—瑞士的自贸区，中国内地与香港、澳门更紧密经贸关系安排，以及大陆与台湾的海峡两岸经济合作框架协议。

正在谈判中的自贸协定 8 个，涉及 23 个国家，分别是中国与韩国、海湾合作委员会（GCC）、澳大利亚、斯里兰卡和挪威的自贸协定，以及中日韩自贸协定、RCEP 和"中国—东盟"升级版。

到目前为止，中国自贸区战略的实践经历了三个阶段：

第一阶段：起步阶段（2001～2005 年）：2001 年，中国—东盟达成建立自贸区协定的共识，2002 年 11 月签署了关于建立自由贸易区的一揽子框架协议，中国正式迈出 FTA 合作框架的第一步。

第二阶段：快速发展阶段（2005～2010 年）：2007 年，中共第十七次全国代表大会上提出的"实施自由贸易区战略，加强双边多边经贸合作"，中国的 FTA 建设步入快速发展阶段。但在这一阶段，中国的自贸区伙伴仍以南南合作、发展中国家为主，或者是新西兰、新加坡等开放型发达小国为主，谈判难度较低。自贸区伙伴中除印度尼西亚外，其他经济总量均在全球前 20 名之外，规模较小。已签署并生效的自贸协定涵盖中国对外贸易总额 26%，如扣除港澳台，则仅占 12% 左右，大大低于加拿大（68%）、美国（38%）、欧盟（28%）。

第三阶段：后金融危机时期发展新阶段（2010 年至今）。这一阶段，中国的自贸区战略以全面、高质量和利益平衡为目标，实现了许多历史性的突破，如高水平、高标准"二十一世纪议题"的引入与国际规则的接轨；FTA 伙伴国的不断扩大，扩大 FTA 涵盖范畴与规模，构建与东亚和亚太地区内重要贸易投资伙伴国的 FTA 合作平台；谋求中美、中欧双边 BIT 谈判等。

近年来，中国的区域贸易自由化取得了较大的发展，中国应该进一步适应区域经济一体化发展趋势，主动融入全球高标准自贸区的战略考量。

（资料来源：东方早报《中国区域自由贸易协定的新发展》，2015 年 2 月 10 日。）

（三）各国经济对外贸的依赖程度不断增强

当今世界，科学技术发展日新月异，各国产业结构调整的频率加快，国民经济更加趋向开放，从而促使各国间生产、交换和消费更加密切地联系在一起，形成了一个"地球村"。据联合国有关统计，各国（地区）出口总额占全世界国民生产总值的平均比重 1970 年为 11.4%，1980 年为 14.1%，1990 年增加到 16.2%。20 世纪 90 年代以来，每年世界贸易总额占当年国民生产总值的平均比重为 16% 左右，1995 年我国国民经济对外贸的依存度曾达到创纪录的 45%，部分欧盟成员国与石油输出国的这一比重达到 50%。

（四）国际货物贸易结构不断优化

国际货物贸易中工业制成品的比重大大增加，其增长速度高于初级产品。

1950 年，工业制成品出口占世界全部商品出口价值的 34.9%。20 世纪 60 年代，这一比例增加到 50% 以上。70 年代世界能源价格上涨，使得工业制成品的比重在 50%~60% 之间徘徊。80 年代中期以后，工业制成品在贸易中的比重又开始攀升。到 2000 年，国际货物贸易中将近 3/4（74.85%）的商品是工业制成品，2001 年达到 75.4%。但之后工业制成品所占比重有所下降，2007 年为 69.8%，2013 年为 64.7%。

在工业制成品贸易中，工业革命后曾经处于重要地位的纺织品、服装等轻纺工业产品和钢铁等金属工业产品的地位逐渐下降，取而代之的主要是包括汽车在内的交通和机器设备、电气电子产品以及化工产品。

第二节　世界市场价格

世界市场价格是国际价值或国际生产价格的货币表现，是商品价值和货币价值的国际交换比例或指数。通常所说的世界市场价格，是指某种商品在世界市场上一定时期内客观形成的具有代表性的成交价格。例如，某些著名世界市场集散中心的商品在集散地的市场价格；重要的商品交易所的成交价格；某些商品主要出口国或地区的出口价格；某些重要商品的拍卖价格和投标价格等。这种价格通常是以自由外汇表示的大宗商品进出口贸易的成交价格。

一、世界市场价格形成的基础

国际价值是决定世界市场价格的基础。

（一）国际价值形成的基础是劳动价值论

商品的国际价值是在商品国别价值的基础上形成的。同任何国家所生产的商品的国别价值的本质一样，商品的国际价值也是人类抽象劳动的凝结，是由抽象的社会劳动决定的，不过它所体现的已不是一国范围内各个商品生产者之间的关系，而是不同国家的商品生产者之间的社会生产关系。

（二）国际价值是由世界平均的社会必要劳动时间决定

在世界市场上，各国之间的商品交换只有以世界平均的社会必要劳动时间决定的国际价值量为基础，才能顺利进行。

与商品的国别价值量的形成相比,商品国际价值量的形成发生了如下两个明显的变化:

(1) 决定商品国际价值量的世界平均社会必要劳动时间,已不再是某一国生产某种商品的中等劳动强度(或平均劳动强度和熟练程度)下的劳动时间,而是在世界平均劳动熟练程度和平均劳动强度下生产某种使用价值所需要的劳动时间。这就是说,决定商品国际价值量大小的劳动强度,只能是被国际贸易所有参加国视为标准质量的劳动,只能是经过加权平均的世界劳动强度的平均数,这种劳动就其复杂性、强度和效率来讲,都是中等水平。

(2) 决定商品国际价值量的正常的生产条件,已不再是个别国家生产某种商品的正常的生产条件,而是世界市场上普遍的或一般的生产条件。例如,用手工生产某类商品在 A 国属于正常生产条件,而在全世界则属于落后的生产条件。

影响国际价值量变化的主要因素有:

(1) 劳动生产率。单位商品的国际价值量与劳动生产率成反比。在世界市场上,单位商品的国际价值量与劳动生产率也成反比。如果世界各国的劳动生产率普遍提高了,从而缩短了各国生产单位商品的社会必要劳动时间,则生产商品的世界平均社会必要劳动时间也将随之缩短,内含在每一单位商品中的国际价值量就会随之减少;反之,如果世界各国的劳动生产率普遍降低了,从而延长了各国生产单位商品的社会必要劳动时间,则生产商品的世界平均社会必要劳动时间也将随之延长,内含在每一单位商品中的国际价值量就会相应增多。

(2) 劳动强度。劳动强度是指劳动的紧张程度和繁重程度,即在单位时间内劳动力的消耗程度。劳动强度的大小也是影响商品国际价值量的一个重要因素。因为劳动强度越大,单位时间内消耗的劳动就越多,凝结在总商品中的国际价值量就越大;反之,劳动强度越小,单位时间内消耗的劳动就越少,凝结在总商品中的国际价值量就越小。所以,商品生产者的劳动强度与总商品的国际价值量是成正比例变化的。

(3) 贸易参加国的贸易量。商品的国际价值量与各贸易参加国的贸易量之间有着密切的关系。决定商品国际价值的世界平均社会必要劳动时间,并非是各国生产该商品时所耗费的社会必要劳动时间的算术平均数,而是世界市场上各国生产该商品所需要的社会必要劳动时间的加权平均数。该商品出口量越大的国家,其国别价值对商品的国际价值所起的影响作用越大,即商品的国际价值在很大程度上是受世界市场上商品主要供货国的生产条件影响的。

二、影响世界市场价格变动的因素

虽然商品的国际价值是决定世界市场价格的基础,但在商品的国际交换活动中,商品的世界市场价格与商品的国际价值往往不一致,这主要是因为有若干因素在影响着世界市场价格的变动。

(一) 供求关系的影响

当世界市场价格由商品的国际价值决定后,商品的供求关系就成为了影响世界市场价格上下波动的最主要因素。

1. 供求关系的变动使商品的世界市场价格与国际价值经常发生偏离

在世界市场上,只有当某种商品的供给和需求相一致时,商品的世界市场价格才与其国际价值相一致;否则,二者之间就会发生偏离。当商品的供给超过需求时,其世界市场价格就会低于国际价值；当商品的需求超过供给时，其世界市场价格就会高于国际价值。

2. 供求关系引致的偏离不会太大，会自动修正

当商品的世界市场价格与其国际价值发生偏离后，也会对商品的供求关系产生重要的影响，使商品的供求在不断变动中趋于平衡。当某种商品供过于求时，其世界市场价格必然下跌，而价格的下跌势必会使生产这种商品的一些国家利润减少或无利可图，从而这些国家就会减少对这种商品的生产，这种商品的供给也随之减少，进而阻止这种商品的世界市场价格进一步下降或促使其价格转为上涨。反之，当某种商品供不应求时，这种商品的世界市场价格就会上涨，许多国家受较高的利润驱使，就会增加对生产这种商品的投资，使这种商品的供给逐渐增加，从而阻止这种商品的世界市场价格进一步上涨或促使其价格转而下跌。所以长期来看，供求关系引致的世界市场价格与国际价值的偏离不会太大，会自动得到修正，并使二者趋于一致。

（二）竞争的影响

在世界市场上，每一种商品的价格竞争都从3个方面表现出来：

1. 卖主之间的竞争

在世界市场上，同种商品或同类商品往往是由许多国家的卖主提供的。在其他条件相同的情况下，谁的商品价格便宜和售后服务好，谁的竞争力就强；反之，竞争力就弱。卖主之间这种争夺市场和销路的竞争，往往导致商品国际市场价格的下降。

2. 买主之间的竞争

在世界市场上，往往有许多买主购买同一种商品。在买主多、购买量大、买方求购心切的情况下，每一个买主都力图排挤掉另一个买主，甚至不惜出高价购买自己急需的商品。买主之间的这种竞争，往往导致商品国际市场价格的上涨。

3. 买主和卖主之间的竞争

在世界市场上，许多卖主想把商品尽快脱手并卖得好价钱，许多买主想买到价廉物美的商品。卖主和买主之间的竞争对商品国际市场价格的影响，取决于市场供求状况和竞争双方的力量对比关系。如果世界市场上商品供不应求，买主之间的竞争必然要比卖主之间的竞争激烈，此时常常导致商品价格的上涨；反之，如果市场上商品供过于求，卖主之间的竞争必然会比买主之间的竞争激烈，此时常常导致市场上商品价格的下跌。

此外，还有代用品与被替代产品之间的竞争。随着科学技术的不断发展并广泛地应用到生产实践中，代用品的生产快速地发展了起来，这在一定程度上冲击了被替代产品的需求与价格。如果代用品的价格较低，而且质量高、产量大，被替代产品的价格就会被压在较低的水平上波动。

（三）垄断的影响

国际垄断组织和跨国公司为了追求最大限度的利润，往往采取各种方法来控制世界市场价格。它们经常采取的措施有：瓜分销售市场，规定产品质量、销售数量和价格，规定购买数量和购买时间，限制新工厂和新矿山的建立等。

国际垄断组织所规定的垄断价格有两种形式，即垄断高价和垄断低价。垄断高价是垄断组织在销售商品时规定的大大高于国际生产价格（国际价值）的垄断价格；垄断低价是垄断组织向非垄断企业或经济发展比较落后的国家购买原材料时所规定的大大低于国际生产价格（国际价值）的垄断价格。不管是垄断高价还是垄断低价，都是垄断组织获得垄断高额利润的重要手段。

在垄断条件下，商品的国际市场价格的高低，往往取决于垄断组织对市场的垄断程度，即取决于某个垄断企业或垄断集团对某种商品的生产和销售、原料来源、许可证和专利等的控制程度，以及垄断组织和大银行的联系程度等。市场的垄断程度越高，少数垄断寡头越容易互相勾结，签订相互避免竞争、瓜分市场的协定，以确定有利于垄断组织的垄断价格；市场的垄断程度越低，意味着进入市场的组织和个人越多，竞争越激烈，市场价格的波动越剧烈、越频繁。

（四）经济周期的影响

经济周期一般要经过危机、萧条、复苏、高涨4个阶段。随着这些阶段的不断迭替，商品的市场价格也要不断发生变动。一般来讲，在危机阶段，由于生产过剩，社会购买力急剧下降，大批商品找不到销路，存货如山，此时商品的价格会下跌；在萧条阶段，由于市场需求萎缩，价格表现为疲软；在复苏阶段，随着生产的逐渐恢复，社会对各种商品的需求不断增加，商品的市场价格又会开始上涨；在高涨阶段，由于市场需求急剧膨胀，导致商品价格迅速上涨。当然，在经济周期中，各种商品的价格变化幅度大小是不等的，有的幅度大些，有的小些，一般来说，如果不存在人为控制，初级产品的价格对经济周期变化的反应十分敏感，价格波动幅度较大；而工业制成品对经济周期变化的反应则较为迟缓，价格波动的幅度也较小。

（五）汇率波动的影响

汇率是不同国家发行的纸币以各自代表的价值量为基础而形成的交换比价。汇率波动的原因如同商品价格的波动一样，是由一国货币供给和需求的变动引起的。汇率的波动有时也受政府的汇率政策直接影响或控制。当汇率发生变化，一国货币出现了升值或者贬值，立即会对该国的进出口商品价格带来影响，并会进一步影响该国的进出口商品总量。如果受汇率波动影响的是个贸易大国，该国进出口商品价格的变动会引起世界市场商品价格的波动。具体地讲，如果一国货币升值，该国的出口商品价格会上升，进口商品价格会下降；如果货币贬值，该国的出口商品价格会下降，进口商品价格会上升。该国进出口商品价格的变动会影响到该国的进口商品量和出口商品量，进而会影响到世界市场上不同种类商品供给与需求的变化，从而影响世界市场的价格。

（六）政府政策的影响

第二次世界大战以后，受凯恩斯主义的影响，各国政府对经济的干预或调节作用普遍加强了。许多国家为了本国利益，采取了诸如支持价格政策、出口补贴政策、进出口管制政策、税收政策、战略物资收购政策及倾销政策等政策措施，这些政策措施的实施，对商品世界市场价格的影响也是很大的。

（七）自然灾害、政局动乱及投机等因素的影响

自然灾害、政局动乱及投机等因素，对商品国际市场价格也有很大影响，甚至在某些情况下会起到决定性的作用。如海湾战争期间，科威特的石油生产完全被摧毁，其他产油国的石油生产也受到了不同程度的影响。这不但使世界市场上石油的供给处于紧张的状况，而且使石油及其相关产品的价格产生了极大的波动。

此外，还有一些因素也在影响着商品的世界市场价格，如商品包装的好坏。商品销售中的成交数量、广告宣传的效果、名牌效应以及服务质量等因素也都会影响商品的世界市场价格。

三、世界市场价格的种类

世界市场价格按其形成条件、变化特征可分为下列几种：

（一）世界"自由市场"价格

世界"自由市场"价格是指在国际间不受垄断或国家垄断力量干扰的条件下，由独立经营的买者和卖者之间进行交易的价格。国际供求关系是这种价格形成的客观基础。

"自由市场"是由较多的买主和卖主集中在固定的地点，按一定的规则，在规定的时间内进行交易的市场。尽管这种市场也会受到国际垄断和国家干预的影响，但是，由于商品价格是通过买卖双方公开竞争而形成的，所以，它常常较客观地反映了商品供求关系的变化。在联合国贸易与发展会议所发表的统计中，把美国谷物交易所的小麦价格、玉米（阿根廷）的英国到岸价格，大米（泰国）的曼谷离岸价格、咖啡的纽约港交货价格等36种初级产品的价格列为世界"自由市场"价格。

（二）世界"封闭市场"价格

"封闭市场"价格是买卖双方在一定的约束关系下形成的价格。商品在国际间的供求关系，一般对它不会产生实质性的影响。世界"封闭市场"价格一般包括以下几种：

1. 调拨价格

调拨价格又称转移价格，是指跨国公司根据其全球利润最大化的战略目标，在跨国公司系统内部（母公司与子公司之间、各子公司之间）购销商品和服务时所采用的价格。

2. 垄断价格

垄断价格即国际垄断组织利用其经济力量和市场控制力量决定的价格，有卖方垄断价格和买方垄断价格两种形式。前者是高于商品的国际价值的价格；后者是低于商品的国际价值的价格。在两种垄断价格下，均可取得垄断超额利润。垄断价格的上限取决于世界市场对于国际垄断组织所销售的商品的需求量，下限取决于生产费用与国际垄断组织所在国的平均利润之和。由于垄断并不排除竞争，故垄断价格也有一个客观规定的界限。此外，在世界市场上，由于各国政府通过各种途径对价格进行干预，所以出现了国家垄断价格或管理价格。

3. 区域性经济贸易集团内的价格

"二战"后，成立了许多区域性的经济贸易集团。在这些经济贸易集团内部，形成了区域性经济贸易集团内价格。如欧盟共同农业政策中的共同价格。

4. 国际商品协定下的协定价格

商品协定通常采用最低和最高价格等办法来稳定商品价格。当有关商品的世界市场价格降到最低价格以下时，就用缓冲基金收购商品，减少商品供应量，使价格回升；当商品的世界市场价格超过最高价格时，则扩大出口或抛售缓冲库存中的存货，加大商品供应量，使商品价格回落。

第三节　国际货物贸易条件

一、贸易条件的作用

在国际货物贸易中，贸易条件是用来衡量在一定时期内一个国家出口相对于进口的盈利能力和贸易利益的指标,反映该国在国际贸易利益分配中所处的地位,一般用贸易条件指数表示。如果观察期的贸易条件大于基期的贸易条件,说明该国在国际贸易利益分配中的地位改善;如果观察期的贸易条件小于基期的贸易条件,说明该国在国际贸易利益分配中的地位恶化。贸易条件可以反映一国贸易利益的变化情况,也能在一定程度上反映出该国的价格优势和竞争能力的变化趋势。

二、影响贸易条件变化的因素

(一) 选择的年份不同

贸易条件的有利和不利,仅指比较年份和基期年份而言,是一种相对概念。因此,选择不同的基期和比较期的出口与进口指数,直接关系到贸易条件的变化。在净贸易条件中,如果选择出口价格最高和进口价格最低的年份作为基期,则比较期的贸易条件肯定不利;反之,如果选择出口价格最低、进口价格最高的年份为基期,则比较期的贸易条件肯定有利。因此,选择出口价格和进口价格适中的年份作为基期,能够比较客观地反映贸易条件实际的变化情况。

(二) 出口价格和进口价格的变化

对一个国家而言,如果出口价格始终很高,进口价格始终很低,则贸易条件会一直有利;如果出口价格一直偏低,进口价格一直偏高,则贸易条件会一直不利;如果出口价格时高时低,则贸易条件有时有利,有时不利。

(三) 进出口商品的需求情况

进出口商品的需求变化通过影响进出口商品的价格从而影响贸易条件。对于某一种商品而言,影响它的需求的因素可能有很多,这里主要分析一国总的进出口商品的需求情况。根据宏观经济学原理,决定一国进口需求的主要因素是该国的经济发展水平,决定一国出口商品需求的主要因素是国外的经济发展水平。传统的西方经济学理论认为,对于小国而言,经济的增长并不会导致贸易条件的变化;对于大国而言,在超额贸易增长的情况下,该国的贸易条件在经济增长(及出口贸易增长)的同时会不降反升,得到改善;在其他情况下,该国的贸易条件都会有不同程度的下降或者说恶化。

(四) 进出口商品的构成情况

贸易条件恶化论观点的一个重要依据就是发展中国家主要出口初级产品,而发达国家主要出口工业制成品。由于决定贸易条件的是出口商品加权平均价格和进口商品的加权平均价格,因此当进口商品或出口商品的构成情况发生变化时,即使各种商品本身的价格不发生变化也会改变进口商品或出口商品的加权平均价格,从而改变一国的贸易条件。进出口商品构成情况的变化是一国产业结构变化的结果。

三、国际货物贸易条件的总体状况分析

20世纪80年代至21世纪初期,世界经济经历了持续的增长,世界各国的贸易条件也经历了不同的变化,从发达国家和发展中国家两大层面来看(见图12-2),发达国家在20世纪80年代贸易条件指数还在80左右徘徊,到1991年已经达到100,到了2000年前后上升到104。可见,从20世纪80年代到21世纪初,发达国家的贸易条件在此期间总体上呈现出改善趋势。就发展中国家而言,其指数从1981年的122.3下滑至1988年的101,之后虽

然在 1990 年上升至 114.5，但在随后的 10 年里并没有得到明显的改善。总体而言，1980～2000 年，发展中国家的贸易条件是不断恶化的。尤其是在 1980～1990 年，发展中国家的出口主要是以初级产品为主，出口比重在 42%～65% 之间，贸易条件明显恶化。经历了 20 世纪 80 年代初到 90 年代初贸易条件剧烈变化以后，从 20 世纪 90 年代初到 21 世纪初，尽管发达国家和发展中国家在世界经济地位和国际贸易关系上没有发生本质的改变，但是发展中国家的贸易条件指数曲线没有继续下滑，而发达国家的贸易条件指数曲线也没有持续明显上扬，二者呈现出相互重叠并水平延伸的轨迹。因此可见，随着世界各国贸易结构的调整以及各种影响因素的微妙平衡，发达国家和发展中国家的贸易条件都表现为稳定的、小幅度的变化。随着世界经济发展的阻力上升，国际金融危机、国际供求关系变化等因素通过全球经济日益紧密的联系在国际贸易中迅速传递，国际贸易条件在 21 世纪发生了新的变化，见表 12-2。

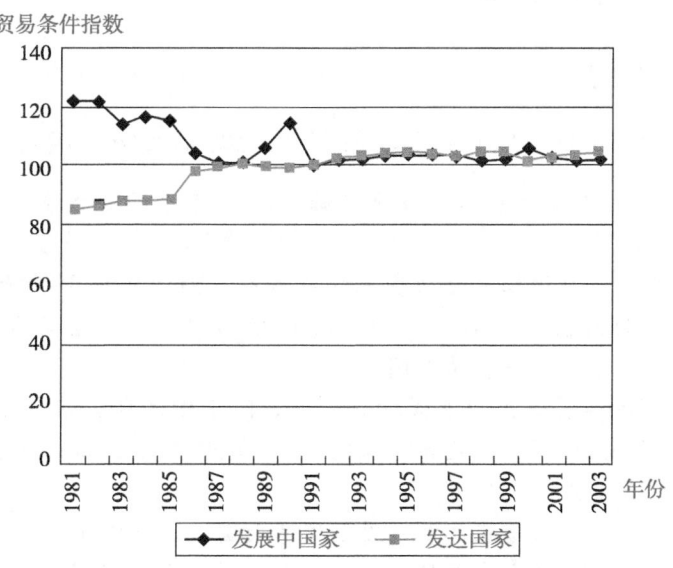

图 12-2　发达国家与发展中国家贸易条件比较（以 1991 年为基期）

（资料来源：和睦．发达国家与发展中国家贸易条件比较与实证分析．新疆财经，2006（1）。）

表 12-2　世界主要地区货物贸易条件变化

地区＼年份	2003	2007	2008	2011	2012	2013
发达国家	1.225	0.172	-2.124	-2.253	-0.752	1.083
新兴市场和发展中国家	0.945	1.788	4.25	4.2	0.207	-0.152
亚洲新兴市场和发展中国家	-0.115	0.405	-1.136	-2.319	1.226	0.983
欧洲新兴市场和发展中国家	-0.499	1.742	-2.715	-2.03	0.079	0.948
中东和北非	0.078	3.188	13.571	15.229	-0.121	-0.462
撒哈拉以南	2.058	4.971	9.124	9.947	-1.291	-1.77

（资料来源：根据国际货币基金组织数据资料整理。）

第四节 我国货物贸易的发展

一、我国货物贸易发展概述

1949年后的10年,我国对外贸易开始起步,20世纪60年代我国对外贸易发展总体缓慢,20世纪70年代我国对外贸易发展总体呈停滞状态。1953~1978年,我国出口额占世界出口总额的比重由1.23%下降到0.75%,在世界贸易中所占的位次由第17位下降到第32位。

我国对外货物贸易的迅速发展是从改革开放后开始的,我国迅速成为贸易大国,并把对外贸易提升为国民经济的战略重点,取得了可喜的成绩。2013年我国在世界货物贸易中排名第1位,成为世界货物贸易大国。

【国贸博览12-2】

中国2013年成为世界第一货物贸易大国

2014年3月1日,中国商务部发布消息称,2013年中国正式成为世界第一货物贸易大国。

商务部援引世界贸易组织秘书处初步统计数据称,2013年中国货物进出口总额为4.16万亿美元,其中出口额2.21万亿美元,进口额1.95万亿美元。这意味着2013年,中国超过美国,首次成为全球第一货物贸易大国。

2013年,中国货物贸易进出口规模增加,外贸同比增速在二季度探底之后,下半年呈现反弹态势。中国海关总署数据显示:2013年中国进出口总值扣除汇率因素同比增长7.6%,比2012年提高1.4个百分点。

作为发展中国家,中国跃居世界第一货物贸易大国,这是中国对外贸易发展道路上新的里程碑,是中国坚持改革开放和参与经济全球化的重大成果。改革开放35年来,特别是加入世贸组织以来,中国进出口贸易实现跨越式发展,有力推动了中国经济发展,也为世界经济做出了重要贡献。截至2013年,中国已经是120多个国家和地区最大的贸易伙伴,每年进口近2万亿美元商品,为全球贸易伙伴创造了大量就业岗位和投资机会。

"贸易大国是贸易强国的基础",尽管中国已成为世界贸易大国,但要成为贸易强国仍然任重道远。中国出口产品附加值较低,拥有自主品牌较少,营销网络不健全,出口产品质量不高的现象仍然存在,统筹两个市场、两种资源的能力需要进一步提高。

当前中国对外开放面临新的形势和挑战,要积极推进转方式、调结构,培育参与经济全球化的新优势,加强与贸易伙伴的务实合作,努力实现互利共赢和共同发展。

(资料来源:中国新闻网,2014年3月1日。)

二、我国货物贸易发展的主要特点

1. 货物贸易地位迅速提高

1983年,我国出口额占世界出口总额的比重与在世界贸易中所占的位次恢复到1953年的水平。1990~2000年，我国货物贸易年均增长率高达15%，大大高于世界和其他国家的年均增长率。2007年我国货物贸易进出口总额为21738亿美元，增长23.5%，连续6年增长20%以上，首次跃上2万亿美元的新台阶，继续稳居世界第3位，出口总额名列世界第2位。2013年我国货物贸易总额为4.16万亿美元，超过美国，首次成为全球第一货物贸易大国。

2. 货物贸易差额为顺差

20世纪90年代中期以前，大多数年份我国是贸易逆差。90年代中期以后，转为贸易顺差。2005年贸易顺差额超过千亿美元，为1020亿美元。2006~2008年贸易顺差额不断增加，分别为1774.8亿美元、2622亿美元和2954.6亿美元。2013年我国货物贸易的顺差为2590.2亿美元。

3. 对外货物贸易结构不断优化

20世纪80年代末，我国完成了从主要出口初级产品向主要出口工业制成品的转变。接着又开始了第二个转变，即从粗加工、低附加值产品出口为主向深加工、高附加值产品出口为主的转变。2006年，在进出口商品总额中，机电产品所占比重均在50%以上。2013年，我国的出口商品中，初级产品占5.9%，工业制成品占94.1%，其中机电产品约占货物出口总额的57.3%；进口商品中工业制成品占58.2%，其中进口机电产品为7107.0亿美元。

4. 货物贸易方向以发达国家为主

2013年，我国货物对外贸易的十大对象顺次为：欧盟、美国、东盟、中国香港、日本、韩国、中国台湾、澳大利亚、巴西和俄罗斯。

5. 外资企业成为中国对外贸易经营主体，但民营外贸企业发展迅速

外资企业在中国货物出口中的比重从2001年的50.1%提升到2007年57.1%，2013年外资企业在中国货物出口中的比重下降为47.3%；在进口中的比重2007年为58.5%，2013年则下降到44.9%。民营企业在中国出口贸易中的比重从2001年的7.3%提升到2007年的24.4%，2013年增加到41.5%；在进口贸易中的比重由2007年的13.3%，增加到2013年的29.6%。

6. 在货物贸易方式构成中，出口中的加工贸易所占比重增加

在货物贸易方式构成中，我国加工贸易方式贸易额与一般贸易方式贸易额所占比重从基本持平到前者高于后者，但是近年来加工贸易的比重有所下降。2007年出口中一般贸易占44.2%，加工贸易占50.7%；2013年，我国货物出口贸易中一般贸易占49.2%，加工贸易占39.0%，其他贸易占比11.8%。

7. 与"一带一路"沿线国家的货物贸易增加

2013年9月和10月，国家主席习近平先后提出共建"丝绸之路经济带"和"21世纪海上丝绸之路"（"一带一路"）的重大倡议，中国与"一带一路"沿线国家的合作得到了加深。2014年，中国与沿线国家的货物贸易额达到1.12万亿美元，占中国货物贸易总额的26%。2014年，中国企业在沿线国家非金融类对外直接投资达到125亿美元，占全国的12.2%，承包工程完成营业额达到644亿美元，占全国的45.2%。

2015年3月28日，《推动共建丝绸之路经济带和21世纪丝绸之路的愿景与行动》发布，"一带一路"从倡议逐步走向落实。"一带一路"建设将以政策沟通、设施联通、贸易畅通、资金融通、民心相通为主要内容，为沿线国家发展和世界经济注入新动力。

三、我国对外贸易条件发展变化分析

（一）我国贸易条件变化状况

近 30 年以来，我国贸易条件恶化成为被广泛认可和接受的事实（见图 12-3）。自从 20 世纪 90 年代初以来，我国的对外贸易结构发生了根本性的变化，表现为中国成为初级产品和能源矿产品的净进口国，以及以低附加值的劳动密集型工业制成品为主的净出口国。随着国际市场相关各类商品的价格波动，初级产品的价格不断上涨而且其上涨的预期不断强化，而工业制成品尤其是劳动密集型工业制成品的价格则持续走低或在低位徘徊，这种国际价格的变动具体反映到我国的对外贸易实际中就表现为：出口价格水平下降，进口价格水平上升，这是典型的贸易条件恶化的表现。

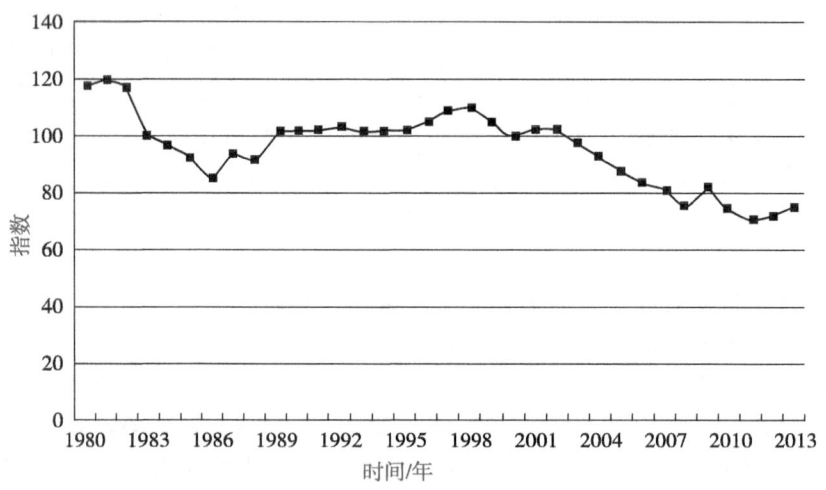

图 12-3　中国净易货贸易条件变动趋势图

（资料来源：世界银行。）

（二）我国贸易条件变化的原因

对于我国贸易条件恶化的原因，一种观点认为，就出口而言，我国贸易条件恶化是企业过度竞争、低价竞销造成的。但另一种观点认为，贸易条件恶化是货币汇率扭曲导致的，只是反映到价格上而已。还有的国内学者认为，1997 年以后，我国贸易条件与我国和美国的通货膨胀率比例密切正相关。总的来看，国际国内的多种因素共同导致了我国贸易条件不断恶化。

从外部原因来看，国际市场价格的变化不利于中国贸易条件的改善。近年来，国际市场价格发生了较大的变化，从前述分析可见，总体表现为初级产品和能源矿产类产品价格的持续上涨而工业制成品价格的持续下降。这两种变动均不利于我国贸易条件改善。另外，美国作为我国的主要贸易伙伴之一，由于受到次贷金融危机蔓延的影响，导致进口需求降低，美国的经济危机对世界经济产生负面影响，因此也不同程度地影响到了对我国的进口需求，在供大于求的贸易格局下，我国出口产品价格难以得到提升。此外，一些外国企业往往采取高价进口中间产品、原材料、机器设备，低价出口制成品的策略。跨国公司"转移价格"策略的实施，也导致了我国贸易条件的恶化。

从内部原因来看，我国的进出口结构导致了贸易条件的恶化。众所周知，我国自 1990 年初以来，成为粮食和能源的净进口国，国家工业化发展策略决定了我国需要大量进口初级产品，而国内的制造业发展水平又决定了 70% 的出口是劳动密集型工业制成品。这些产品大都已进入产品成熟期，市场上供大于求，势必导致激烈的竞争。而劳动密集型产品正是工业制成品中贸易条件恶化较快的产品。我国外贸出口企业在国际市场竞争中主要采取了价格竞争手段，盲目出口，竞相压价，出口中增量不增价的现象普遍出现。此外，国内能源价格受政府管制或干预，油、电、煤、运价格的变化没有充分反映供求关系的变化和近来国际原油价格的上涨。这种价格扭曲人为地降低了重、化工业的投资和增加了生产成本。

另外，我国传统的引资模式使外资主要流入劳动密集型出口部门，劳动密集型出口部门偏向增长的同时，进口竞争的资本、技术密集型部门不仅没有因为大量外资的流入而不断扩张，反而进一步相对收缩。这种出口部门偏向增长导致的超额供给和对资本、技术密集型产品的超额需求，进一步加剧了贸易条件的恶化。

关键术语

国际货物贸易　世界市场价格　国际价值　调拨价格　垄断价格　协定价格

复习思考题

1. 简述国际货物贸易的地理分布。
2. 国际货物贸易发展的主要特点是什么？
3. 简述影响世界市场价格变动的因素。
4. 简述影响贸易条件变化的主要因素。

延展阅读书目

[1] 徐昕，张磊. WTO 货物贸易专题 [M]. 北京：法律出版社，2014.
[2] 肖林. 国家试验——中国（上海）自由贸易试验区制度设计 [M]. 上海：格致出版社，2015.
[3] 林涛. 国际货物贸易实务 [M]. 北京：清华大学出版社，2014.
[4] 尚宇红，张琳. 中东欧十六国对外货物贸易结构（2001—2011）[M]. 上海：格致出版社，2013.
[5] 赵玉焕. 国际货物贸易 [M]. 北京：对外经济贸易大学出版社，2005.

第十三章 国际服务贸易

本章学习要点

- 国际服务贸易的含义
- 国际服务贸易的特点
- 当今国际服务贸易发展的特点
- 服务贸易壁垒的特点和主要形式
- 《服务贸易总协定》的主要原则
- 我国服务贸易发展概况
- 我国服务贸易对外开放

第二次世界大战以来，随着世界经济的发展，各国服务业得到了长足的发展。服务业的发展带动了国际服务贸易的发展。20世纪70年代以来，国际服务贸易迅速发展，在世界贸易中的比重日益上升。特别是20世纪90年代以来，发展服务贸易对一国经济的贡献日益为各国所认知，服务业和服务贸易的发展水平已经成为衡量一国现代化水平的重要标志之一。正因为如此，各国都竞相参与服务贸易的世界合作与竞争，我国也不例外。我国服务业已成为我国对外开放的重点领域。

第一节 国际服务贸易概述

一、国际服务贸易的含义

国际服务贸易是指不同国家之间所发生的服务买卖与交易活动。服务的提供国称为服务的出口国，服务的消费国称为服务的进口国，各国的服务出口额之和构成国际服务贸易额。

一般认为，"服务贸易"一词最早出现在1971年经济合作与发展组织（OECD）的一份报告中，这份报告探讨了关贸总协定"东京回合"谈判所涉及的议题。美国《1974年贸易法》首次使用了"国际服务贸易"的概念，20世纪70年代后期，"服务贸易"便成为共同使用的贸易词汇。

由于服务贸易内在本质的复杂性，围绕着国际服务贸易的概念，各国学者进行了认真的研究和激烈的争论，直到1994年4月15日关贸总协定"乌拉圭回合"谈判的结束才暂时中止。因为此轮谈判达成了《服务贸易总协定》（General Agreement on Trade in Service，GATS)，并在GATS中从服务贸易提供方式的角度给服务贸易下了较为准确的定义，具有一定的权威性和指导性，并为各国和各界所普遍接受。

具体来说，GATS 将服务贸易界定为以下 4 类：

（1）跨境交付（Cross-border Supply）。它是指服务的提供者在一成员的领土内向另一成员领土内的消费者提供服务。例如，在美国的律师为在英国的客户提供法律咨询服务。这种服务提供方式特别强调卖方和买方在地理上的界限，跨越国境和边界的只是服务本身。

（2）境外消费（Consumption Abroad）。它是指服务的提供者在一成员的领土内向来自另一成员的消费者提供服务。这种服务提供方式的主要特点是，消费者到境外去享用境外服务提供者提供的服务。例如，一成员的消费者到另一成员领土内旅游、求学等。

（3）商业存在（Commercial Presence）。它是指一成员的服务提供者在另一成员领土内设立商业机构或专业机构，为后者领土内的消费者提供服务。这种方式既可以是在一成员领土内组建、收购或维持一个法人实体，也可以是创建、维持一个分支机构或代表处。例如，一成员的银行或保险公司到另一成员领土内开设分行或分公司，提供金融、保险服务。这种服务提供方式有两个主要特点：一是服务的提供者和消费者在同一成员的领土内；二是服务提供者到消费者所在国的领土内采取了设立商业机构或专业机构的方式。一般认为，商业存在是 4 种服务提供方式中最为重要的方式。商业存在可以完全由在当地雇用的人员组成，也可以有外国人参与。在后一种情况下，这些外国人以自然人流动方式提供服务。

（4）自然人流动（Movement of Personnel）。它是指一成员的服务提供者以自然人身份进入另一成员的领土内提供服务。例如，某先生是 A 国的律师，他来到 B 国后，没有设立自己的律师事务所，而直接提供法律咨询服务。

自然人流动与商业存在的共同点是服务提供者到消费者所在国的领土内提供服务；不同之处是服务提供者以自然人流动方式提供服务，没有在消费者所在国的领土内设立商业机构或专业机构。

【国贸博览 13-1】

国际服务贸易的分类

GATS 减让表所遵循的服务贸易部门分类基本是以《联合国中心产品分类系统》（United Nations Central Product Classification System，CPC System）为基础的。这一系统确定了 11 个基本的服务部门，第 12 个部门为其他服务。这 12 个部门随后又进一步细分为大约 160 个分部门或独立的服务活动。在 GATS 的具体承诺中，实际包括的服务活动则要少一些。GATS 以《联合国中心产品分类系统》为基础，并在对以货物为中心的服务贸易分类的基础上，结合服务贸易统计和服务贸易部门开放的要求，提出了以部门为中心的服务贸易分类方法，将服务贸易分为如下 12 大类：

（1）商务服务（Business Services）。商务服务包括专业性服务和计算机服务。

1）专业性（包括咨询）服务。专业性服务涉及的范围包括：①法律服务；②工程设计服务；③旅游机构提供服务；④城市规划与环保服务；⑤公共关系服务；⑥安装及装配工程服务（不包括建筑工程服务），如设备的安装、装配服务；⑦设备的维修服务，这是指除固定建筑物以外的一切设备的维修服务，例如成套设备的定期维修、机车的检修、汽车等运输设备的维修等。

2) 计算机及相关服务。这类服务包括计算机硬件安装的咨询服务、软件开发与执行服务、数据处理服务、数据库服务及其他。

3) 研究与开发服务。这类服务包括自然科学、社会科学及人类学中的研究与开发服务，在纪律约束下的研究与开发服务。

4) 不动产服务。这是指不动产范围内的服务交换，但不包括土地的租赁服务。

5) 设备租赁服务。这类服务主要包括交通运输设备，如汽车、卡车、飞机、船舶等，和非交通运输设备，如计算机、娱乐设备等的租赁服务，但不包括其中有可能涉及的操作人员的雇用或所需人员的培训服务。

6) 其他服务。这类服务包括：生物工艺学服务；翻译服务；展览管理服务；广告服务；市场研究及公众观点调查服务；管理咨询服务；与人类相关的咨询服务；技术检测及分析服务；与农、林、牧、采掘业、制造业相关的服务；与能源分销相关的服务；人员的安置与提供服务；调查与保安服务；与科技相关的服务；建筑物清洁服务；摄影服务；包装服务；印刷、出版服务；会议服务等等。

（2）通信服务（Communication Services）。通信服务是指所有有关信息产品、操作、储存设备和软件功能等服务。通信服务由公共通信部门、信息服务部门、关系密切的企业集团和私人企业间进行信息转接和服务提供，主要包括：邮电服务；信使服务；电信服务，包括电话、电报、数据传输、电传、传真；视听服务，包括收音机及电视广播服务；其他电信服务。

（3）建筑和相关工程服务（Construction and Related Engineering Services）。建筑和相关工程服务主要是指工程建筑从设计、选址到施工的整个服务过程，具体包括：选址服务，涉及建筑物的选址；国内工程建筑项目，如桥梁、港口、公路等的地址选择等；建筑物的安装及装配工程；工程项目施工建筑；固定建筑物的维修服务；其他服务。

（4）分销服务（Distribution Services）。分销服务是指产品销售过程中的服务交换，主要包括：商业销售，主要指批发业务；零售服务；与销售有关的代理费用及佣金等；特许经营服务；其他销售服务。

（5）教育服务（Educational Services）。教育服务是指各国间高等教育、中等教育、初等教育、学前教育、继续教育、特殊教育和其他教育中的服务交往，如互派留学生、访问学者等。

（6）环境服务（Environmental Services）。环境服务是指污水处理服务、废物处理服务、卫生及相关服务等。

（7）金融服务（Financial Services）。金融服务主要是指银行和保险业及相关的金融服务活动，包括：①银行及相关的服务：银行存款服务；与金融市场运行管理有关的服务；贷款服务；其他贷款服务；与债券市场有关的服务，主要涉及经纪业、股票发行和注册管理、有价证券管理等；附属于金融中介的其他服务，包括贷款经纪、金融咨询、外汇兑换服务等。②保险服务：货物运输保险，其中含海运、航空运输及陆路运输中的货物运输保险等；非货物运输保险，包括人寿保险、养老金或成年保险、伤残及医疗费用保险、财产保险服务、债务保险服务；附属于保险的服务，如保险经纪业、保险类别咨询、保险统计和数据服务等；再保险服务。

（8）健康及社会服务（Health-related and Social Services）。这类服务主要是指医疗服务、

其他与人类健康相关的服务、社会服务等。

（9）旅游及相关服务（Tourism and Travel-related Services）。这类服务主要是指旅馆、饭店提供的住宿、餐饮服务、膳食服务及相关的服务；旅行社及导游服务。

（10）文化、娱乐及体育服务（Recreational, Cultural and Sporting Services）。这类服务主要是指不包括广播、电影、电视在内的一切文化、娱乐、新闻、图书馆、体育服务，如文化交流、文艺演出等。

（11）运输服务（Transport Services）。运输服务主要包括：货物运输服务，如航空运输、海洋运输、铁路运输、管道运输、内河和沿海运输、公路运输服务，也包括航天发射以及运输服务，如卫星发射等；客运服务；船舶服务（包括船员雇用）；附属于交通运输的服务，主要是指报关、货物装卸、仓储、港口服务、起航前查验服务等。

（12）其他未包括的服务（Other Services not Included Elsewhere）。

（资料来源：薛荣久．世界贸易组织教程［M］．北京：对外经济贸易大学出版社，2003。）

二、国际服务贸易的特点

与国际货物贸易相比较，国际服务贸易具有如下特点：

（1）贸易标的一般具有无形性。

（2）交易过程与生产和消费过程的国际性。

（3）贸易主体地位的多重性。服务的卖方往往就是服务生产者，并作为服务消费过程中的物质要素直接加入服务的消费过程；服务的买方则往往就是服务的消费者，并作为服务生产者的劳动对象直接参与服务产品的生产过程。

（4）服务贸易市场具有高度垄断性。由于国际服务贸易在发达国家和发展中国家的发展严重不平衡，加上服务市场的开放涉及跨国银行、通信工程、航空运输、教育、自然人跨越国界流动等，它们直接关系到服务进口国的主权、安全、伦理道德等极其敏感的领域和问题。因此，国际服务贸易市场具有很强的垄断性，受到国家有关部门的严格控制。

（5）贸易保护方式更具有刚性和隐蔽性。由于服务贸易标的特点，各国政府对本国服务业的保护，无法采取货物贸易上惯用的关税壁垒和非关税壁垒的办法。而只能采取在市场准入方面予以限制或进入市场后不给予国民待遇等方式，这种以国内立法形式实施的"限入"式非关税壁垒，使国际服务贸易受到的限制和障碍往往更具刚性和隐蔽性。

（6）营销管理具有更大的难度和复杂性。国际服务营销管理无论在国家宏观管理方面，还是在企业的微观经营方面，都比货物的营销管理具有更大的难度和复杂性。从宏观上讲，国家对服务进出口的管理，不仅仅是对服务自身的物的管理，还必须涉及服务提供者和消费者的人的管理，涉及包括人员签证、劳工政策等一系列更为复杂的问题。某些服务贸易如金融、保险、通信、运输以及影视文化教育等，还直接关系到输入国的国家主权与安全、文化与价值观念、伦理道德等极其敏感的政治问题。另外，国家主要采用制定法规的办法进行管理。因法律的制定与修订均需一定时间，往往会落后于形势，法规管理往往滞后。还有，法规管理的实际效果在相当程度上也不是取决于国家立法而是取决于各服务业企业的执法，因而，容易出现宏观调控的实际效果与预期目标相背离的情况。在微观上，由于服务本身的固有特性，也使得企业营销管理过程中的不确定性因素增多，调控难度增大。

(7) 国际服务贸易统计复杂。由于服务产业本身复杂多样，国内服务贸易与国际服务贸易统计尚未完全区分开，国际服务统计体系尚未确立，使服务贸易统计难以确切。因此，现有的国际服务统计数字可能大大低于实际数字。

在国际服务贸易统计上，现在联合国机构采用的是国际货币基金组织国际收支手册分类进行统计数据，被称为"商业服务"（Commercial Service）。它在统计时主要包括以下 3 项内容：①运输，包括所有的运输服务，即海洋运输、航空运输和其他运输；②旅游，包括为个人游客和商务游客所提供的货物和服务，最通常的货物和服务是指住宿、食品和饮料、娱乐和交通、礼品和纪念品；③其他商业服务，包括：通信服务、建筑服务、保险服务、金融服务、计算机和信息服务、专利和许可费、其他职业服务和个人的文化与消遣服务。

三、国际服务贸易与国际货物贸易的关系

从总体上看，国际服务贸易与国际货物贸易之间是相互依存、相互促进的。一方面，国际货物贸易的发展会刺激与之有关的国际服务贸易的发展，例如，国际货物贸易的增长带动了与之相关的金融、保险、运输、通信等服务业的国际化，促进了国际服务贸易的发展。尤其是随着世界市场竞争逐步由价格竞争转向非价格竞争，无论是一个国家还是一个企业，能否在国际竞争中占据优势，在很大程度上取决于它能否为货物交换提供高水平的国际服务。因此，国际货物贸易的增长必然地会带动国际服务贸易的发展。"二战"后国际贸易发展的实践充分证明了这一点。

另一方面，传统服务贸易的发展以及新型服务贸易的出现也会促进国际货物贸易的发展。例如，运输服务贸易的发展增加了对汽车、轮船、飞机等交通工具的需求；数据处理和通信服务贸易的发展促进了对计算机、大型计算机网络、程控电话设备、通信卫星等商品的需求；文化娱乐服务的消费增长推动了卡拉OK、游戏机、电视机、影碟机等的发展。

第二节 国际服务贸易的发展

自 20 世纪 70 年代服务贸易出现迅速增长的势头以来，国际服务贸易最近 30 多年迅猛发展。服务业和服务贸易的重要性不但表现在已渐渐成为促进国民经济效率提高和国民产出总量增长的主导力量，而且也成为未来国际市场竞争的核心，其竞争力高低昭示着每个国家未来对外贸易的前景。

一、当今国际服务贸易发展的特点

"二战"以来，国际服务贸易迅速发展，在规模、速度、结构、自由化等方面都体现出了新的发展特点。

（一）国际服务贸易发展迅速，速度和总量都持续增长

20 世纪 70 年代以来，由于国际分工的深化、产业结构不断调整、科技革命加剧以及跨国公司的崛起，国际服务贸易迅速发展。这种迅速发展不仅体现在速度上，还体现在总量的增加上。根据世界贸易组织的统计，1980～2000 年，国际服务贸易年均增长率为 8%，2000～2007 年，国际服务贸易年均增长率为 12%。2005～2013 年国际服务贸易年均增长率为 8%。1970 年，国际服务贸易额为 710 亿美元，1980 年为 3800 亿美元，1990 年为 8600 亿美

元,2000年为14350亿美元,2004年为21250亿美元,2007年为32600亿美元,2008年为37300亿美元,2012年为43499亿美元,2013年为46250亿美元。

(二) 国际服务贸易领域不断拓宽,新兴服务贸易发展迅速

"二战"前,服务贸易的主要项目是劳动的输出,运输服务、金融服务、旅游服务和电信服务虽已出现,甚至历史久远,但发展缓慢,所占比重也很低。"二战"以后,随着第三次科技革命和产业革命的完成,金融、电信、信息、商贸等领域的服务贸易迅速发展,它们在整个服务贸易中的比重逐渐上升,导致传统服务贸易项目(如运输、劳务输出)所占比重逐渐下降。据统计,在1970年,国际运输服务贸易占40%,国际旅游服务贸易占30%,其他服务贸易占30%。到1995年,国际运输服务贸易占30%,国际旅游服务贸易维持在30%左右,而其他服务贸易却占到了40%以上。2013年,国际运输服务贸易占20%左右,国际旅游服务贸易占26%左右,其他服务贸易占到了54%。不仅如此,其他服务贸易的发展速度也大大超过了传统服务贸易的发展速度。2013年国际运输服务贸易的增长率为2%,国际旅游服务贸易的增长率为7%,其他服务贸易的增长率为6%。2005~2013年,国际运输服务贸易的增长率为6%,国际旅游服务贸易的增长率为7%,其他服务贸易的增长率为9%。

(三) 国际服务贸易发展不平衡,发达国家在国际服务贸易中占有绝对优势

世界经济发展的不平衡性决定了服务贸易的不平衡发展。"二战"以来,国际服务贸易发展迅速,并且呈现多元化发展趋势,然而其发展极不平衡。发达国家在国际服务贸易中一直处于绝对优势,这种优势不但反映在国际服务贸易的排名中,而且还体现在贸易平衡、贸易结构上。从国际服务贸易出口额排名来看,2013年居前10位的除我国和印度以外,其他均为发达国家。发达国家服务贸易出口额占到国际服务贸易总额的41%。从贸易平衡看,发达国家在服务贸易中长期是顺差,而大部分发展中国家长期为逆差。从服务贸易结构看,发达国家主要输出技术、知识和资本密集型服务,而发展中国家则主要发展劳动密集型服务,劳动力输出是其最主要的服务贸易方式。就具体国家而言,美国无疑是当今国际服务贸易的超级大国,欧盟中的英国、德国和法国等,亚洲的日本等也是服务贸易最重要的供应国和需求国。由于南北双方在科学技术水平等方面尚存在巨大差距,服务贸易的高度信息化和知识化必将加剧这种不平衡。

2013年国际服务贸易主要进出口国家或地区见表13-1。

表13-1 2013年国际服务贸易主要进出口国家或地区

出口					进口				
排名	国家或地区	出口额/十亿美元	份额(%)	增长率(%)	排名	国家或地区	进口额/十亿美元	份额(%)	增长率(%)
1	美国	662	14.3	5	1	美国	432	9.8	4
2	英国	293	6.3	2	2	中国	329	7.5	18
3	德国	286	6.2	8	3	德国	317	7.2	8
4	法国	236	5.1	11	4	法国	189	4.3	8
5	中国	205	4.4	7	5	英国	174	4.0	-1
6	印度	151	3.2	4	6	日本	162	3.7	-7

(续)

出口				进口			
排名	国家或地区	出口额/十亿美元	份额（%）	增长率（%）	排名	国家或地区	进口额/十亿美元	份额（%）	增长率（%）
7	荷兰	147	3.2	12	7	新加坡	128	2.9	4
8	日本	145	3.1	6	8	荷兰	127	2.9	7
9	西班牙	145	3.1	6	9	印度	125	2.8	−3
10	中国香港	133	2.9	6	10	俄罗斯	123	2.8	18
	世界	4644	100.0	6		世界	4381	100.0	5

（资料来源：世界贸易组织秘书处。）

（四）国际服务贸易自由化不断推进，但保护主义依然盛行

"乌拉圭回合"谈判达成的《服务贸易总协定》将各成员开放服务市场作为它的根本宗旨，这在很大程度上推进了国际服务贸易的自由化进程。世界贸易组织成立之后通过的《金融服务协议》《基础电信协议》《信息技术产品协议》等更促进了各成员在金融、电信等领域的开放。总体来讲，各成员方遵守市场开放的具体承诺，保证各项贸易措施具有透明度、公正性、统一性等方面取得的进展有目共睹，有力地推动了国际服务贸易不断向自由化方向迈进。

但是，也应该看到，由于服务业和服务贸易发展水平的严重不平衡，发达国家比发展中国家具有明显的优势，同时服务市场的开放会涉及国家主权与安全、政治与文化等敏感问题，因此国际服务贸易市场的自由化程度远不如国际货物贸易。正是因为服务业的发展不平衡性和敏感性，为了自身利益，无论是发展中国家还是发达国家，都以种种理由和方法，对服务贸易实行不同程度的贸易保护主义政策和措施，使国际服务贸易领域的垄断程度远远高于国际货物贸易领域。

二、国际服务贸易迅速发展的原因

随着社会生产力和科学技术的发展，人类进入了知识经济时代，即一个以信息、文化和知识为主要生产手段的时代。这一时代的重要特征之一就是资本和劳动力从物质生产部门向服务领域的转移加速，从而使得社会分工更加深化，也使国际服务贸易得以迅速发展。

（一）现代科学技术的发展和应用是推动国际服务贸易迅速发展的技术动因

科学技术的发展，特别是20世纪60年代兴起的信息技术革命，使时间和距离的概念逐渐丧失了其重要性，服务的不可储存性和运输的传统特性发生了改变，以致把许多服务的成果输出到任何国家成为可能。如银行、保险、商品零售等可以通过计算机网络在全球范围内开展业务，为跨国服务创造条件；高新技术被广泛地应用于服务产业，提高了服务的可贸易性，生产的专业化迅速发展，从而使国际服务贸易的种类增加，范围扩大，从传统的运输、工程等领域转向知识、技术和数据处理等新兴领域；科技革命还加快了劳动力和科技人员的世界流动，特别是促进了专业科技人员和高级管理人员的跨国流动，使服务贸易的方式增加，服务质量出现质的飞跃；特别是随着科学技术的进步，产品生产和服务生产中的知识、信息投入比重不断提高，从而推动了服务贸易结构的变化，以劳动密集型为特征的传统服务

贸易地位逐渐下降，以资本密集、技术密集和知识密集为特征的新兴服务贸易逐渐发展壮大。

（二）产业结构的调整是促进国际服务贸易迅速发展的产业原因

随着科技革命的发展，生产力水平的提高，各国在产业结构调整中大力发展服务业，使服务业产值在国民经济中的比重大幅度提高。20 世纪 60 年代初，主要发达国家都已基本上完成了本国的工业化进程，国内经济开始步入后工业化阶段，经济重心向服务业倾斜。统计资料表明，发达国家服务业在国民经济的比重一般占 45% ~ 65%，而发展中国家也占 30% ~ 45%。个别国家的数字就更突出，2013 年美国第三产业占 GDP 的比例已超过 70%。在各国国民经济日益向服务业方向发展的趋势下，服务贸易的发展前景非常广阔。

（三）国际货物贸易量的增加是国际服务贸易迅速发展的实物基础

国际货物贸易和国际服务贸易的发展历来彼此相联，相互促进，随着科学技术的发展，这种相互关系日趋紧密，表现在以下 3 个方面。第一，国际货物贸易的急剧扩张是服务业产生和发展的重要前提条件。因为国际货物贸易需要服务业的进入才能完成，最典型的例子就是货物进出口离不开运输、通信和保险业务。第二，服务业已成为许多工业制成品生产和销售过程中不可分割的一部分。它们能向制造业提供从工程设计到数据处理等多种必要的投入，并能以售后服务等方式促进产品销售。第三，服务业已成为提高国际货物贸易竞争力的主要手段和重要基础。

（四）各国在服务业的比较优势差异是国际服务贸易发展的前提

由于服务部门是多种多样的，它的技术含量的差异很大，这就使发展程度不同的国家都可能在某些服务的生产上拥有比较优势。一国根据比较优势进行国际分工，出口本国具有比较优势的服务，进口本国具有比较劣势的服务，形成了巨大的服务需求和供给，加速了国际服务贸易市场体系的发育。同时，这一市场体系的发育又反过来促进了国际服务贸易的发展。而且，发达国家内部，甚至在发展中国家内部的相同或相似的产业结构和需求结构，也为国际服务贸易的分工水平提供了可能。

此外，经济全球化、区域经济一体化的发展，WTO 等国际组织、各国政府对服务贸易自由化的支持和推动，以及作为国际服务贸易主要主体的跨国公司在"二战"后的迅速发展等，都对推动国际服务贸易的发展起到了促进作用。

三、国际服务贸易自由化

国际服务贸易自由化是指减少以至消除各国妨碍服务贸易自由、公平进行的法律法规，扩大本国服务市场的准入程度，最终使服务业在各国或各地区间无障碍流动。

国际服务贸易自由化的努力，最早可以追溯到 20 世纪 50 年代，欧洲经合组织在成员国内部推行并完善了《无形贸易自由化法案》。20 世纪 70 年代起，面对巨额的货物贸易逆差和同样巨额的服务贸易顺差，美国开始积极推动服务贸易自由化。在发达国家的推动下，关贸总协定"乌拉圭回合"谈判达成了《服务贸易总协定》（GATS）。GATS 是第一部管理全球服务贸易的、具有法律约束的多边协议。GATS 的宗旨是为服务贸易建立一个多边框架，在透明度和逐步贸易自由化条件下扩大服务贸易，促进所有贸易伙伴和发展中国家的经济增长和发展。

为实现 GATS 宗旨，GATS 为各成员方确定了下列主要原则：

（1）最惠国待遇原则。该原则是指每一成员给予任何缔约国的服务和服务提供者的待遇，应立即无条件地给予其他任何成员的相同服务和服务提供者。最惠国待遇是 GATS 最重要的原则之一，是使服务贸易实现多边化的基石。

（2）透明度原则。该原则是指任何成员除非在紧急情况下应立即并最迟在其生效前，公布所有有关或影响 GATS 执行相对的措施，包括其签署参加的有关或影响 GATS 的国际协定。

（3）发展中国家更多参与原则。促进发展中国家的更多参与，是 GATS 的一项基本义务，其目的是提高发展中国家成员国内服务业的能力、效率和竞争力；改善他们进入分销渠道和信息网络的机会；开放对他们具有出口利益的服务部门和服务交付方式。GATS 允许发展中国家根据国内政策目标和服务业发展水平逐步实现服务贸易自由化；允许发展中国家开放较少的市场，根据发展情况逐步扩大市场开放程度。GATS 对最不发达国家给予特别优先考虑。

（4）市场准入原则。该原则是指成员方以其承诺清单中所列举的服务部门及其准入条件和限制为准，对其他成员方开放本国的服务市场。

（5）国民待遇原则。该原则是指每一成员方根据承诺表所给予其他成员方服务和服务提供者的待遇，就其影响服务提供的措施而言，不应低于给予本国相同的服务和服务提供者。

第三节　我国服务贸易的发展

改革开放前，在传统思潮影响下，我国服务业经历了人为的衰竭；改革开放后，我国不但恢复了传统的服务行业，而且拓展了新兴服务行业，其发展日益受到重视。在服务业发展的同时，服务贸易也有了较快的发展，贸易领域不断拓宽，贸易结构也发生了很大变化。作为《服务贸易总协定》的创始成员国，我国在加入世界贸易组织后，一如既往地履行服务业市场开放承诺，稳健地促进我国服务贸易自由化。

一、我国服务贸易发展概况

总体来讲，我国服务业短期内难以成为经济增长的主要动力，据统计，服务业在 GDP 中的比重，2013 年我国为 46.9%，发达国家服务业占 GDP 的比重基本都在 60% 以上，如美国 78.1%、日本 72.6%、澳大利亚 70.7%、法国 78.7%、英国 78.0%、德国 68.9%；而发展中国家服务业占 GDP 的比重基本在 50% 以下，其中印度尼西亚 41.6%、印度 50.9%、马来西亚 50.0%、菲律宾 57.6%、泰国 51.7%。在此产业基础上，我国服务贸易一方面自改革开放以来的确获得了迅速发展，另一方面，服务贸易发展与总体贸易发展和经济增长具有很强的不对称性。具体而言，我国服务贸易发展概况具有以下特征：

（一）服务贸易发展速度较快，但规模相对较小

我国服务贸易与货物贸易一样，改革开放以来发展迅速。服务贸易进出口总额从 1984 年的 54.1 亿美元增加到 2013 年的 5341.4 亿美元，其中，出口额从 1984 年的 27.8 亿美元增加到 2013 年的 2047.2 亿美元；进口额从 1984 年的 26.3 亿美元增加到 2013 年的 3294.2 亿美元。

就占国际服务贸易的比重和世界排名而言，我国服务贸易出口在世界服务出口总额中所占比重从1984年的0.69%提高到2013年的4.4%，位次从世界出口排名的25位上升到5位；我国服务贸易进口在国际服务贸易进口总额中所占比重从1984年的0.66%提高到2013年的7.5%，位次从世界进口排名的第33位上升到第2位。

同货物贸易增长速度相比，我国服务贸易增长速度略高一些。据统计，我国货物贸易进出口额1984~2008年期间增长47.9倍，年均增长17.5%，低于服务贸易增长速度0.8个百分点。其中，货物贸易出口增长55倍，年均增长18.2%，比同期服务贸易出口增长速度高0.27个百分点；进口增长41.2倍，年均增长16.8%，低于同期服务贸易进口增长速度1.9个百分点。2005~2013年期间，我国货物贸易出口年均增长14%，与同期服务贸易出口增长速度大致相等；货物贸易进口年均增长15%，同期服务贸易进口年均增长19%。

1997~2013年我国服务贸易规模及其在国际服务贸易中的比重和位次见表13-2。

表13-2 我国服务贸易规模及其在国际服务贸易中的比重和位次

年份	出口			进口			贸易差额/亿美元
	出口额/亿美元	比重（%）	位次	进口额/亿美元	比重（%）	位次	
1997	245.8	1.70	15	303.1	2.00	11	-57.3
1998	241.0	1.79	14	289.8	1.99	11	-48.4
1999	237.8	1.93	14	312.9	2.29	10	-75.1
2000	304.3	2.10	13	360.3	2.50	10	-56.0
2001	333.4	2.20	12	392.7	2.61	10	-59.3
2002	393.8	2.50	10	460.8	2.92	8	-67.8
2003	464.0	2.70	9	553.1	3.20	8	-85.8
2004	645.3	2.80	9	697.0	3.30	8	-108.0
2005	739.1	3.1		833.4	3.5		-92.63
2006	914.3	3.4	8	1003.3	3.8	7	-89.06
2007	1216.5	3.7	7	1292.6	4.2	5	-76.01
2008	1464.5	3.9	5	1580.0	4.6	5	-115.6
2009	1285.2	3.9	5	1580.2	5.1	4	-290
2010	1612.1	4.6	4	1921.7	5.5	3	-220
2011	1756.7	4.4	4	2370.0	6.1	3	-540
2012	1904.4	4.4	5	2801.6	6.8	3	-910
2013	2047.2	4.4	5	3294.2	7.5	2	-1240

（资料来源：根据历年《中国对外经济贸易统计年鉴》计算。）

但是，就服务贸易在我国对外贸易中的比重而言，不论是与世界平均水平相比，还是与发达国家相比，甚至与某些发展中国家相比，这个比重仍然明显偏低。

（二）服务贸易结构有所改善，但仍不平衡

服务贸易结构是指各类服务行业在总的服务贸易中的比重，包括服务贸易总体结构、服务出口贸易结构和服务进口贸易结构。

1. 服务贸易总体结构

我国服务贸易中，传统服务贸易占比重较大，新兴服务贸易比重较小。传统服务贸易中，旅游、运输服务贸易一直居于首位。2002～2005年一直保持60%以上，2006年下降为59.27%，随后2006～2013年均保持在53%～60%之间。新兴服务贸易中，通信、金融和个人文化娱乐等服务贸易所占比重很低，计算机和信息服务所占比重呈现逐年上升趋势。2002～2013年我国服务贸易总体结构见表13-3。

表13-3 2002～2013年我国服务贸易总体结构（%）

年份	2002	2003	2004	2005	2006	2007	2008	2009	2010	2011	2012	2013
运输	22.62	25.82	26.78	27.90	28.88	29.73	29.15	24.48	27.58	28.11	26.51	24.70
旅游	41.87	32.19	33.26	32.47	30.39	26.71	25.29	29.10	28.49	29.33	32.30	33.75
通信	1.19	1.05	0.75	0.69	0.78	0.90	1.01	0.84	0.67	0.71	0.73	0.62
建筑	2.59	2.44	2.05	2.68	2.50	3.30	4.83	5.35	5.54	4.47	3.37	2.72
保险	4.04	4.84	4.76	4.93	4.89	4.61	4.64	4.51	4.95	5.51	5.08	4.89
金融	0.16	0.38	0.17	0.19	0.54	0.31	0.29	0.35	0.77	0.39	0.81	1.28
计算机、信息	2.07	2.11	2.11	2.20	2.45	2.61	3.09	3.40	3.46	3.88	3.89	4.00
特许与许可	3.80	3.61	3.46	3.48	3.57	3.40	3.58	4.01	3.92	3.74	3.99	4.10
其他商业服务	21.50	27.45	26.50	25.27	25.85	28.23	27.90	27.83	24.48	23.72	23.16	23.77
个人文化娱乐服务	0.15	0.10	0.16	0.18	0.14	0.19	0.22	0.13	0.14	0.13	0.15	0.17

注：遵循WTO有关服务贸易的定义，中国服务进出口数据不含政府服务。
（资料来源：世界贸易组织。）

2. 服务出口贸易结构

就出口总额而言，我国服务贸易出口2002年为394亿美元，2013年为2047亿美元，其中增长较快的有其他商业服务、计算机和信息服务。2002～2013年我国服务出口贸易结构见表13-4。

表13-4 2002～2013年我国服务贸易出口结构（%）

年份	2002	2003	2004	2005	2006	2007	2008	2009	2010	2011	2012	2013
运输	14.53	17.04	18.70	20.87	22.99	25.75	26.23	18.34	21.22	20.25	20.43	18.38
旅游	51.76	37.51	39.88	39.64	37.13	30.61	27.89	30.87	28.42	27.59	26.27	25.22
通信	1.40	1.38	0.85	0.66	0.81	0.97	1.07	0.93	0.76	0.98	0.94	0.82
建筑	3.17	2.78	2.27	3.51	3.01	4.42	7.05	7.36	8.99	8.38	6.43	5.19
保险	0.53	0.73	0.59	0.74	0.61	0.74	0.94	1.25	1.07	1.72	1.75	1.97
金融	0.13	0.33	0.15	0.20	0.16	0.19	0.21	0.28	0.83	0.48	0.99	1.55
计算机、信息	1.62	2.38	2.54	2.49	3.24	3.57	4.27	5.07	5.74	6.93	7.59	7.54
特许与许可	0.34	0.23	0.37	0.21	0.22	0.28	0.39	0.33	0.52	0.42	0.55	0.44
其他商业服务	26.46	37.56	34.59	31.50	31.69	33.22	31.65	35.50	32.38	33.17	34.98	38.82
个人文化娱乐服务	0.08	0.07	0.06	0.18	0.15	0.26	0.29	0.08	0.08	0.07	0.07	0.08

注：遵循WTO有关服务贸易的定义，中国服务进出口数据不含政府服务。
（资料来源：世界贸易组织。）

我国服务出口贸易结构的变化说明两点：

（1）我国在服务贸易方面取得的巨大进步，顺应了国际服务业的发展态势。由于高科技产业、现代工业的迅猛发展，我国服务业内部结构发生巨大变化，行业范围不断扩大，在通信、金融、保险、计算机和信息以及特许与许可服务等知识、技术密集型的服务出口方面都有较快的发展，顺应了国际服务贸易向知识型、技术型方向转变的态势。

（2）我国在服务出口方面依然优势不足、劣势明显。我国服务业发展不仅规模小，而且档次低，服务产品的出口竞争力较差，出口贸易结构还相当落后。在我国服务出口中，服务出口收入仍主要来源于两大领域，即旅游和运输，2002～2008年这两项占服务出口比重一直保持在50%以上，而金融、保险、商贸、电信领域的出口则很少。

3. 服务进口贸易结构

在进口方面，我国服务贸易进口额2002年为461亿美元，2013年为3294亿美元。其中，进口额增长较快的有其他商业服务、保险和特许与许可服务。各种服务类型在服务贸易进口中所占的比重变化不大，传统的运输服务和旅游服务所占份额最大。2002～2013年我国服务进口贸易结构见表13-5。

表13-5 2002～2013年我国服务贸易进口结构（%）

年份	2002	2003	2004	2005	2006	2007	2008	2009	2010	2011	2012	2013
运输	29.54	33.24	34.00	34.14	34.26	33.48	31.85	29.47	32.92	33.94	30.65	28.63
旅游	33.42	27.69	27.34	26.11	24.24	23.04	22.88	27.66	28.56	30.63	36.41	39.05
通信	1.02	0.78	0.65	0.72	0.76	0.84	0.96	0.77	0.59	0.50	0.59	0.49
建筑	2.09	2.16	1.85	1.94	2.04	2.25	2.76	3.71	2.64	1.57	1.29	1.19
保险	7.04	8.32	8.48	8.64	8.80	8.25	8.06	7.16	8.20	8.33	7.35	6.71
金融	0.19	0.42	0.19	0.19	0.89	0.43	0.36	0.41	0.72	0.32	0.69	1.12
计算机、信息	2.46	1.89	1.74	1.94	1.73	1.71	2.00	2.05	1.54	1.62	1.37	1.80
特许与许可	6.76	6.47	6.23	6.38	6.61	6.34	6.53	7.00	6.79	6.21	6.34	6.37
其他商业服务	17.27	18.91	19.27	19.74	20.54	23.54	24.43	21.60	17.85	16.72	15.12	14.42
个人文化娱乐服务	0.21	0.13	0.24	0.18	0.12	0.12	0.16	0.18	0.19	0.17	0.20	0.23

注：遵循WTO有关服务贸易的定义，中国服务进出口数据不含政府服务。
（资料来源：世界贸易组织。）

我国服务进口贸易结构的变化说明两点：

（1）我国服务贸易进口结构呈现"粘性"。我国服务进口的主要项目包括旅游、运输、其他商业服务等，其中旅游、运输以及其他商业服务三项占到了进口总额的近80%；造成我国贸易进口结构"粘性"的原因是我国服务业市场对外开放程度还有待于进一步提高。

（2）随着我国加入WTO，服务业的对外开放度提高，我国在服务贸易方面将面临严峻挑战。我国是《服务贸易总协定》的创始成员，并且签署了服务贸易自由化的几个基础协定，其中，金融、电信、信息、咨询等现代服务业在我国仍属于劣势产业，国际竞争力还不够强。

（三）我国服务贸易从顺差到逆差，行业结构情况有所改善

我国服务贸易在20世纪80年代一直存在着顺差，而进入90年代后，除1994年有5亿

美元的顺差外，年年都是逆差，并且呈现不断扩大的趋势，与我国货物贸易连年顺差正好相反。产生的原因不是 20 世纪 80 年代服务业基础和出口竞争力比 20 世纪 90 年代强，而是 20 世纪 90 年代服务贸易进口增长快于出口所致。事实上，我国服务业基础一直相对薄弱，出口竞争力一直不强，这才是 20 世纪 90 年代逆差的根本原因。2002～2013 年我国服务贸易逆差分别为 67.0 亿美元、84.5 亿美元、76.6 亿美元、94.3 亿美元、89.0 亿美元、76.05 亿美元、115.6 亿美元、294.9 亿美元、309.6 亿美元、613.3 亿美元、897.2 亿美元和 1247.1 亿美元。

但是，分行业看，情况又有所不同。2002～2013 年期间，建筑、计算机和信息服务基本呈现贸易顺差。2008 年以前旅游服务是我国的优势产业，每年都有大量的顺差，随后旅游服务业则一直呈现贸易逆差。运输服务、保险服务、特许与许可服务是中国的劣势产业，每年都呈现贸易逆差。金融服务和个人文化娱乐服务除了个别年份外，均呈现逆差。在 10 个服务项目中，2002 年和 2013 年我国的赤字项目均有 6 个，顺差项目均有 4 个，但是 2002 年旅游服务为贸易顺差，2013 年则变为贸易逆差。

【国贸博览 13-2】

2014 年我国服务贸易发展概况

2014 年，我国服务贸易收入 1909 亿美元，较 2013 年下降 7%；支出 3829 亿美元，较上年增长 16%；逆差 1920 亿美元，扩大了 54%。2014 年我国服务贸易主要呈现以下特点：

(1) 服务贸易规模保持稳定增长趋势，高附加值服务贸易项目规模增速明显。2014 年我国服务贸易收支总额达到 5738 亿美元，增长 7%，增速较货物贸易高 3 个百分点，相当于货物贸易总额的 14%，占比较上年略增 0.4 个百分点。在国家优化服务贸易结构的政策导向下，贸易附加值较高的服务项目得到较快发展，2014 年金融服务、通信服务、建筑服务、计算机和信息服务贸易分别增长 38%、24%、38% 和 25%。

(2) 服务贸易收入近 5 年来首次出现下降。2014 年服务贸易收入为 1909 亿美元，减少 7%。其中，离岸转手买卖以跨境收付净额（收入－支出）方式计入其他商业服务的贷方，由 2013 年的净流入 223 亿美元转为 2014 年净流出 95 亿美元。

(3) 服务贸易支出快速增长，旅游支出占比持续上升。2014 年服务贸易支出 3829 亿美元，增长 16%。其中，旅游支出占服务贸易支出的 43%，增加了 4 个百分点，是服务贸易支出占比最大项目；运输支出为第二大项目，2014 年占比 25%，减少了 4 个百分点；其他项目支出占比变动较平稳。

(4) 服务贸易逆差继续扩大，旅游逆差快速增长是主因。2014 年服务贸易逆差 1920 亿美元，增长 54%，其中在服务贸易额中占比近 4 成的旅游项目是服务贸易整体逆差扩大的主要原因。2014 年旅游项目支出 1649 亿美元，增长了 28%；收入 569 亿美元，增长了 10%；逆差 1079 亿美元，增长了 40%，对当期服务贸易逆差的贡献度为 56%。

(5) 逆差国家和地区集中度有所降低，顺差仍高度集中在香港地区。2014 年，我国对前 10 大逆差国家和地区的服务贸易逆差合计 751 亿美元，占当年服务贸易逆差 40%，下降 20 个百分点。2014 年，我国逆差额较大的国家（地区）包括美国、新加坡、韩国和澳大利亚，分别逆差 171 亿、106 亿、97 亿和 94 亿美元；我国对香港地区服务贸易顺差 433 亿美元，增长36%，在顺差国家和地区中占比93%。

（资料来源：国家外汇管理局《2014年中国国际收支报告》。）

二、加快我国服务贸易发展

近年来，我国服务贸易发展较快，但总体上国际竞争力相对不足，仍是对外贸易"短板"。为适应经济新常态，需要进一步加快我国服务贸易的发展。

（一）扩大服务贸易规模

巩固旅游、建筑等劳动密集型服务出口领域的规模优势；重点培育运输、通信、金融、保险、计算机和信息服务、咨询、研发设计、节能环保、环境服务等资本技术密集型服务领域发展，既通过扩大进口满足国内需求，又通过鼓励出口培育产业竞争力和外贸竞争新优势；积极推动文化艺术、广播影视、新闻出版、教育等承载中华文化核心价值的文化服务出口，大力促进文化创意、数字出版、动漫游戏等新型文化服务出口；加强中医药、体育、餐饮等特色服务领域的国际交流合作，提升中华文化软实力和影响力。

（二）优化服务贸易结构

优化服务贸易行业结构，积极开拓服务贸易新领域，稳步提升资本技术密集型服务和特色服务等高附加值服务在服务进出口中的占比；优化国际市场布局，继续巩固传统市场，在挖掘服务出口潜力的同时，加大资本技术密集型服务进口力度；大力开拓"一带一路"沿线国家市场，提高新兴国家市场占比，积极发展运输、建筑等服务贸易，培育具有丝绸之路特色的国际精品旅游线路和产品，推进承载中华文化的特色服务贸易发展，提高资本技术密集型服务贸易占比；优化国内区域布局，巩固东部沿海地区的规模和创新优势，加快发展资本技术密集型服务贸易，发挥中西部地区的资源优势，培育特色产业，鼓励错位竞争、协同发展。

（三）规划建设服务贸易功能区

充分发挥现代服务业和服务贸易集聚作用，在有条件的地区开展服务贸易创新发展试点。依托现有各类开发区和自由贸易试验区规划建设一批特色服务出口基地。拓展海关特殊监管区域和保税监管场所的服务出口功能，扩充国际转口贸易、国际物流、中转服务、研发、国际结算、分销、仓储等功能。

（四）创新服务贸易发展模式

积极探索信息化背景下新的服务贸易发展模式，依托大数据、物联网、移动互联网、云计算等新技术推动服务贸易模式创新，打造服务贸易新型网络平台，促进制造业与服务业、各服务行业之间的融合发展。将承接服务外包作为提升我国服务水平和国际影响力的重要手段，扩大服务外包产业规模，增加高技术含量、高附加值外包业务比重，拓展服务外包业务领域，提升服务跨境交付能力。推动离岸、在岸服务外包协调发展，在积极承接国际服务外包的同时，逐步扩大在岸市场规模。

（五）培育服务贸易市场主体

打造一批主业突出、竞争力强的大型跨国服务业企业，培育若干具有较强国际影响力的服务品牌；支持有特色、善创新的中小企业发展，引导中小企业融入全球供应链。鼓励规模以上服务业企业走国际化发展道路，积极开拓海外市场，力争规模以上服务业企业都有进出口实绩。支持服务贸易企业加强自主创新能力建设，鼓励服务领域技术引进和消化吸收再创新。

（六）进一步扩大服务业开放

探索对外商投资实行准入前国民待遇加负面清单的管理模式，提高利用外资的质量和水平。推动服务业扩大开放，推进金融、教育、文化、医疗等服务业领域有序开放，逐步实现高水平对内对外开放；放开育幼养老、建筑设计、会计审计、商贸物流、电子商务等服务业领域外资准入限制。积极参与多边、区域服务贸易谈判和全球服务贸易规则制定。建立面向全球的高标准自由贸易区网络，依托自由贸易区战略实施，积极推动服务业双向互惠开放。基本实现内地与港澳服务贸易自由化。推动大陆与台湾服务业互利开放。

（七）大力推动服务业对外投资

支持各类服务业企业通过新设、并购、合作等方式，在境外开展投资合作，加快建设境外营销网络，增加其在境外的商业存在。支持服务业企业参与投资、建设和管理境外经贸合作区。鼓励企业建设境外保税仓，积极构建跨境产业链，带动国内劳务输出和货物、服务、技术出口。支持知识产权境外登记注册，加强知识产权海外布局，加大海外维权力度，维护企业权益。

（资料来源：《国务院关于加快发展服务贸易的若干意见》，2015年1月28日。）

【国贸博览13-3】

表13-6 我国加快服务贸易发展的重点任务分工及进度安排表

序号	工作任务	负责部门	时间进度
1	在有条件的地区开展国际服务贸易创新发展试点。依托现有各类开发区和自由贸易试验区规划建设一批特色服务出口基地	商务部牵头，发改委、财政部、海关总署、质检总局参加	2015年上半年启动
2	拓展海关特殊监管区域和保税监管场所的服务出口功能，扩展国际转口贸易、国际物流、中转服务、研发、国际结算、分销、仓储等功能	海关总署牵头，发改委、财政部、商务部、中国人民银行、税务总局、质检总局等参加	持续实施
3	探索对外商投资实行准入前国民待遇加负面清单的管理模式	发改委、商务部牵头，相关部门参加	2015年3月实施
4	积极参与多边、区域服务贸易谈判和全球服务贸易规则制定。建立面向全球的高标准自由贸易区网络，依托自由贸易区战略实施，积极推动服务业双向互惠开放。基本实现内地与港澳服务贸易自由化。推动大陆与台湾服务业互利开放	商务部牵头，发改委、港澳办、台办参加	持续实施
5	支持各类服务业企业通过新设、并购、合作等方式，在境外开展投资合作，加快建设境外营销网络，增加其在境外的商业存在	发改委、商务部牵头	持续实施

(续)

序号	工作任务	负责部门	时间进度
6	支持服务业企业参与投资、建设和管理境外经贸合作区。鼓励企业建设境外保税仓，积极构建跨境产业链，带动国内劳务输出和货物、服务、技术出口	商务部牵头，发改委、财政部、海关总署、贸促会参加	持续实施
7	支持知识产权境外登记注册，加强知识产权海外布局，加大海外维权力度，维护企业权益	知识产权局、商务部牵头	持续实施
8	发挥规划的引领作用，定期编制服务贸易发展规划。指导地方做好规划工作，确立主导行业和发展重点，扶持特色优势行业发展	商务部	持续实施
9	加强对重点领域的支持引导，制订重点服务出口领域指导目录	商务部	2015年上半年实施
10	充分利用外经贸发展专项资金等政策，加大对服务贸易发展的支持力度，进一步优化资金安排结构，突出政策支持重点，完善和创新支持方式，引导更多社会资金加大对服务贸易发展的支持力度，拓宽融资渠道，改善公共服务	财政部、商务部	持续实施
11	结合全面实施"营改增"改革，对服务出口实行零税率或免税，鼓励扩大服务出口	财政部、税务总局牵头，商务部参加	持续实施
12	鼓励金融机构在风险可控的前提下创新金融产品和服务，开展供应链融资、海外并购融资、应收账款质押贷款、仓单质押贷款、融资租赁等业务	银监会牵头，中国人民银行、商务部参加	持续实施
13	鼓励政策性金融机构在现有业务范围内加大对服务贸易企业开拓国际市场、开展国际并购等业务的支持力度，支持服务贸易重点项目建设	银监会牵头，中国人民银行、商务部参加	持续实施
14	鼓励保险机构创新保险品种和保险业务，探索研究推出更多、更便捷的外贸汇率避险险种，在风险可控的前提下采取灵活承保政策，简化投保手续	保监会	持续实施
15	加大多层次资本市场对服务贸易企业的支持力度，支持符合条件的服务贸易企业在交易所市场上市、在全国中小企业股份转让系统挂牌、发行公司债和中小企业私募债等	证监会、发改委	持续实施
16	建立和完善与服务贸易特点相适应的口岸通关管理模式。探索对会展、拍卖、快递等服务企业所需通关的国际展品、艺术品、电子商务快件等特殊物品的监管模式创新，完善跨境电子商务通关服务	海关总署牵头，财政部、商务部、税务总局、质检总局、邮政局参加	持续实施
17	加强金融基础设施建设，便利跨境人民币结算，鼓励境内银行机构和支付机构扩大跨境支付服务范围，支持服务贸易企业采用出口收入存放境外等方式提高外汇资金使用效率	中国人民银行、外汇局	持续实施

(续)

序号	工作任务	负责部门	时间进度
18	加强人员流动、资格互认、标准化等方面的国际磋商与合作，为专业人才和专业服务"引进来"和"走出去"提供便利	商务部牵头，人社部、质检总局参加	持续实施
19	为外籍高端人才办理在华永久居留提供便利	公安部	持续实施
20	支持企业赴境外参加服务贸易重点展会。积极培育服务贸易交流合作平台，形成以中国（北京）国际服务贸易交易会为龙头、以各类专业性展会论坛为支撑的服务贸易会展格局，鼓励其他投资贸易类展会增设服务贸易展区	商务部牵头，贸促会参加	持续实施
21	积极与主要服务贸易合作伙伴和"一带一路"沿线国家签订服务贸易合作协议，在双边框架下开展务实合作	商务部	持续实施
22	研究制定或完善有关服务进出口的相关法规	商务部牵头，相关部门参加	持续实施
23	建立国务院服务贸易发展协调机制，加强对服务贸易工作的宏观指导，统筹服务业对外开放、协调各部门服务出口政策、推进服务贸易便利化和自由化	商务部	2015年上半年启动
24	建立和完善国际服务贸易统计监测、运行和分析体系，健全服务贸易统计指标体系，加强与国际组织、行业协会的数据信息交流，定期发布服务贸易统计数据。创新服务贸易统计方法，加强对地方服务贸易统计工作的指导，开展重点企业数据直报工作	商务部牵头，统计局、外汇局、贸促会参加	持续实施
25	鼓励高等学校国际经济与贸易专业增设服务贸易相关课程	教育部	持续实施

（资料来源：《国务院关于加快发展服务贸易的若干意见》，2015年1月28日。）

 关键术语

国际服务贸易　跨境交付　境外消费　商业存在　自然人流动　服务贸易壁垒　《服务贸易总协定》

 复习思考题

1. 简述国际服务贸易的含义。
2. 当今国际服务贸易发展的特点是什么？
3. 我国服务贸易发展现状有何特点？

延展阅读书目

［1］沈玉良. 国际服务贸易新规则研究［M］. 北京：对外经济贸易大学出版社，2014.
［2］邓晓虹. 中国金融服务国际贸易竞争力研究［M］. 北京：对外经济贸易大学出版社，2014.
［3］蔡宏波. 国际服务贸易［M］. 北京：北京师范大学出版社，2013.
［4］陈霜华. 国际服务贸易［M］. 上海：复旦大学出版社，2010.
［5］韩玉军. 国际服务贸易［M］. 大连：东北财经大学出版社，2009.

第十四章 跨国公司

本章学习要点

- 跨国公司的概念及特征
- 跨国公司扩大对外直接投资
- 跨国公司的归核化
- 跨国公司在国际贸易中的作用
- 我国跨国公司成长与发展的特点

跨国公司是现代企业的主力军,在全球经济与贸易活动中居于十分重要的地位。深入研究跨国公司的特征,认识跨国公司在国际经济贸易竞争中的作用,对于加快培育我国大型跨国公司,打造经济全球化浪潮中的航空母舰,提高我国经济贸易的竞争力,具有重要现实意义。

第一节 跨国公司概述

一、跨国公司的定义

跨国公司(Multinational Corporation,Transnational Corporation,Multinational Enterprise,或 Multinational)是指在两个或两个以上国家(或地区)拥有矿山、工厂、销售机构或其他资产,在母公司统一决策体系下从事国际性生产经营活动的企业。

跨国公司的内部结构是:通过对外直接投资,在世界范围内进行生产和资源配置;把研究与发展、采掘、提炼、加工、装配、销售以及服务等生产过程和流通过程遍及世界各地;把最高决策权保留在总公司,总公司决定整个公司的投资计划、生产安排、价格制度、市场安排、利润分配、研究方向以及做出其他重大决策。

联合国跨国公司委员会认为,跨国公司应具备以下3个要素:

(1)跨国公司是指一个工商企业,组成这个企业的实体在两个或两个以上国家内经营业务,而不论其采取何种法律形式经营,也不论其在哪一个经济部门经营。

(2)这种企业有一个中央决策体系,因而具有共同的政策,这种政策可能反映企业的全球战略目标。

(3)各实体通过股权或其他方式形成的联系,使其中的一个或几个实体有可能对别的实体施加重大影响,特别是同其他实体分享信息、资源以及分担责任。

"二战"以后，随着国际直接投资迅猛增加，跨国公司得到迅速发展。跨国公司在世界经济中的地位日益突出，对世界经济的影响也日益重要。

二、跨国公司的特征

1. 具有全球战略目标

在国际分工不断深化的条件下，跨国公司凭借其雄厚的资金、技术、组织与管理等方面的力量，通过对外直接投资在海外设立子公司与分支机构，形成研究、生产与销售一体化的国际网络，并在母公司控制下从事跨国经营活动。跨国公司总部根据全球战略目标，在全球范围内进行资源配置，而遍及全球的各个子公司与分支机构围绕着全球战略目标从事生产和经营活动。跨国公司的重大经营决策都以实现全球战略目标为出发点，着眼于全球利益的最大化。

2. 实行全球一体化经营

跨国公司对全球范围内各子公司与分支机构的生产安排、投资活动、资金调配以及人事管理等重大活动拥有绝对的控制权，按照全球利益最大化的原则进行统一安排。跨国公司强有力的管理体制和控制手段是实现全球一体化经营必需的组织保证，当代通信技术的巨大进步和交通运输的现代化则为跨国公司的全球一体化经营提供了必要的物质基础，跨国公司通过采取集中与分散相结合的管理方式和全球战略，在国际范围内从事生产经营活动。

3. 采取灵活多样的经营策略

在实行全球一体化经营的同时，跨国公司也会根据国际政治经济形势、东道国的具体情况及其对跨国公司的相关法律和法规、自身的实力以及在竞争中的地位，采取灵活多样的经营策略，以更好地符合东道国当地的实际情况，与东道国政府建立融洽的关系，获得良好的经营效益。在组织机构上，跨国公司往往会相应地改变原来的集权管理，实行分权管理。

4. 拥有强大的技术创新能力

现今，技术进步已成为企业获取高额利润、争夺市场、增强国内及国际市场竞争力的重要途径。大型跨国公司是当代技术创新与技术进步的主导力量，它们拥有雄厚的技术优势和强大的研发能力。跨国公司要在国际分工和国际竞争中保持领先地位就必须不断地投入巨额资金，加强技术研究与开发，保持自己的技术优势。技术领先地位带来的丰厚市场回报，又激励着跨国公司不断进行新一轮的技术创新，推动技术进步。

三、跨国公司的形成与发展

跨国公司的雏形最早可以追溯到16~17世纪欧洲出现的一些特权贸易公司，如1600年建立的英国东印度公司。但是跨国公司的最初发展则是在19世纪60~70年代资本主义从自由资本主义逐步向垄断资本主义过渡期间。特别是在第二次世界大战之后，跨国公司得到了迅速发展。

（一）跨国公司的产生和初步发展（19世纪中叶~1913年）

19世纪60年代，资本主义从自由竞争逐渐向垄断阶段过渡，"过剩资本"的大量形成直接成为资本国际流动的动力和源泉，西方国家的一些大企业开始向海外投资，资本输出成为这一阶段的重要特征。垄断组织通过资本输出把资本主义生产方式扩大到殖民地与半殖民地国家，使得传统的垂直分工体系进一步深化，与此同时，也加强了世界各国间的相互联系。这时的资本输出主要是英、法、德、美等资本主义强国向海外进行的以证券投资为主的间接对外投资,但对外直接投资的数额和比重都很小,且主要是投资到殖民地和附属国的资源开发项目(如采煤、采油、开矿)以及农业种植园等,只有极少数企业在海外从事制造业生产性投资。美国的第一家跨国公司是胜家缝纫机公司(Singer)。在欧洲,德国的拜耳化学公司(Bayer)于 1865 年在美国纽约州的奥尔班尼开设了一家苯胺制造厂;瑞典的诺贝尔公司(Nobel)于 1866 年在德国汉堡设立了生产炸药的分厂。上述 3 家公司已初具跨国公司的雏形,因此它们通常被看作是早期跨国公司的代表。后来,欧美不少大企业通过对外直接投资,在海外设厂从事跨国经营,成为现代意义上的跨国公司的先驱。

(二) 两次世界大战期间跨国公司的缓慢发展(1914~1945 年)

两次世界大战期间,美国的对外直接投资明显增加。据统计,全世界的对外直接投资存量从 1914 年的 143 亿美元增至 1938 年的 263.5 亿美元,英国对外直接投资由 65 亿美元增加到 105 亿美元,仍居首位,但其所占份额却从 45.5% 下降至 39.6%;而美国的对外直接投资额则从的原来的 26.5 亿美元增至 73 亿美元,所占份额也由 18.5% 上升至 27.7%,海外直接投资规模位居世界第 2 位。在此期间,美国的 187 家制造业大公司在海外设立的分支机构由 1913 年的 467 家增至 1939 年的 715 家。

尽管这期间美国的跨国公司有所增长,但全球跨国公司的发展却是缓慢的,基本上处于停滞状态。造成这一状况的原因是:第一,第一次世界大战造成的损失以及重建费用,使欧洲大陆国家,尤其是德国和法国由债权国转为债务国,难以扩大对外直接投资。第二,1929~1933 年爆发的经济危机,使资本主义国家的经济遭受重大破坏,各国纷纷采取贸易保护政策,对外资实行限制与歧视。第三,第一次世界大战后,金本位制陷入崩溃,国际货币体系混乱,各国的外汇管制直接限制了国际资本的流动。

(三) 第二次世界大战后跨国公司的迅速发展(1945 年至今)

第二次世界大战以后,尤其是 20 世纪 50 年代以来,全球范围内直接投资迅猛增长,跨国公司得到空前发展。这一时期跨国公司的发展可以分为三个阶段:"二战"后初期至 20 世纪 60 年代末为第一阶段,美国跨国公司占绝对优势地位;自 70 年代初始至 80 年代末为第二阶段,国际直接投资格局逐步由美国占绝对优势向多极化方向发展;自 90 年代初期至今为第三阶段,跨国公司在全球经济一体化时代获得长足发展。

1. 第一阶段:"二战"后初期至 20 世纪 60 年代末

这一阶段的显著特征是,跨国公司对外直接投资在"二战"后初期具有恢复性质,随后得到迅速发展,美国跨国公司在其中居主导地位。

第二次世界大战使西欧国家经济受到重创,对外直接投资锐减。而美国在"二战"期间利用各种有利条件加速进行对外直接投资,"二战"结束时已成为世界上最大的对外直接投资国。"二战"后初期,美国垄断资本利用其他国家被战争削弱的机会,凭借其在战争期间大大膨胀起来的政治、经济和军事实力攫取了世界经济霸主地位,通过实施"马歇尔计划",参与欧洲和国际经济重建。这些都为美国跨国公司大规模对外直接投资创造了极好的条件。1945 年,主要资本主义国家对外直接投资总额为 200 亿美元,其中美国占 42%,到 1967 年,对外直接投资总额达 1050 亿美元,其中美国占 50.5%。据统计,1956 年世界最大的 200 家跨国公司中,美国有 144 家,占 70% 以上。因此,这一时期美国公司几乎成为跨国公司的同义词。正如跨国公司问题专家尼尔·胡德和斯蒂芬·扬所指出的:"美国公司是唯一有能力出口并在国外扩展的公司……对外直接投资变成了私人资本流动的主要部分，美国成为主要母国，而欧洲成了主要东道国。"

2. 第二阶段：自 20 世纪 70 年代初至 80 年代末

这一阶段的特征是，国际直接投资规模继续扩大，西欧和日本的经济实力增强，美国跨国公司的地位相对受到削弱，国际直接投资格局逐步向多极化方向发展。

西欧和日本经济在"二战"后得到迅速恢复与发展，它们的对外直接投资也很快发展起来，跨国公司迅速增加。20 世纪 70 年代，西欧和日本的跨国公司积极对外扩张，在全球范围内与美国公司展开了激烈的竞争，对外直接投资年增长率均为 20% 左右，远远高于同期美国 11.1% 的年均增长率。西欧跨国公司同美国公司相比，不但数量增加、规模扩大，而且经济实力和竞争能力迅速增强，两者在资本、技术、管理和研发方面的差距日趋缩小。因此，美国公司对外直接投资的相对优势已大大下降。另外，从 20 世纪 70 年代开始，随着石油大幅度涨价和某些原材料价格上涨，发展中国家经济实力大大加强，一些发展中国家开始对外直接投资，从事跨国经营。20 世纪 80 年代后，"亚洲四小龙"以及巴西、墨西哥等新兴工业化国家和地区涌现了一批有相当规模与实力的跨国公司，使国际直接投资呈现出多元化、多极化的新格局。当然，与发达国家相比，发展中国家对外直接投资的资金规模与地域分布还相当有限。

3. 第三阶段：自 20 世纪 90 年代初期至今

这一阶段跨国公司发展的主要特征是，跨国公司的数目和规模不断扩大，对外直接投资大幅度增长，跨国并购不断强化，发展中国家的跨国公司迅速崛起。

根据联合国跨国公司中心统计，20 世纪 60 年代，西方发达国家有跨国公司 7276 家，其国外子公司 27300 家；到 70 年代末 80 年代初跨国公司增加到 1 万多家，其国外子公司及分支机构达到 10 万家。1996 年，跨国公司增至 4.4 万家，其子公司及分支机构达到 28 万家。到 2008 年年底，全球约有 82000 家跨国公司母公司，他们的海外分支机构约有 810000 家。

20 世纪 90 年代以来，随着发展中国家经济实力的增强，越来越多的企业走出国门，跨国经营。发展中国家的跨国公司母公司的数量近些年增长迅速。根据联合国贸易和发展组织《2013 年世界投资报告》，在对外投资方面，发展中经济体约占了全球 1/3。呈继续稳步上升趋势。以金砖国家为例（巴西、俄罗斯、印度、中国和南非），其对外直接投资总量由 2000 年的 70 亿美元猛增到 2012 年的 1450 亿美元，达到世界投资总流量的 10%。

第二节　跨国公司在国际市场的竞争

一、扩大对外直接投资

对外直接投资（Foreign Direct Investment，FDI），是指跨国公司等投资主体为了在国外获得长期的投资效益并得到对企业的控制权，通过直接建立新的企业（公司）或并购原有企业等方式进行的国际投资活动。根据国际货币基金组织所下的定义，对外直接投资是指"在投资者所属经济体（国家）以外的经济体所经营的企业中拥有持续利益的一种投资，其目的在于对该企业的经营管理具有有效的发言权"。

作为生产资本国际化实现形式的对外直接投资，不同于作为货币资本国际化实现形式的对外间接投资。对外直接投资的特点主要表现为：一是跨国公司拥有被投资企业的控制权；二是能够实现生产要素的跨国流动；三是对外直接投资周期长、风险大。目前，跨国公司对外直接投资占世界对外直接投资的 90% 以上。

（一）跨国公司对外直接投资是向外扩张的重要手段

跨国公司通过对外直接投资方式进入国外市场，可以将管理、技术、营销、资金等资源以自己控制企业的形式转移到目标国家或地区，在目标市场更充分地发挥竞争优势。跨国公司的对外直接投资缩短了生产和销售的周期，减少了运输成本；可利用当地廉价的生产要素进而降低生产成本；可以随时对当地市场信息和产品信息反馈做出反应，从而调整生产；此外，还可以使企业跨越东道国的贸易与非贸易壁垒，有时还可以享受东道国提供的优惠。跨国公司的对外直接投资无疑是跨国公司向外扩张、争夺世界市场的重要手段，是跨国公司实行国际化生产经营的基础。

（二）跨国并购已成为跨国直接投资中的主要方式

跨国公司对外直接投资按投资方式可以分为绿地投资和跨国并购两种。绿地投资（Green Field Investment），是指跨国公司等投资主体在东道国境内依照东道国的法律设置的部分或全部资产所有权归外国投资者所有的企业。跨国并购（Transnational Merger and Acquisition），是跨国兼并和跨国收购的总称。跨国并购是指一国企业（又称并购企业）为了达到某种目标，通过一定的渠道和手段，将另一国企业（又称被并购企业）的所有资产或足以行使运营活动的股份收买下来，从而对另一国企业的经营管理实施实际的或完全的控制行为。跨国公司在发展的初期，往往采取绿地投资的方式。但随着跨国公司实力的增加，更多地采取跨国并购的方式。

按跨国并购双方的行业关系，跨国并购可以分为以下三种：

（1）横向跨国并购是指两个以上国家生产或销售相同或相似产品的企业之间的并购。其目的是扩大世界市场的份额，增加企业的国际竞争力，直至获得世界垄断地位，以攫取高额垄断利润。在横向跨国并购中，由于并购双方有相同的行业背景和经历，所以比较容易实现并购整合。横向跨国并购是跨国并购中经常采用的形式。

（2）纵向跨国并购是指两个以上国家生产同一或相似产品但又处于不同生产阶段的企业之间的并购。其目的通常是为了稳定和扩大原材料的供应来源或产品的销售渠道，从而减少竞争对手的原材料供应或产品的销售。并购双方一般是原材料供应者或产品购买者，所以对彼此的生产状况比较熟悉，并购后容易整合。

（3）混合跨国并购是指两个以上国家处于不同行业的企业之间的并购。其目的是为了实现全球发展战略和多元化经营战略，减少单一行业经营的风险，增强企业在世界市场上的整体竞争实力。

20 世纪 90 年代以来跨国并购的规模不断扩大，交易额不断上升。2000 年美国在线以 1550 亿美元收购时代华纳、沃达丰以 1850 亿美元收购曼内斯曼，每一次并购都可以达到一个中小国家国民生产总值。此外，跨国公司的并购范围也极为广泛，涉及汽车、医药、能源、金融、互联网、传媒等各个领域。

跨国并购不仅可以转移资源，而且可以获得对被并购企业的控制权，并在一定条件下，实现生产要素的流动与商品和服务贸易的相互替代。这使得无论是发达国家之间的跨国并购还是发达国家与发展中国家之间的跨国并购，均可以实现具有相对比较优势的不同生产要素的跨国界组合，以极大地提高效率。特别是在经济全球化进程加速的背景下，通过跨国并购，跨国公司可以绕过国家之间对商品和服务贸易的各种壁垒，更加有效地占有市场，提高企业的国际竞争力。因此，跨国并购已经成为跨国公司迅速占领新市场的最有效的方式。

【案例分析14-1】

吉利收购沃尔沃

2010年3月28日21时，浙江吉利控股集团有限公司与美国福特汽车公司在瑞典哥德堡正式签署最终股权收购协议。李书福出任沃尔沃轿车的第一任华人董事长，中国诞生第一家跨国汽车集团、拥有了第一个属于自己的世界名车品牌。至此，吉利收购沃尔沃大功告成，成为中国汽车企业成功收购国外豪华汽车企业和品牌第一宗，也是中国踏上汽车强国之路的重要一步。

一、吉利收购沃尔沃的基本情况

吉利是中国汽车行业十强企业，1997年进入轿车领域，资产总值超过140亿元。连续4年进入中国汽车行业十强，被评为首批国家"创新型企业"和首批"国家汽车整车出口基地企业"。

沃尔沃，英文名为Volvo，瑞典著名汽车品牌，该品牌汽车是目前世界上最安全的汽车。沃尔沃汽车公司是北欧最大的汽车企业，也是瑞典最大的工业企业集团，世界20大汽车公司之一，创立于1927年，于1999年被福特公司以64亿美元收购。然而，10年过去了，沃尔沃并没有给福特带来预期中的利润，销售额不断下滑。

2010年7月26日，商务部正式批复浙江吉利控股集团有限公司收购沃尔沃的交易。中国汽车技术研究中心首席专家黄永和说："美国和欧盟之所以同意吉利收购沃尔沃，是由于中国已经成为世界最大的汽车生产国和新车市场。中国企业收购沃尔沃，有助于这家企业今后更好地发展。"福特向吉利交割资产，标志着吉利收购沃尔沃完成了所有法定程序，开始全面管理沃尔沃。

二、吉利收购沃尔沃的意义

吉利收购沃尔沃意义重大。

(1) 吉利收购沃尔沃对吉利控股集团本身发展具有重要的意义。第一，吉利100%拥有沃尔沃轿车品牌，同时拥有沃尔沃轿车的9个系列产品、3个最新平台的知识产权，接近60万辆产能、自动化程度较高的生产线，以及2000多个全球销售网点及相关人才和重要的供应商体系；第二，有利于迅速做大吉利的产销规模，2009年，吉利总营业收入为42.89亿元，而沃尔沃轿车的总收入约合人民币1000亿元，总收入超过吉利20倍。

(2) 吉利作为中国发展最快的汽车制造商之一，也是中国汽车行业领先的民营企业。此次成功签订收购沃尔沃轿车协议，是中国汽车产业实现技术跨越的一条捷径，有利于提高中国汽车产业的软实力。同时可以帮助改变中国汽车在国际市场上的形象，有利于增大本土汽车品牌影响力，尽快走向国际市场。

(3) 对中国民营企业开展海外收购有积极地示范效应。吉利成功签订收购协议，将激励中国民营企业开展海外收购的积极性。在国际金融危机的冲击下，许多国外企业的资产价值被低估,这是中国企业出手的好时机。通过海外收购,可以用较低的成本获取到具有核心竞争力的国际品牌、核心技术和国际营销渠道。

三、吉利收购沃尔沃后的发展

2010年,吉利收购有着"北欧汽车工业明珠"之称的沃尔沃轿车100%股权,引起业内人士的关注。这笔买卖吉利是赔是赚?吉利会让沃尔沃扭亏为盈,还是被它的负债拖垮?这在4年后有了答案。

"2014年1月至9月,沃尔沃全球销售额同比上涨10%。收购4年来,经营状况达到预期,盈利能力持续提升。"浙江吉利控股集团有限公司公关总监杨学良透露。

4年多的时间,在吉利控股集团所有权架构下,沃尔沃的盈利和口碑实现了双丰收。2014年销售业绩除了在全球增长10%以外,中国的市场也增长了30%左右。目前沃尔沃已经走上了正轨,技术能力在提升,新产品投放市场的渠道在增加,同时创造了更多的就业机会。

沃尔沃经营转机的出现与吉利入主、中国市场的快速增长关系密切。从沃尔沃公布的数据可以看出:2013年沃尔沃在华销售增长46%,中国成为沃尔沃全球增长最迅猛的市场。在2013年上半年业绩负增长的情况下,凭借中国市场的振兴,沃尔沃实现全年"扭亏为盈",净利润达1.31亿美元。

位于比利时的沃尔沃汽车公司根特工厂,是沃尔沃在瑞典以外规模最大的汽车总装厂,2010年时仅有2000余名工人,随着吉利收购沃尔沃,公司产量稳步增长,工厂员工也增加到5500多名。

目前,正值吉利品牌调整期,原本的帝豪、全球鹰、英伦三个子品牌汇聚到"一个品牌、一个LOGO、一个网络"的模式上,营销渠道和品牌大力整合。"这就是为了树立高品质的品牌形象,匹配整个集团的品牌价值。"吉利公司传播策略及事务高级经理高坡说。

杨学良提到,"目前吉利和沃尔沃的合作已经开展到不同的功能单位,会在新能源汽车的研发上保持沟通。下一阶段还会进一步加强融合,预计在2017年会搭建起与沃尔沃共享的CMA平台,投产多款轿车和SUV产品。"

(资料来源:百度百科,吉利收购沃尔沃案例分析;新华网,吉利汽车:入主沃尔沃四年,盈利和口碑"双丰收"黄筱,新华网2014-10-31。)

案例讨论:吉利收购沃尔沃具有哪些特点?

二、由综合多元化向归核化发展

第二次世界大战以后,相当多的跨国公司的经营范围和发展战略经历了一个由综合多元化向归核化的发展轨迹。所谓归核化,是指多元化经营的企业将其业务集中到其资源和能力具有竞争优势的领域。归核化通过剥离非核心业务、回归主业,保持适度相关多元化,来培育、维护和发展核心竞争能力。

战后初期,跨国公司采取横向一体化的经营战略,即在海外新建、兼并的企业均为与母公司相同的产品与服务的领域。20世纪70年代以后,跨国公司采取纵向一体化战略,即将海外经营子公司的业务范围定位在与母公司生产、经营方面相互配合,形成全球生产经营线上。这有两种情况:一是母公司和子公司生产和经营处在不同产业、但却是相互关联的产品，主要涉及原材料、初级产品的生产和加工行业，如采用"开采种植→提炼→加工制造→销售"等模式的行业；二是母公司和子公司生产和经营同一产业不同加工程度或工艺阶段的产品，主要涉及汽车、机械、电子等专业化分工水平较高的行业，如大型汽车公司，在海外设立的数十家子公司分别从事铸模、铸造、发动机、齿轮、减速器、机械加工、组装等零部件或工序的业务。20世纪90年代以后，跨国公司逐步向综合多元化发展，即母公司和子公司生产不同的产品，经营不同的业务，而且它们之间互不衔接，没有必然联系。如日本的三菱重工业公司原是一家造船公司，后改为混合多种经营，经营范围也扩展到汽车、建筑机械、发电系统产品、化学工业、一般机械、飞机制造业等。

实行综合多元化，虽然有利于跨国公司分散风险，迅速扩张，但也暴露出不少弊端。一些跨国公司的摊子越铺越大，导致公司成本上升，收益下降，甚至高负债。20世纪90年代以来，跨国公司纷纷从多元化扩张向有竞争力的主营业务回归。

实施归核化的措施主要包括：①并购，为强化核心业务而并购相关企业或部门；②重组，为加强核心业务，整合企业业务而改变企业组织形式；③拆分，为加强某一方面的竞争优势，将一家公司分拆为两个或更多的公司；④剥离，跨国公司通过关闭、出售企业或资产，互换股票，外包等多种形式，把非核心业务剥离出去。

三、形成全球产业链

在经济全球化的背景下，跨国公司不断进行战略调整。跨国公司通过在全球最适宜的地点设置营销服务、生产制造、研发设计等中心，整合全球资源，形成了全球产业链。

跨国公司的全球化，首先是从营销服务的全球化开始的。跨国公司已从过去的多国经营转为全球经营。目前除了巩固、完善在发达国家的营销服务外，正积极地把营销网络覆盖到中国、越南、东欧以及前苏联地区。

制造组装的全球化是为了满足迅速发展的新兴市场的需要。20世纪90年代，不少新兴国家采取了吸引跨国公司投资的优惠政策。由于这些市场发展速度快、劳动力成本低，跨国公司加大了对其生产设施的投资。

研发设计的全球化是跨国公司应对经济全球化的新举措。研发设计是产业链中跨国公司最不愿意和最难以全球化的部分。过去，跨国公司的研发往往集中在母国，后来扩散到发达国家。目前，为了增强其竞争力，跨国公司也把一部分研发设计从母国转移出来，并且越来越多地进入新兴市场国家。跨国公司在我国设立的研发机构有1000多家，其中400多家是近几年建立的。跨国公司在打造全球产业链的过程中，不断通过外包（Outsourcing）整合全球资源。外包已由原来的制造外包，发展为服务外包。现在，财务管理、产品设计等过去完全由企业自己完成的服务业务也开始通过其他企业外包完成。

【国贸博览14-1】

汽车价值链分布新格局

随着跨国汽车公司在华业务的发展，价值沿着价值链发生了大转移。在华跨国汽车公司的价值转移主要发生在企业内部价值链和企业间价值链系统两个层面，并沿着价值链方向展开其转移路径。

1. 转向技术研发环节

从价值链内部来看，能够决定汽车产品差异化程度的最关键环节就是技术研发和产品设计，而价值链中能够决定汽车产品差异化程度的环节往往是获利最丰厚的环节。

从价值链系统的角度看，那些通过差异化产品为消费者提供"整体解决方案"的价值链往往能在竞争中占据优势，并成为整个系统中最具价值的环节。

跨国汽车公司深知技术研发和产品设计环节的价值所在，因此，它们努力通过掌握整车制造企业的研发环节而获取最大价值，并逐渐将关注的焦点从整车生产环节转移至更具价值的汽车技术研发和新产品设计环节。

这种价值转移主要是通过3种方式实现的。第一，在华设立技术研发中心，近距离地控制关键环节。为防止核心技术外溢，仍然实行母国中心化的运作模式，研发的核心技术活动（如汽车新产品研发技术、关键零部件技术等）集中在母国，置于总部严格控制之下。总部主要从事基础技术研究并把开发的新产品推向中国市场，而其在中国的分部则以技术本土化为主要任务，负责核心技术的消化、吸收和改进。第二，在华设立独资企业，实行技术内部化，以巩固并强化技术研发的价值。第三，通过技术锁定，实现研发环节的价值最大化。所谓技术锁定，是指具有某项汽车产品技术垄断优势的跨国公司，从与该产品有关的基础理论、战略规划、研究开发、产品构思、工艺设计、制造流程、管理技术、品质控制、物流配送、营销网络、售后服务等全过程中，精巧设计一项或多项难以破解的障碍，使跨国公司能以最适宜的成本，获取其技术研发价值的最大化。

2. 转向关键零部件生产环节

关键零部件生产是汽车产业价值链中极具价值的环节，已成为跨国整车制造企业产业链延伸的重要方向。中国汽车工业协会统计显示，国内汽车零部件企业2003年销售收入为3003亿元，整车销售收入为4576亿元，零部件生产环节的价值由此可见一斑。

在华跨国汽车公司的这一价值转移体现在3个方面。其一，坚持"原始供应原则"，控制关键零部件的采购权。汽车跨国公司将零部件采购纳入其全球采购体系，以实现其零部件生产环节的最大价值。其二，在中国建立独资或控股的零部件生产企业，直接获取这一环节的价值。汽车零部件以及研发投资独资化是外资未来投资的必然选择，也将成为未来跨国汽车公司投资的重点。其三，通过对中国生产的零部件进行认证，实现价值转移。

3. 转向销售与服务环节

过去，产品从原料到消费者之间的供应链中是以制造商为主体的。而现在，制造商已经不再是这个价值链上最具优势的价值点。近20年来，从制造环节向分销环节的价值转移已成趋势。就汽车产业而言，在中国加入WTO以前，外资进入服务业受到严格限制，所以国内汽车合资企业的销售公司都是由中方控制，这些销售公司从生产厂家买来产品，再卖给各地经销商。随着汽车服务贸易领域的开放，跨国汽车公司将拓展经销商网络和提升售后服务质量，以实现价值的转移。

跨国汽车公司销售和服务环节的价值主要体现在4个方面。一是通过整合销售渠道，降低成本，提高效率。"数网并存"一直是跨国公司销售环节的发展障碍，现在的整合销售渠道可以降低销售成本、提高销售效率。二是以较低的投入获得高价值的渠道资产。如马自达和一汽合资的销售公司共投入1亿元，马自达仅投入25%就获得了一汽多年经营积累起来的销售渠道。三是通过品牌专卖控制渠道，进而掌握市场的主动权。汽车渠道的品牌专卖，无疑可以提高跨国公司在选择经销商及控制经销商数量上的话语权，控制了经销商就意味着掌握了市场的主动权。四是提升服务价值。服务是决定产品差异化程度的另一个重要环节，从本质上讲，它是企业对自身产品的一种价值增值。

4. 转向金融服务环节

由于汽车产业的特殊性，其金融服务的价值尤为明显。福特汽车公司拥有汽车业最大的金融服务公司和汽车租赁公司，通用汽车金融公司是企业利润的重要来源。

从国际经验看，汽车金融公司不但规模大，而且经营范围极广，这使得汽车金融业务的运营集合了汽车产业及其延伸的相关服务价值链上各方合作者的利益关系，并对其有实质性的影响。我国商业银行是开办汽车金融服务的主要机构，约占全部汽车贷款的95%，专业汽车金融服务机构在我国的作用尚未发挥。但随着我国金融市场和汽车服务贸易的不断开放，跨国汽车公司价值链正在向汽车金融服务延伸。

（资料来源：中国汽车网，www.chinacars.com。）

第三节 跨国公司在国际贸易中的作用

第二次世界大战后，在跨国公司发展的同时，国际贸易的总量也迅速增加。1950年世界出口贸易额为607亿美元，1980年增加为20014亿美元，1988年增长到29474亿美元，2003年增长到77650亿美元，2014年增长到184220亿美元。国际贸易的增长速度超过了世界生产的增长速度。在整个国际贸易中，约有3/5与跨国公司有密切关系，其中约1/3是各跨国公司系统内部母公司与子公司之间，或各子公司相互之间的贸易。

一、促进国际货物贸易的发展

国际分工的发展是国际贸易发展的基础。虽然跨国公司在国外组织生产的产品有一部分是就地销售，替代了原来由母国出口这类产品的作用，但总的说来，跨国公司的发展使国际间的贸易量增大了。这主要是由于跨国公司到国外建立子公司进行生产，需要由母公司为其供应机器设备、某些原材料或零部件。在子公司生产的产品，除在东道国的就地销售外，还可以出口到邻近的国家，甚至向母国市场返销。按国际专业化方式进行的生产，许多中间产品也要经过国际间的多次贸易，所有这一切，大大地加速了国际贸易的发展。

二、推动了国际服务贸易与技术贸易的发展

1. 跨国公司的迅速发展，加强了服务的国际化

跨国公司的大量发展，提高了服务国际化的速度，信息技术的发展也有助于加速服务的扩大，更便于向外国市场提供服务。上述状况也产生了规模经济，增加了公司提供产品范围的能力。跨国公司在金融、信息和专业服务上都是重要的供应者，其中许多公司迅速扩大，向全球出售服务。推动这种趋势发展的主要动力如下：

（1）跨越国境数据资料的流动和世界信息网的建立，使跨国公司有能力提供越过其传统部门的各种服务，如银行提供非银行服务。

（2）跨国公司需要扩大其活动以继续为顾客服务，这在保险和银行业上表现得更为明

显。国际保险公司传统上一直为国际原料和工业制成品贸易服务。在银行部门，跨国公司势力尤强。跨国银行网迅速扩大以满足国际贸易发展的需要，扩大国际金融市场的活动，国际商业支持的服务也使广告公司和专业服务，如会计、法律和咨询服务得以扩大。

(3) 为数不多的跨国公司提高了供应世界市场各种服务的能力，引起跨国服务的诞生，它们有能力同时向几个市场提供各种服务，或把商品与服务结合起来。它们有更好的进入金融、扩大信息系统的能力，把交钥匙工程、设计和其他劳务相结合。在工业广告中少数占统治地位的公司将其活动范围扩大到市场研究、公共关系和经营咨询方面。

2. 推动了国际技术贸易的发展

"二战"后，特别是 20 世纪 60 年代以来，世界技术贸易发展迅速，其中跨国公司起到相当大的作用。由于跨国公司拥有庞大的研究和发展机构，故在很大程度上垄断了世界技术贸易。全世界专利总额约有 1/3 是国外申请者申请的，其中绝大部分为垄断组织所拥有。国际间的技术贸易的 3/4 是由跨国公司进行的。

拥有比较先进的生产技术和管理技能，是跨国公司能够在国际竞争中生存的重要条件，许多跨国公司都投入相当高比例的资金从事产品的科研和开发活动，为了把这些产品的生产逐步推向国外，跨国公司在客观上成了先进技术的传播者。有时跨国公司还直接向公司系统外部进行技术转让。

一方面，跨国公司通过向其国外分支公司出售技术，既可收取大量技术使用费，又可提高分支公司生产技术水平，加强竞争能力，控制所在国的经营和对外贸易。另一方面，一些跨国公司往往根据自身的需要引进先进技术，它不但可以缩短某些科研项目的研究时间，节省研究费用，减少生产成本，而且可以较快地提高劳动生产率和改进产品质量，增加新产品，增强竞争能力。

跨国公司进行技术转让，主要采取以下 3 种方式：

(1) 由母公司向各个子公司进行技术转让。在这种转移方式下，关键技术仍控制在母公司手里，只是将部分技术转移给国外的子公司。这样，既可以保持母公司对技术的垄断权，又可以通过向子公司出售技术和工艺获得收益，增加利润。

(2) 公司通过许可证贸易向外转让技术。国际贸易中技术许可证贸易主要由 3 部分组成：一是技术专利使用权的转移；二是技术诀窍的转移；三是商标使用权的买卖。跨国公司通过技术许可证贸易，有助于进入直接投资无法进入的市场和部门。

(3) 公司向国外合资经营企业转让技术。跨国公司向国外合资企业提供技术，一方面可以获得技术使用费收入，另一方面还可以从合营企业的盈利中获得分成。

当然，跨国公司对技术转让并非毫无保留，实际上在公司内部转让技术和向公司外部转让技术会有明显的差别待遇，有时对转让出的技术在运用上附加了许多限制条件。

跨国公司是国际技术贸易中最活跃、最有影响的力量。它控制了工艺研制的 80%、生产技术的 90%，国际技术贸易的 75% 以上属于与跨国公司有关的技术转让。因此，"二战"后国际技术贸易的快速发展是与跨国公司技术发明和技术转让的发展分不开的。

三、加强了国际贸易的垄断

跨国公司在国际贸易中是处于垄断地位的。国际贸易中的垄断程度可以从跨国公司在世界贸易中所占的比重显示出来。据联合国贸易和发展会议秘书处的估计，20 世纪 70 年代中期，跨国公司的贸易在世界贸易中所占的份额超过1/2，甚至可能高达2/3。而且这一比重还在增加。据其他资料估计，近年来这一比重可能已高达80%。这就是说，世界贸易绝大部分是由跨国公司来进行的。跨国公司的发展使得国际贸易领域的垄断和竞争更加激烈。跨国公司实力雄厚，规模巨大，往往几个大的跨国公司就形成对某一行业的垄断，它们通常通过垄断高价和垄断低价来控制和操纵市场，成为世界市场不稳定的一个重要因素。跨国公司对国际贸易的控制并不仅限于发达国家，它们同时使发展中国家的一部分对外贸易落入其控制之中。此外，跨国公司还把它们在海外的直接投资从生产部门扩展到流通领域，渗透到与对外贸易有关的环节，如在海外设立销售机构、银行、保险和运输公司、商品交易所等服务性公司，并通过这些机构进一步加强对国际贸易的控制。

从产品部门来看，跨国公司在许多重要工业制成品和原料贸易中占据显赫地位。如英美资本的7家石油大公司曾操纵着中东的石油贸易；在国际贸易中发展很快的汽车贸易几乎完全为大跨国公司所控制。在高技术部门，跨国公司的控制力量更强，范围更广。世界技术贸易的最主要部分实际上只是跨国公司内部的技术转让。

那么，跨国公司何以在国际贸易中取得垄断地位呢？这是因为跨国公司通过对外直接投资控制了资本主义国家的生产。它不但控制了原料的开发，而且也控制了以发展迅速、面向出口和技术高超为其特征的工业部门。在这一过程中，跨国公司输出资本，取得国外企业的全部或部分所有权，把它们联结在一个跨国经营的体系中，在母公司的集中管理下进行国际生产，从而在生产领域处于垄断地位，这就使世界大部分的原料贸易、工业制成品贸易和技术贸易都控制在跨国公司手中。跨国公司控制了重要原料的开采、加工和出售。不到10家跨国公司在不同程度上控制着铝土、钢、铁矿、镍、铅、锡、烟草、橡胶等的生产、加工和出口。跨国公司还控制了许多工业制成品的国际贸易。如美、英、德共6家公司控制了整个西方国家大部分的化学工业品的生产和出口。在国际贸易中发展很快的世界汽车市场、飞机市场、计算机市场等基本上是被跨国公司所控制。此外，他们还控制了钢铁、机械、电子、原子能等部门的生产和销售。

跨国公司的发展使国际贸易中的垄断和竞争更加激烈，从而国际贸易关系更显复杂。

第四节 我国跨国公司的成长与发展

一、中国跨国公司成长的背景

(一) 中国企业的对外直接投资是我国跨国公司成长的基础

我国跨国公司的产生和发展是建立在我国企业海外直接投资的基础上的，没有企业的海外直接投资，我国跨国公司是很难发展起来的。改革开放以来，我国跨国直接投资大体经历了3个发展阶段。

1. 1979~1991年的探索起步阶段

1979年8月国务院明确规定允许出国办企业之后，一些长期从事进出口业务的专业外贸公司和开展对外经济合作的省市国际经济技术公司首先跨出国门到海外投资。这些公司凭借其涉外经营经验、进出口渠道众多的优势，在国外开设海外代表处或海外贸易公司。如1979年11月，北京市友谊商业服务公司同日本东京丸一商事株式会社合资在东京开办"京和股份有限公司",建立起中国对外开放以来第一家国外合资企业,拉开了我国企业跨国经营的序幕。

1985年原对外经贸部根据国务院指示精神,制定了在国外开办非贸易性企业的审批管理办法。新规定指出:"只要是经济实体,有资金来源,具有一定的技术水平和业务专长,有合作对象,均可申请到国外开设合资经营企业。"此后,一些有实力的大型生产企业和综合型国际信托投资公司等非贸易企业开始加入对外直接投资行列。如首都钢铁总公司、中国国际信托投资公司、深圳赛格公司等,同时出现了投资主体多元化。截至1991年,我国境外直接投资企业1008家,分布于全球106个国家和地区,境外非贸易直接投资累计总额为13.95亿美元。

2. 1992~2001年的积极推进阶段

1992年,国家批准首钢公司扩大境外投资和经营权,这标志着中国企业的对外直接投资进入一个新的发展阶段。1992~1993年,我国对外直接投资额增长迅速,但1994年之后的几年,由于宏观调控、对境外投资进行清理整顿,致使对外直接投资流量总体有所下降。从1998年开始,国家又出台一系列的政策和措施,鼓励企业开展对外直接投资。1998年2月在中共十五届二中全会上明确提出:"要有领导有步骤地组织和支持一批有实力有优势的国有企业走出去,到非洲、中亚、中东、中欧、南美等地投资办厂。"1999年2月,国务院办公厅转发外经贸部、国家经贸委、财政部《关于鼓励企业开展境外带料加工装配业务的意见》,随后,国务院各有关部门又分别制定了具体实施的配套文件,完善了对外直接投资管理体制。与此同时,在项目审批和外汇管理方面的政策也有所松动,我国对外直接投资呈现出加速增长态势。2001年12月,"多哈会议"正式通过中国成为WTO第143个成员方,为我国企业的对外直接投资开辟了更为广阔的发展空间。2001年,我国对外直接投资出现爆发性增长,投资额达68.85亿美元,是2000年的7.5倍。随着对外直接投资的扩大,我国一大批跨国公司开始成长。

3. 2002年至今的加速发展阶段

2002年10月,国家外汇管理局启动外汇管理改革试点,放松300万美元以下的外汇审批权,同时允许境外企业保留利润,不必再调回国内。2003年,正式取消境外投资外汇风险审查和汇回利润保证金两项行政审批。此外,国家还制定了对外投资的信贷支持、外汇管理等一系列政策措施,支持和引导我国企业的对外直接投资快速发展。在此期间,不少有实力的我国跨国企业开始在海外开展并购活动,如2004年联想收购IBM全球个人电脑业务,2012年中海油收购加拿大尼克森能源公司等。

(二) 实施"走出去"战略是我国跨国公司发展的重大机遇

2000年10月,中共十五届五中全会上首次明确提出了"走出去"战略。实施"走出去"战略是我国对外开放的重大举措,它鼓励国内有比较优势的各类企业对外直接投资,从而带动商品和劳务出口,形成一批有实力的跨国企业。

实施"走出去"战略是我国参与经济全球化的必然要求,是我国企业参与国际市场竞争的重要举措,是国内有实力的企业主动参与国际合作与竞争,获得重要资源、市场份额和技术开发能力的重要机遇。在实施"走出去"战略过程中,我国企业积极参与国际分工与国际合作,努力提高我国企业的国际竞争地位和影响力,不断壮大自身,逐渐成为与经济大国相匹配的跨国公司。

近年来,我国装备制造业持续快速发展,产业规模、技术水平和国际竞争力大幅度提升,国际产能和装备制造合作初见成效。2015年国务院出台了《关于推进国际产能和装备制造合作的指导意见》。积极推进国际产能和装备制造合作,有利于促进优势产能对外合作,形成我国新的经济增长点;有利于促进我国企业不断提升技术、质量和服务水平,增强整体素质和核心竞争力,推动经济结构调整和产业转型升级,实现从产品输出向产业输出的提升。

积极推进国际产能和装备制造合作将进一步促进我装备、技术、标准和服务"走出去",推动钢铁、有色金属、建材、铁路、电力、化工、轻纺、汽车、通信、工程机械、航空航天、船舶和海洋工程等重点行业的境外投资和对外合作,促进我国跨国公司的发展。

二、我国跨国公司的类型

20世纪90年代以来,我国企业的海外直接投资进入到一个蓬勃发展时期,形成了一批新的跨国公司。我国跨国公司大致可以分成以下3类:

1. 大批"中"字头的国有独资企业或国有控股企业

他们是中国企业海外经营的先锋和主力。这些跨国公司涉及的领域不仅有采掘和加工制造,还有金融保险、电力通信等服务领域。如中国石油化工集团公司、中粮集团有限公司、中国工商银行、中国人民保险集团股份有限公司等。

【国贸博览14-2】

中粮集团有限公司22年入围《财富》500强

2015年7月22日晚,美国《财富》杂志发布了2015年度世界500强排行榜,中粮集团连续22年入围财富世界500强,以405.245亿美元营业收入名列第272位,比上年的401位大幅上升,成为排名上升最快的中国企业。

中粮集团是中国领先的农产品、食品领域多元化产品和服务供应商,致力打造从田间到餐桌的全产业链。2014年,中粮在完成尼德拉和来宝农业两大国际并购后,依靠全球一体化的业务布局和供应链体系,正在崛起为全球领先的国际大粮商。

2014年,中粮集团的海外营收入占比首次超过国内,达到54%,资产总额逾700亿美元,全球仓储能力超过3000万吨,农产品年加工能力8950万吨,年中转能力超过5300万吨,年经营量1.5亿吨,粮油国际贸易量超过7800万吨,资产机构覆盖60多个国家和地区,业务涉及140多个国家。目前,中粮集团已经初步建成包括种植、采购、仓储、物流和港口在内的全球一体化供应链体系。

(资料来源:http://www.cofco.com/cn/about/news/24243.html。)

2. 大型生产性企业集团和新兴高科技公司

由于它们有相对成熟的生产技术和较强的研发能力,在国内有庞大的生产基地和销售网络,在资金、技术、人才、市场、管理等方面有明显的竞争优势,海外经营起步虽晚,但正以较快的发展速度向海外扩张。例如海尔集团。海尔集团创立于1984年,从开始单一生产冰箱起步,逐渐拓展到家电、通信、IT数码产品、家居、物流、金融、房地产、生物制药等领域,成为全球领先的美好生活解决方案提供商。2014年,海尔全球营业额2007亿元,利润总额150亿元,利润增长达到收入增长的3倍,线上交易额548亿元,同比增长2391%。根据消费市场权威调查机构欧睿国际(Euromonitor)的数据,2014年海尔品牌全球零售量份额为10.2%,连续6年蝉联全球大型家电第一品牌。海尔致力于成为全球消费者喜爱的本土品牌,多年来一直践行本土化研发、制造和营销的海外市场战略并取得了很好的成绩。目前,海尔在全球拥有5大研发中心、21个工业园区、66个贸易公司,用户遍布全球100多个国家和地区。

3. 民营中小企业

近些年走出国门的民营企业不断增加,并不乏有一些非常成功的案例。如远大集团、新希望集团、上海紫江集团等,他们积极开拓国际市场,成为跨国经营的新生力量。那些迅速崛起的民营企业在国际市场上的成功范例表明:它们越来越成为我国海外直接投资的重要力量。

三、我国跨国公司发展的特点

我国跨国公司产生与发展有其自身的特殊性,这主要表现在以下几个方面:

1. 我国跨国公司是伴随着我国改革开放进程成长壮大的

改革开放前,我国只有少数国有企业从事对外贸易,直接参与国际市场的竞争。而绝大多数企业都只是在国内市场活动。改革开放后,随着国家一系列改革开放政策的实施,首先是国有大中型企业,然后是中小企业和民营企业才逐渐走出国门,参与货物进出口和对外直接投资。在此基础上,一批跨国公司逐渐成长与壮大。

2. 我国跨国公司的发展历史虽短,但发展速度超过了其他发展中国家

我国改革开放只有30多年的历史,在30多年来的时间里,我国跨国公司从无到有、从小到大、不断壮大与发展。特别是在我国加入WTO后,我国企业积极参与经济全球化的进程,跨国公司的发展速度超过其他发展中国家。在世界500强中,我国公司的数量不断增加,现已居于世界第2。

【国贸博览14-3】

2015 财富世界500强出炉:中石化位居第2位

美国《财富》杂志于北京时间22日晚发布2015年世界500强企业名单,中国上榜企业继续保持强劲增长态势,达到106家,比上年度增加6家,上榜企业数量稳居世界第2。美国上榜企业128家,数量与上年度持平。

本年度世界500强的入围门槛提高至237.2亿美元,在榜单前10位中有3家中国企业,与上年度持平。其中中石化排名上升了1位至第2位,中石油和国家电网仍位列第4位和第7位。

排名上升最快的中国企业是中粮集团,由去年的第401位上升至今年的272位;其次是招商银行,排名由第350位上升至235位。在上榜企业中,有5家内地企业首次跻身世界500强,分别是:陕西煤业化工集团、中国光大集团、中国航天科技集团公司、中国保利集团、海航集团;台湾和香港分别有3家和1家新上榜企业。

(资料来源:新华网。)

表14-1　2015年世界500强中的106家中国公司

排名	上年排名	公司名称（中英文）	营业收入/百万美元	总部所在城市
2	3	中国石油化工集团公司（SINOPEC GROUP）	446811	北京
4	4	中国石油天然气集团公司（CHINA NATIONAL PETROLEUM）	428620	北京
7	7	国家电网公司（STATE GRID）	339426.5	北京
18	25	中国工商银行（INDUSTRIAL & COMMERCIAL BANK OF CHINA）	163174.9	北京
29	38	中国建设银行（CHINA CONSTRUCTION BANK）	139932.5	北京
31	32	鸿海精密工业股份有限公司（HON HAI PRECISION INDUSTRY）	139039.4	台北
36	47	中国农业银行（AGRICULTURAL BANK OF CHINA）	130047.7	北京
37	52	中国建筑股份有限公司（CHINA STATE CONSTRUCTION ENGINEERING）	129887.1	北京
45	59	中国银行（BANK OF CHINA）	120946	北京
55	55	中国移动通信集团公司（CHINA MOBILE COMMUNICATIONS）	107529.4	北京
60	85	上海汽车集团股份有限公司（SAIC MOTOR）	102248.6	上海
71	—	中国铁路工程总公司（China Railway Engineering）	99537.9	北京
72	79	中国海洋石油总公司（CHINA NATIONAL OFFSHORE OIL）	99262.2	北京
77	76	来宝集团（NOBLE GROUP）	97604.6	香港
79	80	中国铁道建筑总公司（CHINA RAILWAY CONSTRUCTION）	96395.2	北京
87	122	国家开发银行（China Development Bank）	89908.4	北京
94	98	中国人寿保险（集团）公司（CHINA LIFE INSURANCE）	87249.3	北京
96	128	中国平安保险（集团）股份有限公司（PING AN INSURANCE）	86021.8	深圳
105	107	中国中化集团公司（SINOCHEM GROUP）	80635	北京
107	111	中国第一汽车集团公司（CHINA FAW GROUP）	80194.5	长春
109	113	东风汽车集团（DONGFENG MOTOR GROUP）	78978.6	武汉
113	115	中国南方电网有限责任公司（CHINA SOUTHERN POWER GRID）	76662	广州
115	143	中国华润总公司（CHINA RESOURCES NATIONAL）	74887	香港
143	168	中国邮政集团公司（CHINA POST GROUP）	65693.2	北京
144	152	中国兵器工业集团公司（CHINA NORTH INDUSTRIES GROUP）	65615.1	北京
146	185	天津市物资集团总公司（TEWOO GROUP）	65300.8	天津
156	166	太平洋建设集团（Pacific Construction Group）	63369.1	南京
159	178	中国航空工业集团公司（AVIATION INDUSTRY CORP. OF CHINA）	62287.7	北京
160	154	中国电信集团公司（CHINA TELECOMMUNICATIONS）	62147.6	北京
165	187	中国交通建设集团有限公司（CHINA COMMUNICATIONS CONSTRUCTION）	60119.2	北京
174	208	中国人民保险集团股份有限公司（PEOPLE'S INSURANCE COMPANY OF CHINA）	57047.5	北京

（续）

排　名	上年排名	公司名称（中英文）	营业收入/百万美元	总部所在城市
186	160	中国中信集团有限公司（CITIC GROUP）	55325.7	北京
190	217	交通银行（BANK OF COMMUNICATIONS）	54464.2	上海
196	165	神华集团（SHENHUA GROUP）	52731.1	北京
198	133	中国五矿集团公司（CHINA MINMETALS）	52383.1	北京
207	248	北京汽车集团（Beijing Automotive Group）	50566	北京
218	211	宝钢集团有限公司（BAOSTEEL GROUP）	48323.4	上海
224	221	中国华能集团公司（CHINA HUANENG GROUP）	47401.4	北京
227	210	中国联合网络通信股份有限公司（CHINA UNITED NETWORK COMMUNICATIONS）	46834.8	上海
228	285	华为投资控股有限公司（HUAWEI INVESTMENT & HOLDING）	46774.1	深圳
231	286	联想集团（LENOVO GROUP）	46295.6	北京
234	279	山东魏桥创业集团有限公司（SHANDONG WEIQIAO PIONEERING GROUP）	45757.1	滨州
235	350	招商银行（CHINA MERCHANTS BANK）	45613.8	深圳
239	271	河北钢铁集团（HEBEI IRON & STEEL GROUP）	45543.7	石家庄
240	227	中国铝业公司（ALUMINUM CORP. OF CHINA）	45445	北京
247	295	正威国际集团（Amer International Group）	43611.7	深圳
253	313	中国电力建设集团有限公司（POWER CHINA）	43009.7	北京
258	268	绿地控股集团有限公司（GREENLAND HOLDING GROUP）	42515.1	上海
264	290	山西焦煤集团有限责任公司（Shanxi Coking Coal Group）	41829.8	太原
265	276	中国化工集团公司（CHEMCHINA）	41813.3	北京
270	267	中国建筑材料集团有限公司（CHINA NATIONAL BUILDING MATERIALS GROUP）	40644.4	北京
271	338	兴业银行（Industrial Bank）	40594.7	福州
272	401	中粮集团有限公司（COFCO）	40524.5	北京
274	308	江苏沙钢集团（JIANGSU SHAGANG GROUP）	40334.4	张家港
276	357	中国医药集团（Sinopharm）	40105.7	北京
281	330	中国民生银行（CHINA MINSHENG BANKING）	39921.9	北京
282	277	怡和集团（JARDINE MATHESON）	39921	香港
288	278	中国机械工业集团有限公司（SINOMACH）	39722.5	北京
296	383	上海浦东发展银行股份有限公司（Shanghai Pudong Development Bank）	38683.8	上海
304	327	渤海钢铁集团（Bohai Steel Group）	37986.2	天津
315	304	冀中能源集团（JIZHONG ENERGY GROUP）	37201	邢台
316	300	台湾中油股份有限公司（CPC）	37000	台北

(续)

排名	上年排名	公司名称（中英文）	营业收入/百万美元	总部所在城市
321	314	中国航空油料集团公司（CHINA NATIONAL AVIATION FUEL GROUP）	36178	北京
326	354	中国冶金科工集团有限公司（CHINA METALLURGICAL GROUP）	35807.5	北京
328	384	中国太平洋保险（集团）股份有限公司（CHINA PACIFIC INSURANCE (GROUP)）	35669.8	上海
336	363	和记黄埔有限公司（HUTCHISON WHAMPOA）	35097.1	香港
339	345	浙江物产集团（ZHEJIANG MATERIALS INDUSTRY GROUP）	34810.5	杭州
341	369	大同煤矿集团有限责任公司（Datong Coal Mine Group）	34704.2	大同
342	349	中国华信能源有限公司（CEFC China Energy）	34699.4	上海
343	297	中国国电集团公司（CHINA GUODIAN）	34627.4	北京
344	365	新兴际华集团（XINXING CATHAY INTERNATIONAL GROUP）	34497.9	北京
345	368	中国华电集团公司（CHINA HUADIAN）	34487.7	北京
354	381	江西铜业集团公司（Jiangxi Copper）	33778.2	贵溪
355	375	和硕（Pegatron）	33652.5	台北
358	372	潞安集团（Shanxi LuAn Mining Group）	33290.4	长治
362	366	广州汽车工业集团（Guangzhou Automobile Industry Group）	33237.4	广州
364	328	河南能源化工集团（HENAN ENERGY & CHEMICAL）	33163.7	郑州
366	382	中国电子信息产业集团有限公司（CHINA ELECTRONICS）	33084.9	北京
371	403	中国船舶重工集团公司（CHINA SHIPBUILDING INDUSTRY）	32732.6	北京
373	305	山东能源集团有限公司（SHANDONG ENERGY GROUP）	32551.9	济南
379	386	山西晋城无烟煤矿业集团有限责任公司（Shanxi Jincheng Anthracite Coal Mining Group）	31504.9	晋城
380	432	陕西延长石油（集团）有限责任公司（Shaanxi Yanchang Petroleum (Group)）	31391	西安
382	309	晋能集团（JINNENG GROUP）	31317.8	太原
389	409	广达电脑（QUANTA COMPUTER）	30569.6	龟山
390	398	中国有色矿业集团有限公司（China Nonferrous Metal Mining (Group)）	30456.3	北京
391	465	中国能源建设集团有限公司（China Energy Engineering Group）	30322.1	北京
392	396	中国大唐集团公司（CHINA DATANG）	30206.9	北京
393	385	台塑石化股份有限公司（FORMOSA PETROCHEMICAL）	30132.8	麦寮
400	394	开滦集团（KAILUAN GROUP）	29727.3	唐山
402	348	首钢集团（SHOUGANG GROUP）	29668.9	北京
403	393	中国电力投资集团公司（CHINA POWER INVESTMENT）	29584.7	北京
409	391	山西阳泉煤业（集团）有限责任公司（Yangquan Coal Industry Group）	29397.5	阳泉

(续)

排名	上年排名	公司名称（中英文）	营业收入/百万美元	总部所在城市
416	—	陕西煤业化工集团（Shaanxi Coal & Chemical Industry）	28665.6	西安
420	—	中国光大集团（China Everbright Group）	28155.3	北京
423	—	仁宝电脑（Compal Electronics）	27909.1	台北
426	469	中国通用技术（集团）控股有限责任公司（China General Technology）	27670.9	北京
432	451	中国远洋运输（集团）总公司（CHINA OCEAN SHIPPING）	27483	北京
437	—	中国航天科技集团公司（China Aerospace Science & Technology）	27190.4	北京
451	475	鞍钢集团公司（ANSTEEL GROUP）	26212.9	鞍山
457	—	中国保利集团（China Poly Group）	26046.6	北京
464	—	海航集团（HNA Group）	25646.4	海口
467	—	友邦保险（AIA Group）	25433	香港
471	—	国泰人寿保险股份有限公司（Cathay Life Insurance）	25322.8	台北
472	—	台积电（Taiwan Semiconductor Manufacturing）	25173.5	新竹
477	466	浙江吉利控股集团（ZHEJIANG GEELY HOLDING GROUP）	24986.4	杭州
500	310	武汉钢铁（集团）公司（WUHAN IRON & STEEL）	23720.9	武汉

3. 中国大型跨国公司主要是国有独资企业或国有控股公司

到目前为止，进入世界500强的企业大多是国有独资企业或国有控股公司，民营企业的数量不多。大多数民营企业在进入国际市场时，资本实力、管理水平、生产和销售额方面还不够强大，无法与发达国家的大型跨国公司相抗衡。

关键术语

跨国公司   对外直接投资   跨国并购

复习思考题

1. 跨国公司有哪些经营特点？
2. 简述跨国并购的几种形式。
3. 跨国公司为什么会侧重跨国并购这一投资形式？
4. 跨国公司如何强化其竞争优势？
5. 请运用我国跨国公司的实例分析其国际化的成功经验。

延展阅读书目

[1] 王志乐. 走向世界的中国跨国公司 [M]. 北京：中国商业出版社，2004.
[2] 卢进勇，刘恩专. 跨国公司经营与管理 [M]. 北京：机械工业出版社，2013.
[3] 陈向东，魏拴成. 当代跨国公司管理 [M]. 2版. 北京：机械工业出版社，2014.
[4] 杨培雷. 跨国公司经营与管理 [M]. 上海：上海财经大学出版社，2012.

第十五章 区域经济一体化

本章学习要点

- 区域经济一体化的含义
- 区域经济一体化加强的原因
- 自由贸易区、关税同盟、共同市场、经济同盟的含义及它们之间的区别
- 经济全球化与区域经济一体化的关系
- 关税同盟理论和协议性国际分工理论
- 贸易创造效应和贸易转移效应
- 欧盟一体化的主要成果
- 区域经济一体化的影响

随着科学技术和生产力的快速发展,地区间贸易与经济合作日益加强,区域内贸易、投资趋向自由化,对外则形成一定的贸易和投资壁垒。区域经济一体化的产生和发展对世界经济格局产生了非常重要的影响。

第一节 区域经济一体化的概念及发展原因

一、区域经济一体化的概念

区域经济一体化或贸易集团化,是指两个或两个以上的国家或地区达成国际协议,共同采取减少歧视性或取消贸易壁垒的贸易政策,实行自由贸易,进而实现生产要素在成员国之间的自由流动,并为此协调成员国之间的社会经济政策。

区域经济一体化也可从制度性一体化和功能性一体化两方面进行阐述,前者是指通过一定的条约和协定,建立起某种超国家的组织形式的一体化;后者是指在现实经济领域中,由于人们之间经济活动关系日益密切而导致市场扩大、各种贸易壁垒消除所形成的一种客观的融合。制度性一体化和功能性一体化是当代世界经济中同时发展的两种趋势,两者互为因果。一般说来,功能性一体化是实际需要,而制度性一体化是实现这种实际需要的制度保证。因此,大多数区域经济集团都是两者一起发展的。

二、区域经济一体化的发展历程

1. 区域经济一体化迅速发展阶段(战后初期至 20 世纪 70 年代初)

目前仍在运行的一些区域一体化组织多数是在这一阶段发展起来的,这些组织在欧洲、

拉美和非洲得到广泛发展，据统计，20世纪60年代，全球共有19个区域经济一体化组织，70年代增至28个，其中欧洲经济共同体（简称欧共体）、欧洲自由贸易联盟和经互会⊖表现得最为突出。

一体化进入这一蓬勃发展时期的基本背景是：20世纪60年代，一大批原殖民地国家脱离了殖民统治，进而寻求摆脱本国对外经济关系中的殖民成分，迫切需要一套有利于自力更生和纠正殖民地经济特有畸形产业结构的对外经济关系；欧共体的初步成功形成了普遍的示范效应，为不同发展层次的国家谋求建立互利的对外经济关系提供了参照。

这一时期的一体化进程主要表现为两个方面。一方面，"北北型"一体化继续稳步推进。欧共体在20世纪60年代致力于关税同盟的发展。1979年，再次决定推进"欧洲货币体系"计划。同时，针对欧共体成立后造成的巨大竞争优势，欧洲自由贸易联盟（EFTA）于1960年5月成立，以联合提高竞争力。另一方面，与"北北型"一体化进程形成鲜明对照的是，大批发展中国家的一体化组织在这一时期广泛建立，如东南亚国家联盟、安第斯集团、西非国家经济共同体。

2. 区域经济一体化的缓慢发展甚至停滞发展阶段（20世纪70年代中期至80年代中期）

由于石油危机的冲击，各国经济增长速度普遍放慢，经济衰退，导致贸易保护主义泛滥，贸易和投资自由化受到较大的阻力，经济一体化步伐放慢。除了欧共体仍在缓慢推进一体化进程外，其余的一体化组织几乎都停滞发展，甚至分化、解体。

3. 区域经济一体化迅猛发展并实现新的飞跃阶段（20世纪80年代中期以来）

20世纪80年代中后期，国际政治趋向缓和，而国际经济竞争趋于激化。以欧共体为代表的区域一体化集团将国际竞争从国家间竞争推向区域集团间的竞争，这使得未加入一体化组织的国家倍感压力。同时，鉴于前一时期的尝试，不同经济发展水平的国家也从简单模仿转向探索符合本地区特色的一体化模式。参加区域一体化的国家越来越多，经济一体化的层次也越来越高。区域一体化从简单的数量扩张、规模扩张迈向了内涵深化的新时期。

三、区域经济一体化加强的原因

1. 联合一致，抵御外部强大压力是区域经济一体化产生的直接原因

"二战"结束后，美国与前苏联在欧洲形成了对峙的冷战局面，双方在欧洲展开了激烈的争夺。为了维护国家主权，增强与美苏相抗衡的力量，恢复和提高西欧在国际舞台上的地位，以及发挥其应有的作用，西欧国家领导人痛感需要联合，走一体化的道路，这是欧共体成立的直接原因。其后建立的区域经济一体化组织大都有类似的原因。

2. 发展中国家维护民族经济权益和发展的需要

"二战"后，殖民体系瓦解，原来的殖民地附属国纷纷获得政治上的独立，开始致力于民族经济的发展。但是，广大的发展中国家和地区在发展经济上面临很多问题，如物质和技术能力薄弱、资金不足、国内市场狭窄、国际经济体系不合理等。这种情况迫使发展中国家和地区联合起来，进行集体的自力更生，走经济一体化的道路。

3. 科学技术和社会生产力的高速发展是区域经济一体化产生的经济技术基础

第二次世界大战以后，以原子能工业、电子工业和高分子工业为标志的第三次科技革命

⊖ 经济互助会简称"经互会"，1949年1月，根据前苏联的倡议，为对抗"马歇尔计划"而建立的前苏联和东欧社会主义国家之间进行经济合作和贸易联系的区域性国际组织。

的出现，极大地促进了社会生产力的提高和国际分工向广度和深度发展，加速了各国经济的相互依赖和经济生活的国际化趋势。生产力的发展要求打破国家的疆域界限，在彼此之间进行经济协调和联合。这种建立在现代科学技术基础上的日益加深的各国经济的相互依赖性，是发达国家趋向联合、走向经济一体化的客观基础。

4. 区域经济一体化自身所能带来的各种积极经济效应是其产生和发展的内在动力

区域经济一体化的建立会给各成员国带来各种各样积极的经济效应，如组建区域经济一体化之后，成员国之间相互取消或削减关税并减少非关税壁垒，这就为成员国之间产品的相互出口创造了良好的条件，从而会使区域内贸易的规模趋于扩大。这被称为"贸易创造"效应。利用区域内市场扩大出口，带动经济发展，对于那些国内市场相对狭小的国家来说尤其重要。区域经济一体化的建立还会使所有成员国的国内市场组成一个统一的区域性市场，这种市场范围的扩大为企业实现生产的规模经济创造了条件，并且可以进一步增强区域内部的企业相对于非成员国企业的竞争力。区域经济一体化的建立也有利于促进成员国企业之间的竞争，从而打破国内垄断，优化资源配置，提高经济运行的效率，也有助于吸引外部投资。区域经济一体化组织会对来自非成员国的产品产生一定的排斥作用，非成员国为了抵消这种不利影响，会倾向于将生产点转移到区域的内部，在当地直接生产并销售。对成员国来说，这就在客观上促进了外部资本流入。

5. "多米诺骨牌"效应

区域经济一体化组织的建立使国家间的竞争转为集团间的竞争。由于区域经济一体化组织对来自成员国和非成员国的产品采取差别待遇，它在扩大区域内贸易的同时，也减少了区内成员国与区外国家之间的贸易往来，从而造成了贸易方向的转移。这种"贸易转移"效应无疑会对非成员国的出口造成负面影响。因而当几个国家签订了一个区域经济一体化协议之后，就会对其他非成员国家造成压力，促使它们也加入这个区域经济一体化组织或是寻求建立它们自己的区域经济一体化组织。而新的区域经济一体化协议的签订又会进一步增大对其他非成员国家的压力，进而促使更多的区域经济一体化组织的出笼。这被 Baldwin 形象地称为"多米诺骨牌"效应。

6. 有利于维护周边环境的和平与稳定、提高国际地位和加强对外谈判力量

区域经济一体化会使各成员国的经济更加紧密地结合在一起，增强了相互间的依存度和信任度，从而避免了相互之间矛盾的激化。例如，欧洲经济一体化的一个主要动机就是要通过经济上的合作防止在欧洲再度爆发战争。发展中国家之间组成区域经济集团，也希望改变西方大国操纵世界事务的局面，提高其国际地位，进而建立国际政治新秩序。

第二节　区域经济一体化的基本形式及理论

区域经济一体化形式种类繁多，按不同的标准可以划分为不同的类型，另外，对此现象解释的理论也有不少，本节将做简要介绍。

一、区域经济一体化的基本形式

按照组织性质和经济贸易壁垒取消的程度划分

（1）优惠贸易安排（特惠贸易协定）。这是最低级、最松散的经济一体化组织形式，成员国之间相互给予对方出口商品特别的优惠关税。如 1932 年英国与其以前的殖民地建立的大英帝国特惠税制就规定：成员国间相互减让关税，但对非成员国仍维持较高的关税，形成一种优惠贸易集团。

（2）自由贸易区。成员国之间取消一切贸易壁垒，包括关税和非关税壁垒，商品自由流动，但每个成员国仍保持原来对非成员国的独立的贸易壁垒。如 2003 年 6 月 29 日我国中央与香港特别行政区签署《内地与香港关于建立更紧密经贸关系的安排》（简称 CEPA），其主要内容有三大部分：货物贸易自由化；内地自 2004 年 1 月 1 日起对 273 个税目的港产品实行零关税；2006 年 1 月 1 日起对全部港产品实行零关税。

（3）关税同盟。关税同盟是指两个或两个以上的国家之间完全取消关税或其他壁垒，对非成员国实行统一的贸易壁垒，从而完全取消成员国之间的海关而缔结的同盟。结盟的目的在于使成员国的商品在统一关税的保护下，在内部市场上排除非成员国商品的竞争，它开始带有超国家的性质。如 2002 年 12 月 22 日沙特等海湾 6 国正式成立，并于 2003 年 1 月 1 日生效的海湾关税联盟，西非国家自 2000 年 1 月 1 日起正式启动的关税同盟等。

（4）共同市场。在关税同盟的基础上，成员国之间完全消除对生产要素流动的限制，使人员、资本、商品、服务完全自由流动。1992 年 12 月 31 日欧共体基本建成了内部大市场。

（5）经济同盟。在共同市场的基础上，成员国之间逐步废除经济政策的差异，制定和执行某些共同的经济政策（如财政政策、货币政策）和社会政策（如社会福利政策），并向经济一体化的最后阶段过渡。1999 年 1 月 1 日欧元启动，标志欧盟已经进入这一阶段。

（6）完全经济一体化。它除了要求成员国完全消除商品、资本和劳动力流动的人为障碍外，还要求在对外贸易政策、货币政策、财政政策、社会政策等方面完全一致，并建立起共同体一级的中央机构和执行机构对所有事务进行控制，等同于一个扩大了的国家。这是经济一体化的最高组织形式，迄今并未出现。

二、经济一体化的效应

美国经济学家 J. 范纳（J. Viney）在 1950 年出版的《关税同盟问题》一书中，研究了关税同盟的经济后果，后来 K. G. 李普西（K. G. Lipsey）又依据欧共体的实践进一步完善了这个理论。该理论认为，关税同盟具有静态效应和动态效应。静态效应是指在经济资源总量不变、技术条件没有改进的情况下关税同盟对区域内国家贸易、经济发展及物质福利的影响。动态效应是指关税同盟对成员国贸易及经济增长的间接推动作用。

1. 静态效应

（1）贸易效应。下面分贸易创造效应、贸易转移效应和贸易扩大效应 3 方面介绍。

① 贸易创造效应：成立关税同盟后，某成员国的一些国内生产的产品，被生产成本最低的成员国的出口产品所取代。结果，从世界角度看，高效率的生产取代了低效率的生产，获得了生产利益；从进口国的角度看，产品价格降低了，获得了消费利益。如图 15-1 所示。

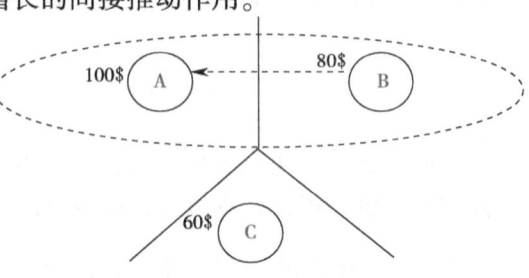

图 15-1　贸易创造效应

注：图中实线为结成关税同盟前，虚线为结成关税同盟后。

在图 15-1 中，假设缔结关税同盟前，X 商品在 A 国的价格为 100 美元，在 B 国为 80 美元，在 C 国为 60 美元。A 国对外征收 100% 的关税，显然 A 国 X 商品自产自销。当 A 国与 B 国结成关税同盟，互相取消关税，对 C 国仍然保持 100% 的关税，A 国将从 B 国进口 X 商品，B 国高效率的生产取代 A 国低效率的生产，优化了资源配置。同时 X 商品的价格在 A 国从 100 美元降为 80 美元，扩大了消费和贸易量，又得到了消费利益。

② 贸易转移效应：成立关税同盟后，某成员国原先从低成本非成员国进口的某些产品，被生产成本较高的成员国的出口产品所取代。结果，从世界角度看，低效率的生产取代了高效率的生产，损失了生产利益。如图 15-2 所示。

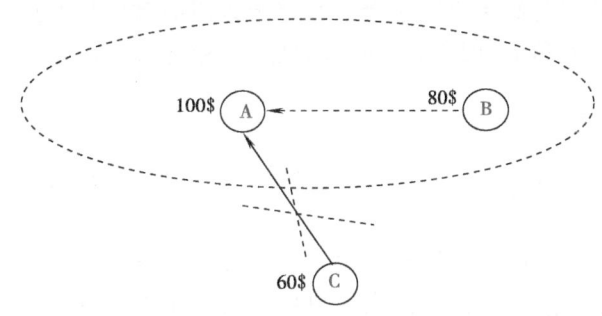

图 15-2 贸易转移效应

注：图中实线为结成关税同盟前，虚线为结成关税同盟后。

在图 15-2 中，假设缔结关税同盟前，A 国实行自由贸易，不征关税，显然 A 国从生产效率最高的 C 国进口。而当 A 国与 B 国结成关税同盟、互相取消关税，对外统一征收 50% 的关税后，A 国将从 B 国进口 X 商品，B 国低效率的生产取代 C 国高效率的生产，损失了生产利益。

③ 贸易扩大效应：成立关税同盟后，关税取消使成员国商品的进口价格下降，导致进出口量增加。

贸易创造效应和贸易转移效应是从生产方面考察关税同盟对贸易的影响，而贸易扩大效应则是从需求方面分析的。关税同盟无论是在贸易创造，还是在贸易转移的情况下，都会导致贸易量的增加。因而，从这个意义上讲，关税同盟可以促进贸易的扩大。

当成员国的生产结构较具竞争性时，关税同盟的贸易创造效应就较大；当成员国的生产结构较具互补性时，关税同盟的贸易转移效应就较大；组成关税同盟的成员国越多，形成的统一市场越大，成员国之间的距离越近，就会使关税同盟的贸易扩大效应越大。

(2) 其他静态效应。其他静态效应主要有以下 4 方面：

1) 减少行政开支。关税同盟建立后，成员国之间的海关可以取消或减少，大大减少政府开支及企业支出。

2) 改善贸易条件。关税同盟形成后，一般会减少盟内成员国对外部的出口供给和进口需求，导致关税同盟整体与外部世界的贸易条件朝着有利于关税同盟的方向变化。

3) 减少走私。由于内部取消关税，对外实行统一的较低的税率，可以使高关税诱发的走私活动较好地得到扼制。

4) 提高经济地位，增强谈判能力。关税同盟成立后，成员国作为一个整体与其他国家或地区进行经贸谈判，这必然大大提高其讨价还价的能力，较好地维护成员国的利益。

2. 动态效应

（1）关税同盟成立后，成员国国内市场向统一的大市场转移，市场的扩大可以使成员国获得规模经济利益。

（2）自由贸易和生产要素的自由移动会加剧竞争，专业化分工向深度和广度拓展，使生产要素和资源配置更加优化。

（3）为了应付市场的扩大和竞争的加剧，企业必然增加投资，扩大生产规模，从而刺激劳动生产率的提高和成本的下降。

（4）集团歧视性的对外政策会吸引外资大量流入以突破贸易壁垒。

（5）市场的扩大、竞争的加剧和投资的增加，必然促使设备更新，采用新技术，从而推动技术进步。

第三节　区域经济一体化的实践

目前主要的区域经济一体化组织有欧盟、北美自由贸易区、亚太经合组织和东南亚国家联盟等，其中发展历史最悠久、影响最大的也最成熟的就是欧盟。本节将概括介绍。

一、欧盟（EU）

欧盟是当今世界上一体化程度最高的区域政治、经济集团组织，从区域化合作开始到一体化进程，开启和引领了世界区域经济一体化的浪潮，也是当今全世界各种区域经济一体化组织中最成功的典型，在全球事务中的影响与日俱增，成为世界各国和地区争相仿效的榜样。

（一）欧盟一体化的主要进程

1950年5月9日，法国外长舒曼提出了著名的"舒曼计划"，其内容为建立一个超国家的管理机构，联合经营法国和原联邦德国的煤炭、钢铁工业，并欢迎其他西欧国家一起参加。根据这个计划，1951年4月18日，法国、原联邦德国、意大利、荷兰、比利时和卢森堡在巴黎签订了《欧洲煤钢共同体条约》（又称《巴黎条约》）。1952年7月25日，欧洲煤钢共同体正式成立。1957年3月25日，这6个国家又在罗马签订了《欧洲经济共同体条约》和《欧洲原子能共同体条约》，简称《罗马条约》，决定于1958年1月1日建立欧洲经济共同体和欧洲原子能共同体。1967年7月1日欧洲经济共同体、欧洲煤钢共同体和欧洲原子能共同体签订协议，合三为一，简称欧共体。1992年底以前基本建成了欧洲内部统一大市场，在共同体范围内实现了商品、劳务、人员和资本无国界的自由流动。1991年12月11日欧共体首脑会议在荷兰马斯特里赫特召开，通过了以建立欧洲经济货币联盟和欧洲政治联盟为目标的《经济与货币联盟条约》和《政治联盟条约》，通称《马斯特里赫特条约》（简称《马约》），于1993年11月1日起生效，从此，欧共体称为欧洲联盟。1999年1月1日发行欧元，2002年1月1日欧元正式流通，成为12国（比利时、德国、西班牙、法国、爱尔兰、意大利、卢森堡、荷兰、奥地利、葡萄牙、芬兰和希腊）法定货币。斯洛文尼亚于2006年达到标准并于2007年1月1日加入欧元区；塞浦路斯和马耳他于2008年加入欧元区；斯洛伐克于2008年达到标准并于2009年1月1日加入欧元区。目前欧元区共有16

个成员国和超过 3 亿 2 千万的人口。

(二) 欧盟成立后的六次扩充

1973 年英国、丹麦、爱尔兰加入，使欧共体成员国增加到 9 个。1981 年希腊加入，使欧共体成员国增加到 10 个。1986 年西班牙和葡萄牙先后加入，使欧共体成员国增加到 12 个。1995 年，奥地利、瑞典和芬兰加入，使欧盟成员国扩大到 15 个。2004 年 5 月 1 日塞浦路斯、匈牙利、捷克、爱沙尼亚、拉脱维亚、立陶宛、马耳他、波兰、斯洛伐克和斯洛文尼亚 10 个中东欧国家入盟，使欧盟成员国扩大到 25 个。2007 年 1 月 1 日，保加利亚和罗马尼亚加入欧盟。2013 年 7 月 1 日克罗地亚成为欧盟成员国。

目前欧盟有成员国 28 个，人口约 5 亿，面积 400 多万 km²，整体国内生产总值约 10 万多亿美元，经济总量与美国不相上下，是一个集政治实体和经济实体于一身、一体化程度最高的、在世界上具有重要影响的区域一体化组织。总部设在比利时首都布鲁塞尔，欧洲中央银行设在法兰克福。有自己的盟旗、盟歌、货币及外交政策。

(三) 欧盟一体化的主要成果[一]

1. 成立关税同盟

主要采取了以下措施：取消内部关税、统一对外税率、取消数量限制和禁止与数量限制具有同等效力的措施。按照《罗马条约》的规定，成员国应分 3 个阶段减税，原 6 国之间的工业品和农产品，分别提前于 1968 年 7 月和 1969 年 1 月建成关税同盟。在取消内部关税的同时，1968 年 7 月 1 日共同体原 6 国开始对非成员国工业品实行统一的关税，即以 6 国对外关税率的平均数作为共同的关税率。欧共体 1960 年 5 月决定，于 1961 年提前取消工业品进口限额，农产品数量限制改为共同体配额，适用于所有成员国，同时消除贸易的技术壁垒，协调间接税，简化边境海关监管手续等。

2. 实施共同的农业政策

这方面成果主要有：对非成员国的农产品进口征收差价税，即按非成员国农产品的进口到岸价格与共同体内同种农产品的最高市场价格的差额征税；统一农业政策和农产品价格，即成立各类农产品的共同市场组织，制定共同价格，使农产品在共同体内自由流通；对农产品出口实行补贴，即各成员国把征收的进口差价税上缴共同体，建立共同的农业基金以补贴农产品出口。

3. 建立欧洲货币体系

1973 年成立欧洲货币合作基金，1974 年设立欧洲计算单位 (EUA)，用于各成员国中央银行之间的债务结算和蛇形浮动制的货币业务。EUA 是一种篮子货币，各成员国货币在其中的权重按 1969～1973 年该国出口额在共同体出口总额中的比重确定，以 9 国货币当时的汇率决定折算价值。1979 年 3 月，欧共体又设立了欧洲货币单位 (ECU) 取代了欧洲计算单位 (EUA)，也是一个篮子货币。成员国货币的比重，是根据各国国民生产总值和在共同体内部贸易总额中的大小来确定的。为了稳定各成员国的汇率，欧共体建立了一种固定的可调整的汇率制度，即以欧洲货币单位为中心，首先规定各成员国货币与欧洲货币单位的中心汇率或平价，然后通过欧洲货币单位确定各成员国货币之间的双边固定汇率，各成员国保证其货币汇率偏离中心汇率的最大波动幅度在 ±2.25% 之间，

[一] 欧洲联盟，http://www.eu-pur.org.cn。

否则有义务进行干预。

4. 建立内部统一大市场

根据《单一欧洲法令》所确定的目标，欧共体12国先后采取了282项立法措施，克服了有形壁垒、技术壁垒和财政壁垒，在1992年底以前基本建成了欧洲内部统一大市场，在共同体范围内实现了商品、劳务、人员和资本无国界的自由流动。

5. 发行单一货币，建立欧洲中央银行，统一货币政策

1999年1月1日欧盟中的德国、比利时、奥地利、荷兰、法国、意大利、西班牙、葡萄牙、卢森堡、爱尔兰和芬兰11个成员国率先放弃了货币主权，共同采用统一的货币欧元，希腊于2001年1月1日采用欧元，成为欧元区第12个成员国。2002年1月1日零时，欧元正式流通，并成立了欧盟中央银行，因此，货币政策已经统一。

6. 统一财税政策

欧盟在改革成员国不同增值税、消费税等税收制度和财政补贴政策方面，有一整套财政政策协调的法律程序和制度框架，并逐步确立了成员国税收一体化的基本原则：①禁止以税收方式对本国产品提供保护原则；②协调成员国税收立法原则；③消除重复征税原则；④成员国从属原则；⑤成员国一致同意原则。此外，建立超国家的共同财政预算制度，财政收入来源于：①成员国全部进口关税；②农产品进口差价税和糖税、成员国增值税提成等。通常欧盟每年的共同财政预算约900亿欧元。

7. 建立共同体一级的决策机构和执行机构，实施共同的外交和安全政策

欧盟拥有许多共同体一级的决策机构和执行机构，以保证区域一体化的深入推进，主要有：①欧洲理事会（European Council），即首脑会议，由成员国国家元首或政府首脑及欧盟委员会主席组成，负责讨论欧洲联盟的内部建设、重要的对外关系及重大的国际问题。每年至少举行两次会议。欧洲理事会主席由各成员国轮流担任，任期半年。②欧盟理事会（Council of the European Union），即部长理事会，主席由各成员国轮流担任，任期半年。③欧盟委员会（Commission of European Union），是欧洲联盟的常设机构和执行机构，负责实施欧洲联盟条约和欧盟理事会做出的决定，向理事会和欧洲议会提出报告和立法动议，处理联盟的日常事务，代表欧盟对外联系和进行贸易等方面的谈判等。在欧盟实施共同外交和安全政策范围内，只有建议权和参与权。④欧洲议会（European Parliament），是欧洲联盟的执行监督、咨询机构，在某些领域有立法职能，并有部分预算决定权，并可以2/3多数弹劾欧盟委员会，迫其集体辞职。⑤欧洲法院（European Court of Justice），是欧盟的仲裁机构，负责审理和裁决在执行欧盟条约和有关规定中发生的各种争执。⑥欧洲审计院（European Court of Auditors），负责欧盟的审计和财政管理。⑦欧洲中央银行（European Central Bank），负责制定货币政策和发行欧元。

2004年10月欧盟25个成员国的领导人在罗马签署了欧盟历史上的第一部宪法条约，标志着欧盟在推进政治一体化方面又迈出重要的一步。2005年1月欧洲议会批准了欧盟宪法条约，但随后在法国、荷兰的"公投"中先后遭到否决。为解决欧盟制宪危机，欧盟领导人2007年12月13日在葡萄牙首都里斯本正式签署《里斯本条约》，取代已经失败的《欧盟宪法条约》，该条约已获得当时欧盟全部成员国的批准，并于2009年12月1日正式生效。从某种意义上讲，欧洲一体化已经成为一个"难以逆转"的进程。不管人们愿意与否，它时刻都在影响着欧盟人们的生活：在欧盟范围内，法规一体化的覆盖率已达60%以上；

在经济一体化方面，成员国的主权转让共享已超过85%。

（四）欧盟一体化的主要特点

（1）循序渐进，从低级形式逐步走向高级形式。最初是关税同盟，逐步发展到经济与货币联盟阶段。

（2）逐步推进。最初是部门一体化，逐步扩大到全面一体化；最初仅为6国，现在已经有28国，还会逐步扩大。

（3）从单纯的商品贸易领域扩大到货币、金融、服务、科技、农业、财政等各个领域。

（4）经济一体化促进了社会和区域政策的协调，为推进政治一体化打下了基础。

【国贸博览 15-1】

欧洲建设的里程碑——《里斯本条约》

2004年10月29日欧盟25个成员国的领导人在罗马签署了《欧盟宪法条约》。但在法国、荷兰的"公投"中先后遭到否决。为解决欧盟制宪危机，欧盟领导人2007年12月13日在葡萄牙首都里斯本正式签署《里斯本条约》，取代已经失败的《欧盟宪法条约》，该条约已获得当时欧盟全部成员国的批准，并于2009年12月1日正式生效。

相比《欧盟宪法条约》，新条约内容大为简化，但仍保留了宪法条约的实质内容。根据新条约，欧盟的决策方式和机构设置都将进行大刀阔斧的革新，旨在让扩大后的欧盟更好地运转。主要内容有：①设立常任欧盟理事会主席职位，主席任期2年半，可以连任；②设立欧盟外交和安全政策高级代表一职，全面负责欧盟对外政策；③从2014年起欧盟委员会的委员人数将从27名减至18名；④欧洲议会的权力将增强；⑤议会的议席数将从目前的785席减至750席；⑥将更多政策领域划归到以"有效多数表决制"决策的范围，以简化决策过程，成员国不再能"一票否决"，但在税收、社会保障、外交和防务等事关成员国主权的领域，仍采取一致通过原则；⑦从2014年开始，以"双重多数表决制"取代目前的"有效多数表决制"，即有关决议必须至少获得55%的成员国和65%的欧盟人口的赞同，才算通过，"双重多数表决制"实施后的3年为过渡期；⑧成员国议会将在欧盟决策过程中发挥更大作用，例如如果一项欧盟立法草案遭到1/3成员国议会的反对，将返回欧盟委员会重新考虑；⑨欧洲法院将被赋予更大权力，可以就各国司法和内政相关的法律是否与欧盟法律相冲突进行裁决等。

二、北美自由贸易区（NAFTA）

美国与加拿大于1986年5月开始自由贸易区谈判，1987年10月达成《美加自由贸易协定》，1988年1月2日美加正式签署了自由贸易协定，并于1989年1月1日起正式生效，开启了北美经济一体化的历程。

墨西哥总统萨里纳斯上台后，积极寻求与美国、加拿大的自由贸易协定谈判，三方于1992年12月签署了《北美自由贸易协定》，该协定于1994年1月1日起正式生效。该自由

⊖ 欧盟"在危机中前进"，http://shrb.dzwww.com，2005-12-14。

贸易区拥有人口约3.6亿，面积2100多万 km²，整体国内生产总值约12万多亿美元，是典型的南北经济区域集团化模式。

1994年12月10日，美洲34个国家的领导人在美国的迈阿密签订协议，同意建立"美洲自由贸易区"，并将2005年确定为完成谈判的最后期限。然而，由于美国同阿根廷、巴西、巴拉圭和乌拉圭等国在农产品补贴、农产品市场准入等问题上存在严重分歧，美洲自由贸易区谈判进展缓慢，最终没能在2005年底达成协议，谈判陷入僵局。

1. 北美自由贸易区的宗旨与目标

《北美自由贸易协定》明确表示美、加、墨三国将根据自由贸易的基本精神，秉承国民待遇、最惠国待遇和透明度的原则，建立自由贸易区。其宗旨是：取消贸易壁垒，创造公平竞争的条件，增加投资机会，对知识产权提供适当的保护，建立执行办公室和解决争端的有效程序，以及促进三边的、地区的和多边的合作；其目标是经过15年的过渡期，于2008年建成一个取消所有商品和贸易障碍的自由贸易区，实现生产要素在区内的完全自由流动。

2.《北美自由贸易协定》的内容

《北美自由贸易协定》的内容包括：降低与取消关税；汽车产品；纺织品和服装；原产地规则；能源和基本石化产品；农业；放宽对外资的限制；开放金融保险市场；公平招标；服务贸易；知识产权保护。

除上述主要内容外，《北美自由贸易协定》还就三国的海关管理、卫生和植物卫生检疫措施、紧急措施、技术标准、公共部门的采购、竞争垄断和国有企业、商务人员的临时入境、反倾销和补偿配额的争端解决、例外及保留条款等专门做了详细规定。

3. 北美自由贸易区的特点

（1）南北共存性特点。区域经济集团一般由社会经济发展水平相对接近的有关国家组成，这样可以大大减少实际运行中的调整成本，如欧盟。而北美自由贸易区则不然，其中既有当今世界上的第一经济大国美国和发达国家加拿大，也有发展中国家墨西哥，经济发展水平迥异。因此，在北美自由贸易区中既存在着美、加之间的"水平形态的经济合作与竞争"，又存在着美、墨与加、墨之间的"垂直形态的经济合作与竞争，而且二者相互交织在一起。

（2）一国主导性特点。在北美自由贸易区的3个成员国中，当数美国的经济发展水平最高，综合国力最强，在双边贸易、直接投资、技术转让及金融、保险等生产性服务业诸领域都有雄厚的经济实力，加拿大、墨西哥的总体经济实力远不能同美国同日而语。经济发展水平和总体经济实力方面的巨大差异造成美国和加拿大、墨西哥之间尤其是美、墨之间相互依赖的不对称性，由此导致了美国在北美自由贸易区中占据主导和支配地位。美国既是建立北美自由贸易区的积极倡导者，也是北美自由贸易区得以正常运行的主要支撑力量。可以说北美自由贸易区是以美国为核心的区域经济集团，或者形象地说，北美自由贸易区的构成是"一个大块头带着两个小个子"。

（3）经济互补性特点。美、加、墨的经济互补关系在三国的经济运行中随处可见，如墨西哥和加拿大拥有丰富的能源资源，而美国是世界上的能源消费大国，每年需要进口大量石油，三国在能源领域有很强的互补关系；墨西哥作为一个人口大国，拥有大量的廉价劳动力，美国则有先进的技术设备和雄厚的资本实力，二者的结合，必将从总体上提高北美地区制造业竞争力。

根据《北美自由贸易协定八周年》的总结报告，1993～2001年，区内贸易翻了一番，从2970亿美元增加到6220亿美元，三国之间每天的贸易量就有17亿多美元。可以说，北美自由贸易区的建立使北美地区成为世界上一个极具经济竞争力和经济最为繁荣的区域。

三、亚太经合组织（APEC）

1989年11月5日至7日，澳大利亚、美国、加拿大、日本、韩国、新西兰和东盟6国在澳大利亚首都堪培拉举行亚太经济合作会议首届部长级会议，这标志着亚太经济合作会议的成立，1993年6月改名为亚太经济合作组织，简称亚太经合组织（APEC）。1991年11月，中国同中国台北和中国香港一起正式加入亚太经合组织。目前该组织共有21个成员：澳大利亚、文莱、加拿大、智利、中国、中国香港、印度尼西亚、日本、韩国、墨西哥、马来西亚、新西兰、巴布亚新几内亚、秘鲁、菲律宾、新加坡、中国台北、泰国、美国、俄罗斯和越南。

APEC成员位于环太平洋地区，分布在美洲、亚洲和大洋洲，总人口占世界人口的45%，国内生产总值占世界的55%，贸易额占46%，在全球经济活动中具有举足轻重的地位。

自1989年起，亚太经合组织每年举行一次由各成员国外交和经贸部长参加的年会，并召开3～4次高级官员会议，还可就某一专题举行部长级特别会议。

领导人非正式会议是亚太经合组织最高级别的会议，首次领导人非正式会议于1993年11月20日在美国西雅图举行，会议发表了《经济展望声明》，揭开了亚太贸易自由化和经济技术合作的序幕。此后，领导人非正式会议每年召开一次，在各成员间轮流举行。

APEC具有以下特点：

（1）开放性。成员间的所有优惠性措施或安排也适用于非成员国。

（2）灵活性。允许各成员根据本国或本地区的具体情况，选择实现贸易投资自由化的进程和速度。

（3）多层次性。亚太地区地域辽阔，经济、社会、文化差异极大，因此，次区域经济合作蓬勃发展，如北美自由贸易区、南太平洋自由贸易区、东盟自由贸易区等。

（4）渐进性。由于APEC成员间巨大的差异性，决定了其不可能在短期内形成像欧盟或NAFTA那样的一体化组织，而要经过先易后难、先初级后高级的、渐进的、长期的发展过程。《茂物宣言》宣布发达国家不迟于2010年、发展中国家不迟于2020年在亚太地区实现贸易和投资自由化的长远目标。

四、东盟（ASEAN）

东南亚国家联盟（简称东盟）的前身是马来西亚、菲律宾和泰国于1961年7月31日在曼谷成立的东南亚联盟。

1967年8月7～8日，印度尼西亚、泰国、新加坡、菲律宾和马来西亚在曼谷举行会议，发表了《曼谷宣言》，正式宣告东南亚国家联盟成立。目前东盟成员国有10个：文莱、柬埔寨、印度尼西亚、老挝、马来西亚、缅甸、菲律宾、新加坡、泰国、越南。总面积约450万km^2，人口约5.12亿。

东盟自由贸易区于2002年1月1日正式启动，目标是实现区域内贸易的零关税。文莱、印度尼西亚、马来西亚、菲律宾、新加坡和泰国 6 国已于 2002 年将绝大多数产品的关税降至 0~5%。越南、老挝、缅甸和柬埔寨 4 国将于 2015 年实现这一目标。

五、跨太平洋伙伴关系协定（TPP）

2008 年金融危机发生后，美国奥巴马政府以贸易振兴经济，提出为期 5 年的"出口倍增"计划。为此，先后启动了"跨太平洋伙伴关系协定"（Trans‐Pacific Partnership Agreement，TPP）和"跨大西洋贸易与投资伙伴协定"（Transatlantic Trade and Investment Partnership，TTIP）的谈判。

跨太平洋伙伴关系协定（TPP），也被称作"经济北约"。其前身是跨太平洋战略经济伙伴关系协定（Trans‐Pacific Strategic Economic Partnership Agreement），是由亚太经济合作会议成员国中的新西兰、新加坡、智利和文莱 4 国发起，从 2002 年开始酝酿的一组多边关系的自由贸易协定，原名"亚太自由贸易区"，旨在促进亚太地区的贸易自由化。2009 年 11 月美国正式提出扩大的跨太平洋伙伴关系计划，全方位主导 TPP 谈判。参与谈判的共有 12 个成员：美国、智利、秘鲁、越南、新加坡、新西兰、文莱、澳大利亚、日本、墨西哥、加拿大、马来西亚。2015 年 10 月 5 日，美国等 12 个国家成功结束了 TPP 谈判，达成 TPP 贸易协定。

六、跨大西洋贸易与投资伙伴协议（TTIP）

2013 年 2 月美国与欧盟决定就"跨大西洋贸易与投资伙伴协议"（TTIP）举行谈判。旨在通过扩大双边贸易和投资，以促进经济增长、创造就业，最终摆脱金融危机的影响；提高国际竞争力，应对新兴经济体的挑战；在世界贸易组织（WTO）之外解决贸易壁垒问题，并为 21 世纪的国际商品—投资—服务贸易制定新的国际规则。除减免关税外，TTIP 谈判将重点致力于解决市场准入和监管法规、非关税壁垒以及市场规则等三个关键性问题。一旦美欧在产品技术标准上达成一致，将对全球产生重要影响，成为新的国际标准，进而影响到整个全球化规则的制定。欧美约占世界国内生产总值的一半，世界贸易额的 1/3，平均每天贸易额达 27 亿美元，相互投资达 3.7 万亿美元。这个协定如果达成，将成为史上最大的自由贸易协定。据欧盟独立研究报告，TTIP 生效后，欧盟对美国出口总体上将增长 28%，欧盟每年将从中受益 1190 亿欧元（1590 亿美元），按平均计算，欧盟每个 4 口之家每年将增加 545 欧元的可支配收入，令美国经济产出增加 950 亿欧元（1269 亿美元），而这些收益大部分是建立在 TTIP 所带来的监管负担的下降、手续的简化、服务贸易和公共采购的自由化基础上的。由于欧美差距较小，双方都同意在奥巴马任期内（2017 年 1 月前）结束谈判。如果 TTIP 建成，以北美自由贸易区为躯干，外加 TPP 和 TTIP 的两侧联动，"一体两翼"的两洋战略将强力驱动美国全球布局。

第四节 区域经济一体化的影响

根据比较优势理论，自由贸易能使世界福利达到最大化，区域经济一体化在成员之间减免关税，从而趋向自由贸易，必然导致成员国福利的增加。而对其他国家而言，影响则比较复杂，利弊皆有。

一、对区域集团内部成员国经济贸易的影响

概括说来,区域一体化作为一种扩大了的市场,将对集团内成员国的贸易和经济发展产生积极影响。

1. 市场扩大,能获得规模经济效益

区域一体化能把分散的小市场统一起来,结成大市场,实现规模经济等技术利益。内部生产要素可以自由流动,也便于生产资料集中使用,有利于实现规模集约。规模经济有内部规模经济与外部规模经济之分。内部规模经济主要来自内部贸易的开辟或创造而引起的生产规模扩大和生产成本降低。外部规模经济主要来源于区域经济的发展,区域性经济结合可导致区域内部市场扩大,带来各行业各部门经济的相互促进和发展。

2. 促进了集团内部的贸易自由化和投资自由化,导致市场竞争程度提高,经济效率随之提高

区域经济一体化的实现过程,也是成员国之间贸易壁垒逐步撤销、贸易自由化不断推进的过程,还是取消投资限制的过程。贸易自由化后,各国厂商失去了本国的保护,必须迎接集团内其他国家厂商的竞争,从而刺激劳动生产率的提高和成本的下降,并刺激新技术的开发和利用。产品成本和价格下降了,再加上人们收入水平随生产发展而提高,过去只供少数富人消费的高档商品将转为多数人的消费对象,出现大市场、大规模生产、大量消费的良性循环。投资自由化以后,会导致生产要素的自由转移,经济资源配置也就趋于最优状态。

3. 促进集团内部的国际分工和技术合作,加快产业结构调整,提高国际竞争力

为应付市场的扩大和竞争的加剧,集团内各企业必然增加投资,更新设备,采用新技术,所以,区域经济一体化的发展,会促进区域内的科技一体化。欧盟的"尤里卡"计划就是例证。一体化的创建还给区域内各企业提供了重新组织和提高竞争力的机会与条件。通过企业兼并或企业间的合作,加快地区分工和产业结构调整,促进了企业经济效益的提高,实现了产业结构的高级化。对于发展中国家来说,发展区域经济一体化,可以充分利用现有的资金、技术、设备和各种资源,建立起规模较大、技术水平较高的联合企业,建立起新兴的工业部门,逐步改变单一的经济结构,逐步改变出口商品单一的状况。近年来,发展中国家通过经济一体化发展工业生产,工业品的自给率已有较大幅度的提高,拉美经济一体化组织中60%的机器及运输设备、35%的化工产品以及40%的钢材都是从区内贸易获得的。

4. 促进了区域内部贸易的迅速增长和就业人数的增加

尽管区域经济一体化的层次有所不同,但其寻求的基本目标都是贸易自由化。随着成员国之间相互取消或削减关税并减少非关税壁垒,这就为成员国之间产品的相互出口创造了良好的条件,从而会使区域内的贸易迅速增长,区域内部贸易占成员国对外贸易的比重明显提高。从1958年欧洲经济共同体成立以来,欧盟内部贸易的增长速度就一直高于对外部贸易的增长速度,欧盟成员国间贸易在外贸总额中的比重大约上升近30个百分点,2003年欧盟15国的区域内贸易比重已经高达60%,随着中东欧国家的加入,这一比重预计增加至76%。

根据《北美自由贸易协定八周年》的总结报告,1993~2001年,加拿大向美、墨两国的出口额增长了95.7%,达到2290亿美元,而向区外国家的出口额仅增长了5%;2001年墨西哥向美、加两国的出口额为1390亿美元,比1993年增加了225%,同期墨西哥向区外

国家出口额的增幅为93%；2001年美国向加、墨两国的出口额为2650亿美元，比1993年增长了86.6%，也明显高于美国向区外国家出口44%的增幅。

区域内部贸易的迅速增长增强了区域内部的经济活力，带动了经济增长，也创造出更多的高薪就业职位。在加拿大，出口相关行业的小时工资比非出口行业高出35%，在墨西哥，出口行业的工资水平比非出口行业高出近40%，在美国，1993~2000年期间，向区内出口行业的就业增加了90多万个职位，这些职位的工资高出美国平均工资水平的13%~18%不等。世界银行2005年特别指出，如果没有NAFTA，（2004年）墨西哥的出口会比现在少25%，FDI会少40%，人均年收入将从2002年的5920美元降到5624美元。

5. 有利于吸引外资

由于区域经济一体化组织内外有别——对内采取自由贸易，而对外则采取歧视性做法，于是区域外国家的企业向区域内投资，以绕过贸易壁垒。投资的增加无疑会有力地推动区域经济集团国家的经济增长。1994~2001年，流入北美自由贸易区的外国直接投资占同期全世界外国投资总额的28%，其中美国每年吸收1102亿美元的外国直接投资，加拿大年均吸收外资额达到214亿美元，比《北美自由贸易协定》生效前7年的总额多了两倍。1994~2004年，墨西哥共得到1240亿美元的外国投资，每年平均吸纳120亿美元的国外直接投资，这比墨西哥在1984~1994年所得到的FDI高出4倍以上。根据欧盟委员会的统计，欧盟在全球FDI流量中的份额从1982~1987年的28.2%迅速提高到1991~1993年的44.4%，而其在发达国家中的份额从36.1%急剧提高到66.3%。这说明单一市场对全世界的投资者有更大吸引力。[⊖]

6. 增强和提高了区域经济集团在世界经济中的地位和谈判力量

团结就是力量，对小国而言更是如此。区域经济一体化使得区域经济集团的实力大大增加，提高了在世界经济中的地位和"发言权"，尤其是增强了在国际贸易中的谈判力量。最典型的当数欧盟，在成员国扩充到27个之后，其经济总量已与美国不相上下，贸易规模更是远远大于美国。在"乌拉圭回合"和"多哈回合"的谈判中，法国敢就农产品市场开放问题与美国"叫板"，空中客车公司敢与波音公司竞争，就是因为欧盟在背后"撑腰"。

二、对区域集团外部成员国经济贸易的影响

传统观点认为，区域经济一体化对区域集团外部成员国经济贸易的影响主要是消极的、不利的，其实不然。实践证明，该影响既有积极的，又有消极的。

1. 积极影响

区域经济一体化组织对外贸易的迅速增长直接带动了世界贸易的增长，促进了各国尤其是区域内成员国的经济增长，从而在长期上为区域外国家扩大出口创造了条件。区域经济一体化消除了成员国之间的贸易障碍，甚至消除了生产要素流动的障碍，从而产生贸易创造效应、贸易转移效应和贸易扩大效应，使成员国之间的对外贸易得以迅速增长。1950~1995年，欧盟15国出口与进口贸易额的年均增长率分别为11.5%和11.1%，均高于同期世界贸易出口年均增长11.1%和进口11.0%的增长速度。同欧共体一样，其他区域经济一体化组织的对外贸易也获得了较快的发展。这样在区域经济一体化的推动下，世界贸易得到了较快

⊖ 尹翔硕，欧洲单一市场对欧盟成员国贸易流动和产业区位的影响，欧洲，2001（2）。

的增长。如世界贸易额 1950 年为 607 亿美元,1980 年为 2 万亿美元,2003 年达到 7.3 万亿美元。"二战"后世界出口贸易的年增长速度一直超过世界生产平均增长速度。又如在 1981～2001 年的 21 年中,我国对欧盟的进出口总额增长了 13 倍,其中出口增长了 15 倍,进口增长了 12 倍,净出口从逆差 2 亿多美元到顺差近 50 亿美元,可以说,这段时间对欧盟贸易的发展使欧盟成了我国对外贸易三大市场之一。

2. 消极影响

(1) 对区域外国家的贸易份额下降。由于区域内的优惠并不给予区域外的国家,从而导致贸易转移,使其对区域外国家的贸易份额减少,表现出排他性的特征。如欧共体在 1958 年成立时,对发展中国家的出口额占其出口总额的比重为 30.3%,2003 年已经下降到 11.1%。又如 1994 年 1 月 1 日 NAFTA 成立前,我国纺织品在美国纺织品进口市场占第 1 位,墨西哥占第 4 位,NAFTA 成立后,墨西哥、加拿大纺织品立即取代了我国纺织品的市场地位,我国沦为第 3 位。1988～1993 年期间,美国从我国进口纺织品总额年增长率为 9%,但自从 NAFTA 生效以来,这一数字逐年减少,1995 年美国从我国进口的纺织品总额减少了 13%,1996 年上半年又减少了 36%。

(2) 对发展中国家引进外资不利。前已述及,由于区域经济一体化组织内外有别——对内采取自由贸易,而对外则采取歧视性做法,迫使区域外国家的企业向区域内投资,以绕过贸易壁垒,从而有利于吸引外资。目前区域经济一体化最成功的是发达国家的区域经济一体化,全球外资的主要来源地也是发达国家。发达国家的跨国公司(全球直接投资的主体)为了绕过贸易壁垒,抢占对方市场,主要是互相投资,而对区域外的发展中国家引进外资非常不利。如 NAFTA 生效后,美国和加拿大为降低生产成本,将一些劳动密集型的制造业生产迁往墨西哥,从而增加了对墨西哥的投资,而减少了对我国的投资。

1995 年,加、美在墨投资达到 42 亿美元。此外,由于在墨西哥生产的产品出口到美国、加拿大时关税降低,而且不受配额限制,亚洲一些国家和地区包括我国在内已经考虑在墨西哥投资建厂,1994～1995 年间流入墨西哥的外国直接投资达 143 亿美元。

【国贸博览 15-2】

《韩美自由贸易协定》使三成美国进口商"弃华投韩"

据韩国大韩贸易投资振兴公社(KOTRA)日前公布的一项调查显示,如果《韩美自由贸易协定》(FTA)得以签署,36% 的美国对华采购商有意将进口目标从中国转向韩国。KOTRA 是韩国政府为促进本国进出口贸易和投资而设立的非营利性半官方机构,在世界 74 个国家设立了 99 个分支机构。近日,该机构驻北美地区本部对 182 名美国采购商进行了调查。结果显示,在与韩国进行过贸易往来的采购商中,69% 的人表示将在 FTA 签订后扩大从韩国的进口。

值得中国关注的是,在被调查的与中国有贸易关系的采购商中,36% 的人表示将在韩美签订自由贸易协定后将其采购方向由中国转向韩国、或扩大从韩国的进口;另有 22% 的人表示,将不受这一协定影响,继续从中国进口商品。

然而,与中国的情况形成鲜明对照,在被调查的与日本和欧洲发达国家有贸易关系的美国采购商中,只有 16% 的人表示,将在韩美签订 FTA 后转移采购方向。《联合早报》3 月 5

日报道说，这表明，美国采购商从发达国家进口的是含有良好技术、设计和质量的商品，因此对转移原有的采购方向持较为谨慎的态度。

与此同时，据韩国联合通讯社报道，韩国庆熙大学政治外交系教授柳现锡几天前在其名为《韩美 FTA 的政治意义》的文章中毫不掩饰地指出，美国热衷于韩美 FTA，其实是出于政治目的，是希望通过这一协定阻止韩国被编入中国经济圈。柳现锡认为，虽然希望同美国签署 FTA 的国家多达 25 个，其中不乏日本、意大利等经济实力举世公认的八国集团成员，但美国却对韩国情有独钟，将其选为优先谈判的对象，里面似乎有国际政治的因素。

柳现锡表示，如果韩国同中国的经济联系过于密切，那么，最终两国在政治上可能会发展成非常"亲近"的关系，而这是美国非常不愿看到的。因为美国担心，随着中国在东亚共同体的形成过程中日渐发挥领导作用，美国在亚洲的经济影响力将受严重影响。而韩国是一个同东亚经济联系非常密切的经济体，因此，美国可能希望通过与韩国签署 FTA，来加强自身同东亚市场的联系。

分析人士认为，韩美签订 FTA 势必会提高韩国商品在出口上对中国的竞争力。据统计，一旦韩美签订 FTA，韩国布匹对美国的出口将增加 71%，普通机械及零部件、服装、IT 产品和汽车零配件对美出口的增幅也将达 50% 以上。上月韩美两国宣布就自由贸易协定的签署进行谈判后，有美国媒体认为，这一协定的签署必将使美国减少从中国的进口，以有助于减少居高不下的美国对华贸易逆差。

韩美 FTA 第一次总谈判将从 2006 年 6 月 5 日起在美国华盛顿举行；7 月 10 日起在韩国首都首尔将举行第二次总谈判。双方已决定，在 9 月、10 月和 12 月，再举行 3 次总谈判。

（资料来源：人民网 www.people.com.cn，2006 年 3 月 8 日。）

第五节　我国与区域经济一体化

区域经济一体化已经成为当今世界发展的一个潮流，对我国既有积极的一面，又有消极的一面。积极的一面表现为在一个成员国投资生产的产品可以方便地进入整个区域市场、单一货币发行带来诸多好处等；消极的一面主要是指贸易转向效应和投资转向效应等。鉴于区域经济一体化对我国经济存在正负两方面的影响，要认真研究对策，扬长避短，为我国的改革开放和经济发展服务。

一、我国对区域经济一体化的基本态度

1. 顺应潮流，积极参与

党的十七大把自由贸易区建设上升为国家战略，党的十八大提出要加快实施自由贸易区战略。党的十八届三中全会提出要以周边为基础加快实施自由贸易区战略，形成面向全球的高标准自由贸易区网络。目前我国已签署自贸协定 14 个，涉及 22 个国家和地区。正在谈判的自贸协定 8 个，涉及 23 个国家。特别是 2010 年中国成为世界第 2 大经济体后，更加积极地参加区域经济一体化，2013 年提出了"一带一路"战略和成立亚洲基础设施投资银行，将大大推进中国与其他国家的经济一体化进程。

2. 循序渐进，积极稳妥

世上没有免费的午餐，区域经济一体化在给参加国带来好处的同时，也要付出相应的代价。由于现代经济运行的复杂性，任何精确的计量模型和理论预测都难免出错，即使欧盟的成功经验也不是"放之四海而皆准"，因此，为了确保国内产业的发展和对外开放的平稳运行，我国要深入研究区域经济一体化带来的影响，权衡利弊，按照由近及远、先易后难、循序渐进的方针，有步骤、有层次、由低到高逐步推进区域经济一体化，尽可能避免贸易转移和投资转移带来的负面效应。目前我国经济一体化采用最多的形式是优惠贸易协定和自由贸易区，先是与港澳台、东盟等地区签约，然后与巴基斯坦、秘鲁、新西兰等国签约，逐步推进。

3. 提高实力，赢得主动

区域经济一体化创造的机遇能否抓住、能否充分利用，带来的冲击能否化解，完全取决于一国政府的管理能力和企业的竞争能力。为此，要练好内功。首先，要通过对外开放促进改革，推动政府简政放权，提高政府的宏观调控能力、防风险能力和驾驭经济的能力。其次，要加快市场体系的完善，让市场竞争机制更好地发挥"优胜劣汰"的作用，培养国内企业的竞争能力。最后，加快经济结构调整，实现产业结构优化升级，促进中国跨国公司的成长。

二、我国参与的区域经济一体化组织

近年来，我国加快构建开放型经济新体制。我国在参与区域经济合作方面取得了阶段性进展。除了积极参与亚太经合组织、亚欧会议、上海合作组织、大湄公河次区域开发等区域经济组织的贸易投资便利化和经济技术合作进程，开展"10＋3"和中日韩合作对话之外，又在参与双边贸易自由化方面取得了新的进展。截止到2015年6月，中国已签署自贸协定14个，涉及22个国家和地区，分别是中国与东盟、新加坡、巴基斯坦、新西兰、智利、秘鲁、哥斯达黎加、冰岛、瑞士、韩国和澳大利亚的自贸协定，内地与香港、澳门的更紧密经贸关系安排（CEPA），以及大陆与台湾的海峡两岸经济合作框架协议（ECFA），目前除与韩国、澳大利亚的自贸协定外均已实施；正在谈判的自贸协定8个，涉及23个国家，分别是中国与海湾合作委员会（GCC）、斯里兰卡、挪威和马尔代夫的自贸协定，以及中日韩自贸协定、《区域全面经济合作伙伴关系协定》（RCEP）和中国—东盟自贸协定（"10＋1"）升级谈判、中国—巴基斯坦自贸协定第二阶段谈判。此外，中国完成了与印度的区域贸易安排（RTA）联合研究；正与哥伦比亚等开展自贸区联合可行性研究等；还加入了《亚太贸易协定》。总体上看，我国顺应了全球范围内的区域经济合作迅猛发展的潮流，迎头赶上，大力推进并参与了区域经济合作特别是双边FTA的进程。其主要成果如下：

1. 中国—东盟自由贸易区

2002年11月4日中国国务院总理朱镕基和东盟10国领导人签署了《中国—东盟全面经济合作框架协议》，决定到2010年建成中国—东盟自由贸易区。根据《框架协议》，2003年中国与东盟双方先后于2月、6月、7月和11月在桂林、雅加达、胡志明市和重庆举行了4次贸易谈判委员会（TNC）会议，成立了原产地规则、服务贸易、投资3个工作组，并就货物贸易、服务贸易和投资等问题广泛交换了意见。目前谈判总体进展顺利，从2005年1月1日起，开始实施正常产品的降税，到2010年，中国与东盟老成员建成自由贸易区，东盟新成员则可享受最多5年的过渡期，到2015年建成自由贸易区。建成后，将形成一个拥有17亿消费者、三万多亿美元国内生产总值、二万多亿美元贸易总额的经济区，从而成为世界上人口最多的自由贸易区。

2. 内地与香港特别行政区、内地与澳门特别行政区更紧密经贸关系的安排

2002年初内地与香港特别行政区政府开始就"更紧密经贸关系的安排"进行磋商。并于2003年6月29日中央与香港特别行政区签署了《内地与香港关于建立更紧密经贸关系的安排》（简称CEPA），CEPA文本共二十三条，包括货物贸易、服务贸易和贸易便利化3个方面，总目标是贸易自由化。CEPA规定：内地自2004年1月1日起，对原产香港特别行政区进口金额较大的273个税目的产品实行零关税，内地将不迟于2006年1月1日起对全部港产品实行零关税；17项业务：自2004年1月1日起，内地将进一步向香港特别行政区开放17项服务业：管理咨询、会展服务、广告、会计服务、建筑及房地产、医疗、分销服务、物流、货代服务、仓储服务、运输服务、旅游服务、视听服务、法律服务、银行业、证券业、保险业；贸易投资便利化7大领域，主要包括：贸易投资促进；通关便利化；商品检验检疫、食品安全、质量标准；电子商务；法律法规透明度；中小企业合作；中医药产业合作。[○]为了促进澳门特别行政区经济发展，同时适当保持港澳之间的平衡，内地与澳门特别行政区也于2003年10月17日签署了《内地与澳门关于建立更紧密经贸关系的安排》。

3. 大陆与台湾的海峡两岸经济合作框架协议

大陆与台湾的海峡两岸经济合作框架协议（Economic Cooperation Framework Agreement，ECFA）于2010年6月29日由海峡两岸关系协会会长陈云林与台湾海峡交流基金会董事长江丙坤在重庆签署。双方同意，本着世界贸易组织（WTO）基本原则，考虑双方的经济条件，逐步减少或消除彼此间的贸易和投资障碍，创造公平的贸易与投资环境；通过签署《海峡两岸经济合作框架协议》，进一步增进双方的贸易与投资关系，建立有利于两岸经济繁荣与发展的合作机制。主要内容是：逐步减少或消除双方之间涉及多数货物贸易的关税和非关税壁垒；逐步减少或消除双方之间涵盖众多部门的服务贸易限制性措施；提供投资保护，促进双向投资；促进贸易投资便利化和产业交流与合作等，它实质上是两个经济体之间的自由贸易协定谈判的初步框架安排，同时又包含若干早期收获协议。

4. 《曼谷协定》

《曼谷协定》签订于1975年，全称为《亚太经社会发展中成员国贸易谈判第一协定》，是在联合国亚太经社会主持下、在发展中成员国之间达成的贸易优惠安排。其核心内容和目标是：通过相互提供优惠关税和非关税减让来扩大相互间的贸易，促进成员国经济发展。现有成员国为印度、韩国、孟加拉、斯里兰卡和老挝。我国于2001年5月正式加入曼谷协定，并于2002年1月1日开始实行《曼谷协定》税率。《曼谷协定》是我国参加的第一个具有实质意义的区域性优惠贸易安排。2003年2月，中国代表团与印度代表团通过积极的双边磋商，在北京达成了《中国与印度关于<曼谷协定>的双边磋商纪要》，成功解决了我国与印度在《曼谷协定》中的相互适用问题，进一步增强《曼谷协定》的活力。

○ CEPA精要，http://www.sc168.com，2004-03-19。

5.《中国—巴基斯坦优惠贸易安排》

《中国—巴基斯坦优惠贸易安排》于 2003 年 11 月 3 日签订，自 2004 年 1 月 1 日起正式实施。这是我国与外国政府签署的第一个双边优惠贸易安排，在我国参与区域经济合作的进程中具有重要的意义。根据该《安排》，我国将对巴基斯坦 893 个 8 位税目的商品实行我国在《曼谷协定》承诺的优惠税率，整体优惠幅度为 18.5%。巴基斯坦对我出口商品参照印度在《曼谷协定》的承诺实行优惠关税安排，整体优惠幅度为 31.7%。巴基斯坦减让清单包括 188 项产品。

为进一步发展中巴双边经贸关系，促进双赢和共同发展，2005 年 12 月 9 日我国与巴基斯坦政府又在北京签署了《中国—巴基斯坦自由贸易协定早期收获协议》，该协议从 2006 年 1 月 1 日起对一系列产品实施降税。自实施之日起，两国政府间先前签署的优惠贸易安排同时废止。2006 年 11 月 24 日我国与巴基斯坦签署了《中国—巴基斯坦自由贸易协定》，于 2007 年 7 月 1 日起全面启动。中巴两国将分两个阶段对全部产品实施降税。除了货物贸易自由化外，协定也就投资促进与保护、投资待遇、征收、损害补偿以及投资争端解决等做出了规定。2009 年 2 月 21 日双方签订《中国—巴基斯坦自由贸易区服务贸易协定》，是迄今两国各自对外国开放程度最高、内容最为全面的自贸区服务贸易协定。根据协定，在各自对世贸组织承诺的基础上，在全部 12 个主要服务部门中，巴方将在 11 个主要服务部门中的 102 个分部门对中国服务提供者进一步开放，我国将在 6 个主要服务部门中的 28 个分部门对巴基斯坦服务提供者进一步开放，从而中巴建成一个涵盖货物贸易、服务贸易和投资等内容全面的自贸区。

6.《中国—智利自由贸易协定》

中国—智利自由贸易区谈判，自 2004 年 11 月 18 日共同宣布启动后，在两国领导人的推动下，中智双方已就市场进入、原产地规则、技术性贸易障碍、食品安全检验与动植物防疫检疫措施、贸易救济、争端解决、合作等议题进行了 5 个回合的磋商，并于 2005 年 11 月 18 日签署了《中国—智利自由贸易协定》。

根据该协定，两国从 2006 年 10 月 1 日起，全面启动货物贸易的关税减让时程，其中占两国税目总数 97% 的产品进口关税将于 10 年内分阶段逐步取消。两国还将在经济、中小企业、文化、教育、科技、环保、劳工和社会保障、智能财产权、投资促进、矿产、工业等方面进一步合作。

7.《中华人民共和国政府和新西兰政府自由贸易协定》

中国—新西兰自由贸易区谈判是 2004 年 11 月胡锦涛主席与新西兰克拉克总理共同宣布启动的，后来历经 15 轮磋商，最终在 2008 年 4 月 7 日双方在北京签署了《中华人民共和国政府和新西兰政府自由贸易协定》。该《协定》涵盖了货物贸易、服务贸易、投资等诸多领域，是我国与其他国家签署的第一个全面的自由贸易协定，也是我国与发达国家达成的第一个自由贸易协定。

根据该《协定》，新方承诺在 2016 年 1 月 1 日前取消全部自华进口产品关税，其中 63.6% 的产品从该《协定》生效时起即实现零关税；中方承诺将在 2019 年 1 月 1 日前取消 97.2% 自新进口产品关税，其中 24.3% 的产品从该《协定》生效时起即实现零关税。此外，双方还就服务贸易做出了高于 WTO 的承诺，并对包括技术工人在内的人员流动做出了具体规定。

8. 《中国—新加坡自由贸易协定》

中国—新加坡自由贸易区谈判启动于 2006 年 8 月，经过 8 轮艰苦而坦诚的磋商，双方于 2008 年 10 月 23 日在北京人民大会堂签署了《中华人民共和国政府和新加坡共和国政府自由贸易协定》。同时，双方还签署了《中华人民共和国政府和新加坡共和国政府关于双边劳务合作的谅解备忘录》。

该《协定》涵盖了货物贸易、服务贸易、人员流动、海关程序等诸多领域，是一份内容全面的自由贸易协定。双方在中国—东盟自贸区的基础上，进一步加快了贸易自由化进程，拓展了双边自由贸易关系与经贸合作的深度与广度。根据该《协定》，新方承诺将在 2009 年 1 月 1 日取消全部自华进口产品关税，中方承诺将在 2012 年 1 月 1 日前对 97.1% 的自新进口产品实现零关税，其中 87.5% 的产品从该《协定》生效时起即实现零关税。双方还在医疗、教育、会计等服务贸易领域做出了高于 WTO 的承诺。

9. 《中国—秘鲁自由贸易协定》

2009 年 4 月 28 日我国和秘鲁在北京签署了《中国—秘鲁自由贸易协定》，并于 2010 年 3 月 1 日起实施。中秘自贸协定覆盖领域广、开放水平高。在货物贸易方面，中秘双方将对各自 90% 以上的产品分阶段实施零关税，我方轻工、电子、家电、机械、汽车、化工、蔬菜、水果等众多产品和秘方的鱼粉、矿产品、水果、鱼类等产品都将从降税安排中获益；在服务贸易方面，双方将在各自对世贸组织承诺的基础上，相互进一步开放服务部门，秘方将在包括研发、租赁、技术测试和分析、农业、采矿、快递、导游等 90 个部门进一步对我方开放，我方将在采矿、管理咨询、研发、翻译和口译、体育、旅游等 16 个部门进一步对秘开放；在投资方面，双方将相互给予对方投资者及其投资以准入后国民待遇、最惠国待遇和公平公正待遇，鼓励双向投资并为其提供便利等。与此同时，双方还在知识产权、贸易救济、原产地规则、海关程序、技术性贸易壁垒、卫生和植物卫生措施等众多领域达成广泛共识。

10. 《中国—哥斯达黎加自由贸易协定》

2010 年 4 月 8 日中国商务部部长陈德铭与哥斯达黎加外贸部部长鲁伊斯在北京共同签署了《中国—哥斯达黎加自由贸易协定》，并于 2011 年 8 月 1 日起正式生效。

中哥自贸协定覆盖领域全面、开放水平较高。在货物贸易领域，中哥双方将对各自 90% 以上的产品分阶段实施零关税，共同迈进"零关税时代"，中方的纺织原料及制品、轻工、机械、电器设备、蔬菜、水果、汽车、化工、生毛皮及皮革等产品和哥方的咖啡、牛肉、猪肉、菠萝汁、冷冻橙汁、果酱、鱼粉、矿产品、生皮等产品将从降税安排中获益；在服务贸易领域，在各自对世贸组织承诺的基础上，哥方将在电信服务、商业服务、建筑、房地产、分销、教育、环境、计算机和旅游服务等 45 个部门或分部门进一步对中方开放，中方则在计算机服务、房地产、市场调研、翻译和口译、体育等 7 个部门或分部门对哥方进一步开放。双方还在知识产权、贸易救济、原产地规则、海关程序、技术性贸易壁垒、卫生和植物卫生措施等众多领域达成广泛共识。

11. 《中国—冰岛自由贸易协定》

2013 年 4 月 15 日中国商务部部长高虎城与冰岛外交外贸部部长奥叙尔·斯卡费丁松代表各自政府在北京签署《中国—冰岛自由贸易协定》，并于 2014 年 7 月 1 日正式生效。该《协定》是我国与欧洲国家签署的第一个自由贸易协定，涵盖货物贸易、服务贸易、投资等诸多领域。

根据自贸协定，冰岛自协定生效之日起，对从中国进口的所有工业品和水产品实施零关税，这些产品占中国向冰岛出口总额的99.77%；与此同时，中国对从冰岛进口的7830个税号产品实施零关税，这些产品占中方自冰岛进口总额的81.56%，其中包括冰岛盛产的水产品。中冰自贸区建成后，双方最终实现零关税的产品，按税目数衡量均接近96%，按贸易量衡量均接近100%。此外，双方还就服务贸易做出了高于WTO的承诺，并对投资、自然人移动、卫生与植物卫生措施、技术性贸易壁垒、原产地规则、海关程序、竞争政策、知识产权等问题做出了具体规定。

12. 《中国—瑞士自由贸易协定》

2013年7月6日商务部部长高虎城与瑞士联邦委员兼经济部部长施耐德-阿曼代表两国政府在北京签署《中国—瑞士自由贸易协定》，并于2014年7月1日正式生效。该《协定》是我国与欧洲大陆国家签署的第一个一揽子自贸协定，是一个高质量、内涵丰富、互利共赢的协定。不仅货物贸易零关税比例高，还在钟表等领域为双方合作建立了良好的机制，并涉及环境、知识产权等许多新规则，将进一步提升中瑞双边经贸合作水平，深化中欧经贸合作。瑞方将对中方99.7%的出口产品立即实施零关税，中方将对瑞方84.2%的出口产品最终实施零关税。如果加上部分降税的产品，瑞士参与降税的产品比例是99.99%，中方是96.5%。该《协定》为双方合作建立了良好的机制，比如双方同意加强环境方面的合作，提升彼此环境保护水平；双方承诺开展中医药合作对话，推动中医药"走出去"，等等。该《协定》还就政府采购、环境、劳工与就业合作、知识产权、竞争等中方以往自贸谈判中很少碰到的规则问题达成一致。

13. 《中国—澳大利亚自由贸易协定》

经过历时10年的谈判，2015年6月17日，《中国—澳大利亚自由贸易协定》正式签署。在完成各自国内程序后，中澳自贸协定已于2015年12月20日生效。中澳自贸协定实现了"全面、高质量和利益平衡"的目标，是我国与其他国家迄今已商签的贸易投资自由化整体水平最高的自贸协定之一，在一些领域创新了谈判模式。在服务领域，澳方承诺自协定生效时对中方以负面清单方式开放服务部门，成为世界上首个对我国以负面清单方式做出服务贸易承诺的国家，中方以正面清单方式向澳方开放服务部门。澳方还在假日工作机制等方面对中方做出专门安排。在投资领域，双方自协定生效时起将相互给予最惠国待遇。双方还同意未来以负面清单模式谈判投资和服务的开放升级。

14. 《中国—韩国自由贸易协定》

2015年6月1日，商务部部长高虎城和韩国产业通商资源部部长尹相直在韩国首尔签署《中国—韩国自由贸易协定》。在完成各自国内程序后，中韩自贸协定已于2015年12月20日生效。中韩自贸协定是我国迄今为止对外签署的涉及国别贸易额最大的自贸协定，对中韩双方而言是一个互利、双赢的协定，实现了"利益大体平衡、全面、高水平"的目标。根据协定，在开放水平方面，双方货物贸易自由化比例均超过税目的90%、贸易额的85%。协定范围涵盖货物贸易、服务贸易、投资和规则共17个领域，包含了电子商务、竞争政策、政府采购、环境等新议题。同时，双方承诺在协定生效后将以负面清单模式继续开展服务贸易谈判，并基于准入前国民待遇和负面清单开展投资谈判。

【国贸博览15-3】

我国主动推动经济一体化的杰作：实施"一带一路"战略和成立亚洲基础设施投资银行

2013年9月7日习近平在哈萨克斯坦纳扎尔巴耶夫大学发表演讲时表示：为了使各国经济联系更加紧密、相互合作更加深入、发展空间更加广阔，我们可以用创新的合作模式，共同建设"丝绸之路经济带"，以点带面，从线到片，逐步形成区域大合作。2013年10月3日习近平主席在印尼国会发表演讲时表示：中国愿同东盟国家加强海上合作，使用好中国政府设立的中国—东盟海上合作基金，发展好海洋合作伙伴关系，共同建设21世纪"海上丝绸之路"。

2014年5月21日习近平在亚信峰会上做主旨发言时指出：中国将同各国一道，加快推进"丝绸之路经济带"和"21世纪海上丝绸之路"建设，尽早启动亚洲基础设施投资银行，更加深入参与区域合作进程，推动亚洲发展和安全相互促进、相得益彰。初步估算，"一带一路"沿线总人口约44亿，经济总量约21万亿美元，分别约占全球的63%和29%。沿线国家和地区26个，货物和服务出口占全球的23.9%。"一带一路"意味着我国对外开放实现战略转变，即由东部牵动转为以中西部为主全面牵动、由要素引入转为以要素输出、由主要针对发达国家的开放转为主要针对发展中国家开放、由主要借助WTO平台转为主要借助"自由贸易区"平台。"一带一路"战略将构筑我国新一轮对外开放的"一体两翼"，是我国对外开放战略的2.0版本，成为多边合作的契机和推进多边跨境贸易、交流合作的重要平台。"新丝路"将连接"中国梦"与"世界梦"，进一步凝聚亚洲国家的共识和力量，筑牢"利益共同体"和"命运共同体"。

作为"一带一路"战略的配套措施，2013年10月2日习近平在雅加达同印度尼西亚总统苏西洛举行会谈时，倡议筹建亚洲基础设施投资银行，促进本地区互联互通建设和经济一体化进程，向包括东盟国家在内的本地区发展中国家基础设施建设提供资金支持。2014年10月24日包括中国、印度、新加坡等在内21个首批意向创始成员国的财长和授权代表在北京签约，共同决定成立亚洲基础设施投资银行。截至2015年4月15日亚投行意向创始成员国确定为57个，其中域内国家37个、域外国家20个，涵盖了除美日和加拿大之外的主要西方国家，以及亚欧区域的大部分国家，成员遍及五大洲。相比亚洲开发银行和世界银行分别仅有31个和28个创始成员国，欧洲投资银行只有6个创始成员国，亚投行的吸引力不言自明。亚投行的成立无疑将加快亚洲一体化进程。

关键术语

区域经济一体化　经济全球化　自由贸易区　关税同盟　共同市场　经济同盟　贸易创造效应　贸易转移效应

复习思考题

1. 目前欧盟面临的主要问题是什么？对后来的一体化组织有何借鉴意义？

2. 分析如果中国与韩国、日本组建东北亚自由贸易区，会带来何种经济效应？
3. 根据我国大陆、台湾省、香港特别行政区的经济发展和贸易状况，推测建成何种区域一体化组织最适合？并分析其可能带来的经济效应和政治效应。
4. 发展中国家怎样面对经济全球化？以东亚金融危机为例说明。
5. 什么是自由贸易区、关税同盟、共同市场、经济同盟？它们之间有何联系及区别？
6. 论述区域经济一体化与经济全球化的关系。
7. 简述关税同盟理论和协议性国际分工理论。
8. 分析区域经济一体化对国际贸易的影响。
9. 分析中国实施自由贸易区战略带来的机遇与挑战。

延展阅读书目

[1] 赵俊平，付会霞，姚丽霞. 区域经济一体化理论与实践 [M]. 哈尔滨：黑龙江大学出版社，2012.

[2] 杨勇. 国际区域经济一体化与中国对外贸易——基于贸易效应与生产效应的研究 [M]. 北京：人民出版社，2011.

[3] 张彬. 国际区域经济一体化比较研究 [M]. 北京：人民出版社，2010.

[4] 许凯. 欧债真相——从危机看一体化经济的隐患与未来 [M]. 杭州：浙江大学出版社，2014.

参 考 文 献

[1] 姚曾荫. 国际贸易概论 [M]. 北京：人民出版社，1987.
[2] 范家骧. 国际贸易理论 [M]. 北京：人民出版社，1985.
[3] 薛荣久. 国际贸易（新编本）[M]. 北京：对外经济贸易大学出版社，1997.
[4] 海闻，P 林德特，王新奎. 国际贸易 [M]. 上海：上海人民出版社，2003.
[5] 高成兴，等. 国际贸易教程 [M]. 北京：中国人民大学出版社，1993.
[6] 罗绍彦. 国际贸易原理 [M]. 北京：清华大学出版社，1995.
[7] 石广生. 中国加入世界贸易组织知识读本 [M]. 北京：人民出版社，2001.
[8] 张二震，马野青. 国际贸易学 [M]. 3版. 南京：南京大学出版社，2007.
[9] 朱钟棣，等. 国际贸易学 [M]. 上海：上海财经大学出版社，2005.
[10] 赵春明. 国际贸易学 [M]. 北京：石油出版社，2003.
[11] 陈家勤. 当代国际贸易新理论 [M]. 北京：经济科学出版社，2000.
[12] 佟家栋，周申. 国际贸易学——理论与政策 [M]. 2版. 北京：高等教育出版社，2007.
[13] 陈宪，等. 国际贸易原理·政策·实务 [M]. 3版. 上海：立信会计出版社，2003.
[14] 董瑾. 国际贸易理论与实务 [M]. 北京：北京理工大学出版社，2005.
[15] 国彦兵. 西方国际贸易理论历史与发展 [M]. 杭州：浙江大学出版社，2004.
[16] 尹翔硕. 国际贸易教程 [M]. 2版. 上海：复旦大学出版社，2001.
[17] 薛荣久. 世界贸易组织教程 [M]. 北京：对外经济贸易大学出版社，2003.
[18] 朱立南. 国际贸易政策学 [M]. 北京：中国人民大学出版社，1996.
[19] 任烈. 贸易保护理论与政策 [M]. 上海：立信会计出版社，1997.
[20] 董瑾. 国际贸易实务 [M]. 北京：高等教育出版社，2001.
[21] 李左东. 国际贸易理论与实务 [M]. 北京：高等教育出版社，2002.
[22] 唐海燕. 国际贸易学 [M]. 上海：立信会计出版社，2001.
[23] 韩玉军. 国际服务贸易 [M]. 北京：中国人民大学出版社，2009.
[24] 韩玉军. 国际贸易学 [M]. 北京：中国人民大学出版社，2010.
[25] 余淼杰. 国际贸易学 [M]. 北京：北京大学出版社，2013.
[26] 许斌. 国际贸易 [M]. 北京：北京大学出版社，2009.
[27] 蔡宏波. 国际服务贸易 [M]. 北京：北京师范大学出版社，2013.
[28] 薛荣久. 世界贸易组织（WTO）教程 [M]. 北京：对外经济贸易大学出版社，2009.
[29] 王亚星. 中国出口技术性贸易壁垒追踪报告2013 [M]. 北京：中国人民大学出版社，2013.
[30] 赵玉焕. 国际货物贸易 [M]. 北京：对外经济贸易大学出版社，2005.
[31] 董国辉. 劳尔·普雷维什经济思想研究 [M]. 天津：南开大学出版社，2003.
[32] 亚当·斯密. 国民财富的性质和原因的研究 [M]. 郭大力，王亚南，译. 北京：商务印书馆，1974.
[33] 大卫·李嘉图. 政治经济学及赋税原理 [M]. 郭大力，王亚南，译. 北京：商务印书馆，1974.
[34] 保罗·克鲁格曼，茅瑞斯·奥伯斯法尔德. 国际经济学 [M]. 北京：中国人民大学出版社，2002.
[35] 彼得·林德特. 国际经济学 [M]. 范国鹰，等译. 北京：经济科学出版社，1992.
[36] 迈克尔·波特. 国家竞争优势 [M]. 李明轩，邱如美，译. 北京：华夏出版社，2002.
[37] 亚蒂什N巴格瓦蒂，等. 高级国际贸易学 [M]. 王根葆，译. 上海：上海财经大学出版社，2004.

《国际贸易学》第3版（董瑾 主编）
信息反馈表

尊敬的老师：

　　您好！感谢您多年来对机械工业出版社的支持和厚爱！为了进一步提高我社教材的出版质量，更好地为我国高等教育发展服务，欢迎您对我社的教材多提宝贵意见和建议。另外，如果您在教学中选用了本书，欢迎您对本书提出修改建议和意见。

一、基本信息

姓名：_____　　性别：_____　　职称：_____　　职务：_____

邮编：_____　　地址：_____

任教课程：_____　　电话：____—_____（H）_____（O）

电子邮件：_____　　手机：_____

二、您对本书的意见和建议

　　　　（欢迎您指出本书的疏误之处）

三、您对我们的其他意见和建议

请与我们联系：

100037　机械工业出版社·高教分社　常编辑 收

Tel：010-88379721（O），68997455（Fax）

E-mail：changay@126.com